시대에듀 독학학위연구소

국어국문학과 3·4단계 집필진 소개

- **한 수 정**

  〈한국문학사〉

  (현) 대입 논술 강사
  (전) 마포고등학교, 양일고등학교 문학특강 강사
  (전) 메가스터디, 종로학원 대입 논술 강사

- **윤 성 혁**

  〈국어정서법〉

  서울대학교 국어국문학과 석사
  (현) 고등학교 국어 교사
  (현) EBS 논술 첨삭 교사
  (전) 서울대학교 글쓰기 강의 튜터

- **김 희 숙**

  〈국어의미론〉

  서울대학교 국어국문학과 학사
  서울대학교 국어국문학과 국어학 석사
  (전) (주)이매진씨앤이 국어 모의고사 출제
  (전) (주)에이시지알 인적성 문항 출제
  (전) (주)아이이에피에듀 국어 교재 집필 및 편집
  (전) 목동 국풍2000 국어 강사
  (전) 대치 플투스 국어 강사

- **박 소 연**

  〈문학비평론〉

  숭실대학교 국어국문학과 학사 졸업
  연세대학교 국어국문학과 석사 과정

- **김 덕 규**

  〈고전시가론〉

  충남대학교 국어교육학 석사
  (현) 한국어원격평생교육원 외래교수
  (현) 건양대학교 외래교수
  (전) 태안여자고등학교 국어 교사

- **박 시 균**

  〈국어음운론〉

  서울대학교 언어학과 국어학·언어학 학사
  서울대학교 언어학과 국어음운론 석사
  호주 The University of Queensland 음성학·음운론 박사
  (현) 군산대학교 국어국문학과 교수
  (현) YTN 뉴스말모이 감수위원
  (현) KBS 한국어진흥원 자문위원
  (전) 한국어교원 3급 국어음운론·음성학 출제위원

▼ 정오표

※ [시대에듀] → [정오표]에서 정오사항을 확인하실 수 있습니다.

끝까지 책임진다! 시대에듀!

QR코드를 통해 도서 출간 이후 발견된 오류나 개정법령, 변경된 시험 정보, 최신기출문제, 도서 업데이트 자료 등이 있는지 확인해 보세요! **시대에듀 합격 스마트 앱**을 통해서도 알려 드리고 있으니 구글 플레이나 앱 스토어에서 다운받아 사용하세요. 또한, 파본 도서인 경우에는 구입하신 곳에서 교환해 드립니다.

편집진행 천다솜·김다련 | **표지디자인** 박종우 | **본문디자인** 차성미·이다희

※ 이 책은 저작권법에 의해 보호를 받는 저작물이므로 동영상 제작 및 무단전재와 복제를 금합니다.

INTRO
머리말

학위를 얻는 데 시간과 장소는 더 이상 제약이 되지 않습니다. 대입 전형을 거치지 않아도 '학점은행제'를 통해 학사학위를 취득할 수 있기 때문입니다. 그중 독학학위제도는 고등학교 졸업자이거나 이와 동등 이상의 학력을 가지고 있는 사람들에게 효율적인 학점 인정 및 학사학위 취득의 기회를 줍니다.

학습을 통한 개인의 자아실현 도구이자 자신의 실력을 인정받을 수 있는 스펙인 독학사는 짧은 기간 안에 학사학위를 취득할 수 있는 지름길로써 많은 수험생들의 선택을 받고 있습니다.

이 책은 독학사 시험을 준비하는 수험생들이 단기간에 효과적인 학습을 할 수 있도록 다음과 같이 구성하였습니다.

01 단원 개요
핵심이론을 학습하기에 앞서 각 단원에서 파악해야 할 중점과 학습목표를 정리하여 수록하였습니다.

02 핵심이론
시험에 출제될 수 있는 내용을 '핵심이론'으로 수록하였으며, 이론 안의 '더 알아두기' 등을 통해 내용 이해에 부족함이 없도록 하였습니다.
※ 2023년 시험부터 적용되는 개정 평가영역을 반영하였습니다.

03 실전예상문제
해당 출제 영역에 맞는 핵심포인트를 분석하여 구성한 '실전예상문제'를 수록하였습니다.

04 최종모의고사
최신 출제 유형을 반영한 '최종모의고사(2회분)'를 통해 자신의 실력을 점검해 볼 수 있도록 하였습니다.

한국문학사는 고대부터 현대에 이르는 한국문학의 흐름을 탐구하는 과목입니다. 각 장르의 구체적인 내용과 상호 관계를 심도 있게 이해해야 하므로 그 학습 분량이 방대하게 느껴질 수 있습니다. 그러므로 효과적인 학습을 위해서는, 처음부터 모든 세부사항을 파고드는 것보다는 전체 맥락을 우선 파악한 후 장르별 변화를 숙지하고, 개별 작품으로 이해를 심화하는 단계적 접근이 중요합니다. 이 과정은 결코 쉽지 않을 것입니다. 하지만 도전적인 자세로 학습에 임한다면 한국문학에 대한 깊은 안목을 기르는 귀한 기회가 될 것이라 믿습니다.

편저자 드림

BDES

독학학위제 소개

Bachelor's Degree
Examination for
Self-Education

▌독학학위제란?

「독학에 의한 학위취득에 관한 법률」에 의거하여 국가에서 시행하는 시험에 합격한 사람에게 학사학위를 수여하는 제도

- ✓ 고등학교 졸업 이상의 학력을 가진 사람이면 누구나 응시 가능
- ✓ 대학교를 다니지 않아도 스스로 공부해서 학위취득 가능
- ✓ 일과 학습의 병행이 가능하여 시간과 비용 최소화
- ✓ 언제, 어디서나 학습이 가능한 평생학습시대의 자아실현을 위한 제도
- ✓ 학위취득시험은 4개의 과정(교양, 전공기초, 전공심화, 학위취득 종합시험)으로 이루어져 있으며, 각 과정별 시험을 모두 거쳐 학위취득 종합시험에 합격하면 학사학위 취득

▌독학학위제 전공 분야 (11개 전공)

※ 유아교육학 및 정보통신학 전공 : 3, 4과정만 개설
   (정보통신학의 경우 3과정은 2025년까지, 4과정은 2026년까지만 응시 가능하며, 이후 폐지)
※ 간호학 전공 : 4과정만 개설
※ 중어중문학, 수학, 농학 전공 : 폐지 전공으로, 기존에 해당 전공 학적 보유자에 한하여 2025년까지 응시 가능

※ 시대에듀는 현재 6개 학과(심리학과, 경영학과, 컴퓨터공학과, 간호학과, 국어국문학과, 영어영문학과) 개설 완료

INFORMATION

독학학위제 시험안내

과정별 응시자격

단계	과정	응시자격	과정(과목) 시험 면제 요건
1	교양	고등학교 졸업 이상 학력 소지자	• 대학(교)에서 각 학년 수료 및 일정 학점 취득 • 학점은행제 일정 학점 인정 • 국가기술자격법에 따른 자격 취득 • 교육부령에 따른 각종 시험 합격 • 면제지정기관 이수 등
2	전공기초		
3	전공심화		
4	학위취득	• 1~3과정 합격 및 면제 • 대학에서 동일 전공으로 3년 이상 수료 (3년제의 경우 졸업) 또는 105학점 이상 취득 • 학점은행제 동일 전공 105학점 이상 인정 (전공 28학점 포함) • 외국에서 15년 이상의 학교교육과정 수료	없음(반드시 응시)

응시방법 및 응시료

- 접수방법 : 온라인으로만 가능
- 제출서류 : 응시자격 증빙서류 등 자세한 내용은 홈페이지 참조
- 응시료 : 20,700원

독학학위제 시험 범위

- 시험 과목별 평가영역 범위에서 대학 전공자에게 요구되는 수준으로 출제
- 독학학위제 홈페이지(bdes.nile.or.kr) ➔ 학습정보 ➔ 과목별 평가영역에서 확인

문항 수 및 배점

과정	일반 과목			예외 과목		
	객관식	주관식	합계	객관식	주관식	합계
교양, 전공기초 (1~2과정)	40문항×2.5점 =100점	—	40문항 100점	25문항×4점 =100점	—	25문항 100점
전공심화, 학위취득 (3~4과정)	24문항×2.5점 =60점	4문항×10점 =40점	28문항 100점	15문항×4점 =60점	5문항×8점 =40점	20문항 100점

※ 2017년도부터 교양과정 인정시험 및 전공기초과정 인정시험은 객관식 문항으로만 출제

합격 기준

■ 1~3과정(교양, 전공기초, 전공심화) 시험

단계	과정	합격 기준	유의 사항
1	교양	매 과목 60점 이상 득점을 합격으로 하고, 과목 합격 인정(합격 여부만 결정)	5과목 합격
2	전공기초		6과목 이상 합격
3	전공심화		

■ 4과정(학위취득) 시험 : 총점 합격제 또는 과목별 합격제 선택

구분	합격 기준	유의 사항
총점 합격제	• 총점(600점)의 60% 이상 득점(360점) • 과목 낙제 없음	• 6과목 모두 신규 응시 • 기존 합격 과목 불인정
과목별 합격제	매 과목 100점 만점으로 하여 전 과목(교양 2, 전공 4) 60점 이상 득점	• 기존 합격 과목 재응시 불가 • 1과목이라도 60점 미만 득점하면 불합격

시험 일정

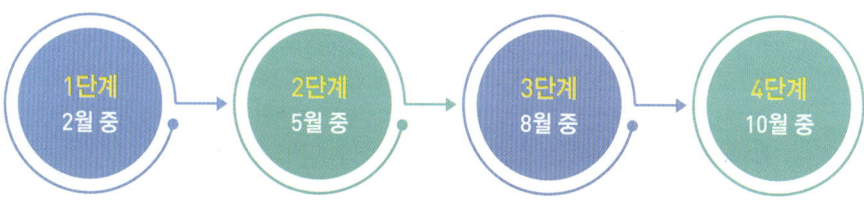

1단계 2월 중 → 2단계 5월 중 → 3단계 8월 중 → 4단계 10월 중

■ 국어국문학과 3단계 시험 과목 및 시간표

구분(교시별)	시간	시험 과목명
1교시	09:00~10:40(100분)	국어음운론, 한국문학사
2교시	11:10~12:50(100분)	문학비평론, 국어정서법
중식 12:50~13:40(50분)		
3교시	14:00~15:40(100분)	구비문학론, 국어의미론
4교시	16:10~17:50(100분)	한국한문학, 고전시가론

※ 시험 일정 및 세부사항은 반드시 독학학위제 홈페이지(bdes.nile.or.kr)를 통해 확인하시기 바랍니다.
※ 시대에듀에서 개설된 과목은 빨간색으로 표시하였습니다.

STUDY PLAN

독학학위제 단계별 학습법

1단계 | 평가영역에 기반을 둔 이론 공부!

독학학위제에서 발표한 평가영역에 기반을 두어 효율적으로 이론을 공부해야 합니다. 각 장별로 정리된 '핵심이론'을 통해 핵심적인 개념을 파악합니다. 모든 내용을 다 암기하는 것이 아니라, 포괄적으로 이해한 후 핵심내용을 파악하여 이 부분을 확실히 알고 넘어가야 합니다.

2단계 | 시험 경향 및 문제 유형 파악!

독학사 시험 문제는 지금까지 출제된 유형에서 크게 벗어나지 않는 범위에서 비슷한 유형으로 줄곧 출제되고 있습니다. 본서에 수록된 이론을 충실히 학습한 후 '실전예상문제'를 풀어 보면서 문제의 유형과 출제의도를 파악하는 데 집중하도록 합니다. 교재에 수록된 문제는 시험 유형의 가장 핵심적인 부분이 반영된 문항들이므로 실제 시험에서 어떠한 유형이 출제되는지에 대한 감을 잡을 수 있을 것입니다.

3단계 | '실전예상문제'를 통한 효과적인 대비!

독학사 시험 문제는 비슷한 유형들이 반복되어 출제되므로, 다양한 문제를 풀어 보는 것이 필수적입니다. 각 단원의 끝에 수록된 '실전예상문제'를 통해 단원별 내용을 제대로 학습하였는지 꼼꼼하게 확인하고, 실력을 점검합니다. 이때 부족한 부분은 따로 체크해 두고, 복습할 때 중점적으로 공부하는 것도 좋은 학습 전략입니다.

4단계 | 복습을 통한 학습 마무리!

이론을 공부하면서, 혹은 문제를 풀어 보면서 헷갈리고 이해하기 어려운 부분은 따로 체크해 두는 것이 좋습니다. 중요 개념은 반복학습을 통해 놓치지 않고 확실하게 익히고 넘어가야 합니다. 마무리 단계에서는 '최종모의고사'를 통해 실전연습을 할 수 있도록 합니다.

Bachelor's Degree
Examination for
Self-Education

COMMENT
합격수기

> 저는 학사편입 제도를 이용하기 위해 2~4단계를 순차로 응시했고 한 번에 합격했습니다.
> 아슬아슬한 점수라서 부끄럽지만 독학사는 자료가 부족해서 부족하나마 후기를 쓰는 것이 도움이 될까 하여
> 제 합격전략을 정리하여 알려드립니다.

#1. 교재와 전공서적을 가까이에!

학사학위 취득은 본래 4년을 기본으로 합니다. 독학사는 이를 1년으로 단축하는 것을 목표로 하는 시험이라 실제 시험도 변별력을 높이는 몇 문제를 제외한다면 기본이 되는 중요한 이론 위주로 출제됩니다. 시대에듀의 독학사 시리즈 역시 이에 맞추어 중요한 내용이 일목요연하게 압축·정리되어 있습니다. 빠르게 훑어보기 좋지만 내가 목표로 한 전공에 대해 자세히 알고 싶다면 전공서적과 함께 공부하는 것이 좋습니다. 교재와 전공서적을 함께 보면서 교재에 전공서적 내용을 정리하여 단권화하면 시험이 임박했을 때 교재 한 권으로도 자신 있게 시험을 치를 수 있습니다.

#2. 시간확인은 필수!

쉬운 문제는 금방 넘어가지만 지문이 길거나 어렵고 헷갈리는 문제도 있고, OMR 카드에 마킹까지 해야 하니 실제로 주어진 시간은 더 짧습니다. 앞부분에 어려운 문제가 있다고 해서 시간을 많이 허비하면 쉽게 풀 수 있는 뒷부분 문제들을 놓칠 수 있습니다. 문제 푸는 속도가 느려지면 집중력도 떨어집니다. 그래서 어차피 배점은 같으니 아는 문제를 최대한 많이 맞히는 것을 목표로 했습니다.
① 어려운 문제는 빠르게 넘기면서 문제를 끝까지 다 풀고 ② 확실한 답부터 우선 마킹한 후 ③ 다시 시험지로 돌아가 건너뛴 문제들을 다시 풀었습니다. 확실히 시간을 재고 문제를 많이 풀어 봐야 실전에 도움이 되는 것 같습니다.

#3. 문제풀이의 반복!

여느 시험과 마찬가지로 문제는 많이 풀어 볼수록 좋습니다. 이론을 공부한 후 예상문제를 풀다 보니 부족한 부분이 어딘지 확인할 수 있었고, 공부한 이론이 시험에 어떤 식으로 출제될지 예상할 수 있었습니다. 그렇게 부족한 부분을 보충해 가며 문제 유형을 파악하면 이론을 복습할 때도 어떤 부분을 중점적으로 암기해야 할지 알 수 있습니다. 이론 공부가 어느 정도 마무리되었을 때 시계를 준비하고 모의고사를 풀었습니다. 실제 시험시간을 생각하면서 예행연습을 하니 시험 당일에는 덜 긴장할 수 있었습니다.

학위취득을 위해 오늘도 열심히 학습하시는 수험생 여러분에게도 합격의 영광이 있으시길 기원하면서 이만 줄입니다.

www.sdedu.co.kr

PREVIEW

이 책의 구성과 특징

01 단원 개요

핵심이론을 학습하기에 앞서 각 단원에서 파악해야 할 중점과 학습목표를 확인해 보세요.

02 핵심이론

평가영역을 바탕으로 꼼꼼하게 정리된 '핵심이론'을 통해 꼭 알아야 하는 내용을 명확히 파악해 보세요.

03 실전예상문제

'핵심이론'에서 공부한 내용을 바탕으로 '실전예상문제'를 풀어 보면서 문제를 해결하는 능력을 길러 보세요.

04 최종모의고사

'최종모의고사'를 실제 시험처럼 시간을 정해 놓고 풀어 보면서 최종점검을 해 보세요.

CONTENTS
목차

핵심이론 + 실전예상문제

제1편 총론
제1장 한국문학사의 개념과 범주 · 003
제2장 한국문학사의 연구 방법 · 006
제3장 한국문학사 이해의 새로운 관점 · 012
실전예상문제 · 015

제2편 고대 문학
제1장 한국문학의 기점 · 029
제2장 고대 문학 · 034
실전예상문제 · 046

제3편 삼국·남북국 시대의 문학
제1장 한문학의 성립 · 057
제2장 향가 · 065
제3장 설화 · 071
실전예상문제 · 078

제4편 고려 시대 문학
제1장 고려의 한문학 · 097
제2장 고려의 서사문학 · 102
제3장 고려의 시가 · 106
실전예상문제 · 123

제5편 조선 전기 문학	제1장 훈민정음의 창제	145
	제2장 조선 전기의 시가	151
	제3장 조선 전기의 소설	167
	제4장 조선 전기의 한문학	175
	실전예상문제	181

제6편 조선 후기 문학	제1장 조선 후기의 시가	207
	제2장 조선 후기의 소설	224
	제3장 공연예술과 문학	243
	제4장 조선 후기의 한문학	251
	실전예상문제	255

제7편 근·현대 문학	제1장 근·현대 문학사의 이해	283
	제2장 개화기와 1910년대 문학	289
	제3장 1920년대 문학	305
	제4장 1930년대 문학	317
	제5장 1940년대 전반기 문학	333
	제6장 해방 공간과 1950년대 문학	343
	제7장 1960~1970년대 문학	348
	제8장 1980~1990년대 문학	357
	실전예상문제	366

최종모의고사	최종모의고사 제1회	439
	최종모의고사 제2회	447
	최종모의고사 제1회 정답 및 해설	455
	최종모의고사 제2회 정답 및 해설	458

행운이란 100%의 노력 뒤에 남는 것이다.

- 랭스턴 콜먼 -

제1편

총론

제1장	한국문학사의 개념과 범주
제2장	한국문학사의 연구 방법
제3장	한국문학사 이해의 새로운 관점
실전예상문제	

| 단원 개요 |

총론에서는 한국문학사의 기본 개념과 범주를 정리하고, 문학사를 바라보는 다양한 연구 방법과 관점을 살펴본다. 문학의 언어예술적 성격, 문학사 전개의 단절성과 연속성, 갈래와 담당층, 사상의 변화 과정을 중심으로 문학 흐름을 체계적으로 이해한다. 또한 역사와 문학, 인접예술과 문학의 관계를 고찰함으로써 문학사의 입체적 인식을 가능하게 한다. 이 단원은 이후 시대별 문학사를 해석하는 데 필요한 기초 토대를 제공한다.

| 출제 경향 및 수험 대책 |

한국문학사의 개념과 연구 방법론을 정확히 이해하는 것이 필수적이다. 문학의 언어적 특성과 예술성, 단절성과 연속성 개념, 갈래 변화와 담당층 이동 과정을 구체적 사례와 함께 정리해야 한다. 또한 문학과 역사, 인접예술의 상호 관계를 구조적으로 파악할 필요가 있다. 또한, 서술형이나 개념 구분형 문제로 출제될 가능성이 높으므로 주요 개념어를 중심으로 중요 내용을 명확히 정리해두어야 한다.

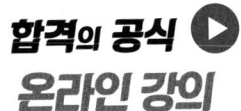 

보다 깊이 있는 학습을 원하는 수험생들을 위한
시대에듀의 동영상 강의가 준비되어 있습니다.
www.sdedu.co.kr ➔ 회원가입(로그인) ➔ 강의 살펴보기

제 1 장 한국문학사의 개념과 범주

제1절 언어예술로서의 한국문학

한국문학은 우리나라 사람이 우리말 혹은 글로 창작한 구비문학, 한문학, 한글문학을 모두 아우르는 개념으로, 언어예술로서의 성격을 지닌다. 문학은 미술·음악·무용처럼 인간의 삶을 예술적으로 형상화하지만, 그 표현 수단이 언어라는 점에서 독자적인 예술 분야로 구분된다. 문학에서 언어는 단순한 소통의 수단이 아니라, 감정과 사유를 형상화하고 미적 효과를 창출하는 예술적 재료이다.

1 문학 언어의 특성

문학의 언어는 일상 언어와 구별되는 특성을 지닌다. 일상 언어가 정보 전달을 우선으로 한다면, 문학의 언어는 **정서 전달과 심미적 효과를 중시한다**. 함축적이고 이미지적인 표현, 상징과 비유, 운율과 반복 등의 기법은 문학을 언어예술로서 성립하게 하는 주요 요소들이다. 특히 한국문학은 한국어를 기반으로 하므로, 한국어 및 한국인 특유의 정서와 표현 양식이 문학 형식과 내용에 깊이 반영된다.

2 언어예술로서의 문학이 지니는 특성

형상성	문학은 언어로 인간과 세계를 구체적이고 감각적으로 형상화한다.
허구성	문학은 사실을 그대로 서술하기보다는 상상과 재구성을 통해 현실을 재해석한다.
감성성	문학은 이성보다는 감성에 호소하며, 정서적 공감과 심리적 반응을 유도한다.
미적 구조	문학은 언어적 구성과 형식을 통해 미적 효과를 창출한다.
수용성과 소통성	문학은 독자의 이해와 해석을 통해 완성되며, 독자와의 상호작용 속에서 문학적 의미가 생성된다.

3 한국문학의 언어적 특징

(1) 한국어는 높임법, 종결어미, 주어 생략, 리듬감 있는 어순 구조 등을 통해 정서적 미묘함을 표현하는 데 유리하다. 이러한 언어의 특성은 고대의 향가, 고려가요, 시조, 가사에서부터 현대시와 소설에 이르기까지 한국문학의 정서적 깊이와 예술성을 형성하는 중요한 바탕이 되어 왔다.

(2) 한글 창제는 한국문학의 발전에 중대한 전환점을 제공했다.

한국문학은 언어를 통해 인간의 삶을 예술적으로 형상화하는 민족의 문화적 산물이다. 언어예술로서의 한국문학을 이해하는 것은 문학의 본질을 파악하고, 한국문학사의 흐름을 조망하는 데 있어 중요한 출발점이 된다.

제2절 문학사의 단절성과 연속성

한국문학사는 긴 시간에 걸쳐 이어져 온 민족의 언어예술의 기록이자, 시대의 변화 속에서 형성된 정신적 문화의 흐름이다. 이러한 문학사는 일정한 흐름과 발전 과정을 지니지만, 역사적 사건과 문화적 충격에 따라 때때로 단절적 양상을 보이기도 한다. 그러나 그 속에서도 여전히 연속적인 계승과 변화를 유지하는 특성이 존재한다.

1 단절성

문학사 서술에서 단절성이란 특정 시기나 사건을 기점으로 이전 문학과 이후 문학 사이에 뚜렷한 단절, 전환, 또는 그런 흐름이 발생했음을 의미한다. 대표적인 사례로는 고대에서 고려로의 이행, 고려에서 조선으로의 전환, 일제 강점기와 해방 전후, 분단과 산업화 이후의 문학 변화 등을 들 수 있다. 예컨대 한문문학에서 국문문학으로의 이행, 창작 주체와 향유 계층의 변화, 외래 문학 이념의 유입 등은 문학의 구조와 성격에 중대한 변화를 초래하였다.

2 연속성

문학사에는 단절과 단절 사이를 잇는 연속성의 흐름도 존재한다. 특정 문학 갈래나 표현 방식, 주제 의식 등이 시대를 초월하여 계승되는 경우가 그 예이다. 예를 들어 향가에서 고려가요, 시조로 이어지는 운문 양식의 계승, 개인 정서 표현의 심화, 민중적 주체의 지속적 형상화 등은 한국문학 내부의 지속성과 연속성을 보여준다. 또한 문학은 시대의 이념을 반영하면서도 민족 정서와 언어 감각을 지속적으로 계승한다는 점에서 문화의 연속성을 지닌다.

문학사의 단절성과 연속성은 서로 배타적인 것이 아니라, 하나의 문학사 안에서 동시에 작용하는 **이중적 원리**이다. 변화와 계승, 단절과 연결은 시대적 상황과 문학 내부의 자생적 동력에 따라 유기적으로 작용하며 문학사를 구성한다. 문학사는 이러한 변동성과 지속성의 긴장 속에서 발전하며, 각 시대의 문학은 이전 문학의 영향을 받으면서도 새로운 형식과 내용을 창조해 간다.
결국 단절성과 연속성은 문학사를 바라볼 때 모두 가져야 할 시각으로 이 중 어느 한 쪽의 시각만 갖고 문학사를 이해하려는 것을 경계할 필요가 있다. 한국문학사는 단절과 연속, 전통과 혁신의 상호작용 속에서 형성된 유기적 역사이며, 이러한 시각은 문학사의 흐름을 더 입체적으로 이해하는 데에 도움을 준다.

제 2 장 │ 한국문학사의 연구 방법

제1절 갈래의 변화

한국문학은 시대의 변화에 따라 다양한 갈래들이 형성되고 변화해 왔다. 문학 갈래란 장르라고도 하는데 작품의 성격과 형식, 표현 방식에 따라 나누어진 문학의 유형을 말한다. 한국문학은 구비문학에서 시작하여 기록문학으로 이행하면서 갈래의 수와 형식이 점차 분화되었다. 이러한 **갈래의 변화**는 문학의 **표현 방식**뿐만 아니라, 그것이 담고 있는 내용과 사회적 기능까지도 함께 반영하는 지표가 된다.

1 고대

(1) 구비문학 중심의 서정적 시가가 주를 이루었다.

(2) 문학이 공동체적 의례나 종교적 목적과 밀접하게 연결되어 있었으며, 갈래 간의 분화가 뚜렷하지 않았다.

(3) 대표적 갈래로는 고대가요, 향가, 설화 등이 있다.

2 고려 시대

(1) 한문문학이 본격화되며 정형시와 같은 운문 갈래뿐만 아니라 역사서, 설화집, 전기 등의 산문 갈래도 발달하였다.

(2) 대표적 갈래로는 고려가요, 경기체가, 한시, 가전체 등이 있다.

3 조선 시대

(1) 문학의 갈래가 정치적·사회적 역할과도 맞물려 더욱 복합적인 양상을 띠게 되었다.

(2) 특히 조선 전기에는 시조와 가사처럼 정형성과 서정성이 강조된 갈래가 유행하였고, 사대부를 중심으로 한 이념적 글쓰기 또한 활발히 이루어졌다.

(3) 조선 후기에는 한글의 보급과 함께 개인적 서사나 서민문학의 비중이 커지며 소설과 민요 등 새로운 갈래가 확장되기 시작하였다.

(4) 대표적 갈래로는 시조와 가사, 한문산문, 소설, 민요 등이 있다.

4 근대 이후(개화기~일제 강점기)

(1) 문학이 근대 시민 사회 의식과 결합하면서 서구 문학 양식의 영향을 강하게 받았고, 갈래의 분화 또한 전문성과 매체 발달과 함께 본격화되었다.

(2) 20세기 중반을 지나면서 순수문학, 참여문학, 민중문학, 대중문학 등 다양한 문예사조에 따라 갈래 내부의 하위 분류도 세분화되었다.

(3) 대표적 갈래로는 신체시, 창가, 신소설, 현대시, 현대소설, 현대극 등이 있다.

이처럼 한국문학의 갈래는 시대의 요구와 표현 양식의 변화에 따라 유기적으로 변모해 왔다. 갈래의 변화는 단순한 형식상의 차이를 넘어서, 문학이 당대 사회와 맺는 관계와 역할의 변화를 반영한다는 점에서 중요한 연구 지표가 된다.
따라서 한국문학사의 연구는 갈래의 생성과 소멸, 정형화와 해체 과정을 주목함으로써 각 시대 문학의 특징과 정신을 입체적으로 이해할 수 있다.

제2절 문학 담당층의 변화

한국문학은 시대에 따라 문학을 창작하고 향유한 계층, 즉 '문학 담당층'의 변화에 큰 영향을 받아 왔다. 문학 담당층이 누구였는가에 따라 문학의 내용, 표현 방식, 지향 가치 등이 달라지며, 이는 각 시대 문학의 성격을 규정하는 중요한 요소가 된다.

1 고대

(1) 신화·제의·노래 등 대부분의 문학이 집단적이고 구비적인 성격을 띠며, 제사장·무당·부족장 등 공동체를 이끌던 인물들이 문학을 주도하였다.

(2) 문학은 **집단적 종교의례와 공동체적 감정을 표현**하기 위한 것이 많았다.

(3) 창작자와 향유자가 뚜렷하게 구분되지 않았다.

2 고려 시대

(1) 한문문학의 비중이 커지면서 지식인·관료층인 사대부가 문학 활동의 중심이 되었다. 이들은 정제된 문장을 통해 정치적 의견, 역사적 견해, 사대부로서의 품격과 취향을 표현하였다.

(2) 사대부 이외에도 다양한 계층이 문학 활동에 참여하였고, 이에 따라 민요·속요와 같은 민간 문학도 함께 발전하였다.

3 조선 시대

(1) 성리학의 영향 아래 사대부가 문학 창작의 주체로 자리 잡았고, 시조와 가사 등 정형시가 발달했다.

(2) 특히 조선 전기에는 문학이 유교적 교양과 정치적 이상을 드러내는 수단이 되었으며, 이에 따라 사대부의 자아 성찰이나 충효 정신을 표현하는 문학이 주류를 이루었다.

(3) 조선 후기에는 중인·여성·서민 등으로 **문학 참여가 확대**되면서 고전소설, 판소리, 민요 등 서민문학이 활발해졌고, 이는 문학의 수용층 확대와도 맞물려 있다.

4 근대 이후(개화기~일제 강점기)

(1) 개화기의 지식인들이 신문학을 주도하면서 근대적 작가 개념이 형성되었다.

(2) 창가, 신소설, 신체시 등 새로운 갈래들이 등장하며 문학의 담당층이 '작가 – 독자' 체계로 재편되기 시작했다. 즉 문학이 전통 사회의 집단 창작·향유 구조에서 벗어나, 개별 작가가 창작하고 불특정 다수의 독자가 수용하는 구조로 바뀌었다. 이것은 양반 사대부 계층 중심의 문학에서 벗어난, **문학의 대중화와 상품화**를 의미한다.

(3) 문학은 점차 대중과 소통하려는 방향으로 전환되었다.

(4) 작가 개인의 주체성과 의식, 그리고 사회 참여적 역할이 강조되었다.

5 현대

(1) 전문 작가뿐만 아니라 다양한 계층의 시민들로 문학 담당층이 확대되었다.

(2) 독자 또한 단순한 수용자가 아니라 적극적인 해석자·참여자로 인식되기 시작하였다.

이처럼 문학 담당층의 변화는 문학의 성격, 형식, 유통 구조뿐 아니라 문학의 사회적 기능과 역할까지도 변화시키는 중요한 요인이다. 문학사 연구에서 이러한 담당층의 변화를 파악하는 것은 각 시대 문학의 주체와 수용자의 관계, 그리고 문학의 사회적 맥락을 이해하는 데 필수적인 작업이다.

제3절 문학 사상의 변화

문학 사상의 변화는 문학이 시대적 사상, 이념, 철학적 기반 위에서 어떤 방향으로 전개되었는지를 보여주는 중요한 지표이다. 각 시대의 문학은 단순한 표현 수단이 아니라, 당대의 사유 방식과 세계관을 반영하는 사상적 산물이기 때문에, 문학 사상의 흐름을 파악하는 일은 문학의 본질과 문학사적 전개 과정을 이해하는 데 필수적이다.

1 고대 : 자연 중심, 집단 중심

(1) 제의와 종교 중심의 집단적 세계관을 보인다.

(2) 인간과 자연, 초월적 존재 사이의 조화를 강조하였다.

(3) 문학은 공동체의 질서 유지를 위한 도구로서 기능하였다.

2 고려 및 조선 전기 : 성리학적 세계관 중심

(1) 특히 조선 시대에는 충, 효, 예 등의 유교적 가치와 인간의 도덕적 수양을 강조하였다.

(2) 문학은 유교 이념과 밀접히 연관되어 이상적 인간상 구현과 정치적 이상 표현의 수단으로 기능하였다.

3 조선 후기 : 현실 체험, 인간 본연의 감정, 민중의 정서 등 중심

(1) 현실 인식과 개인 감정의 표현이 강화되었다.

(2) 실학의 영향으로 현실 개혁 의식이 나타나고 민중의 삶에 대한 관심이 두드러진다.

(3) 현실 체험, 인간 본연의 감정, 민중의 정서 등을 포착하려는 경향이 나타난다.

4 개화기~일제 강점기(근대 이후) : 다양한 사상의 영향

(1) 개화기에는 계몽 사상이 문학의 중심이 된다.

(2) 일제 강점기에는 민족 의식과 저항 정신이 드러난다.

(3) 1920~30년대에는 마르크시즘, 휴머니즘, 리얼리즘 등이 드러난다.

5 해방 이후(현대) : 실존주의, 모더니즘, 페미니즘, 생태주의 등

(1) 실존주의 문학
전쟁과 분단, 이념 대립 등의 체험 속에서 인간의 고독, 불안, 실존적 고뇌가 문학의 중요한 주제로 부각된다.

(2) 모더니즘 문학
1950~60년대에 형식 실험과 언어의 자율성, 인간 내면 탐구를 중시하는 모더니즘 경향이 부상한다.

(3) 민중문학과 참여문학
1970~80년대에는 산업화, 독재, 분단 현실에 대한 비판적 인식과 저항 정신을 담은 문학이 대두된다.

(4) 페미니즘 문학
1980년대 후반부터 여성의 정체성, 젠더 문제, 가부장제에 대한 비판 등 여성 중심의 시각을 바탕으로 한 문학이 부각된다.

(5) 생태주의 문학
1990년대 이후 환경 파괴, 생태 위기 등에 대한 인식 속에서 자연과 인간의 관계를 성찰하는 생태주의적 사유가 문학에 반영되어 생명 중심의 세계관, 자연과의 조화, 인간 중심주의 비판 등이 문학적 주제로 떠오른다.

이처럼 문학 사상의 변화는 문학이 시대와 사회의 변화에 어떻게 대응해왔는지를 보여주는 핵심적인 요소이며, 한국문학의 내적 흐름과 외적 조건이 만나는 지점을 드러낸다. 따라서 문학 사상을 분석하는 것은 문학작품의 사상적 기반과 시대적 의미를 파악하는 데 중요한 방법이 된다.

제3장 한국문학사 이해의 새로운 관점

제1절 역사와 문학의 관계

1 역사와 문학의 상호작용

문학은 시대를 반영하고 역사는 문학을 담는 그릇이다. 문학과 역사는 서로 긴밀히 연결되어 있으며, 문학은 특정 시대의 정치적, 사회적, 문화적 맥락 속에서 생성되고 수용된다. 역사란 인간 사회의 총체적 과정을 포괄하는 개념으로, 문학은 그러한 역사적 조건 속에서 언어를 통해 인간의 삶과 감정을 형상화하는 예술이다. 따라서 문학은 단순한 예술적 산물이 아니라, 시대 정신의 거울이자 사회적 실천의 일환으로 이해될 수 있다. 예를 들어 일제 강점기의 문학은 저항문학과 친일문학이라는 두 흐름으로 나뉘며, 이들은 당시의 정치적 억압과 민족주의 의식에 따른 서로 다른 대응을 보여준다. 이러한 예는 문학이 역사와 어떻게 맞물려 존재하는지를 잘 보여준다. 또한 조선 시대의 시가는 유교적 가치관을, 고대의 건국신화는 국가 이념과 권력 정당화를 담고 있어, 각각의 시대에 문학이 어떠한 사회적 기능을 수행했는지를 말해준다.

2 문학사 서술과 역사

이처럼 문학사는 단순히 작가와 작품의 연대기를 나열하는 방식이 아니라, 역사적 맥락 속에서 문학이 어떤 의미를 지니고 변화했는지를 탐구하는 과정이어야 한다. 문학 작품은 그 시대의 현실과 긴장 관계를 맺으며 창작되고, 그 자체로 시대를 반영하거나 비판하는 목소리를 담는다. 따라서 문학사를 기술할 때에는 문학의 예술성과 자율성을 존중하면서도, 역사 속에서 문학이 어떻게 대응하고 변화해왔는지를 통합적으로 서술할 필요가 있다.

3 문학사 서술의 패러다임 변화

문학사 서술 방식은 오랜 시간 동안 변화해 왔다. 과거의 문학사 기술은 주로 '연대기적 나열'이나 '위대한 작가 중심 서술', 혹은 '시대 반영론'을 중심으로 구성되었다. 이처럼 전통적인 문학사 서술은 문학을 시대의 거울로 간주하고, 문학 작품을 역사적 사건과 직선적으로 연결하며, 문학의 사회적 기능에 초점을 맞추었다. 문학은 역사의 부산물처럼 해석되었고, 문학사 역시 그에 종속되는 형태로 기술되었다.
그러나 이러한 접근은 문학의 자율성과 복합적 의미 생산 과정을 충분히 설명하기 어렵다는 한계가 지적되면서 새로운 서술 방식의 필요성이 대두되었다. 이에 따라 문학사 서술의 패러다임은 점차 변화하기 시작했다.

문학과 역사를 일방적인 영향 관계로 보지 않고, 두 영역이 상호작용하며 각기 고유한 해석 구조를 지닌다는 인식이 확산된 것이다.

이런 맥락에서 등장한 것이 바로 '교차와 대화'의 관점이다. 여기서 '교차'는 문학과 역사, 사회, 문화, 철학, 사상 등의 다양한 맥락이 문학 텍스트 안에서 맞물리고 섞이며, 복합적으로 작동한다는 의미를 갖는다. 예를 들어 하나의 작품은 단순히 당대의 사회상을 반영하는 것에 그치지 않고, 그 사회와의 긴장, 저항, 타협, 성찰 등의 다양한 태도를 동시에 담고 있을 수 있다.

한편 '대화'는 문학과 역사 사이의 관계를 수동적인 반영이 아니라 능동적인 응답과 비판, 재구성의 과정으로 본다. 문학은 역사적 현실을 단순히 반영하는 것이 아니라, 그 현실에 질문하고, 개입하고, 때로는 대안을 상상하는 방식으로 대응한다. 따라서 문학은 역사의 수신자가 아니라 대화자이며, 문학사 역시 그러한 상호작용의 역사를 기록해야 한다는 입장이다.

이처럼 '교차와 대화'의 관점은 문학이 역사 속에서 단순히 휘둘리는 존재가 아니라, 스스로의 관점과 언어로 역사에 응답하고 개입하며 의미를 생산하는 존재임을 강조한다. 이는 문학사 서술을 보다 유기적이고 입체적으로 구성하게 하며, 한 시대의 문학을 그 자체로 고유한 담론으로 이해하게 한다.

결과적으로 오늘날의 문학사 서술은 단순한 시대 구분이나 계보 정리를 넘어서, 문학과 역사 사이의 끊임없는 상호작용과 대화를 중심에 두는 방향으로 변화하고 있다. 이러한 서술 방식은 독자에게도 작품을 읽는 새로운 관점을 제공하며, 문학의 시대적 의미와 현재적 가치를 함께 조망하게 한다.

제2절 인접예술과 문학의 관계

문학은 전통적으로 언어를 기반으로 한 예술이지만, 고립된 예술 영역이 아니라 회화, 음악, 연극, 영화 등 인접예술들과 끊임없이 영향을 주고받으며 발전해 왔다. 이러한 인접예술과의 관계를 통해 문학은 새로운 표현 가능성을 실험하고, 시대의 감수성과 예술적 흐름을 보다 넓은 맥락에서 수용할 수 있게 된다. 따라서 문학사를 서술할 때에도 인접예술과의 연관성을 조명하는 것은 문학의 총체적 이해에 필수적이다.

1 문학과 회화 및 영상 매체

문학과 회화는 이미지와 언어라는 서로 다른 매체를 사용하지만, 심상과 상징의 표현 방식에서 유사한 점을 갖는다. 이러한 특징은 특히 근대 이후의 시문학에서 회화적 감각이 두드러지는 방식으로 나타난다. 회화뿐만 아니라, 한국 현대 문학은 사진이나 영상 매체와 결합되며 더욱 시각적인 상상력과 구성을 실험해왔다.

예

- 조선 시대 문인화는 시(詩), 서(書), 화(畵)를 하나의 작품에 담아내며 문학과 회화가 결합된 양상을 보였다.
- 김광균의 「와사등」, 이상화의 「빼앗긴 들에도 봄은 오는가」 등 : 시각적 이미지와 색채 감각을 중시하였다.
- 정현종의 시 : 언어의 배치, 개행(줄을 바꾸어 시의 흐름을 조절하는 방식)의 리듬, 여백의 시각화 등을 통해 언어를 시각예술처럼 인식하게 만드는 시적 실험을 하였다.

2 문학과 음악

음악과 문학은 리듬과 운율, 정서적 표현을 공유한다. 고대의 향가나 고려속요, 시조 등은 본래 노래로 불렸으며, 이러한 음악적 기원을 바탕으로 문학의 운율적 특성이 형성되었다. 현대에 와서도 노래 가사와 시의 경계는 모호해지고 있으며, 랩과 힙합, 트로트 등 대중음악은 문학적 표현을 음악으로 확장하는 역할을 하기도 한다.

예
- 『삼국유사』에 실린 향가들은 원래 악곡과 함께 불리는 노래였다.
- 고려속요나 조선의 시조도 악장(樂章)으로 불렸다.
- 윤동주의 시와 김소월의 「진달래꽃」 등은 리듬을 통한 정서의 고양을 보여준다.
- 대중가요인 김민기의 〈아침이슬〉이나 이적의 〈하늘을 달리다〉 등의 시적 가사에서도 엿볼 수 있다.
- 시는 다음과 같이 대중가요로도 재해석되어 널리 불렸다.
  - 김소월의 「진달래꽃」 → 마야의 〈진달래꽃〉
  - 김광섭의 「저녁에」 → 유심초의 〈어디서 무엇이 되어 다시 만나랴〉
  - 정지용의 「향수」 → 김동규·박인수의 〈향수〉 등등

3 문학과 연극 및 영화

연극과 영화는 서사 구조와 인물 설정, 대사 등을 통해 문학과 직접적으로 교차하는 장르이다. 특히 현대 문학은 희곡뿐만 아니라 영화 시나리오, 웹드라마, 웹소설 등 다양한 매체로 전이되며 이야기 서사의 확장을 실현하고 있다. 이러한 현상은 문학이 더 이상 텍스트에만 머무르지 않고, 매체적 다양성을 수용하는 개방적 예술로 자리매김하고 있음을 보여준다.

예
- 공연예술이라 할 수 있는 판소리는 판소리계 소설로 정착되었다.
- 한강의 「소년이 온다」 같은 소설이 연극 「휴먼 푸가」로 창조적 변용되어 무대화되는 경우도 있다.
- 조남주의 「82년생 김지영」이 동명의 영화로 제작되었다.
- 이청준의 「서편제」가 동명의 영화로 제작되었다.
- 이청준의 「벌레 이야기」가 이창동의 영화 『밀양』으로 제작되었다.

이처럼 문학은 고유한 언어예술로서의 정체성을 유지하면서도, 인접예술들과의 상호작용 속에서 새로운 의미와 표현 방식을 창출하고 있다. 문학사 서술에서도 이러한 예술 간 대화와 융합의 흐름을 포착하는 것이 중요하며, 이를 통해 문학의 시대적 감각과 예술적 정체성을 입체적으로 이해할 수 있게 된다.

제1편 실전예상문제

제1장 한국문학사의 개념과 범주

01 문학을 언어예술이라고 할 때, 가장 핵심적인 설명은 무엇인가?

① 문학은 모든 예술 갈래 중 가장 오래된 것이다.
② 문학은 정보를 정확히 전달하는 데에 중점을 둔다.
③ 문학은 시각적 표현보다는 청각 중심의 예술이다.
④ 문학은 언어로 인간의 사상과 감정을 형상화하는 예술이다.

> 01 문학은 언어를 수단으로 인간 내면과 현실을 예술적으로 형상화한다.

02 문학 언어가 일상 언어와 구별되는 가장 핵심적인 특징은?

① 정확성
② 신속성
③ 정서성과 함축성
④ 명령성과 논리성

> 02 문학의 언어는 감정과 의미를 함축적으로 전달하는 데 중점을 둔다. ①·②·④는 모두 일상·실용 언어의 기능이다.

03 다음 언어의 기능 중 문학 언어가 실용 언어와 구별되는 점은?

① 객관적 정보 전달
② 정서의 표현과 미적 구성
③ 규칙적 절차 설명
④ 업무적 효율 강조

> 03 실용 언어는 정보 전달, 문학 언어는 감성 표현과 미적 형상화에 중점을 둔다.

정답 01 ④ 02 ③ 03 ②

04 한글 창제는 서민문학 창작 가능성을 넓히고 국문문학의 발달을 촉진했다.

04 한국문학에서 '한글 창제'가 가지는 문학사적 의의는?

① 중국문학 이식의 촉진
② 구비문학의 쇠퇴
③ 국문문학의 본격적 전개 계기
④ 향가의 형식 완성

05 제시된 특징은 문학 언어의 형상성(구체적이고 감각적인 형상화)을 설명한다.

05 다음 특징에 해당하는 개념은?

- 언어로 인간과 세계를 구체적으로 그려낸다.
- 추상적인 사상이나 감정을 인물, 사건, 배경 등을 통해 구현한다.
- 독자가 마치 눈앞에서 상황을 보는듯한 체험을 할 수 있도록 언어적 재현을 통해 현실을 재구성한다.

① 형상성
② 실용성
③ 전달성
④ 정합성

06 한문문학에서 국문문학으로의 이행은 문학의 창작 언어와 형식에 있어 구조적 단절을 초래한 변화로, 단절성의 대표 사례이다.
①·④ 점진적 계승에 더 가깝다.
③ 갈래 내 흐름 변화로, 단절이라 보기 어렵다.

06 문학사의 단절성을 설명하는 데 가장 적절한 사례는?

① 향가에서 시조로의 형식 변화
② 한문문학에서 국문문학으로의 이행
③ 민중서사에서 서정시로의 흐름
④ 시조의 민간 전승 양상

정답 04 ③ 05 ① 06 ②

07 다음 중 문학사의 연속성을 가장 잘 보여주는 사례는?

① 전쟁 이후 문학의 이념 분화
② 고려가요의 단절과 시조의 등장
③ 향가, 고려가요, 시조로 이어지는 운문 계열
④ 1980년대 노동문학의 이탈

07 한국 고전 운문 양식의 연속적 계승을 보여주는 대표 사례이다.
①·②·④는 단절성에 더 가까운 현상이다.

08 문학사에서 단절과 연속이 동시에 존재한다는 의미로 옳은 것은?

① 시대 변화가 없는 고정된 문학 흐름을 말한다.
② 문학은 단절적 흐름 속에서 계승을 부정한다.
③ 시대마다 완전히 새로운 문학이 나타난다는 뜻이다.
④ 문학은 단절과 계승이 혼재된 채 발전해 나간다.

08 문학사의 이중적 특성을 가장 정확하게 설명한다.
①·②·③은 단절 혹은 정체성만을 강조하는 오해이다.

09 다음 중 문학사의 단절성에 가장 가까운 것은?

① 시조에서 가사로의 갈래 확장
② 민중 중심 표현의 지속
③ 일제 강점기의 검열로 인한 창작 제한
④ 공동체 정서의 반복

09 일제 강점기의 검열은 문학 활동을 억제하며 문학사에 단절을 일으킨 사례이다.
①·②·④ 연속성에 해당한다.

정답 07 ③ 08 ④ 09 ③

주관식 문제

01 문학이 '언어예술'로 불리는 이유를 설명하시오.

02 다음 내용에서 괄호 안에 들어갈 말을 순서대로 쓰시오.

> 문학사에서 (㉠)(이)란 특정 사건이나 시기를 기점으로 이전 문학과 이후 문학 사이의 급격한 단절이 나타나는 현상을 말하며, 이에 반해 (㉡)은(는) 시대와 갈래를 초월하여 지속되는 문학 양식과 주제의 계승을 의미한다.

03 문학사의 단절성을 대표적으로 보여주는 사례 두 가지를 들고, 그 의미를 간략히 서술하시오.

---

01 정답
문학은 언어를 수단으로 인간의 사상과 감정을 형상화하는 예술로, 단순한 정보 전달이 아닌 정서적·미적 표현을 목표로 한다. 언어의 상징성, 함축성, 운율감 등을 활용하여 예술성을 실현하기 때문에 '언어예술'이라 불린다.

02 정답
㉠ 단절성
㉡ 연속성

해설
단절성과 연속성은 문학사의 핵심 개념으로, 둘의 대비를 통해 문학사의 구조를 이해할 수 있다.

03 정답
첫째, 한문문학에서 국문문학으로의 이행은 언어 체계의 전환에 따른 단절이다. 둘째, 일제 강점기의 검열과 창작 제한은 문학 활동의 물리적 단절을 초래하였다. 이들은 모두 문학의 계승이 일시적으로 중단되거나 방향이 급변한 사례로서 단절성을 보여준다.

제2장   한국문학사의 연구 방법

01 한국문학 갈래의 역사적 전개 과정 중에서 고려 시대에 나타난 특징으로 가장 적절한 것은?

① 소설과 민요 등 서민문학의 비중이 증가하였다.
② 시조, 가사 등 정형 운문 문학이 정립되었다.
③ 고려가요와 경기체가 등이 창작되었다.
④ 신체시와 창가 등의 갈래가 형성되었다.

01 고려 시대에는 통상적으로 고려가요(〈청산별곡〉, 〈서경별곡〉 등) 및 경기체가 등이 창작되었다.
①은 조선 후기, ②는 조선 전기, ④는 개화기 시기에 해당되는 설명이다.

02 다음 중 고대 문학의 문학 담당층으로 가장 적절한 것은?

① 사대부와 중인 계층
② 무당과 제사장 등 공동체 지도자
③ 근대 지식인과 기자
④ 전문 작가와 편집자

02 고대 문학은 공동체적 성격을 지닌 신화와 제의 중심의 문학으로, 제사장이나 무당 등 집단을 이끄는 인물들이 문학을 주도했다.
①은 조선 후기, ③은 개화기 이후, ④는 현대 문학의 주요 담당층에 해당한다.

03 다음 중 조선 전기 문학 담당층과 관련된 설명으로 가장 적절한 것은?

① 사대부가 유교적 이념을 문학에 담아 시조와 가사를 창작하였다.
② 서민이 문학의 중심이 되어 사회비판 의식을 나타내었다.
③ 여성과 서민이 창작을 주도하며 국문문학이 전개되었다.
④ 식민지 현실을 고발하는 리얼리즘 계열 작가들이 활동하였다.

03 조선 전기에는 사대부가 문학 창작의 주체로서 유교적 가치를 시조와 가사 등의 정형시로 표현하였다.
②・③ 조선 후기 서민문학 경향에 해당된다.
④ 1930년대 현실 참여 문학에 해당된다.

정답 01 ③   02 ②   03 ①

04 근대 문학에서는 신문, 잡지, 출판 매체 등을 통해 작가가 창작하고 독자가 수용하는 체계가 확립되면서 작가의 주체성과 수용자의 독립성이 강조되었다.

04 근대 문학에서 '작가 – 독자 구도'의 형성이 의미하는 것은?
① 문학이 다시 구비 전승 체계로 회귀함
② 문학이 특정 계층의 의례용이 됨
③ 작품 창작에 공동체 구성원이 함께 참여함
④ 작가의 주체성과 독자의 수용이 분화됨

05 조선 전기 문학은 성리학의 영향을 받아 사대부 중심의 이념적 글쓰기, 유교적 가치의 표현이 강조되었다.
① · ④ 현대적 경향이다.
② 고대의 특성이다.

05 다음 중 조선 전기 문학 사상의 핵심 경향으로 가장 적절한 것은?
① 실존적 고뇌와 자아 성찰의 강화
② 집단 의식을 통한 공동체 질서 유지
③ 유교적 인간상 구현과 이념적 글쓰기
④ 생태주의와 모더니즘 수용

06 문학 사상은 단순한 언어 변화가 아니라 문학의 형식, 내용, 기능 전반에 영향을 주는 사상적 기반이다. ②는 이러한 문학 사상의 본질을 오해한 설명이다.

06 문학 사상의 변화에 대한 설명으로 적절하지 않은 것은?
① 문학은 시대 사상과 세계관을 반영한다.
② 문학 사상은 문학 형식보다는 언어 변화에만 영향을 준다.
③ 문학 사상은 문학의 사회적 기능과도 연결된다.
④ 문학 사상의 분석은 문학사 연구에 필수적이다.

정답 04 ④ 05 ③ 06 ②

07 근대 문학 사상에 대한 설명으로 적절하지 않은 것은?
① 근대 문학은 계몽주의를 통해 사회 변화를 추구하였다.
② 정치적 상황으로 인해 민족 의식이 강하게 드러났다.
③ 마르크시즘과 휴머니즘 등이 주요 문학 사상이 되었다.
④ 근대 문학은 고대의 신화와 전통 제의만을 계승하였다.

07 근대 문학은 신화나 제의보다 현실 인식, 계몽, 민족주의, 사회주의 등 새 시대 사상과 밀접한 관련이 있다.

주관식 문제

01 다음 내용에서 괄호 안에 들어갈 말을 순서대로 쓰시오.

> 고대 문학은 (㉠) 중심의 서정적 시가가 주를 이루었으며, 갈래 간의 (㉡)이(가) 뚜렷하지 않았다.

01 **정답**
㉠ 구비문학
㉡ 분화
해설
고대 문학은 고대가요, 향가, 건국신화 등 구비문학이 중심이었으며, 시가·무용·음악이 한데 어울린 원시 종합예술 형태로 갈래의 경계가 명확하지 않았다.

02 다음 설명에 해당하는 시대는 언제인지 쓰시오.

> • 시조와 가사가 발달하였다.
> • 유교적 감성과 도덕적 이상이 표현되었다.
> • 사대부 중심의 창작이 활발하였다.

02 **정답**
조선 전기
해설
시조와 가사가 발달되고 유교적 도덕성을 지향하던 시기로, 조선 전기의 시가문학을 설명한 것이다.

정답 07 ④

03 문학 갈래가 시대에 따라 변화하는 이유와 그 변화가 가지는 문학사적 의의를 서술하시오.

03 정답
문학 갈래는 사회적 가치, 표현 방식, 수용자의 성향 등에 따라 시대별로 달라진다. 이러한 변화는 문학이 당대 사회와 어떤 상호작용을 하며 발전해왔는지를 보여주는 중요한 단서가 된다.

04 다음 내용에서 괄호 안에 들어갈 말을 순서대로 쓰시오.

> 조선 후기에는 문학 담당층이 확대되어 중인, (㉠), (㉡) 등이 문학 창작에 적극 참여하게 되었다.

04 정답
㉠ 여성
㉡ 서민

해설
조선 후기로 갈수록 문학 창작이 상층 양반 사대부 중심에서 벗어나 다양한 사회 계층으로 확대되었다.

05 다음 특징을 지닌 시기와 그 시기의 대표적인 문학 담당층을 쓰시오.

> - 유교적 이념을 반영한 시가문학이 발달하였다.
> - 충효·도덕을 주제로 한 작품이 많다.
> - 관료 지식인 중심의 창작 활동이 이루어졌다.

05 정답
조선 전기, 사대부

해설
조선 전기에는 사대부 계층을 중심으로 유교적 세계관과 정치적 이상을 표현하는 문학이 주를 이루었다.

06 조선 후기 문학 담당층의 확대가 문학에 미친 영향을 구체적으로 서술하시오.

06 **정답**
조선 후기에는 중인, 여성, 서민 등의 다양한 계층이 문학 창작에 참여하면서 문학의 주제와 형식이 다채로워지고, 고전소설, 판소리계 소설, 민요 등 민중의 삶과 정서를 반영한 작품들이 활발히 등장하였다.

07 다음 내용에서 괄호 안에 들어갈 시기를 순서대로 쓰시오.

(㉠)에는 제의와 종교 중심의 세계관이 문학에 반영되었고, (㉡)에는 유교 이념이 문학의 중심이 되었다.

07 **정답**
㉠ 고대
㉡ 조선 전기
해설
고대는 제의와 집단 중심의 사유가, 조선 전기는 유교 중심의 이념이 문학 사상의 기초가 되었다.

08 조선 전기의 문학 사상과 조선 후기의 문학 사상은 어떤 차이를 보이는지 서술하시오.

08 **정답**
조선 전기는 유교 중심의 성리학적 가치와 사대부 중심의 이념이 강조되어 충효, 도덕, 정치적 이상을 표현한 문학이 주류를 이루었으나, 조선 후기로 가면서 실학의 영향으로 현실 개혁 의식과 민중의 삶에 대한 관심이 커지고, 감정 표현과 현실 체험 중심의 문학이 등장하였다.

제3장 한국문학사 이해의 새로운 관점

01 문학은 시대적, 사회적, 문화적 조건 속에서 생성되는 언어예술로서, 역사와 긴밀히 상호작용한다. 단순 종속도, 초월적 분리도 아닌 상호 연관성이 핵심이다.

01 문학과 역사와의 관계를 설명한 문장으로 가장 적절한 것은?
① 문학은 시대를 초월한 상상력의 산물로, 역사와 무관하다.
② 문학은 역사적 조건 속에서 인간의 삶을 언어로 형상화하는 예술이다.
③ 문학은 역사의 종속물로서 사회 기능만 수행한다.
④ 역사는 문학적 상상력의 근거이며, 문학과 독립된 개념이다.

02 오늘날 문학사 서술은 단순한 연대기에서 벗어나, 문학과 역사 간의 상호작용과 대화를 중심으로 문학의 복합성과 자율성을 함께 조망하는 방향으로 전개된다.

02 문학사 서술에서 강조되는 현대적 관점은 무엇인가?
① 시대별로 작가와 작품을 연대순으로 나열한다.
② 역사와 문학의 일방향적 종속 관계를 강조한다.
③ 문학과 역사 사이의 '교차와 대화'에 주목한다.
④ 문학의 자율성보다 사회적 기능만을 평가한다.

03 문학은 회화, 음악, 연극, 영상 등 인접예술과의 상호작용을 통해 표현의 가능성과 시대적 감수성을 확장해 왔다.

03 문학과 인접예술 간의 관계를 가장 적절하게 설명한 것은?
① 문학은 언어예술로서 타 예술과 완전히 독립되어 발전한다.
② 회화는 문학과 달리 감각적 형상 표현이 불가능하다.
③ 문학과 음악의 만남은 고대에만 존재했다.
④ 문학은 인접예술과 상호작용하며 표현의 다양성을 확장한다.

정답 01 ② 02 ③ 03 ④

04 다음 중 문학과 음악의 관계로 가장 적절한 설명은?

① 음악은 문학과 달리 감정 표현이 불가능하다.
② 고대의 향가와 시조는 본래 악곡 없이 낭송되었다.
③ 문학은 음악과 전혀 다른 미학 원리를 따른다.
④ 고대 시가는 음악과 결합되어 노래로 불렸으며, 현대에도 시는 대중가요로 재해석된다.

04 문학은 음악과 함께 리듬과 운율을 공유하며, 고대 시가는 본래 노래였다. 현대에도 시가 노래로 재해석된다.

05 문학과 영상 매체의 관계를 설명하는 예로 적절하지 않은 것은?

① 이청준의 「서편제」
② 정지용의 「향수」
③ 조남주의 「82년생 김지영」
④ 이청준의 「벌레 이야기」

05 이청준의 「서편제」와 조남주의 「82년생 김지영」은 각각 동명의 영화로, 이청준의 「벌레 이야기」는 이창동의 영화 『밀양』으로 제작된 바 있어서 문학이 영상 매체로 표현의 영역을 넓힌 사례로 적절하다. 하지만 정지용의 「향수」는 노래로 만들어졌을 뿐, 영상 매체로 변형된 경우는 없다.

06 다음 중 문학이 인접예술과 융합되며 나타나는 특징으로 볼 수 없는 것은?

① 영상매체와 결합된 서사 확대
② 음악적 리듬이 반영된 대중성과 정서 표현
③ 텍스트 중심으로만 제한되는 형식
④ 희곡, 수필 등 장르의 경계 넘나듦

06 현대 문학은 더 이상 텍스트에만 머물지 않고, 매체 융합과 장르 확장을 통해 새로운 예술적 가능성을 모색하고 있다.

정답 04 ④ 05 ② 06 ③

주관식 문제

01 다음 설명에 해당하는 문학사 서술 방식을 쓰시오.

- 문학을 역사적 산물로만 보지 않는다.
- 시대와의 긴장, 성찰, 저항 등을 함께 조명한다.
- 문학은 역사의 수동적 수신자가 아닌 능동적 대화자이다.

01 정답
교차와 대화의 관점

해설
현대 문학사는 문학의 자율성과 시대 대응력을 동시에 반영하는 '교차와 대화'의 관점을 채택하고 있다.

02 문학과 인접예술은 서로 어떤 방식으로 영향을 주고받는지, 시와 대중음악의 관계를 중심으로 구체적 예시와 함께 서술하시오.

02 정답
문학은 회화, 음악, 영상 등의 인접예술과 상호작용하며 감각적 표현을 확장해 왔다. 특히 시는 대중가요 가사로 재해석되어 예술적 감수성을 넓힌다. 예를 들어, 김소월의 「진달래꽃」은 마야의 〈진달래꽃〉으로 불리며 시와 음악의 융합을 보여준다.

제 2 편

고대 문학

제1장	한국문학의 기점
제2장	고대 문학
실전예상문제	

| 단원 개요 |

고대 문학은 한국문학의 기원을 다루는 부분으로, 원시 종합예술에서 출발하여 비문, 지석, 신화, 고대 가요 등으로 발전한 과정을 살핀다. 이 시기 문학은 공동체 의식과 제의적 성격을 바탕으로 하였으며, 신화와 노래를 통해 집단의 정체성과 세계관을 표현했다. 고대 문학은 우리 문학의 출발점이자 전통 형성기의 특징을 이해하는 데 필수적이다.

| 출제 경향 및 수험 대책 |

고대 문학은 신화, 비문, 지석문, 고대 가요 등 주요 갈래의 특징과 대표 작품을 정확히 파악하는 것이 핵심이다. 특히 창세신화와 건국신화의 세계관, 고대 가요(〈공무도하가〉, 〈황조가〉, 〈구지가〉 등)의 내용과 의의를 체계적으로 정리해야 한다. 구체적인 작품 내용과 특성 위주로 정리하여 서술형 및 개념 구분형 문제에 대비할 필요가 있다.

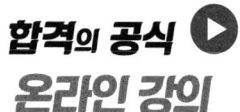 

보다 깊이 있는 학습을 원하는 수험생들을 위한
시대에듀의 동영상 강의가 준비되어 있습니다.
www.sdedu.co.kr ➔ 회원가입(로그인) ➔ 강의 살펴보기

제1장 한국문학의 기점

제1절 원시 종합예술과 문학

1 원시 종합예술의 개념

한국문학사의 기점을 논의할 때 가장 먼저 언급되는 것이 바로 '**원시 종합예술**' 개념이다. 이 용어는 문자 기록을 남기기 이전의 시대, 곧 구석기부터 청동기, 철기 시대까지의 원시 사회에서 이루어진 노래, 몸짓, 춤, 제의, 언어 표현 등이 융합된 집단 예술 활동을 가리킨다. 이 시기의 문학은 독립적인 장르로서의 문학이 아니라, 다양한 예술 양식이 혼합되어 있던 미분화 상태의 종합예술로서 존재했다. '종합'이라는 용어에는 언어, 음악, 무용, 제의, 연극적 요소 등이 하나로 묶여 있었다는 의미가 내포되어 있다.

2 원시 종합예술의 특징 중요

(1) 공동체성과 제의성

원시 사회에서 예술은 개인의 창작물이 아니라 공동체의 삶과 신앙, 그리고 생존을 위한 의례 속에서 자연스럽게 발생했다. 예컨대 풍년을 기원하는 농경 제의, 부족 간 전쟁의 승리를 기리는 축승 의례, 망자를 떠나보내는 장례 의식 등이 대표적인 원시적 종합예술의 장이다. 이때 사용된 언어는 단순한 말이 아니라, 정해진 형식과 운율을 지닌 제의적 언어로, 집단이 함께 기억하고 반복할 수 있는 구조를 지니고 있었다.

(2) 주술성

당시 사람들은 언어에 실제적인 힘과 효능이 있다고 믿었기 때문에, 말의 반복, 운율, 리듬을 통해 신과 인간, 생명과 죽음 사이의 교감을 꾀했다. 이러한 언어는 단순한 정보 전달이 아닌 정서와 의지, 사상의 표현 방식이었으며, 후대 문학의 시적 원형으로 계승되었다.

(3) 신체성과 감각성

말과 행동, 소리와 몸짓이 하나로 결합된 예술 행위는 현대 연극의 원형이기도 하며, '말해지는 몸'의 문학이자 무대적 언어예술로 볼 수 있다. 이는 향후 판소리, 굿, 탈춤과 같은 전통 공연예술의 기저에 있는 문학적 표현 방식이다.

3 문학사적 의의 및 영향

문학사적으로 볼 때, 원시 종합예술은 문학의 본질과 기능을 가장 집약적으로 드러내는 원형적 형태로 평가받는다. 문학은 단순한 감정 표현이나 미적 형식 추구를 넘어, 공동체의 기억과 신화를 전승하는 수단이었다. 따라서 그 기원을 규명하는 데 있어 매우 중요한 단서를 제공한다.

현대 문학 연구에서는 이러한 원시 종합예술을 단순히 과거의 유물로 보지 않는다. 오히려 '공연성'과 '집단적 체험의 예술'이라는 점에서 오늘날의 연극, 실험시, 멀티미디어 문학 등과의 연관성 속에서 '동시대성'을 지닌 기원으로 재조명되고 있다. 말하자면, 원시 종합예술은 문학의 출발점인 동시에, 가장 근본적인 문학의 본질을 보여주는 살아 있는 형식인 셈이다.

한국문학사는 이러한 종합예술에서 출발하여, 문자와 기록의 발달과 함께 점차 언어 중심의 예술로 분화되고 정착된다. 그러나 문자화된 이후에도 언제나 몸과 말, 신화와 의례, 공동체와 감각이 함께 있었다. 따라서 원시 종합예술은 한국문학의 시원을 밝히는 데 있어 반드시 이해해야 할 핵심 개념이다.

제2절 비문, 지석문 등 문학 관련 기록

한국문학사에서 문자의 등장은 중요한 전환점이다. 문학이 구술 중심의 예술에서 문자 기록을 통해 정착되는 과정은 곧 기억의 전승 방식이 구술에서 기록으로 옮겨가는 변화를 의미한다. 이러한 변화의 증거는 고대국가 형성과 함께 등장한 비문, 지석문, 묘지명 등의 기록물에서 찾아볼 수 있다. 이들은 문학의 형식이나 장르로 보기는 어렵지만, 한국문학사의 '기록문학'으로서의 기원과 의식의 형성 과정을 보여주는 중요한 사료이다.

1 비문(碑文)

(1) 개념

비문은 돌에 새겨 넣은 글이라는 뜻으로, 특정 인물이나 사건, 건축물 등에 대한 내용을 기록한 기념문 혹은 공적문이다. 보통 비석(碑石)에 새겨져 후대에 남기고자 하는 의미를 지닌다. 역사적 사실, 공적, 도덕적 모범 등을 전하는 데 목적이 있다.

(2) 대표적 예

① 『광개토대왕릉비』의 비문(414년, 고구려)
  ㉠ 고구려 장수왕이 아버지 광개토대왕의 업적을 기리기 위해 세운 비석의 비문이다.
  ㉡ 광개토대왕의 정복 활동, 즉위 경위, 고구려의 위세 등을 상세히 기록하였다.
  ㉢ 『삼국사기』나 『삼국유사』보다 빠른 시기의 귀중한 1차 사료이다.

② 『중원고구려비』의 비문(5세기 중반)
㉠ 고구려가 한강 유역을 점령하고 이를 기념해 세운 비석의 비문이다.
㉡ 신라를 '동이'로 지칭하고, 고구려의 우월성을 주장하였다.

(3) 문학적 특징
① 수사적 문장이 많고, 찬양의 문체로 이루어져 있다.
② 격조 높은 문장, 고사 인용, 대구 표현 등을 자주 활용하고 있다.
③ 구성이 정형화되어 있다. 일반적인 구성은 다음과 같다.

서(序)	산문 형식	죽은 이의 이름, 자, 호, 관향, 가계, 태어난 날과 죽은 날, 관직, 작위, 학덕, 품행, 공적, 시호 등
명(銘)	운문 형식	조상의 공덕이나 자손들이 지켜야 할 교훈

2 지석문(誌石文)

(1) 개념

지석문은 무덤에 묻힌 사람의 신분, 생애, 묘의 위치, 장례 시기 등을 알리기 위해 무덤에 묻는 지석에 기록한 글을 의미한다. 지석은 주로 무덤 안이나 관 근처에 묻는 작은 석판 형태로, 지석문은 묘지명과 함께 사용되거나 그 일부로 간주되기도 한다.

(2) 대표적 예
① 무령왕릉 지석문
㉠ 백제 무령왕과 왕비의 묘에서 발견된 6세기 지석문이다.
㉡ 중국의 연호(영명 22년)를 사용하여 왕의 사망 시기와 매장 일자, 나이 등을 명확히 기재하였다.
㉢ 백제의 장례 의식, 국제 교류, 문자 사용 수준을 보여주는 중요한 사료다.
② 순흥 안씨 묘 지석문
고려 시대의 사대부 여성인 순흥 안씨의 지석문으로, 남편과 자식들에 대한 언급, 생몰 연대, 품행 등이 요약되어 있다.

(3) 문학적 특징
① 묘지명에 비해 형식이 간단하고, 문학적 수사보다는 사실 중심의 정보 위주로 작성되었다.
② 고전적인 한문 문장으로 간단히 요약해 기록하였다.

3 묘지명(墓誌銘)

(1) 개념
묘지명은 죽은 사람의 신분, 행적, 업적 등을 기록하여 무덤에 함께 묻거나 묘 근처에 설치하는 비문의 일종이다. 한자로 작성되는 것이 일반적이며, 고인의 생애를 기리는 동시에 후손이나 후세에 전하고자 하는 목적을 지닌다. '묘지(墓誌)'는 무덤에 묻는 기록이라는 뜻이고, '명(銘)'은 새기거나 기리는 글이라는 뜻이다. 따라서 묘지명은 일종의 추도문 혹은 전기문으로도 볼 수 있다.

(2) 대표적 예
① 『정효공주 묘지명』(8세기)
  ㉠ 발해 문왕의 딸 정효공주의 무덤에서 출토된 묘지명이다.
  ㉡ 당나라의 한자로 쓰여 있으며, 정효공주의 출생, 계보, 사망, 장례 등을 서술하고 있다.
  ㉢ 이를 통해 발해 왕실의 체계, 여성의 지위, 문화 수준 등을 알 수 있다.
② 『김사인 묘지명』
  ㉠ 고려 말 충신 김사인의 생애를 기록한 묘지명이다.
  ㉡ 충절과 절개를 강조하며, 조선 건국 반대에 따른 죽음을 미화하고 있다.
③ 『최언위 묘지명』
  ㉠ 신라 말 고려 초에 활약한 최언위의 묘지명이다.
  ㉡ 당시의 관직 체계와 정치 상황, 인물의 평가 기준 등을 엿볼 수 있다.

(3) 문학적 특징
① 산문 형식이 주를 이루나 수사적 표현, 문학적 장식이 가미되어 있다.
② '애도와 기림'의 목적에서 벗어나지 않기 때문에 감정적 정서도 내포된다.
③ 구성이 정형화되어 있는데, 일반적으로 다음과 같은 구성으로 이루어진다.

지(誌)	주로 산문 형식	죽은 이의 성씨, 본관, 일생 등 기록
명(銘)	주로 운문 형식	글 전체 요약 및 감회

④ 한문 문체를 사용하여 대부분 한문으로 쓰이며, 고전 문학 양식 중 하나로 분류된다.

4 문학사적 의의

(1) 한국문학에서 '문자로 기록된 최초의 언어예술'이다.

(2) 국가·가문·개인의 정체성을 언어로 구성하고자 했다는 점에서 개인과 공동체가 자신을 기록하고 의미화하는 과정으로서의 '**자기 서사화**'의 **시초**로 볼 수 있다.

(3) 이들 기록은 단지 역사자료가 아닌, 당대 언어 감각, 표현 양식, 가치관을 고스란히 담고 있어 문학사적·미학적 의미가 크다.

(4) 초기에는 문학이 반드시 개인 창작의 산물일 필요는 없으며, 기록 자체가 하나의 의미 생산 행위가 될 수 있다는 점을 확인하게 함으로써 문학의 외연을 넓혀준다.

제 2 장 | 고대 문학

제1절 창세신화와 건국신화

1 창세신화

(1) 창세신화의 뜻과 의의

창세신화란 우주와 세상이 창조되고 만들어진 기원과 내력을 밝히는 신화를 말한다. 창세신화는 신화적 상상력에 의한 기원 서사로서 우주 및 인간에 대한 철학적 사유의 결과물이므로 창세신화를 통해 하나의 민족이 지닌 우주 및 인간, 자신들의 문화에 대한 근원적 사유의 유형을 살펴볼 수 있다.

(2) 우리나라 창세신화의 특징

우리나라의 창세신화는 서사무가로 구전되는 것만 있다. 기록된 문헌은 존재하나, 민속학 및 역사학계에서는 대부분 구전자료 위주로 정통 창세신화를 간주한다.

또한 우리나라 창세신화에서 대체로 남신은 1차적 창조(천지개벽이나 일월 조정 등)를 하고 여신은 2차적 창조(자연과 산천 조성, 특정 지역의 지형 형성 등)를 하는 것으로 그려진다.

현재 전하는 10여 편의 창세신화의 형식이나 내용은 일정하지 않아서 원형을 밝히기는 어렵다. 이는 여러 시대를 거치며 적층적으로 형성되었다는 점, 불교 사상 및 중국 창세신화 등의 영향이 많았던 점 때문이라 추측된다.

(3) 대표적 창세신화 중요

① 〈마고할미〉
- ⊙ 전국적으로 분포하는 민간 구전 신화로, 민중의 소박한 세계관과 가치관이 담겨 있는 우리 고유의 창세신화이다.
- ⓒ 마고할미는 '나이 든', '거인의', '창조 여신'의 이미지를 지닌 존재로, 지역에 따라 '설문대할망'(제주도), '개양할미'(서해안), '서구할미'(삼척), '안가닥할미'(경상도 동부) 등으로 변이되어 나타나기도 한다. 또한 세계 각지의 거인신화와도 유사하다.
- ⓒ 마고할미는 몸집이 아주 크고 힘이 센 거인 여신으로 치마폭에 흙을 담아 날라 산이나 섬을 만들었고, 마고할미가 눈 오줌은 산이나 하천이 되어 흘렀다. 그러다가 무당에게 자신의 힘을 내려주고 승천했다고 한다.
- ⓔ 거제도에 가면 마고할미가 쌓다가 만 성이 있다는 이야기나 지리산, 천태산 등이 마고할미가 머물던 산이라는 이야기가 있는 것으로 보아 마고할미 신화가 전해지는 과정에서 전설화되기도 했음을 알 수 있다. 이 과정에서 마고할미나 마고할미의 변이된 형태들의 신격이 격하되어 요괴나

악신의 이미지로 변하거나 죽는 것으로 그려지기도 한다. 이는 유교적 관념에 의한 배격과 함께 불교 도입 이후 민간신앙이 위축되었기 때문인 것으로 추측된다.

ⓜ 1771년 장한철이 쓴 『표해록』에 제주의 한라산과 관련하여 그 전승이 확인된다. 이와 유사한 명칭의 '마고선녀'는 중국 도교 문헌인 『신선전』에도 언급된다. 그러나 『표해록』은 개인 기행기일 뿐, 공식적인 역사서는 아니기 때문에 이에 수록된 〈마고할미〉 또한 공식 신화 기록으로 인정되지 않는다. 실제로 『삼국사기』, 『삼국유사』와 같은 공식 역사서에서 〈마고할미〉가 다루어지지는 않았다.

ⓗ 한편, 신라 박제상이 지은 것으로 전해지는 『부도지』에도 마고 관련 내용이 등장한다. 이는 민족주의 계열 사학에서 언급되는 문헌이기는 하지만, 위서 논란이 있어 학계에서 공식적으로 인정하지는 않는다.

② 〈창세가〉

㉠ 함경도 지역에서 무속서사로 전해지는 창세신화로, 무녀 김쌍돌이가 구연한 것을 1923년 손진태가 채록했다.

㉡ 내용[1]

> 하늘과 땅이 나뉘지 않은 상태였다가 하늘이 가마솥 뚜껑처럼 볼록하게 도드라지자 그 틈새에 미륵이 땅의 네 귀에 구리 기둥을 세워 천지가 분리되었다. 이 시절에는 해와 달이 둘씩 있었는데, 미륵이 해와 달을 하나씩 떼어 북두칠성과 남두칠성 그리고 큰 별, 작은 별들을 마련했다. 미륵은 칡넝쿨을 걷어 베를 짜서 칡 장삼을 해 입었다. 그런 연후에 물과 불의 근본을 알아내기 위하여 쥐의 말을 듣고 금덩산으로 들어가서 차돌과 시우쇠를 톡톡 쳐서 불을 만들어 내고, 소하산에 들어가서 샘을 찾아 물의 근본을 알아내었다.
> 미륵이 금쟁반·은쟁반을 양손에 들고 하늘에 축수하여 하늘로부터 금벌레·은벌레를 다섯 마리씩 받아, 각각 남자와 여자로 변하여 다섯 쌍의 부부가 생겨나 인류가 번성하게 되었다. 미륵이 인간 세상을 다스리고 있을 때에 석가가 등장하여 미륵에게 인간 세상을 내놓으라 했다. 미륵은 석가의 도전을 받고 인세 차지 경쟁을 하게 되었다. 미륵이 계속 승리하자 석가는 잠을 자면서 무릎에 꽃을 피우는 내기를 제안하고, 미륵이 잠든 사이에 미륵이 피운 꽃을 가져다 자기 무릎에 꽂아 부당하게 승리한다. 미륵은 석가에게 인간 세상을 내어주고 사라진다. 석가의 부당한 승리로 말미암아 인간 세상에는 부정한 것들이 생겨나게 되었다.

㉢ 해석

ⓐ 해와 달로 별을 만들었다고 하는 것은 다른 민족의 창세신화와 다른 희귀한 내용이다.
ⓑ 가마솥 뚜껑처럼 둥근 하늘에 일월성신이 있다고 본 것은 무속의 우주관을 보여준다.
ⓒ 미륵보다 상위의 존재로 하늘이라는 천신을 설정하고 있다.
ⓓ 인간이 된 금벌레, 은벌레는 해와 달의 정기를 받고 하늘에서 내려온 존재이므로 인간은 단지 하찮은 벌레가 아니라 신성한 존재로 그려진다.
ⓔ 다섯 쌍의 부부는 다섯 개의 부족을 뜻한다.
ⓕ 인간 세상의 죄악의 근원은 인간이 아니라 부정한 신 때문이라는 인식을 보여준다.

---

[1] [네이버 지식백과] 창세가 [국립민속박물관, 한국민속문학사전(설화 편)]

ⓖ 석가의 부당한 승리로 인해 인간 세상이 부정으로 물들었다는 것을 도교·불교가 혼합된 사상의 영향이라고 보는 견해도 있다.
ㄹ) 창세신화의 모습을 고스란히 보여준다는 점에서 중요한 자료이다.
ㅁ) 몽골이나 일본, 유럽의 창세신화와도 유사한 면이 있어서 비교신화학적 관점에서 중시된다.

③ 〈대별왕 소별왕〉
ㄱ) 제주도에서 큰굿을 할 때 첫째로 하는 굿거리인 초감제에서 부르는 서사무가로 〈천지왕본풀이〉 중 일부로 전해진다.
ㄴ) 내용[2]

> 천지가 개벽하고 만물과 별과 해와 달이 생겨났을 때의 일이다. 해도 둘, 달도 둘인지라 인간 백성들은 낮에는 뜨거워서 죽고 밤에는 추워서 죽을 지경이었다. 천지왕은 지상에 내려와 총명부인과 인연을 맺었다. 다음날 천지왕은 총명부인으로부터 사람들을 괴롭히는 수명장자가 있음을 알게 된다. 천지왕은 수명장자를 징계하여 다스린 다음 하늘로 올라갔다. 총명부인은 아들 둘을 낳아, 형의 이름을 대별왕, 아우의 이름을 소별왕이라 지었다. 형제는 자라나 아버지를 찾아가려고 천지왕이 남기고 간 박씨를 심었다. 박씨에서 싹이 나서 그 줄기가 하늘로 뻗어 가니, 형제는 그 줄을 타고 하늘로 올라갔다. 그리고 1,000근 활 100근 화살로 해와 달을 각각 하나씩 쏘아 떨어뜨려 일월을 정리했다. 형제는 이승과 저승을 각기 차지하여 질서를 마련하고자 했다. 그러나 서로 이승을 차지하고 싶었기 때문에, 형제는 누가 이승을 차지할 것인가를 두고 서로 내기했다. 형제는 여러 가지 문답으로 지혜를 겨루다가, 결국에는 꽃씨를 심어 어떤 꽃씨에서 꽃이 피는가를 보고 승부를 결정하기로 했다. 대별왕이 심은 꽃씨는 꽃이 번성하여 '번성꽃'이 되고, 소별왕이 심은 꽃씨에서 피어난 꽃은 시들시들 '검뉴울꽃'이 되니, 소별왕은 형 대별왕이 잠든 사이에 자신의 꽃과 대별왕의 꽃을 바꿔치기 했다. 이렇게 해서 속임수로 내기에서 이긴 소별왕이 이승을, 대별왕이 저승을 차지하게 되었으니, 저승법은 맑고 청량한 데 반해 이승법은 그렇지 않아 살인·역적·도둑·간음(姦淫) 등이 일어나게 되었다.

ㄷ) 특징
ⓐ 여러 개였던 해와 달을 정리하는 것, 인세를 차지하려고 경쟁하는 것, 이승은 속임수를 쓴 자가 차지하게 되는 것, 내기에 꽃이 등장하는 것 등은 우리나라의 다른 지역 무가뿐만 아니라 다른 나라의 창조신화에서도 나타나는 신화소들로 영향관계를 파악하는 자료가 될 수 있다.
ⓑ 〈초감제〉에 나오는 대별왕과 소별왕은 내륙의 신화에서는 대부분 미륵과 석가로 대체된다.
ⓒ 소별왕의 속임수로 이승이 불완전해졌다고 보는 것은 이승의 모순과 불합리를 설명하는 상징적 장치로서 민속적 가치가 높다.
ㄹ) 제주 무가 전승 집단의 세계관이 드러난다.

---

2) [네이버 지식백과] 천지왕본풀이 (한국학중앙연구원, 한국민족문화대백과)

2 건국신화 중요

(1) 건국신화의 뜻과 갈래

개국신화라고도 하며, 나라의 창업 기원을 다룬 신화를 말한다. 고조선, 북부여, 신라, 고구려, 가락국의 건국신화가 이에 해당한다. 한편, 고려 왕조, 후백제, 조선 왕조의 시조들에 관한 이야기는 역사시대에 형성되어 전설적 성격이 강하므로 엄밀한 의미의 건국신화라 보기 어렵다.

건국신화에서는 나라를 처음 세운 왕에 관한 이야기를 담을 수밖에 없으므로 건국시조신화 내지는 왕조시조신화이기도 하다. 이런 점에서는 김알지, 석탈해 및 신라 육촌장 이야기와 함께 씨족시조신화의 한 갈래로 볼 수도 있고, 역사적 사적들의 창건과 유래를 밝히는 창립전승의 한 갈래라 할 수도 있다. 참고로 김알지, 석탈해 이야기는 김씨, 석씨 등의 시조신화이나, 신라 건국 후의 이야기를 담고 있으므로 건국신화로 여겨지지는 않는다.

(2) 건국신화의 특징

① 『삼국유사』, 『삼국사기』, 『제왕운기』, 『동국이상국집』, 『신증동국여지승람』, 『대동운부군옥』, 『세종실록지리지』 및 『논형』, 『위서』를 비롯한 여러 중국 문헌을 통해 전해진다.
② 단순하고 간단한 형식 혹은 장편 서사시 형식 등으로 형식 및 서술형태가 일정하지 않으나 하늘에서 신령스러운 존재가 내려왔다는 점과 나라를 세우고 스스로 왕이 되었다는 내용을 공통적으로 포함하고 있다.
③ 우리나라 건국신화에는 〈단군 신화〉, 〈주몽 신화〉, 〈박혁거세 신화〉, 〈수로왕 신화〉가 있는데 이들은 북방지역의 신화와 남방지역의 신화로 나뉜다. 대체로 북방지역 신화인 〈단군 신화〉와 〈주몽 신화〉는 '천신과 지신(혹은 수신)의 혼례 → 시조의 탄생 → 건국'의 순서로 진행되는 반면 남방지역의 신화인 〈박혁거세 신화〉와 〈수로왕 신화〉는 '시조의 출생 → 건국 → 시조의 혼례' 순서로 진행된다. 또한 왕이 되는 과정에서 북방계 신화는 국가 체제가 정비된 후 시조가 태어나 새로운 국가를 건설하는 내용이지만 남방계 신화는 국가가 없는 시기에 처음으로 국가를 만들고 최초의 왕이 된다는 점에서 보다 원초적인 국가 시원의 모습을 보여준다. 이는 고대 북방계 사회가 천손사상에 기반한 권력 정당성과 계보의 연속성을 중시한 반면 남방계는 공동체 중심의 신성한 존재가 하늘의 징조 아래에서 백성들의 추대에 의해 왕이 되는 자연적 권위와 신비성을 중시했던 문화를 반영한다고 해석된다.

(3) 건국신화의 대표작

① 〈단군 신화〉
  ㉠ 고조선의 국조인 단군의 신화이다.
  ㉡ 남아있는 한국 최초의 기록은 『삼국유사』이며, 이 외에도 『제왕운기』, 『응제시주』, 『세종실록지리지』, 『동국여지승람』 등에 전한다.
  ㉢ 전승되는 과정에서 도교나 불교의 영향으로 변모된 것으로 보이나 동물숭배 사상이 있던 고대사회에서 형성된 것으로 여겨진다.

② 내용3)

> 옛날 환인(桓因)은 서자 환웅(桓雄)이 하늘 아래 인간 세상에 관심이 있음을 알고 태백산 주변을 굽어보다 그곳이 나라를 세워 다스릴만한 곳으로 여겨 천부인(天符印) 세 개를 주어 내려가서 다스리라고 하였다.
> 환웅은 무리 삼천을 거느리고 태백산 정상으로 내려와, 바람의 신, 강우의 신, 구름의 신을 데리고 곡물과 생명과 질병과 형벌과 선악 같은 인간 세상의 360여 가지 일을 주관하여 다스렸다.
> 그때 곰 한 마리와 호랑이 한 마리가 같은 굴에 살면서 항상 환웅에게 사람이 되게 해 달라고 빌었다. 환웅은 신령한 쑥과 마늘 20개를 주고 "너희가 이것을 먹고 햇빛을 100일간 보지 않으면 사람의 형상을 얻을 수 있다."라고 하였다. 곰은 금기를 지킨 지 21일 만에 여인이 되었으나 호랑이는 금기를 지키지 못하여 사람의 몸을 얻는 데 실패하였다.
> 웅녀는 매양 신단수 아래에서 잉태하기를 빌지만, 결혼할 사람이 없어 환웅이 사람으로 변화하여 웅녀와 혼인하고 아들을 낳아 이름을 단군왕검이라 하였다. 단군은 평양성에 도읍을 정하고 나라 이름을 조선이라고 하였다. 뒤에 백악산, 아사달로 도읍을 옮겼다가 다시 평양성으로 옮겼다. 나라를 다스린 지 1,500년이 지났을 때 주(周)나라에서 기자(箕子)를 조선에 봉하니 단군은 장당경으로 옮겨 갔다가 아사달로 들어가 산신이 되었는데 수명이 1,908세였다.

◎ 해석
  ⓐ 환웅의 무리 : 태양신을 숭배하는 농경 집단의 이주를 의미하며, 우리 민족이 천손이라는 민족적 자긍심을 표현하였다.
  ⓑ 웅녀 : 곰을 숭상하는 토착집단으로, 새로 이주한 환웅 집단에 복속되었다.
  ⓒ '산신이 되었다' : 후대에 산신으로서 제향을 받았다는 의미이다.
  ⓓ 태백산 : 백두산으로 추정된다.
  ⓔ 천부인 : 한 집단의 통치권을 나타내는 구리거울(신경), 군사의 통솔권을 나타내는 신성스러운 칼(신검), 제사를 지낼 때 신의 주의를 끌기 위해 울리는 청동방울이나 북소리(신령 혹은 신고)를 의미한다.
  ⓕ 천부지모형 신화로 아버지가 중시되는 가부장제의 흔적이 있다.
  ⓖ 고대사회의 통과의례의 모습을 엿볼 수 있다.

> 시련의 공간에서(굴), 주술적 효능이 있는 약품을 갖고(쑥과 마늘), 금기의 기간을 일정시간 보냄으로써(100일이나 21일) 재탄생된다.

  ⓗ '환인 – 환웅 – 단군'의 삼대기 구조를 가진다.
  ⓘ 고조선이 성립된 청동기 시대의 역사적 사실과 고대인들의 세계관을 반영하고 있다.

---
3) [네이버 지식백과] 단군신화 [국립민속박물관, 한국민속문학사전(설화 편)]

② 〈주몽 신화〉
㉠ 고구려의 시조인 동명왕(고주몽)의 일대기를 다룬 신화이다.
㉡ 〈동명왕 신화〉라고도 한다.
㉢ 내용4)

> 주몽은 해모수와 유화의 아들로 출생한다. 천제가 태자 해모수를 부여의 옛 도읍지로 보낸다. 옛 도읍지는 천제의 명에 따라 동해 가섭원으로 나라를 옮겨 동부여를 세운 부루왕의 땅이었다. 오룡거에 탄 해모수는 고니를 탄 백여 명의 사람들을 거느리고 하강했는데, 머리에는 까마귀 깃으로 만든 관을 쓰고 허리에는 용광검을 차고 있었다. 아침에 정사를 보고 저녁에 하늘로 올라갔기 때문에 세상 사람들이 천왕랑이라고 불렀다. 해모수는 웅심연 물가에 놀러 나온 하백의 세 딸을 아름다운 구리집으로 유혹하여 그 가운데 맏이인 유화와 억지로 통정한다. 해모수가 용수레를 따라 하백의 나라에 이르러 유화와의 혼인을 요청한다. 해모수와의 변신술 대결에서 패한 하백은 혼인을 허락한 뒤, 해모수가 유화를 버리고 갈까 걱정하여 술에 취하게 한 다음 둘을 함께 가죽수레에 넣어 용수레에 싣는다. 하지만 술이 깬 해모수는 유화의 금비녀로 가죽수레를 뚫고 홀로 승천한다. 하백이 크게 노하여 유화를 우발수로 추방한다.
> 유화는 어부의 그물에 걸려 동부여의 금와왕에게 갔는데, 금와왕은 유화가 천자의 비라는 걸 알고 별궁에 둔다. 그 뒤 유화는 햇빛이 몸을 비추어 임신을 하고 왼쪽 겨드랑이에서 큰 알을 낳는다. 왕이 알을 버렸으나 우마(牛馬)가 피해가고 새가 깃으로 품어 어쩔 수 없이 유화에게 돌려주었더니 마침내 한 사내아이가 알을 깨고 나온다.
> 한 달이 지나 말을 하였는데, 활과 화살을 만들어 주자 백발백중으로 파리를 잡았다. 그래서 이름을 주몽이라고 했다. 성장하면서 금와왕의 일곱 아들과 함께 사냥을 다녔는데 너무 뛰어나서 항상 질시를 받는다.(자료에 따라 금와왕의 아들들이 아니라 신하들로부터 질시를 받았다고 하기도 함) 그래서 주몽은 유화가 준비해 준 준마를 타고 세 벗과 더불어 동부여를 떠난다. 압록강 동북쪽 엄체수에 이르러 채찍으로 하늘을 가리키며 "천자의 손자, 하백의 외손을 불쌍히 여겨 달라."라고 말하면서 활로 물을 치자 물고기와 자라가 다리를 만들어 뒤쫓는 군사들을 따돌리고 무사히 강을 건넌다. 졸본에 정착하여 나라를 세운 뒤 비류왕 송양과의 대결에서 크게 승리한다. 왕위에 오른 지 19년 만에 하늘에 올라간 뒤 내려오지 않아서 태자가 왕이 남긴 옥채찍을 용산(龍山)에 묻고 장사를 지낸다.

㉣ 해석
ⓐ 주몽이 활을 잘 쏘는 것은 군사적 능력이 뛰어남을 보여주며, 여러 가지 주술적 능력을 보여주는 것을 통해 종교적 능력도 지녔음을 알 수 있다. 이밖에도 주몽은 여러 가지 꾀를 내어 문제를 해결하는 뛰어나고 신성한 사람으로 그려진다. 이를 통해 고구려 건국의 정당성이 확보된다.
ⓑ 천신과 수신의 결합으로 왕이 탄생하는 과정을 보여준다. 주몽의 어머니는 수신(水神)인 하백의 딸 유화인데 이처럼 수신계 집안이 등장하는 것은 다른 건국신화와는 다른 특징이다.
ⓒ 난생 신화적 요소와, 물고기와 자라가 다리를 만들어주었다는 어별성교의 이야기 요소가 담겨 있다.

---

4) [네이버 지식백과] 동명왕신화 (국립민속박물관, 한국민속대백과사전)

ⓓ 〈단군 신화〉와 마찬가지로 '천제 – 해모수 – 주몽'의 삼대기 구조로 되어 있다.
ⓔ 주몽의 일대기로 다음의 서사가 나타나는데, 이는 다른 나라의 건국신화가 갖는 특징들과도 일맥상통하며, 후대의 각종 서사문학의 기본 형식으로 자리매김한다.

> 고귀한 혈통 – 비정상적인 출생 – 버려짐 – 조력자의 구원 – 탁월한 능력 – 시련 – 시련의 극복 및 위업 달성

③ 〈박혁거세 신화〉
  ㉠ 신라의 시조 박혁거세의 탄생과 관련된 신화이다.
  ㉡ 『삼국유사』에 실린 내용이 가장 자세하다.
  ㉢ 내용5)

  > 진한(辰韓) 땅의 여섯 마을 우두머리들이 알천 상류에 모였다. 군왕을 정하여 받들고자 하여 높은 곳에 올라 멀리 남쪽을 바라보았다. 그러자 양산 기슭에 있는 나정이라는 우물가에 번개와 같은 이상한 기운이 드리워진 흰말이 엎드려 절하고 있었다. 찾아가서 그곳을 살폈더니 자줏빛 알이 있었고 말은 사람들을 보자 길게 울고는 하늘로 올라갔다.
  > 그 알을 깨뜨리자 사내아이가 나오매, 경이롭게 여기면서 동천 샘에 목욕시키니 온몸에서 빛살을 뿜는 것이었다. 이때 새와 짐승이 더불어 춤추고 하늘과 땅이 흔들리고 해와 달이 청명하였다. 이로 말미암아 혁거세왕이라 이름을 짓고 위호(位號 : 벼슬의 등급 및 그 이름)는 거슬한(居瑟邯)이라고 하였다.
  > 그즈음에 사람들은 다투어 치하드리며 배필을 구하라고 하였다. 같은 날에 사량리 알영 우물가에 계룡이 나타나 그 왼쪽 겨드랑이로 딸아이를 낳으니 그 용모가 수려하였으나 입술이 꼭 닭의 부리와 같았다.
  > 이내 월성의 북천에서 미역을 감기자 입부리가 떨어졌다. 궁실을 남산 서쪽 기슭에 세우고 두 신성스러운 아이를 봉양하였다. 사내아이는 알에서 태어났으되, 알이 박과 같으므로 그 성을 박씨로 삼았다.
  > 딸아이는 그녀가 태어난 우물 이름을 따서 이름으로 삼았다. 그들 나이 열셋이 되매 각기 왕과 왕후로 삼고 나라 이름을 서라벌·서벌·사라 혹은 사로라고 일컬었다. 왕이 계정(鷄井)에서 태어났으므로 더러 계림국이라고도 하였으나 뒤에 신라로 고쳐서 전하였다.
  > 박혁거세왕은 예순한 해 동안 나라를 다스리다 하늘에 올랐는데 칠 일 뒤에 그 주검이 땅에 떨어져 흩어졌다. 왕후 또한 죽으매, 나라 사람들이 합쳐서 묻고자 하였으나 큰 뱀이 나타나 사람들을 쫓으면서 방해하였다. 따라서 5체(五體)를 다섯 능에 묻고 사릉(蛇陵)이라고 이름을 지었다.

  ㉣ 특징
    ⓐ 이미 존재하는 여섯 촌장 위에 새로이 군림하기 위해 하늘에서 내려온 통치자의 모습이 나타나는데, 이것은 씨족사회에서 하나의 국가로 변모해 가는 과정을 보여준다.
    ⓑ '우물'이 신성한 장소로 등장하고 있는데 이는 다른 신화 및 전설과 마찬가지로 일반적인 상징 구조이다.

---
5) [네이버 지식백과] 박혁거세 신화 (한국학중앙연구원, 한국민족문화대백과)

ⓒ 주몽과 혁거세는 둘 다 난생이라는 점에서 같으나 혁거세가 태어난 알은 '박'으로도 묘사된다.
ⓓ 남녀가 같은 날 신비롭게 태어나 배필이 된다는 점은 굿의 한 과정인 신들의 혼례의 원형으로 여겨진다.
ⓔ 박혁거세의 주검이 땅에 떨어져 흩어졌다는 것은 다른 건국신화에서 찾아볼 수 없는 독특한 점이다.

제2절 고대 가요 : 〈공무도하가〉, 〈황조가〉, 〈구지가〉

1 고대 가요의 특징

고대 가요는 고대 부족국가 시대에서 삼국시대 전기까지 불린 시가를 말한다. 처음에는 구비 전승되다가 나중에 기록되었는데 기록될 당시에는 한문만 사용되었기 때문에 한자로 음차되거나 한역되어 기록되었으며, 그로 인해 원래의 율격이나 음운을 파악하기 어렵다.

고대 가요는 『삼국사기』, 『삼국유사』, 『악학궤범』 등에 배경설화와 함께 전해지는데 원래의 가사 없이 설화만 남아 있는 경우가 많다. 고구려의 〈내원성가〉·〈명주가〉·〈연양가〉, 백제의 〈무등산가〉·〈방등산곡〉·〈선운산가〉·〈지리산가〉, 신라의 〈도솔가〉·〈대악〉·〈목주가〉·〈무애가〉·〈원사〉·〈치술령곡〉·〈회소곡〉 등이 현전하지 않는 고대 가요들이다.

반면 현전하는 작품에는 〈구지가〉, 〈황조가〉, 〈공무도하가〉, 〈해가〉, 〈정읍사〉, 〈인삼찬〉, 〈숙세가〉가 있다. 이 중 〈해가〉는 〈구지가〉를 변형한 작품으로 여겨지고, 〈정읍사〉는 백제 가요지만 조선시대에 한글로 정착되어 남아있다. 〈인삼찬〉은 송나라의 『속박물지』에 고구려인이 지었다고 전해지는 작품이지만 자세한 기록이 남지 않아 사실 여부 확인이 필요하다. 또한 〈인삼찬〉은 2000년에 충남 부여 능산리 절터 근처에서 발견된 목간에 새겨진 4언 4구의 작품으로, 7세기 백제인의 작품이라는 설과 글자를 익히기 위해 연습용으로 쓴 것이라는 설이 엇갈려 아직 정식으로 인정되지는 못하고 있다.

2 고대 가요의 대표작 중요

(1) 〈공무도하가(公無渡河歌)〉

① **작가** : 백수광부(白首狂夫)의 아내
② **창작 시기** : 고조선
③ **출전** : 『금조』, 『고금주』, 『오산설림초고』, 『해동역사』
후한 말 채옹이 엮은 『금조』와 진(晉)나라 때 최표가 엮은 『고금주』에 〈공후인〉이라는 악곡으로 채록되어 내려오는 고대 가요이다. 한국 문헌에서는 17세기 차천로의 『오산설림초고』에 처음 나타나

며, 18세기 이후 한치윤의 『해동역사』 등에도 수록되어 있다. 이 노래에 대한 가장 오래된 기록이 중국의 자료이기에 중국노래라는 설도 있었으나 한치윤은 『해동역사』에서 이 작품의 배경을 고조선으로 언급하고 있다. 고조선 시대에 민간에서 불리던 노래가 고조선 멸망 후 한사군의 성립과 더불어 중국으로 전해진 것으로 추측된다.

④ **관련 설화**

> 곽리자고가 새벽에 일어나 배를 저어 갔다. 그때 흰 머리를 풀어헤친 어떤 미친 사람(白首狂夫)이 술병을 들고 어지럽게 물을 건너가고, 그 아내가 쫓아가며 말렸다. 그러나 그 남자는 아내의 말을 듣지 않고 결국 물에 빠져 죽었다. 이에 그 아내는 공후를 타며 〈공무도하(公無渡河)〉라는 노래를 지어 불렀는데, 소리가 매우 구슬펐다. 노래가 끝나자 그녀도 스스로 몸을 던져 물에 빠져 죽었다. 곽리자고가 돌아와 아내 여옥에게 그가 본 광경과 노래를 이야기해 주었다. 여옥은 슬퍼하며 공후를 안고 그 소리를 본받아 타니 듣는 자들은 모두 슬퍼했다. 여옥은 그 노래를 이웃 여자 여용에게 전해주었는데, 이를 일컬어 〈공후인〉이라 한다.

⑤ **본문**

원문	현대어 풀이
公無渡河(공무도하)	그대여, 물을 건너지 마오
公竟渡河(공경도하)	그대 결국 물을 건너셨도다
墮河而死(타하이사)	물에 빠져 돌아가시니,
當奈公何(당내공하)	가신 임을 어이할꼬

⑥ **해석**

㉠ 사랑하는 임을 여읜 시적 화자의 애절한 한과 슬픔이 담긴 이 노래를 통해 우리나라 서정시가의 특징적 주제라 할 수 있는 '한'의 원류를 볼 수 있다.

㉡ 한편 두 가지 죽음의 형태가 나타난다. 먼저 임(백수광부)은 삶과 죽음을 경계 짓지 않는 신화적, 무속적 인간의 모습이 나타난다. 이러한 임의 존재는 무당이라 볼 수도 있는데 그의 죽음은 죽음을 죽음으로 인식하지 않는 제의적, 초월적 죽음이다. 반면 남편의 죽음에 뒤따라 목숨을 던지는 아내는 삶과 죽음을 뚜렷이 경계 짓는 현실적 인간의 모습이다. 이러한 아내의 죽음은 죽음이 세계의 종말이 되는 경험적 죽음이다.

㉢ 〈공무도하가〉는 죽음을 받아들이는 형태가 제의적인 것에서 현실적인 것으로 변화해 가는 모습을 보여줌으로써 철기 시대의 도래로 인한 세계관의 변화를 보여주는 작품이라 할 수 있다. 이처럼 〈공무도하가〉는 사회가 변화하는 상황에 대한 노래라는 점에서 완전한 의미의 개인적 서정시라 보기 어렵다는 견해도 있다. 그러나 〈공무도하가〉와 같은 과정을 거쳐 〈구지가〉계와 같은 집단적 제의의 노래에서 개인적인 서정시로의 변화가 이루어진 것만은 분명하다.

⑦ **의의**

㉠ 고조선 시대의 노래이므로 **현전하는 가장 오래된 서정시**이다.

㉡ 집단 가요에서 개인적 서정시로 넘어가는 과도기적인 작품이다.

(2) 〈황조가〉6)

① **작가** : 고구려 2대 유리왕
② **창작 시기** : BC 17년(유리왕 3)
③ **출전** : 『삼국사기』
④ **관련 설화**7)

> 유리왕은 본실인 송비가 죽자 鶻川(골천) 여인인 禾姬(화희)와 漢族(한족) 여인인 雉姬(치희) 두 아내를 맞이했다. 두 여인은 늘 사이가 좋지 않던 중, 왕이 箕山(기산)으로 사냥을 가 7일간 돌아오지 않자 싸움을 크게 벌여, '한족의 계집이 왜 여기 와서 버릇없이 구느냐' 하고 화희가 말하자 화가 난 치희가 제 고장으로 가 버렸다. 왕이 돌아와 치희가 달아났음을 알고 곧 말을 달려 쫓아갔으나, 치희는 끝내 돌아오지 않았다. 왕은 돌아오는 길에 나무 밑에서 쉬면서 꾀꼬리들의 지저귐을 듣고 비감에 잠겨 이 노래를 지었다.

⑤ **본문**

원문	현대어 풀이
翩翩黃鳥(편편황조) 雌雄相依(자웅상의) 念我之獨(염아지독) 誰其與歸(수기여귀)	꾀꼬리 오락가락 암수 서로 노니는데 외로워라 이 내 몸은 뉘와 함께 돌아가랴

⑥ **해석** : 사랑하는 대상을 잃은 데서 오는 고독감과 슬픔을 표현한 것으로 볼 수도 있으나, 일부 학자들은 왕권강화의 시도와 좌절로 해석하기도 한다.
⑦ **의의** : 우리나라 최초의 개인 서정시이다.

(3) 〈구지가〉(〈영신군가〉, 〈구하가〉, 〈구지봉영신가〉)

① **작가** : 미상
② **창작 시기** : 기원후 42년
③ **출전** : 『삼국유사』「가락국기 수로왕 탄강기」
④ **관련 설화**

> 서기 42년 3월 계욕의 날에 북쪽 구지에서 수상한 소리로 부른 것이 있었다. 무리 200~300명이 거기에 모였는데, 사람의 소리 같기는 하지만 그 형상은 나타나지 않고 소리만 내어, "여기에 누가 있느냐?"라고 묻더라는 것이다.
> 구간(九干) 등이 "우리가 있소."라고 대답하자, "내가 있는 곳이 어디냐?"하고 재차 물어오자, 구간이 다시 "구지요."라고 대답하였다.

---

6) [네이버 지식백과] 황조가 [黃鳥歌] (두산백과, 두산백과 두피디아)
7) [네이버 지식백과] 황조가 [黃鳥歌] (전관수, 한시작가작품사전, 2007. 11. 15.)

이에 다시 "하늘이 나에게 명하기를 이곳에 와서 나라를 새로 세워 임금이 되라 하였기에 여기에 내려왔다. 그러니 너희들은 모름지기 산봉우리를 파서 흙을 모으면서 '거북아 거북아 머리를 내어놓아라. 만일 내어놓지 않으면 구워 먹으리라.(龜何龜何 首其現也 若不現也 燔灼而喫也)'고 노래하면서 춤을 추어라. 그러면 곧 대왕을 맞이하게 될 것이고, 이에 너희들은 매우 기뻐서 춤추게 될 것이다."라고 하였다.

구간들이 그 말과 같이 행하고 모두 기뻐하면서 노래하고 춤추었다. 그러자 얼마 후 자주색 끈이 하늘로부터 드리워져 땅에 닿았다. 그 끝을 찾아보니 붉은 보자기에 금합자가 싸여 있었다. 열어보니 그 속에는 해와 같이 둥근 황금빛 알 여섯이 있어 이를 본 모든 사람이 놀라고 기뻐하여 함께 수없이 절을 했다.

조금 있다가 다시 보자기에 싸서 아도간(我刀干)의 집으로 돌아와 평상 위에 두고는 무리들이 모두 흩어졌다가, 하루가 지난 다음날 아침에 다시 모여 금합자를 열어보니, 알 여섯개가 모두 동자로 변했는데, 용모가 매우 준수하였다고 한다.

(이후 가장 처음 나타난 동자를 '수로'라 불렀는데 대가야의 주인이 되었으며, 나머지 다섯 동자도 다섯 가야의 주인이 되었다.)

⑤ **본문**[8]

원문	현대어 풀이
龜何龜何(귀하귀하)	거북아 거북아
首其現也(수기현야)	머리를 내어놓아라
若不現也(약불현야)	만일 내어놓지 않으면
燔灼而喫也(번작이끽야)	구워 먹으리라

⑥ **해석**

이 노래에 대한 해석은 '거북'을 무엇으로 보는가에 따라 달라진다.

㉠ 거북을 실제 거북이라 생각하고, 토테미즘에 근거해 사람들이 신령스런 장수의 동물인 거북에게 우두머리를 내려달라고 비는 노래라고 보는 관점이 있다.

㉡ 또한 거북을 뜻하는 '龜'가 '신'을 뜻하는 우리말 '검'을 나타내기 위해 빌려 온 한자라고 보는 입장이 있다. 이 입장에 따르면 거북은 '신'이 된다. 신에게 우두머리를 내려달라고 비는 노래라는 입장이다. 이것은 비교적 최근 일부 학자들에 의해 제기된 주장이다.

㉢ 노래의 뒷부분은 신에게 협박을 할 정도로 강렬한 기원의 마음을 갖고 있음을 의미하기도 하고 제물을 불태워 제사지내는 희생제의를 뜻한다고 보기도 한다.

㉣ 한편 구조적인 면에서 〈구지가〉에 나타나는 '호명 - 명령 - 가정 - 위협'의 구조는 우리나라의 다른 시대 작품뿐만 아니라 중국, 인도네시아, 남미 등 다른 나라 작품에도 나타나는 형태이다. 이러한 〈구지가〉계 노래들에 나타나는 공통점을 뽑아보면 다음과 같다.

ⓐ 집단적 제의에서 여럿이 함께 부르는 주술적 노래이다.

ⓑ 기우 혹은 풍요를 바라는 내용이다.

ⓒ 신의 의지를 대리하는 존재에게 주술적으로 요구한다.

---

[8] [네이버 지식백과] 구지가 (한국학중앙연구원, 한국민족문화대백과)

이러한 점으로 보아 〈구지가〉는 청동기 문화를 배경으로 본격적인 농경이 이루어지고, 혈연집단보다 큰 규모의 공동체가 형성되는 상황에서 직접적인 위협을 할 수 없을 정도로 초월적인 힘을 지닌 신에 대한 관념이 형성된 시기의 작품이라는 것을 알 수 있다. 이러한 특성은 『삼국지』「위지」'동이전'에 나오는 제천의식의 전통과 일치한다. 따라서 〈구지가〉는 우리 시가 생성기의 초기 모습을 보여주는 작품이라 할 수 있다.

⑦ **의의**
  ㉠ 현전하는 가장 오래 된 집단 무요이다.
  ㉡ 주술성을 지닌 것 중에 가장 오래된 노동요이다.

더 알아두기

〈해가〉

〈해가〉는 『삼국유사』 기이편 「수로부인」조에 실려 있는 작자 미상의 제의가요이다. 신라 성덕왕 때 순정공의 부인 수로는 미모가 뛰어났는데 순정공이 강릉태수로 부임하여 가는 길에 동해안에서 갑자기 해룡(海龍)이 나타나 수로부인을 납치해 갔다고 한다. 이때 한 노인이 나타나 백성들을 모아 막대기로 언덕을 치면서 다음과 같은 노래를 부르게 했더니 해룡이 수로부인을 내놓았다고 한다. 그 노래의 내용은 다음과 같다.

원문	현대어 풀이
龜乎龜乎出水路(구호구호출수로)	거북아 거북아 수로를 내놓아라
掠人婦女罪何極(약인부녀죄하극)	다른 이의 부녀를 빼앗은 죄가 얼마나 되는가
汝若悖逆不出獻(여약패역불출헌)	네가 만약 거역하여 바치지 않으면
入網捕掠燔之喫(입망포략번지끽)	그물로 (너를) 잡아 구워먹고 말리라

〈해가〉는 〈구지가〉와 내용 및 구조가 매우 흡사하여 〈구지가〉가 전승되는 과정에서 변모된 것으로 여겨진다.

제 2 편 | 실전예상문제

제1장 한국문학의 기점

01 원시 종합예술에 대한 설명으로 가장 적절한 것은?
① 문자 기록 이후에 나타난 예술 활동
② 언어, 음악, 무용 등이 분화된 독립적 예술 형태
③ 다양한 예술 양식이 융합된 집단 예술 활동
④ 개인의 창작 활동을 중심으로 발전한 예술

02 다음 중 원시 종합예술의 특징에 해당하지 <u>않는</u> 것은?
① 주술성
② 공동체성
③ 개인적 창작
④ 신체성과 감각성

03 다음 내용에서 괄호 안에 들어갈 말을 순서대로 옳게 짝지은 것은?

> 원시 종합예술의 언어는 단순한 정보 전달이 아니라 (㉠)과 (㉡)의 교감을 위한 매개체였다.

	㉠	㉡
①	인간	동물
②	인간	신
③	신	자연
④	인간	인간

---

01 원시 종합예술은 문자 기록 '이전' 시대에 있던 것이고, 여러 분야의 예술이 분화되지 않고 융합된 형태였으며, 개인이 아닌 공동체 중심의 창작이 이루어졌다.

02 원시 종합예술은 개인적이지 않고 공동체적이었다.

03 원시 종합예술에서 언어는 인간과 신 사이의 교감을 위한 매개체로 사용되었다.
①·③·④는 원시 종합예술에서 언급되지 않은 관계이다.

정답 01 ③ 02 ③ 03 ②

04 다음 중 현대 문학 장르 중 원시 종합예술과 관련된 것으로 볼 수 있는 것만 옳게 고른 것은?

> ㄱ. 실험시
> ㄴ. 수필
> ㄷ. 멀티미디어 문학
> ㄹ. 소설

① ㄱ, ㄷ
② ㄱ, ㄴ
③ ㄴ, ㄷ
④ ㄱ, ㄹ

04 실험시, 멀티미디어 문학은 '공연성'과 '집단적 체험'의 성격에서 원시 종합예술과 연결된다.
수필과 소설은 주로 문자 중심이며, 개인적 서사 성격이 강하다는 점에서 원시 종합예술과 성격이 다르다고 할 수 있다.

05 다음 중 원시 종합예술과 현대 공연예술에 대한 설명으로 가장 적절한 것은?

① 원시 종합예술은 말해지는 몸의 표현이 없었다.
② 원시 종합예술은 현대 무용과는 관계가 없다.
③ 원시 종합예술은 현대 연극의 원형으로 볼 수 있다.
④ 원시 종합예술은 오직 기록문학만을 지향했다.

05 원시 종합예술은 말과 행동이 결합된 형태로 현대 연극의 원형이 되었다.

06 다음 중 비문의 문학적 특징에 해당하지 않는 것은?

① 찬양의 문체 사용
② 고사 인용
③ 대구 표현 활용
④ 객관적 사실 중심

06 비문은 수사적 성격이 강한 글로, 객관적인 내용과 표현이 중심이 된다고는 할 수 없다.
①·②·③의 찬양적 문체, 고사 인용, 대구 표현은 비문의 문학적 특징이다.

정답 04① 05③ 06④

07 ㄱ, ㄷ, ㄹ은 모두 지석문의 특징이지만, ㄴ은 비문과 묘지명에 더 적절한 설명이다.

07 다음 〈보기〉 중 지석문의 특징에 해당하는 것만 옳게 고른 것은?

> 보기
> ㄱ. 생애, 신분, 묘 위치 기록
> ㄴ. 수사적 문장 강조
> ㄷ. 사실 중심으로 기록됨
> ㄹ. 고전 한문으로 기록

① ㄱ, ㄷ, ㄹ
② ㄱ, ㄴ, ㄷ
③ ㄴ, ㄷ, ㄹ
④ ㄱ, ㄴ, ㄹ

08 ② 묘지명은 고인의 행적과 업적 중심이다.
③ 묘지명은 구술문학이 아니라 문자 기록물이다.
④ 묘지명은 구성이 정형화되어 있다.

08 다음 중 묘지명의 특징으로 가장 적절한 것은?

① 산문 형식이나 수사적 표현이 가미된다.
② 고인의 업적보다 가족사를 중심으로 기록된다.
③ 순수 구술문학에 가깝다.
④ 개인별, 가문별로 구성이 천차만별이다.

09 지석문은 간결하고 사실 중심이며 주로 무덤 내부에 매장된 지석에 적혀 있다.

09 다음은 어떤 기록물의 특징인가?

> • 간결한 사실 중심으로 기록하였다.
> • 무덤 내부에서 주로 발견되었다.
> • 고전 한문을 사용하였다.
> • 무령왕릉의 것이 유명하다.

① 비문
② 지석문
③ 묘지명
④ 구술서사

정답 07 ① 08 ① 09 ②

주관식 문제

01 원시 종합예술이 한국문학사에서 갖는 문학사적 의의에 대해 서술하시오.

01 정답
원시 종합예술은 한국문학의 기원으로, 공동체의 기억과 신화를 전승하는 역할을 했다. 다양한 예술 양식이 융합된 형태로 문학의 본질을 집약해 보여준다. 현대 문학과의 연관성 속에서도 중요한 의미를 지닌다.

02 다음 내용에서 괄호 안에 들어갈 말을 순서대로 쓰시오.

> 비문은 주로 (㉠)(이)나 사건을 기념하기 위해 돌에 새긴 글로, (㉡)적 문장을 많이 사용하였다.

02 정답
㉠ 인물
㉡ 수사
해설
비문은 인물이나 사건을 기념하며, 수사적 문장과 찬양적 문체를 사용한다.

03 문학사적 관점에서 비문, 지석문, 묘지명이 갖는 공통적인 의의를 서술하시오.

03 정답
비문, 지석문, 묘지명은 문자로 기록된 최초의 문학적 표현으로, 공동체와 개인의 정체성을 기록하는 자기 서사의 출발점이라는 점에서 이들은 단순한 역사 자료를 넘어 문학적 가치도 지닌다.

제2장 고대 문학

01 다음 중 창세신화의 정의로 가장 적절한 것은?

① 나라의 시조가 나라를 세운 과정을 이야기한 신화
② 자연과 산천을 형성한 신화
③ 우주와 세상의 기원 및 내력을 밝힌 신화
④ 신들이 인간 세계에 개입한 이야기

02 다음 중 문헌으로 남은 기록이 공식 역사서가 아닌 창세신화는?

① 마고할미 신화
② 박혁거세 신화
③ 단군 신화
④ 주몽 신화

03 다음 중 우리나라 창세신화의 공통적인 서사 구조로 적절하지 않은 것은?

① 여신이 천지를 창조함
② 남신이 천지를 창조하고 여신은 자연을 형성함
③ 천지개벽 후 인간 탄생
④ 다양한 시대적 요소가 적층적으로 결합됨

---

01 ① 건국신화에 해당하는 설명이다.
② 창세신화의 일부 소재일 수 있지만 전체 정의로 보기 어렵다.
④ 일반적인 신화 범주에 해당하지만 창세신화의 정의는 아니다.

02 마고할미 신화는 구전설화이며, 『표해록』이나 『부도지』에 관련 기록이 있으나 역사서에 남아있지는 않다. ②·③·④는 모두 역사적 문헌으로 남아 있는 건국신화들이다.

03 우리나라 창세신화에서는 남신이 천지를 창조하고 여신은 2차적 창조를 담당하는 경우가 많다.
일부 민간신화나 무속신화(〈설문대할망〉, 〈마고할미〉 등)에서 '여신의 천지창조' 모티프가 존재하나, 이를 창세신화의 공통적인 서사 구조로 볼 수는 없다.

정답 01 ③ 02 ① 03 ①

04 다음 중 〈창세가〉에 대한 설명으로 옳지 않은 것은?

① 함경도 지역에서 전해지는 무속서사이다.
② 금벌레・은벌레로부터 인간이 생겨났다고 한다.
③ 석가가 부정한 방법으로 인세를 차지한다.
④ 여러 개의 별들이 뭉쳐져 해와 달이 되었다고 한다.

04 〈창세가〉에서는 별에서 해와 달이 만들어진 것이 아니라, 처음에 각각 두 개씩 있었던 해와 달을 미륵이 하나씩 떼어 여기서 여러 별들을 만들었다고 한다.

05 다음 중 건국신화로 볼 수 없는 것은?

① 단군 신화
② 주몽 신화
③ 김알지 설화
④ 수로왕 신화

05 김알지 설화는 신라의 시조 중 하나에 해당하지만 전설적 요소가 강하고, 국가 창건의 직접적인 서사가 없기 때문에 건국신화로 분류되지는 않는다.

06 〈황조가〉에 대한 설명으로 적절하지 않은 것은?

① 유리왕이 지었다.
② 우리나라 최초의 개인 서정시이다.
③ 5언 절구의 한시이다.
④ 사랑하는 사람과 헤어진 데서 오는 슬픔을 담아냈다.

06 〈황조가〉는 한문으로 쓰이긴 했으나 일반적인 한시 형태인 5언 혹은 7언으로 쓰이지 않고 4언으로 한역되어 남아있다.

정답 04 ④ 05 ③ 06 ③

07 〈공무도하가〉에서 백수광부는 등장인물이며, 노래를 지은 이는 백수광부의 아내이다. 나머지 선지는 모두 작품의 성격과 전승 과정을 정확히 설명하고 있다.

07 〈공무도하가〉와 관련된 설명으로 적절하지 <u>않은</u> 것은?

① 후한 말 채옹이 엮은 『금조』에도 기록되어 있다.
② 작자는 백수광부이다.
③ 죽음에 대한 현실적 인식과 제의적 인식이 함께 나타난다.
④ 개인 서정시로의 이행을 보여주는 과도기적 작품이다.

08 〈황조가〉는 꾀꼬리의 암수 지저귐을 통해 왕의 고독감을 표현한 개인 서정시이다. 또한 『삼국사기』에 실려 있다.

08 〈황조가〉에 대한 설명으로 가장 적절한 것은?

① 왕권 찬양을 위한 집단 무요이다.
② 〈구지가〉의 영향을 받아 형성된 제의가요이다.
③ 꾀꼬리를 통해 왕의 외로움을 노래한 개인 서정시이다.
④ 『삼국유사』에 실린 고구려 시가이다.

09 〈해가〉는 신라 시대의 노래로, 〈구지가〉와 내용 및 형식이 매우 비슷하다.

09 〈해가〉에 대한 설명으로 적절하지 <u>않은</u> 것은?

① 『삼국유사』에 실려 있다.
② 신라 성덕왕 때의 일화가 배경이다.
③ 수로부인을 구출하기 위한 주술적 노래이다.
④ 내용과 형식이 〈공무도하가〉와 비슷하다.

정답 07 ② 08 ③ 09 ④

10 다음 중 '사랑하는 이를 잃은 여성 화자의 애절함'이 중심 정서인 작품은?

① 〈공무도하가〉
② 〈구지가〉
③ 〈황조가〉
④ 〈해가〉

10 〈공무도하가〉는 남편을 잃은 아내의 슬픔과 한을 표현한 작품이다. 〈황조가〉는 남성 화자의 외로움. 〈구지가〉는 주술적 내용. 〈해가〉는 구출 제의의 내용을 담고 있다.

주관식 문제

01 〈창세가〉에서 인간이 된 존재는 무엇에서 유래한 것으로 나오는지 모두 쓰시오.

01 **정답**
금벌레, 은벌레
해설
미륵이 하늘에서 받은 금벌레와 은벌레가 인간이 되어 다섯 쌍의 부부가 된다.

02 남방계 건국신화(박혁거세 신화, 수로왕 신화)와 북방계 건국신화(단군 신화, 주몽 신화)의 구조적 차이를 서술하시오.

02 **정답**
북방계 건국신화는 '천신과 수신의 결합 → 시조의 탄생 → 건국'의 구조를 가지며, 국가 체제가 정비된 이후 새로운 나라를 세우는 과정을 보여 준다. 반면 남방계 건국신화는 '시조의 출생 → 건국 → 시조의 혼례'로 이어지는 구조를 가지며, 무국가 상태에서 초창기 국가가 형성되는 원초적인 과정을 담고 있다.

정답 10 ①

03 **정답**
〈구지가〉
해설
〈구지가〉는 대표적인 제의적 노래로, 제시문에 작성된 특징과 일치한다.

03 다음 특징에 가장 부합하는 고대 가요 작품의 제목을 쓰시오.

- 토테미즘을 기반으로 한다.
- 신에게 명하여 왕을 맞이하는 내용이다.
- 주술적 제의와 무요적 성격을 갖는다.

04 **정답**
㉠ 고조선
㉡ 백수광부의 아내
해설
〈공무도하가〉는 『해동역사』 등에서 배경을 고조선으로 추정한다. 노래를 부른 이는 백수광부의 아내로, 남편의 죽음을 보고 그 애절한 정서를 노래했다.

04 다음 내용에서 괄호 안에 들어갈 말을 순서대로 쓰시오.

〈공무도하가〉는 (㉠) 시대에 민간에서 불린 노래로 추정되며, 시적 화자는 (㉡)이다.

05 **정답**
고대 가요는 구비 전승되다가 한문으로 번역되거나 음차로 기록되었다. 이로 인해 원래의 율격, 음운이 파악하기 어려워졌고, 이로 인해 의미 해석에 논란이 생기게 되었다.

05 고대 가요가 문헌에 전해진 방식과 그 과정에서 생긴 문제점을 서술하시오.

제 3 편

삼국·남북국 시대의 문학

제1장	한문학의 성립
제2장	향가
제3장	설화
실전예상문제	

| 단원 개요 |

이 시기는 한자의 전래와 함께 문학이 본격적으로 형성·발전된 시기로, 한문은 상류층을 중심으로 향유되었다. 당시에는 한문 어순을 그대로 따르기도 했지만 우리말 어순과 문법에 맞게 주체적으로 변형해 사용하는 경우도 많았다. 이 시기에 창작되거나 널리 알려진 작품들은 대부분 후대 문헌에 수록되어 전해지지만, 이를 통해 삼국과 남북국 시대 민중들의 세계관과 문학적 인식을 확인할 수 있다.

| 출제 경향 및 수험 대책 |

이 시기는 우리 문학의 근본을 이루는 다양한 설화가 만들어지고 널리 퍼진 시기에 해당한다. 따라서 〈연오랑세오녀〉, 〈구토지설〉 등 주요 설화 작품들의 내용을 정확히 이해하는 것이 중요하다. 또한 향가는 한국 운문문학의 출발점에 해당하는 중요한 장르이므로 형식, 주제 등의 특징과 〈헌화가〉, 〈제망매가〉 등의 대표 작품들을 함께 정리해 두어야 한다. 설화와 향가 모두 문제 출제 비중이 높으므로 꼼꼼한 암기가 필요하다.

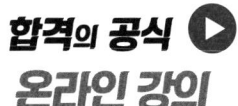 

보다 깊이 있는 학습을 원하는 수험생들을 위한
시대에듀의 동영상 강의가 준비되어 있습니다.
www.sdedu.co.kr ➜ 회원가입(로그인) ➜ 강의 살펴보기

제 1 장 한문학의 성립

제1절 한자·한문의 전래와 정착

1 한자 및 한문의 전래와 정착

한자가 한국에 전래된 시기에 대해서는 여러 견해가 존재한다. 서력 기원 전후에 한자가 전래되었다는 견해(이기문)와 함께, 기원전 3세기(김영욱), 혹은 기원전 4세기(윤선태) 무렵 이미 한자가 사용되었을 것으로 보는 주장도 있다. 그러나 한사군이 설치된 **기원전 108년**을 한자의 본격적 사용과 보급의 결정적 계기로 본다는 점에서는 대체로 견해가 일치한다.

중원 지역의 평민들이 진시황의 폭정을 피해 고조선으로 이주해 오면서 한자가 점차 전래되었고, 한 무제가 위만조선을 정벌하고 한사군을 설치한 것은 한자의 대규모 보급에 중요한 영향을 주었다. 특히 한사군 지역에서는 관료 행정과 법령 집행에 한문이 필요했기 때문에, 한자의 사용이 제도적으로 확산되었다. 이후 삼한 지역으로도 점차 한자가 전파되었고, 무덤의 묘지명이나 비문 등에 한자가 사용된 사례가 확인된다.

한자가 전래된 이후, 역사 기록과 공식 문서 작성 등에 한문이 사용되기 시작하였으며, 삼국 시대에는 한자와 한문이 공식적인 문자언어로 정착하였다. 이러한 흐름은 고구려의 광개토대왕비, 백제의 사택지적비, 신라의 순수비 등에서 확인할 수 있다.

2 한문학의 개념

한자는 한국에 전래된 뒤 그대로 사용되기도 했으나, 우리말에 맞게 변용되어 활용되기도 하였다. 이를 보여주는 대표적인 예가 향찰, 이두, 구결 등 차자표기(借字表記)이다. 이러한 현상은 한국어와 중국어가 언어 유형상 차이를 가지기 때문이다. 한국어는 첨가어로서 '주어 – 목적어 – 서술어(SOV)' 어순인 반면, 중국어는 고립어로서 '주어 – 서술어 – 목적어(SVO)' 어순을 따른다.

따라서 한자가 전래된 당시 한국의 지식인들은 한자와 한문의 어순을 조정하거나, 한문에 없는 문법 형태를 한자로 보충하여 표현하는 방식으로 적극적이고 주체적으로 한자를 수용하고자 노력하였다. 이 과정은 우리말을 한자로 기록하는 창조적 시도로 볼 수 있다.

그러나 문학사적 범주로서 논의하는 '한문학'은 이러한 차자표기를 이용한 기록이 아니라, 한문 자체의 언어 규범에 따라 창작된 문학을 가리킨다. 즉, 한국문학사의 관점에서 **한문학**은 우리 조상이 한문을 매개로 하여 **한국인의 사상과 감정을 표현한 일체의 문학 작품**을 말한다.

3 한문학의 갈래

(1) 운문

한시(漢詩)는 크게 당나라 이전의 '고시(古詩)'와 당나라 이후의 '근체시(近體詩)'로 나눌 수 있다.

① **고시**
  ㉠ 고체(古體) 혹은 고풍(古風)이라고도 불린다.
  ㉡ 당나라 시대에 완성된 근체시에 비해 상대적으로 자유로운 형식을 가진 시로, 5언이나 7언을 중심으로 하되 엄격한 율격은 갖추지 않았다.
  ㉢ 내용과 형식이 비교적 소박하고 자연스러워 개인적 정서를 자유롭게 표현하는 데 적합했다.

② **근체시**
  ㉠ 고시와 구별하여 새롭게 정형화된 시를 가리키며, 금체시(今體詩)라고도 한다.
  ㉡ 구수(句數)에 따라 절구(4구), 율시(8구), 배율(排律, 10구 이상)로 나뉘고, 각각 5언과 7언으로 구별된다.
  ㉢ 엄격한 평측[平仄, 한자의 높고 낮은 소리(성조)를 평성과 측성으로 나눈 것]과 압운 규칙을 따르며, 형식미를 중시하였다.

(2) 산문

산문의 종류에 대해서는 여러 학설이 있으나, 『동문선』에서는 한문산문을 다음과 같은 갈래로 나누고 있다.

논변류(論辨類)	논설문. 사상이나 의견을 펼치는 글
주소류(奏疏類)	임금에게 올리는 문서
조령류(詔令類)	왕의 명령을 기록한 글
서발류(序跋類)	문집이나 시집의 서문과 발문
증서류(贈序類)	이별이나 작별할 때 지어 주는 글
전지류(傳志類)	인물 전기, 비문, 묘표, 행장 등
잡기류(雜記類)	기행문, 일화, 사물에 관한 기록
사독류(私牘類)	편지글

이러한 갈래를 통해 볼 때, 한문학은 운문과 산문 양쪽 모두에서 다양한 양식과 주제를 포괄하며 발전하였다는 것을 알 수 있다.

제2절 삼국과 발해의 한문학

1 삼국의 한문학

(1) 고구려의 한문학

고구려는 지리적으로 중국과 가까워 삼국 중 가장 먼저 한자를 받아들였고, 이를 바탕으로 한문학을 발달시켰다. 현전하는 고구려 한문학 작품을 통해, 고구려의 한자 보급과 한문 교육 수준이 상당한 경지에 이르렀음을 알 수 있다.

① 장수왕, 『광개토대왕릉비』 비문

광개토대왕릉비는 고구려 제20대 장수왕이 414년에 아버지 광개토대왕의 업적을 기리기 위해 세운 비석이다. 44행 1,775자에 달하는 이 비문은 고구려 시조 주몽의 건국설화로 시작하여 왕실 계보, 광개토대왕의 정복 사업과 업적을 찬양하는 내용을 담고 있다.

> 옛적에 시조 추모왕(鄒牟王)이 나라를 개창하였다. [추모왕은] 북부여(北夫餘)에서 태어났는데, 천제의 아들이었고 어머니는 하백(河伯)의 따님이었다. 알을 깨고 세상에 강림하였으니, 탄생하면서부터 성스러움이 있었다. … 수레를 출발시켰다. [추모왕이] 순행하여 남쪽으로 내려갔는데, 도중에 부여의 엄리대수(奄利大水)를 경유하였다. [추모]왕이 나룻가에 이르러 말하기를 "나는 황천(皇天)의 아들이며, 어머니는 하백의 따님인 추모왕입니다. 나를 위하여 갈대를 연결하고 거북이를 떠오르게 하소서."라고 하였다. [추모왕의] 음성이 떨어지자마자 곧 갈대를 연결하고 거북이를 떠오르게 하였다. 그러한 다음에 [엄리대수를] 건널 수 있었다. 비류곡(沸流谷) 홀본(忽本) 서쪽에서 산 위에 성(城)을 쌓고 도읍을 세웠다. [추모왕이] 세속의 왕위를 기꺼워하지 않으니, [천제가] 황룡을 보내어 내려와 왕을 맞이하였다. [추모]왕은 홀본 동쪽 언덕에서 용의 머리를 디디고 천상(天上)으로 올라갔다. (후략)[1]

② 을지문덕, 〈여수장우중문시〉 **중요**

을지문덕이 고구려 영양왕 대(재위 590~618)에 수나라 장군 우중문(于仲文)에게 보낸 5언 고체 한시이다. 『삼국사기』 을지문덕전에 기록되어 있으며, 제목은 후대에 붙여진 것이다.

원문	현대어 풀이
神策究天文(신책구천문)	신기한 계책은 하늘의 이치를 꿰뚫고
妙算窮地理(묘산궁지리)	교묘한 계산은 지리를 꿰뚫었다
戰勝功旣高(전승공기고)	싸움에 이겨 공이 이미 높았으니
知足願云止(지족원운지)	만족하고 이쯤에서 멈추기를 바란다

이 시는 수나라 30만 대군을 맞아 살수에서 싸운 을지문덕이 적장을 조롱하며 경고하는 내용이다. 앞부분에서는 우중문을 높이는 듯하지만, 뒷부분에서는 전쟁을 그만두라고 경고하고 있다.

---

[1] '광개토대왕릉비' (국사편찬위원회, 한국사데이터베이스-한국 고대 사료 DB)

③ 정법사, 〈영고석〉[2]

고구려 후기 승려 정법사가 지은 5언 고시로, 『해동역사』 권47과 『대동시선』 권1에 전한다.

원문	현대어 풀이
逈石直生空(형석직생공)	형석은 하늘에 우뚝 솟고
平湖四望通(평호사망통)	평호는 사방으로 틔었네
巖隈恒灑浪(암외항쇄랑)	바위 뿌리는 언제나 물결에 씻기는데
樹杪鎭搖風(수초진요풍)	나무 끝은 우거져 바람에 나부낀다
偃流還淸影(언류환청영)	잔잔한 물 위에는 그림자 잠기고
侵霞更上紅(침하갱상홍)	자욱한 노을 속에 붉은 봉우리
獨拔群峰外(독발군봉외)	군봉 밖으로 홀로 솟아서
孤秀白雲中(고수백운중)	흰 구름 사이에서 으젓하구나

이 작품은 호숫가의 바위를 소재로 자연 경관을 묘사하면서, 고고한 정신세계를 우의적으로 드러내고 있다.

(2) 백제의 한문학

백제는 일찍부터 한자를 적극적으로 수용하고 이를 일본에도 전파할 만큼 높은 한문학 수준을 보였다. 고이왕 대에는 아직기와 왕인이 일본에 파견되어 『논어』와 『천자문』 등을 가르쳤다. 또한 『서기』, 『백제기』, 『백제본기』, 『백제신찬』 등의 역사서가 편찬된 것으로 기록되어 있으나, 이들 문헌은 현전하지 않고 있다.

또한 『악학궤범』에 기록된 〈정읍사〉가 백제 노래 중 유일하게 가사가 전해지며, 이외에 〈지리산가〉, 〈선운산가〉, 〈무등산가〉, 〈방등산가〉 등은 제목만 남아 있다. 현전하는 주요 작품은 다음과 같다.

① 성충, 〈옥중상서〉

백제 의자왕 대에 충신 성충이 투옥된 뒤 죽음을 앞두고 올린 상소문이다. 내용은 외적을 막기 위해 지형을 이용한 방어 전략을 건의하는 것으로, 그의 충절을 보여준다.

> "충신은 죽어도 임금을 잊지 않는 것이니 원컨대 한 말씀 올리고 죽겠습니다. 신이 늘 때를 보고 변화를 살폈습니다만, 틀림없이 병혁(兵革)의 일이 있을 것입니다. 무릇 군사를 쓸 때에는 반드시 그 지리를 살펴 택할 것이니, (강의) 상류에 처하여 적을 끌어들인 연후에야 가히 보전할 수 있을 것입니다. 만약 다른 나라의 군사가 오면 육로로는 침현(沈峴)을 넘지 못하게 하고, 수군은 기벌포(伎伐浦)의 언덕에 들어오지 못하게 하셔야 합니다. 험난하고 길이 좁은 곳을 꾀하여 이로써 그들을 막은 연후에야 가능할 것입니다."
> — 『삼국사기』 권28 「백제본기 의자왕」 —

---

[2] [네이버 지식백과] 영고석 [詠孤石] (한국학중앙연구원, 한국민족문화대백과)

② 『사택지적비』 비문[3]

사택지적이 늙음을 한탄하며 불교에 귀의하고 사찰과 탑을 세운 일을 기념한 비석이다. 일부는 판독이 어렵지만, 대체로 신앙심과 덧없는 인생에 대한 성찰을 담고 있다.

> "갑인년 정월 9일 나지성의 사택지적은 몸이 날로 쉬이 가고 달로 쉽게 돌아오기 어려움을 한탄하고 슬퍼하여, 금을 뚫어 진귀한 당을 세우고 옥을 깎아 보배로운 탑을 세우니, 높고 큰 자비로운 모습은 신광을 토하여 구름을 보내는 듯하고 아아한 슬픈 모습은 성명을 머금어 □□을 한 듯하다."

(3) 신라의 한문학

신라는 지리적으로 고립되어 있어 한자의 수용이 고구려, 백제보다 늦었다. 그러나 6세기 진흥왕 대에 국사를 정리하고, 진흥왕순수비 등 한문 비문을 세우면서 한문학 기반을 다졌다. 이후 7세기에 들어 당나라와의 교류를 통해 한문학이 급속히 발전했다.

① 진덕여왕, 〈태평송〉

650년, 당 고종에게 바친 5언 고시로, 당나라의 위엄과 태평성대를 칭송하는 내용이다. 작자에 대해서는 진덕여왕 본인이라는 설과 신하 대필설이 대립한다.

원문	현대어 풀이[4]
大唐開洪業(대당개홍업)	대당(大唐)이 큰 업을 열었으니
巍巍皇猷昌(외외황유창)	높은 황제의 운이 창성하다
止戈戎衣定(지과융의정)	갑옷 입고 천하를 통일하니 전쟁이 그쳤고
修文繼百王(수문계백왕)	글을 닦아 여러 임금들이 대를 이으셨다
統天崇雨施(통천숭우시)	하늘의 명을 이어 자비를 베풀고
理物體含章(리물체함장)	만물을 다스리니 그 아름다운 덕을 본받으리라
深仁諧日用(심인해일용)	그 인덕(仁德)은 일용(日用)에 부합하고,
撫運邁時康(무운매시강)	세상을 어루만지는 덕은 때맞추어 평화롭게 하셨다
幡旗何赫赫(번기하혁혁)	그 깃발 빛나며,
鉦鼓何鍠鍠(정고하굉굉)	북소리 크게 울리자
外夷違命者(외이위명자)	명을 어긴 외적들은
剪覆被天殃(전복피천앙)	천벌을 받았네
淳風凝幽顯(순풍응유현)	순박한 풍속 나타나는 곳
遐邇競呈祥(하이경정상)	먼 곳이나 가까운 곳이 모두 상서로운 일 아뢰어 오네
四時和玉燭(사시화옥촉)	사계절마다 임금의 덕이 조화되고
七曜巡萬方(칠요순만방)	해와 달과 별들은 온나라 두루 도네
維嶽降宰輔(유악강재보)	당나라 산악의 정기가 주선왕 신보(申甫)를 낳았듯이
維帝任忠良(유제임충량)	황제께서도 충성스럽고 선량한 이에게 정사를 맡기셨네
五三成一德(오삼성일덕)	삼황오제처럼 한결같은 덕을 이루셨으니
昭我唐家皇(소아당가황)	우리 당나라 황실의 국운이 밝고 밝도다

---

3) [네이버 지식백과] 사택지적비 [扶餘 砂宅智積碑] (국립문화재연구소 편집부, 고고학사전, 2001. 12.)
4) [네이버 지식백과] 치당태평송 (한국학중앙연구원, 한국민족문화대백과)

② 김후직, 〈간렵문〉5)

사냥에만 몰두하던 진평왕에게 바친 간언으로, 왕의 무절제한 행동을 경계하고 나라의 도탄을 걱정하는 내용이다.

> "옛날 임금된 이는 반드시 하루에도 만 가지 정사를 보살피매 깊이 생각하고 멀리 고려했으며, 주위에 바른 선비를 두고 그들의 직언을 받아들여 부지런히 힘쓰느라 감히 멋대로 즐기며 놀지 않았습니다. 그런 다음에라야 도덕과 정치가 순수하고 아름다워져 국가를 보전할 수 있었습니다. 그런데 지금 전하께서는 날마다 정신 나간 이들이나 사냥꾼을 데리고 매와 사냥개를 놓아 꿩과 토끼를 잡기 위하여 산과 들로 뛰어다니는 것을 스스로 멈추지 못하고 계십니다. 『노자(老子)』는 '말달리며 사냥하는 일은 사람 마음을 미치게 한다.'고 하였고, 『서경(書經)』에는 '안으로 여색에 빠지거나 밖으로 사냥에 탐닉하는 일, 이 중에 하나만 있어도 망하지 않을 수 없다.'는 말이 있습니다. 이로 보면 사냥이란 안으로 마음을 방탕하게 하고, 밖으로 나라를 망치는 것이니 살피지 않을 수 없습니다. 전하께서는 이를 유념하여 주소서."

2 남북국 시대 신라 및 발해의 한문학

통일신라 시대에는 당나라와의 문화 교류가 활발해지면서, 한문학이 눈부시게 발전하였다. 육두품 출신 지식인들이 중국 빈공과에 급제하고, 독서삼품과가 시행되면서 유학 경전과 함께 4·6변려문과 미문을 중시하는 경향이 강해졌다.

이처럼 당과의 활발한 교류를 바탕으로 최치원, 박인범, 박인량 등 신라의 문인들은 수준 높은 한시 작품을 남길 수 있었고 설총은 의인문학의 효시라 할 수 있는 〈화왕계〉를 지었으며, 그 외에도 최초의 여행기라 할 수 있는 혜초의 〈왕오천축국전〉, 최치원의 〈토황소격문〉, 원효의 〈대승기신론소〉 등이 지어졌다. 또한 김대문이 화랑의 전기인 『화랑세기』를 지었다고 하나 현전하지 않는다. 이 시대에 활발하게 활동했던 최치원은 현전하는 최고의 개인 문집인 『계원필경』을 펴내기도 했다.

한편 발해가 건국되었을 때는 이미 한자를 통한 문자 생활이 널리 퍼진 때였다. 발해의 중앙 정부에는 문헌 담당 관리가 있고, 주자감이라는 국가 교육 기관이 있었다. 또한 발해는 고구려로부터 이어받은 유학을 당나라와의 교류를 통해 발전시켜 감으로써 수준 높은 한문학 작품들을 만들어낼 수 있었다.

발해는 외국과의 교류 때 한문학이 뛰어난 사신을 보내기도 했는데, 당나라 및 일본과 주고받은 외교문서를 통해 그 수준을 짐작해 볼 수 있다. 외교문서로는 발해가 당나라에 보낸 하정표(賀正表) 1편, 일본에 보낸 외교문서 23편이 남아있는데, 수준 높은 문장력을 보여준다.

또한 9세기 들어 발해의 문인들이 사신 자격으로 일본에 건너가 서로 시를 주고받았는데 이들이 주고받은 시는 일본의 『경국집』, 『문화수려집』, 『관가문초』, 『부상집』, 『강담초』 등에 실려 있다. 이 중 발해 문인의 작품으로는 총 8수(양태사의 2수, 왕효렴의 5수, 석인정의 1수)가 있다. 발해 문인과 당나라 문인이 주고받은 작품은 전해지는 게 없으나 당나라 문인들도 발해의 한문학의 수준을 높이 평가했다고 전해진다. 이 시기의 대표적 작가와 작품은 다음과 같다.

---

5) [네이버 지식백과] 김후직 [金后稷] (김부식 저, 박장렬 외 역, 원문과 함께 읽는 삼국사기, 2012. 8. 20.)

(1) 최치원, 〈추야우중〉6) 중요

가을밤의 외로움과 고독을 읊은 5언 절구로, 최치원의 대표작이다.

원문	현대어 풀이
秋風唯苦吟(추풍유고음)	쓸쓸한 가을바람에 괴로워 읊조린다
世路少知音(세로소지음)	이 세상 뉘라서 내 마음을 알아주리.
窓外三更雨(창외삼경우)	삼경 깊은 밤 창밖에 비는 내리고,
燈前萬里心(등전만리심)	등불 앞에 초조한 심사는 만 리를 달리네

(2) 최치원, 〈제가야산독서당〉7)

진성여왕대의 정치적 혼란을 피해 가야산에 은거하던 최치원이 물소리에 의탁해 세상의 시비를 잊고자 하는 심정이 표현되었다.

원문	현대어 풀이
狂奔疊石吼重巒(광분첩석후중만)	돌 서리를 마구 흘러 겹친 봉우리 사이 골에 마주 울리니,
人語難分咫尺間(인어난분지척간)	남의 말하는 소리 지척인데도 알아듣기 어렵네
常恐是非聲到耳(상공시비성도이)	옳으니 그르니 시비하는 소리 귀에 들릴까 늘 두려워하여,
故敎流水盡籠山(고교유수진롱산)	일부러 흐르는 물로 하여금 온 산을 둘러싸게 했구나

(3) 설총, 〈화왕계〉

신라 신문왕을 깨우치기 위해 지은 의인문학의 효시적 작품이다. 간신과 충신을 의인화된 인물인 미인(장미)과 백두옹(할미꽃)에 빗대어 교훈을 전한다. 이 작품은 이후 고려 시대 가전체 작품에 영향을 주고, 조선 시대의 가전체 소설 〈화사〉, 〈화왕전〉으로 이어진다.

> "신이 들으니 옛날에 화왕(花王)이 처음 전래하였을 때 이를 향기로운 정원에 심고 비취색 장막을 둘러 보호하자 봄 내내 그 색깔의 고움을 발산하니 온갖 꽃을 능가하여 홀로 빼어났습니다. 이에 가까운 곳과 먼 곳에서 아름답고 고운 꽃들이 달려와 찾아뵙고 오직 자기가 여기에 미치지 못할까 걱정하지 않는 자가 없었습니다.
>
> 그런데 문득 한 아리따운 사람이 나타났는데, 붉은 얼굴에 옥같이 하얀 치아에 얼굴을 곱게 단장하고 예쁜 옷을 입고 하늘거리며 천천히 다가서며 말하기를, '첩(妾)은 눈처럼 흰 모래를 밟고 거울처럼 맑은 바다를 대하면서 봄비에 목욕을 하여 때를 벗기고, 맑은 바람을 쏘이며 스스로 즐기는 장미입니다. 왕의 아름다운 덕을 듣고 향기로운 휘장 속에서 잠자리를 모실까 하오니, 왕께서는 저를 받아 주시겠습니까?'라고 하였습니다.
>
> 또 한 대장부가 있어 베옷을 입고 가죽띠를 둘렀으며, 흰 모자를 쓰고 지팡이를 짚고 노쇠하여 비틀거리며 굽어진 허리로 걸어와 말하기를, '나는 서울 성 밖의 큰길가에 살면서 아래로는 넓은 들의 경치를 바라보고, 위로는 뾰족하고 높다란 산에 기대어 사는 백두옹(白頭翁)이라고 합니다. 가만히 생각하옵건대 좌우에서 갖다 바치는 것이 비록 풍족하여 기름진 음식으로 배를 채우고 차와 술로 정신을 맑게 하고 옷장에 옷을 가득 저장하고 있더라도 반드시 좋은 약으로 기운을 북돋우고 아픈

---

6) '추야우중' (한국학중앙연구원, 한국민족문화대백과사전)
7) [네이버 지식백과] 제가야산독서당 [題伽倻山讀書堂] – 가야산 독서당에서 짓다 (전관수, 한시작가작품사전, 2007. 11. 15.)

침으로 독을 없애야 합니다. 그러므로 비록 실을 만드는 삼(麻)이 있더라도 띠를 버릴 수 없다고 합니다. 무릇 모든 군자는 어느 세대나 없지 않으니, 모르겠습니다만 왕께서도 그러한 뜻이 있으신 지요?'라고 하였습니다.

그때 어떤 사람이 말하기를, '두 사람이 왔는데 누구를 취하고 누구를 버리시겠습니까?'라고 하였습니다. 화왕이 말하기를, '장부의 말에도 합당한 것이 있으나 아름다운 사람은 얻기 어려운 것이니 이를 어떻게 함이 좋겠는가?'라고 하였습니다. 장부가 다가가 말하기를, '저는 왕께서 총명하여 이 치와 옳은 것을 알 것으로 생각하여서 왔는데, 이제 보니 그것이 아닙니다. 무릇 임금이 된 자가 사특하고 아첨하는 자를 가까이하고 정직한 사람을 멀리하지 않음이 드뭅니다. 이런 까닭에 맹가 (孟軻)가 불우하게 몸을 마쳤고, 풍당(馮唐)은 낭중(郎中) 벼슬에 묶여 늙었습니다. 예부터 이러하니 저인들 이를 어찌 하겠습니까?'라고 하였습니다. 화왕이 이르기를, '내가 잘못하였구나! 내가 잘못하였구나!'라고 하였다고 합니다." (후략)[8]

(4) 양태사, 〈야청도의성〉

발해 문왕 대(759년, 문왕 23)에 일본에 사신으로 간 장군 양태사가 지은 한시로, 총 24행의 7언 배율이다. 가을밤에 다듬이질 소리를 듣고, 이를 제목으로 한 한시를 지어 고국에 있는 부인을 그리워하는 내용을 담아 타향살이의 외로움과 고국을 그리워하는 심정을 섬세하게 묘사하였다.

원문	현대어 풀이
霜天月照夜河明(상천월조야하명)	서리 하늘 달 밝은데 은하수 빛나
客子思歸別有情(객자사귀별유정)	이국땅 머무는 나그네 귀향 생각 깊도다
厭坐長宵愁欲死(염좌장소수욕사)	긴긴 밤 홀로 앉아 시름 이기지 못하는데
忽聞隣女擣衣聲(홀문린여도의성)	홀연 들리나니 이웃 아낙 다듬이 소리
(중략)	(중략)
不知綵杵重將輕(불지채저중장경)	그대 든 방망이는 무거운가 가벼운가
不悉靑砧平不平(불실청침평불평)	푸른 다듬이돌 고르가 거칠은가
遙憐體弱多香汗(요련체약다향오)	약한 체질 온통 구슬 땀에 젖으리
預識更深勞玉腕(예식경심노옥완)	옥 같은 두 팔도 힘이 부쳐 지쳤으리
(중략)	(중략)
寄異土兮分無新識(기이토분무신식)	먼 이국땅 낯선 고장에서
想同心兮長嘆息(상동심혜장탄식)	그대 생각 하노라 긴 탄식만 하네
此時獨自閨中聞(차시독자규중문)	이런 때 들려오는 규방의 다듬이 소리
此夜誰知明眸縮(차야수지명모축)	그 누가 알랴, 시름 깊은 저 설움을
(후략)	(후략)

---

[8] '설총의 화왕계' (국사편찬위원회, 사료로 본 한국사-우리역사넷)

제 2 장 | 향가

제1절 향가의 형식과 특징 중요

향가(鄕歌)는 넓게 보아 중국 시가에 대응하는 개념으로서 우리의 시가 전반을 가리키기도 하고, 좁게 보아 신라 시대부터 고려 전기까지 유행하며 향찰로 기록된 시가 작품을 가리킨다. 일반적으로는 후자의 의미로 사용된다.

1 향가의 형식

향가가 창작되던 시기인 고려 전기의 학자 최행귀는 당시 한국 시가와 중국 시가를 비교하며 향가가 '삼구육명(三句六名)'으로 되어 있다고 기록하였다. 다만 '구(句)'와 '명(名)'의 개념이 구체적으로 무엇을 의미하는지는 전해지지 않아 해석에 한계가 있다.

일반적으로 향가는 시구의 길이에 따라 4구체(4줄), 8구체(8줄), 10구체(10줄) 형식으로 구분된다.

(1) 4구체
① 향가의 초기 형태로, 단순하고 소박한 구성을 가진다.
② 민요나 동요가 향가로 정착한 것으로 추정된다.
③ '기(발단) – 승(전개) – 전(전환) – 결(결말)'의 구성 원리를 따른다.
④ **대표 작품**: 〈서동요〉, 〈풍요〉, 〈헌화가〉, 〈도솔가〉

(2) 8구체
① '4 + 4' 형태로, 4구체를 중첩한 구조를 가진다.
② 보다 복잡하고 세련된 내용 전개가 가능해진다.
③ 4구체에서 10구체로 발전하는 과도기적 성격을 지닌다.
④ **대표 작품**: 〈모죽지랑가〉, 〈처용가〉

(3) 10구체
① 8구체에 2구를 추가하여 '4 + 4 + 2' 구조를 이룬다.
② 마지막 2구를 '결구(結句)' 혹은 '낙구(落句)'라 하며, 결구의 첫머리에는 반드시 감탄사가 온다. 이러한 형식은 후대 시조의 종장 형식에도 영향을 준 것으로 본다.
③ 가장 완성된 향가의 형식이다.

④ **대표 작품** : 〈혜성가〉, 〈원왕생가〉, 〈원가〉, 〈제망매가〉, 〈안민가〉, 〈찬기파랑가〉, 〈맹아득안가〉, 〈우적가〉, 그리고 균여의 〈원왕가〉(〈보현십종원가〉 혹은 〈보현십원가〉) 11수
※ 균여는 신라 말기의 고승으로, 불교 교리를 전파하기 위해 향가 형식을 적극적으로 활용하였다.

2 향가의 특징

(1) 향가의 기능 : 주술적 기능

『삼국유사』「월명사 도솔가」조에 따르면, 경덕왕 대 하늘에 해가 둘이 나타나는 변괴가 생기자 월명사가 향가를 지어 부르자 해가 하나로 줄었다고 전한다. 또한 "월명사가 죽은 누이를 위해 향가를 지어 재를 올렸다."는 기록이나, "신라인들은 향가를 숭상하여 천지와 귀신을 감동시킨 일이 한두 번이 아니었다."는 기록을 통해 볼 때, 향가는 주술적 기능을 수행한 것으로 보인다.

(2) 향가의 표기 형식 : 향찰

향가 이전의 우리 노래는 구전되거나 한역되었으나, 향가는 **향찰**로 기록되었다. 향찰은 한자의 뜻을 빌려 체언을 표기하고, 한자의 음을 빌려 조사와 어미를 표기하는 방식이다. 이는 한자의 형식을 빌리되 한국어 문법 구조에 맞춰 사용하려는 민족적 주체성이 반영된 표기법이다.

향가를 기록할 때 주술적 효험을 높이고, 불교 교리를 우리말로 쉽게 전파하기 위해 정확한 발음을 담아야 할 필요성이 있었다. 이러한 상황에서 향찰이라는 독창적 표기법이 고안되었다고 볼 수 있다.

(3) 향가의 주요 향유 계층 : 승려와 화랑

〈서동요〉, 〈풍요〉, 〈헌화가〉, 〈도솔가〉, 〈처용가〉와 같은 민요계 향가는 민간에 구전되어 왔던 것이지만, 향가의 다수는 승려들이 창작하였다. 또한 **화랑**이나 여성 작가가 남긴 작품도 있으며, 작가가 확실치 않은 경우도 있다.

(4) 향가의 내용 : 불교적 색채

주된 향유 계층이 승려였던 점을 반영하여, **불교적 주제**를 담은 작품이 많다. 그러나 단순한 종교 노래에 그치지 않고, 인간적인 슬픔이나 세속적 바람 등 당대 사람들의 다양한 정서를 담은 작품도 존재한다.

(5) 향가의 의의 : 최초의 정형시

향가는 형식과 내용이 일정한 규칙을 갖춘 **최초의 정형시**로, 우리 고유 시가문학의 발전에 결정적 역할을 하였다.

(6) 향가의 영향 : 시조와 가사의 형식에 대한 영향력

10구체 향가의 4 + 4 + 2 구조는 시조의 3장 구성(초장 – 중장 – 종장)과 유사하여, 한국 전통시가의 형식 발전에 중요한 역할을 했다고 평가된다.

제2절 주요 작자와 작품

『삼국사기』에는 유리왕 5년에 '민속이 즐겁고 편안하여 비로소 왕이 〈도솔가(兜率歌)〉를 지으니, 이는 가악(歌樂)의 시초였다.'는 기록이 전한다. 이를 통해 신라의 노래는 유리왕 때인 약 1세기경 시작된 것으로 추정된다. 다만 이때 지어진 〈도솔가〉의 내용은 전해지지 않는다. 또한 〈회소곡〉, 〈물계자가〉, 〈우식곡〉, 〈치술령곡〉, 〈대악〉, 〈목주가〉 등도 제목만 전해진다.

신라 진성여왕 2년(888)에 위홍과 대구화상이 『삼대목』이라는 향가집을 간행했다는 기록이 『삼국사기』에 남아 있다. 이를 통해 당시에는 상당히 많은 향가가 존재했을 것으로 짐작되지만, 『삼대목』은 현재 전해지지 않는다.

오늘날까지 가사가 전하는 향가는 총 25수이다. 『삼국유사』에 14수, 『균여전』에 11수가 실려 있으며, 가장 오래된 작품은 6세기경 창작된 것으로 추정되는 〈서동요〉이고, 가장 나중의 작품은 10세기의 승려 균여가 지은 〈보현십원가〉 11수로 볼 수 있다.

한편, 고려 예종(1105~1122)이 1120년에 지은 〈도이장가〉와 고려 의종 대(1146~1170) 정서가 지은 〈정과정곡〉을 향가로 볼 것인지에 대해 학계에서는 견해가 엇갈린다. 이를 향가로 본다면 향가는 6세기부터 12세기까지 이어진 장르로 평가할 수 있다.

〈보현십원가〉(〈보현십종원왕가〉, 〈원왕가〉)는 승려 균여가 보현보살의 행적을 바탕으로 지은 향가이다. 제목과 달리 총 11수로 이루어져 있으며, 포교를 목적으로 지어진 것이어서 문학성이 다소 낮은 편이다. 그러나 신라의 향가 전통이 고려 초기까지 이어졌음을 보여주며, 창작과 동시에 한역되어 전해졌다는 점에서 다른 향가 연구에 귀중한 자료가 된다.

현재 전하는 향가 25수의 간략한 사항은 다음과 같다.

형식	작가	제목	내용
4구체	서동 (백제 무왕)	〈서동요〉	백제인인 서동이 신라의 선화공주와 결혼하기 위해 아이들에게 퍼뜨린 동요
	작자 미상 (사녀들)	〈풍요〉	영묘사의 불상을 만들 때 노동자들이 부른 노동요
	작자 미상 (노옹)	〈헌화가〉	순정공이라는 사람이 강릉 태수로 부임되어 부인 수로와 함께 가는 길에, 부인이 벼랑 위의 철쭉꽃을 보고 탐하자 이때 마침 암소를 끌고 지나가던 노옹이 꽃을 꺾어다 바치며 지어 부른 노래
	월명(승려)	〈도솔가〉	해가 둘이 뜬 변괴를 진정시키기 위해 왕명에 따라 월명사가 지어 불렀다는 노래

8구체	득오(화랑)	〈모죽지랑가〉	화랑 죽지랑의 고매한 인품을 사모하고, 인생의 무상함을 노래
	처용 (신분 불분명)	〈처용가〉	아내를 범한 역신을 관용적인 태도로 물리쳤다는 노래
10구체	융천(승려)	〈혜성가〉	혜성을 몰아내고 왜구를 물리치기를 기원한 노래
	충담(승려)	〈찬기파랑가〉	화랑 기파랑의 높은 인품을 기리며 부른 노래
	충담(승려)	〈안민가〉	왕, 신하, 백성이 각자 자기의 본분을 다해야 나라가 편안해진다는 노래
	월명(승려)	〈제망매가〉	죽은 누이동생을 추모하는 노래
	영재(승려)	〈우적가〉	도적 무리를 깨우쳐 회개시킨 노래
	희명(여성)	〈도천수대비가〉 (〈맹아득안가〉, 〈천수관음가〉, 〈천수대비가〉)	눈먼 자식을 위해 천수대비 앞에서 부른 노래
	신충(문신)	〈원가〉	효성왕에 대한 원망의 마음을 담아 지어 잣나무에 붙인 노래
	광덕(승려)	〈원왕생가〉	광덕이 무량수전에 빌어 서방정토에 태어나기를 바라는 노래
	균여(승려)	〈보현십원가〉 11수	불교의 교리를 대중에게 전하기 위해 지은 노래

1 서동, 〈서동요〉[9]

원문	현대어 풀이
善花公主主隱(선화공주주은) 他密只嫁良置古(타밀지가량치고) 薯童房乙(서동방을) 夜矣卯乙抱遣去如(야의묘을포견거여)	선화공주님은 남 몰래 사귀어(통정하여 두고) 맛둥[薯童] 도련님을 밤에 몰래 안고 간다

작가	서동(백제 무왕으로 보는 설이 유력하나, 동성왕이라는 설도 있음)
갈래	4구체 향가
출전	『삼국유사』「기이편 무왕」
창작 시기	신라 진평왕(재위기간 576년~632년) 대
성격	• 주술적 : 의도적으로 어린이들 사이에 퍼트려 부르게 함으로써 자신이 원하는 바를 이루어 냄 • 동요적 : 아이들이 불렀음 • 참요적(미래를 예언하거나 암시) : 선화공주를 아내로 삼고자 하는 소년의 바람이 마치 이미 이루어진 것처럼 노래함
특징	• 평민이 공주를 아내로 맞는다는 점에서 하층민의 신분상승 욕구가 담겨 있음 • 사랑의 주체인 서동과 객체인 선화공주의 욕망을 전도시켜 표현함 • 관련 설화의 내용이 익산 미륵사(왕흥사)의 사찰연기를 담고 있음
주제	선화공주의 은밀한 사랑(내용적인 면에서) 혹은 선화공주에 대한 연모의 정(서동의 입장에서)
의의	• 현전하는 가장 오래된 향가 • 민요가 4구체 향가로 정착한 유일한 노래

---

[9] [네이버 지식백과] 서동요 (배규범·주옥파, 외국인을 위한 한국고전문학사, 2010. 1. 29.)

2 득오, 〈모죽지랑가〉10)

원문	현대어 풀이
去隱春皆理米(거은춘개리미) 毛冬居叱沙哭屋尸以憂音(모동거질사기옥시이우음) 阿冬音乃叱好支賜烏隱(아동음내질호지사오은) 皃史年數就音墮支行齊(아사년수취음타지행제) 目煙迴於尸七史伊衣(목연회어시칠사이의) 逢烏支惡知作乎下是(봉오지악지작호하시) 郎也慕理尸心未行乎尸道尸(낭야모리시심미행호시도시) 蓬次叱巷中宿尸夜音有叱下是(봉차질항중숙시야음유질하시)	간 봄 그리워함에 계시지 못해 울면서 시름하는데 두덩을 밝히오신 모습이 해가 갈수록 헐어가도다 눈 돌림 없이 저를 만나보기 어찌 이루리 郎이여, 그릴 마음의 모습이 가늘 길 다북쑥 구렁에서 잘 밤인들 있으리

작가	득오
갈래	8구체 향가
출전	『삼국유사』「죽지랑(竹旨郎)」
창작 시기	신라 효소왕(재위기간 692년~702년) 대
성격	주술성이나 종교적 색채가 없는 순수 서정시

특징	• 죽지랑을 '봄'이라는 자연과 같은 존재로 묘사하여 존경하는 마음을 나타냄
	• 죽지랑에 대한 사모인지 추모인지에 따라 의미가 다르게 읽힐 수 있음
	  - 죽지랑에 대한 추모의 노래로 볼 때는 죽은 그를 다시 만나기 소망하는 내용으로 읽힘
	  - 사모의 마음을 담은 것으로 본다면 삼국 통일 후 쇠퇴해 가는 화랑에 대한 안타까움을 표현한 것

주제	죽지랑에 대한 사모 혹은 추모
의의	죽지랑에 대한 존경심을 통해 당시 신라인들이 추구하던 인간상을 알 수 있음

3 월명사, 〈제망매가〉11)

원문	현대어 풀이
生死路隱(생사로은) 此矣有阿米次肹伊遣(차의유아미차힐이견) 吾隱去內如辭叱都(오은거내여사질도) 毛如云遣去內尼叱古(모여운견거내니질고) 於內秋察早隱風未(어내추찰조은풍미) 此矣彼矣浮良落尸葉如(차의피의부량락시엽여) 一等隱枝良出古(일등은지량출고) 去奴隱處毛冬乎丁(거노은처모동호정) 阿也彌陀刹良逢乎吾(아야미타찰량봉호오) 道修良待是古如(도수량대시고여)	죽고 사는 길 예 있으매 저히고 나는 간다 말도 못다 하고 가는가 어느 가을 이른 바람에 이에 저에 떨어질 잎다이 한 가지에 나고 가는 곳 모르누나 아으 미타찰(彌陀刹)에서 만날 내 도 닦아 기다리리다

---

10) [네이버 지식백과] 모죽지랑가 [慕竹旨郎歌] (배규범·주옥파, 외국인을 위한 한국고전문학사, 2010. 1. 29.)
11) [네이버 지식백과] 제망매가 (한국학중앙연구원, 한국민족문화대백과)

작가	월명사
갈래	10구체 향가
출전	『삼국유사』「감통」편
창작 시기	신라 경덕왕(재위기간 742년~765년) 대
성격	• 주술적 : 배경설화를 통해 이 작품이 지닌 주술적 성격을 알 수 있음 > 죽은 누이를 위하여 '제망매가'를 지어 불렀더니 갑자기 광풍이 일어나 지전(紙錢)을 서쪽으로 날려 보냈다. > — 『삼국유사』 권5 「감통」, '월명사 도솔가' — • 종교적(불교적) : 누이의 죽음으로 인한 인간적 고통을 종교적으로 승화
특징	• 승려 월명사가 죽은 누이를 추모하기 위해 지은 노래 • 적절한 비유를 통해 죽음으로 인한 삶의 무상함과 슬픔을 애절하게 표현 > – 이른 바람 : 누이의 요절(죽음) > – 떨어질 잎 : 죽은 누이 > – 한 가지 : 한 부모 • 내용을 세 단락으로 나뉘고, 세 번째 단락에 해당하는 마지막 2구(낙구)가 '아으'라는 감탄사로 시작하고 있는데, 이것은 10구체 향가의 일반적인 형식을 보여줌
주제	죽은 누이에 대한 추모
의의	적절한 비유와 상징을 사용하여 현존하는 향가 중 가장 서정적이라는 평가를 받음

제 3 장 | 설화

제1절 『삼국사기』, 『삼국유사』 수록 설화

삼국 시대에는 서사문학이 발전하면서 이후 문학 발전을 위한 토대가 마련되었다. 왕권과 중앙집권적 통치가 강화되고, 한자가 광범위하게 사용되면서 역사 편찬 등 서사적 기록 활동도 활발해졌다. 이 시기의 서사문학은 초기에 구비문학의 형태로 형성되고 전승되다가, 점차 문자로 정착된 것으로 보인다. 국가를 창건한 인물에 대한 건국신화를 비롯하여 삶의 체험을 이야기하는 다양한 설화들이 한문으로 번역되어 여러 문헌에 남아 있다. 삼국 시대 서사문학의 주된 주제는 다음과 같이 분류할 수 있다.

건국신화	주몽 신화, 혁거세 거서간 신화
영웅담	온달 이야기, 장보고 이야기
효행담	효녀 지은 설화
교훈적 설화	도미 설화, 거북과 토끼 설화

삼국 시대 서사문학을 살펴볼 수 있는 자료로는 고구려의 『유기』와 『신집』, 백제의 『서기』, 신라의 『국사』와 같은 연대기적 형태의 역사책들이 있다. 그러나 이들 자료는 모두 전하지 않고, 이러한 책들을 바탕으로 저술되었을 것으로 보이는 김부식의 『삼국사기』와 일연의 『삼국유사』 등을 통해 당시의 서사문학 양상을 짐작할 수 있다.

물론 『삼국사기』와 『삼국유사』는 기본적으로 역사적 저술이므로 문학 작품집은 아니다. 그러나 역사 속에 녹아 있는 문학적 성격의 서사들은 이후 소설 문학의 형성과 발전에 중요한 밑거름이 되었다.

1 『삼국사기』 수록 설화의 특징

『삼국사기』는 김부식의 주도로 1145년에 편찬되었다. 삼국 시대부터 후삼국 시대까지의 역사를 서술한 책으로, 총 50권 9책으로 구성되어 있다.

『삼국사기』의 문학적 서술로 볼 수 있는 부분은 「본기」에 실린 건국신화들과 몇몇 설화, 그리고 41권부터 50권까지에 실린 인물 열전이다. 김부식은 유교적·현실주의적 역사관에 따라 책을 편찬했으며, 신화적·비현실적 요소를 가능한 한 절제하고 합리적 사실 서술을 지향하였다. 이로 인해 『삼국사기』에는 단군 신화가 실리지 않고, 주몽 신화도 간결하고 사실적인 방식으로 서술되었다.

그러나 『삼국사기』에 실린 건국신화와 인물열전은 여전히 이야기식 구성과 극적 전개를 보여준다. 특히 열전은 한 인물을 중심으로 핵심 사건이나 행동을 드라마틱하게 단순화하고, 도덕적 교훈을 강조하는 특징을 보인다. 이러한 서술 방식은 서사문학적 성격을 강하게 지닌다.

또한 『삼국사기』의 열전에는 김유신을 비롯해 을지문덕, 장보고, 온달, 최치원, 설총 등 59명의 인물이 등장한다. 이 열전들은 사마천의 『사기』에서 비롯된 '전(傳)' 양식을 계승했으나, 『사기』의 '인물 행적 + 논찬' 구성과 달리 『삼국사기』에서는 논찬부가 생략되거나 약화된 경우가 많다.

열전 속 인물들은 대부분 뛰어난 자질을 지녔음에도 비극적 최후를 맞거나 시대적 상황에 의해 좌절, 소외되는 모습을 보이며, 이를 통해 비극적 숭고미와 정서적 카타르시스를 유발하는 문학적 기능을 담당한다.

2 『삼국유사』 수록 설화의 특징

『삼국유사』는 일연이 1281년경 편찬한 책으로, 총 5권 2책으로 이루어져 있다. 일연은 불교적・신화적 인생관을 바탕으로 고구려, 백제, 신라를 포함한 다양한 고대 민족의 역사와 설화를 기록하였다.

『삼국유사』는 『삼국사기』에 비해 신화, 전설, 민담 등 민족적 구비문학을 더욱 폭넓게 수용하고 있으며, 『삼국사기』에 실리지 않은 많은 설화를 전한다. 특히 『삼국유사』에는 우리 민족의 시원 의식을 담은 단군 신화가 수록되어 있어 민족 정체성의 기원을 밝히는 데 중요한 자료로 평가된다.

또한 『삼국유사』는 단순한 불교 서적이 아니라, 삼국 및 여러 부족국가들의 신화와 민속을 포괄하여 민족 문화의 원형을 집대성한 사찬서로서의 가치를 지닌다.

3 『삼국사기』와 『삼국유사』에 실린 설화 예시

『삼국사기』와 『삼국유사』에 실린 설화에는 다음과 같은 것들이 있다.

고구려 설화	주몽 신화[12]	천제의 아들인 해모수가 수신의 딸인 유화와 혼인해 알을 낳았는데 그 알에서 한 사내 아이가 태어나 '주몽(활을 잘 쏘는 사람)'이라는 이름을 붙여줌. 주몽은 동부여 금와왕의 궁중에서 성장하다가 탈출해 졸본에 이르러 고구려를 세우고 송양국을 항복 받아 국위를 떨침
	거북과 토끼 설화	용왕이 딸이 병들자 토끼간이 약이라는 말을 듣고 거북에게 토끼를 잡아오게 한 이야기로, 이는 조선 후기에 〈별주부전〉의 근원 설화가 됨
	온달 이야기	천민 온달이 눈먼 어머니를 모시고 가난하게 살면서 '바보'로 불리다가 평강공주와 가정을 이룬 후 무술을 익혀 등용된 후 외적을 물리치고 공을 세운다는 이야기

---

12) 조동일 외, 『한국문학강의』, 길벗, 2015.

백제 설화	온조 신화[3]	주몽의 둘째 아들로 태어난 온조가 주몽이 북부여에 있을 때 낳았던 아들이 와서 태자가 되자, 고구려를 떠나 열 명의 신하와 함께 남쪽으로 내려왔고 하남 위례성에 도읍을 정하고 국호를 십제(十濟)라 하였다가 국호를 백제로 바꾸었다는 이야기
	도미 설화	개루왕이 도미의 아내의 정절을 빼앗으려 한 이야기
	무왕 이야기	무왕이 신라의 선화공주와 결혼하기 위해 신라로 가 성안의 아이들에게 마를 주며 노래를 부르게 해 쫓겨난 공주와 백제로 돌아와 결혼했다는 이야기
신라 설화	혁거세 거서간 신화[4]	양산 나정에서 흰 말이 소리치고 하늘로 올라간 자리에 커다란 알이 있었는데 그 알에서 한 남자 아이가 나왔고 그 아이를 길러 왕으로 받드니 이 사람이 곧 신라의 첫째 임금인 박혁거세라는 이야기
	에밀레종 이야기	봉덕사에서 성덕대왕 신종을 만드는데 소리가 잘 안 났으나 아기를 바치자 종을 칠 때마다 '에밀레'라는 소리가 났다는 이야기
	효녀 지은 설화	어려서 아버지를 여의고 눈 먼 어머니를 봉양하기 위해 부잣집의 종이 되어 고생하는 처녀 지은의 이야기로, 조선 후기에 〈심청전〉의 근원설화가 됨

제2절 『수이전』 수록 설화

『수이전』은 11세기 말(통일신라 말~고려 초)에 지어진 것으로 추정되는 **한국 최초의 설화집**이다. 원래 제목은 『신라수이전(新羅殊異傳)』으로, '신라의 뛰어나고 기이한 이야기'를 뜻한다.
작가로는 최치원, 김척명, 박인량 등이 거론되지만 확실하지 않으며, 현재는 박인량이 지은 것으로 보는 견해가 우세하다.
『수이전』의 원본은 전하지 않지만, 이 책에 수록된 것으로 보이는 설화들은 『삼국유사』, 『대동운부군옥』, 『필원잡기』, 『태평통재』, 『해동고승전』 등 후대 문헌에 인용되어 전해진다.
『수이전』은 그 원본을 확인할 수 없어서 정확하게 규명되지 않은 부분이 많다는 점이 아쉬우나, 구비설화를 기록문학으로 전환시킨 한국 최초의 설화집으로 평가된다. 또한 민간신앙과 불교적 색채가 결합된 기이한 인물 중심의 서사로 전기소설의 발달에 영향을 주었고, 설화의 문헌화 과정을 통해 한국 서사문학의 기초를 마련한 점에서 문학사적 의의가 크다.

1 주요 설화

(1) 〈호원 설화(김현감호 설화)〉

신라에는 2월 8일부터 15일까지 남녀가 흥륜사에서 탑돌이를 하며 복을 비는 풍습이 있었다. 원성왕 때 김현이 밤늦게 탑을 돌다가 한 여인을 만나 사랑에 빠진다. 그녀를 따라간 곳은 산비탈 초가였는데,

---
13) [네이버 지식백과] 온조비류신화 [국립민속박물관, 한국민속문학사전(설화 편)]
14) 조동일 외, 『한국문학강의』, 길벗, 2015.

사실 그녀는 호랑이가 변한 존재였다. 세 오빠 호랑이까지 나타나자 하늘에서는 "생명을 해치는 일이 많았으니 셋 중 하나를 죽이겠다."라는 소리가 들렸다. 그녀는 오빠들을 도망치게 하고, 김현에게 자신을 그의 칼로 죽여달라고 한다. 이튿날 저자에 호랑이가 나타나 소동을 일으킨 후 숲으로 돌아가자, 김현은 그녀의 지시에 따라 숲으로 들어가 칼을 들고 기다린다. 여인은 다시 낭자로 변해 부상자의 치료법을 전한 후, 김현의 칼로 자결한다. 김현은 호랑이를 잡은 공으로 벼슬에 오르고, 호원사를 지어 『범망경』을 읽으며 호랑이의 넋을 위로했다.

(2) 〈연오랑세오녀〉

신라 8대 아달라왕 때 동해 바닷가에 연오와 세오 부부가 살고 있었다. 어느 날 미역을 따던 연오가 바위에 실려 일본으로 가고, 세오 또한 남편의 신발이 남은 바위에 올라가자 일본으로 가게 된다. 그들은 일본에서 왕과 왕비가 되었다. 신라에서는 해와 달이 흐려지자 일관이 "일월의 정기가 일본으로 갔다."라고 하였다. 왕이 이들을 소환하려 했으나, 세오녀는 비단을 보내 제사를 지내게 했다. 신라 사람들이 그 비단으로 제사를 지내자 해와 달이 다시 밝아졌다. 비단은 국보로 삼아 귀비고에 보관하였고, 제사를 지낸 곳은 '영일현'이라 불렀다.

(3) 〈수삽석남〉

신라 청년 최항(석남)은 애첩과의 동거를 부모가 반대하자 갑자기 죽었다. 죽은 지 8일째 되는 날 밤, 항의 혼이 석남가지를 머리에 꽂고 애첩을 찾아와 부모가 허락했다며 함께 가자고 한다. 그녀는 그를 따라가 담을 넘어 항의 집으로 들어간다. 아침이 되어 관을 열어 보니, 항의 시신은 석남가지를 머리에 꽂고 옷은 이슬에 젖어 있었으며 신을 신고 있었다. 그녀가 관 앞에서 통곡하며 죽으려 하자, 항은 다시 살아나 두 사람은 33년을 함께 살았다.

(4) 〈심화요탑(지귀 설화)〉

선덕여왕을 짝사랑하던 지귀는 상사병으로 미쳐버린다. 어느 날 여왕의 행차를 따라가 탑 밑에서 잠이 든다. 여왕은 그의 가슴 위에 팔찌를 놓고 돌아갔다. 깨어난 지귀는 팔찌를 껴안고 애통해하다 화심(心火)이 치솟아 결국 불로 탑을 에워싸게 되고, 불귀신이 되고 말았다.
※ 비슷한 이야기가 『삼국유사』에서는 '심화요탑(마음의 불이 태운 탑)'이라는 제목으로 전한다.

(5) 〈선녀홍대(최치원 설화)〉

최치원이 당나라 지방관으로 있을 때 쌍녀분(雙女墳)을 지나가다 석문에 시를 남겼다. 이에 붉은 주머니를 든 미인이 나타나 자신이 무덤 주인의 시녀이며, 두 낭자가 최공을 만나고 싶어 한다고 전했다. 곧이어 향기와 함께 두 여인이 나타났다. 그들은 장씨 집 딸이었는데, 천한 장사치에게 시집보내려는 부모에 반발해 자결했다고 한다. 최공은 그들의 외로운 혼백을 위로하고, 두 여인과 함께 '견권의 정'을 나누었으나, 삼경이 되자 여인들은 사라졌다.

(6) 〈죽통미녀〉

김유신이 서주에서 서울로 돌아오는 길에, 앞서 가는 이의 머리 위에 이상한 기운이 감돌았다. 나무 아래서 잠든 척하며 살펴보니, 그가 죽통을 꺼내어 흔들자 두 미녀가 튀어나왔다. 이후 유신은 그를 남산 소나무 아래로 데려가 잔치를 열었고, 미녀들이 다시 나타났다. 그는 자신이 서해에서 온 사람이라며, 동해에서 아내를 얻어 부모에게 돌아가는 길이라고 했다. 그러다 돌연 풍운이 일어나 사라졌다.

(7) 〈노옹화구〉

신라 때 한 노인이 김유신 집 앞에 나타났다. 유신이 그를 맞아 들이고 변신을 할 수 있는지 묻자, 노인은 호랑이, 닭, 매, 강아지로 변신한 뒤 어디론가 사라졌다.

(8) 〈원광법사전〉

신라 진평왕 때 황룡사의 고승 원광이 11년 동안 중국에 가서 불법을 배우고 돌아온 이야기이다.

(9) 〈아도전〉

신라에 불교가 처음 전해질 때의 승려 아도(혹은 아두)에 관한 이야기이다. 여왕의 병을 고치고 불법을 전파했다고 전한다.

(10) 〈보개〉

고려 때 우금방에 살던 여인 보개는 아들 장춘이 장사길에 나섰다가 소식이 끊기자, 민장사 관음상 앞에서 7일 동안 기도를 드렸다. 이후 꿈결같이 아들이 나타났고, 아들은 해상에서 폭풍을 만나 죽을 뻔했지만 판자 조각을 잡고 오나라에 도착해 농노 생활을 하다가 구원받아 돌아오게 되었다고 설명했다.

2 『수이전』 수록 설화의 성격

(1) 불교적 색채
① 『수이전』 설화에는 불교 신앙과 관련된 이야기가 다수 등장한다.
② 〈호원설화〉, 〈원광법사전〉, 〈아도전〉 등은 불교의 교리, 불보살의 가호, 불법 전파와 관련된 내용을 담고 있다.

(2) 민간 신앙과 전설적 요소
① 인간과 동물(호랑이, 노옹화구) 간의 변신이나 교섭, 신비한 존재와의 만남(죽통미녀) 등 민간 신앙적 상상력이 반영되어 있다.
② 〈연오랑세오녀〉와 같이, 자연현상이나 지역적 전설을 설명하는 설화도 보인다.

(3) 연애 설화적 성격
① 인간과 이형(異形) 존재 사이의 사랑과 이별, 혹은 죽음을 극복하는 사랑 이야기가 주요한 소재로 등장한다.
② 〈호원설화〉, 〈수삽석남〉, 〈선녀홍대〉 등이 대표적이다.

(4) 권선징악 및 윤회적 세계관
① 선행에 대한 보상과 악행에 대한 응징이라는 권선징악적 사고가 나타난다.
② 인간과 초자연적 세계가 긴밀히 연결되어 있다는 윤회적·신비적 세계관이 담겨 있다.
③ 〈선녀홍대〉, 〈수삽석남〉 등이 대표적이다.

(5) 역사적 기록 가치
① 『수이전』 설화는 삼국·남북국 시대 사회의 신앙, 가치관, 풍속 등을 반영하고 있어 역사문화 연구 자료로서의 가치가 높다.
② 특히 불교 수용 과정, 신라와 일본과의 교류 등 당대의 역사적 단면을 보여준다.
③ 〈원광법사전〉, 〈아도전〉, 〈연오랑세오녀〉 등이 대표적이다.

더 알아두기

『수이전』 수록 설화 한 줄 요약

제목	요약
〈호원 설화〉 (김현감호 설화)	호랑이로 변신한 여인과의 사랑과 희생을 다룬 설화
〈연오랑세오녀〉	신라 부부가 일본으로 건너가 왕과 왕비가 되고 신라에 해와 달을 되찾게 한 이야기
〈수삽석남〉	죽은 연인이 다시 살아나 함께 33년을 살게 된 이야기
〈지귀 설화〉	선덕여왕을 짝사랑한 지귀가 상사병으로 불귀신이 된 이야기
〈선녀홍대〉 (최치원 설화)	최치원이 두 여인의 원혼과 인연을 맺는 환상적인 설화
〈죽통미녀〉	죽통 속 미녀들과 만나는 신비한 체험을 그린 이야기
〈노옹화구〉	변신 능력을 지닌 노인이 김유신 앞에서 여러 동물로 변신하는 이야기
〈원광법사전〉	원광법사가 중국에서 불법을 배우고 귀국한 이야기
〈아도전〉	신라에 불교를 전하고 여왕의 병을 고친 승려 아도의 이야기
〈보개〉	아들을 그리워한 어머니의 기도로 아들이 극적으로 귀환한 이야기

〈지귀 설화〉 VS 〈심화요탑〉

항목	〈지귀 설화〉	〈심화요탑〉
출전	『수이전』 (현전하지 않음, 후대 인용)	『삼국유사』 권4 「탑상」조
주인공	지귀 (신라의 하급 신분 남성)	지귀
여성 인물	선덕여왕	선덕여왕
내용 핵심	여왕을 짝사랑하던 지귀가 상사병으로 미쳐 분황사 탑 아래에서 잠들고, 여왕이 팔찌를 남기자 깨어난 뒤 불귀신이 됨	대체로 비슷하나, 여왕이 팔찌를 지귀의 가슴 위에 놓고 갔다고 더 구체적으로 묘사됨. 깨어난 지귀는 심화(心火)가 일어나 탑을 불사름
결말	지귀가 불귀신이 되어 사라짐	지귀가 내뿜은 불이 탑을 불태우고, 이를 '심화요탑'이라 명명함
주제 및 상징	이룰 수 없는 사랑, 정념의 비극, 인간 감정의 초월적 변화	사랑과 열정의 상징인 '심화(心火)', 탑이라는 불교적 상징과 연결
불교 요소	암시적	강화됨
의의	민간적이고 애틋한 연애설화로서의 특징	불교적 교훈과 상징을 부각시킨 종교설화로 재구성됨

제 3 편 | 실전예상문제

제1장 한문학의 성립

01 한자가 전래된 시기에 대한 설명으로 옳지 <u>않은</u> 것은?
① 한자는 고조선 때 이미 전래되었다.
② 한사군의 설치와 더불어 본격적으로 쓰였다.
③ 삼국 시대도 한자가 쓰이기는 했으나 지명 및 인명을 적는 데만 쓰였다.
④ 고구려의 『광개토대왕릉비』는 한자로 새겨져 정치적 권위를 드러냈다.

01 한자가 처음 전래되었을 때는 지명 및 인명을 적는 것에서 출발했겠지만, 곧 한문 문장이 사용되어 삼국 시대에는 한자 및 한문을 이용한 책이 편찬되기도 했다. 따라서 삼국 시대에 한자를 지명 및 인명을 적는 데만 사용했다는 설명은 잘못되었다.

02 다음 중 한시의 특징에 대한 설명으로 옳지 <u>않은</u> 것은?
① 송나라를 기점으로 시의 형식이 바뀐다.
② 고시와 근체시가 있다.
③ 고시에는 5언시와 7언시가 있다.
④ 근체시에 비해 고시의 형식이 자유로운 편이다.

02 당나라 때 완성된 형식에 맞게 쓴 시를 근체시라 한다. 따라서 고시와 근체시를 가르는 기점은 송나라가 아니라 당나라이다.

03 다음 중 산문으로 된 한문학 작품의 종류에 대한 설명으로 옳지 <u>않은</u> 것은?
① 서발류는 책의 서문이나 발문을 뜻한다.
② 주소류는 임금에게 올린 글을 말한다.
③ 사독류는 편지글이다.
④ 증서류는 물건을 매매할 때 쓴 글이다.

03 증서류는 이별을 할 때 지어주는 글을 말한다. 이별을 하며 무언가를 증여한다는 내용의 글들이지만 매매를 하는 것은 아니다.

정답 01③ 02① 03④

04 제시된 다음 한시의 제목은 무엇인가?

> 神策究天文(신책구천문)
> 妙算窮地理(묘산궁지리)
> 戰勝功旣高(전승공기고)
> 知足願云止(지족원운지)
>
> 신기한 계책은 천문을 헤고
> 교묘한 계산은 지리를 꿰뚫었네
> 싸움에 이겨 공이 하마 높았으니
> 만족하고 이만 그쳐 주게나

① 〈토황소격문〉
② 〈영고석〉
③ 〈여수장우중문시〉
④ 〈옥중상서〉

04 제시된 작품은 고구려의 을지문덕 장군이 수나라 장수 우중문에게 이만 물러나라는 경고의 뜻으로 보낸 한시인 〈여수장우중문시〉이다.

05 다음 중 백제의 노래가 아닌 것은?

① 〈방등산가〉
② 〈선운산가〉
③ 〈회소곡〉
④ 〈정읍사〉

05 〈방등산가〉, 〈선운산가〉, 〈정읍사〉는 〈지리산가〉, 〈무등산가〉와 함께 백제의 노래에 해당되는 반면, 〈회소곡〉은 〈도솔가〉, 〈우식곡〉과 함께 신라의 노래에 해당된다. 이 노래들은 〈정읍사〉를 제외하고 가사가 전해지지 않고 있다.

06 다음 중 〈태평송〉에 대한 설명으로 옳은 것은?

① 백제의 한시 작품이다.
② 5언 고시이다.
③ 태평한 세상이 오기를 바라는 마음을 담아 지은 시이다.
④ 당나라 고종이 진덕여왕에게 보낸 작품이다.

06 〈태평송〉은 신라의 진덕여왕이 당 고종의 환심을 사기 위해 지어 보낸 5언 고시 형태의 한시로, 당나라의 태평성대를 칭찬하는 내용이다.

정답 04 ③ 05 ③ 06 ②

07 〈간렵문〉은 신라 26대 진평왕(567~632) 때 귀족이었던 김후직이 쓴 글로 통일신라 이전에 쓰인 작품이다. 통일신라 시대는 676년부터 시작되었으므로, 〈간렵문〉은 이 시기 작품에 해당되지 않는다.
② 〈왕오천축국전〉은 혜초가 723년부터 727년까지 인도, 중앙아시아, 아랍 등을 여행하고 쓴 여행기이다.
③ 〈토황소격문〉은 881년에 황소가 군사를 일으키자 최치원이 황소를 꾸짖는 내용을 담아 쓴 격문이다.
④ 〈화왕계〉는 신라 31대 신문왕 때(681~692)에 설총이 쓴 작품이다.

08 최치원의 〈제가야산독서당〉은 7언 절구 작품이다.

09 〈야청도의성〉은 7언 배율인데, 배율은 12구를 기본으로 하여 그 이상의 장편으로 된 시를 말한다. 이러한 관점에서 〈야청도의성〉도 장편 배율은 맞으나, 총 12행이 아닌 24행으로 이루어져 있다.

정답 07 ① 08 ③ 09 ①

07 다음 중 통일신라 시기의 한문학 작품이 아닌 것은?

① 〈간렵문〉
② 〈왕오천축국전〉
③ 〈토황소격문〉
④ 〈화왕계〉

08 다음 중 최치원에 대한 설명으로 잘못된 것은?

① 신라 말 6두품 출신으로 당나라에 건너가 빈공과에 합격했다.
② 그의 개인 문집인 『계원필경』은 한국 최초의 개인 문집이다.
③ 〈추야우중〉, 〈제가야산독서당〉 등의 5언 절구 작품을 남겼다.
④ 한국 최초의 설화집인 『수이전』의 작가로 거론되기도 한다.

09 〈야청도의성〉에 대한 설명으로 옳지 않은 것은?

① 7언 배율 작품으로 총 12행으로 되어 있다.
② 발해의 장군이었던 양태사가 지은 작품이다.
③ '야청도의성'이란 '밤에 다듬이질 소리를 듣는다.'는 뜻이다.
④ 이 작품의 시간적 배경은 가을이다.

10 다음 중 한문학 작품과 그 설명이 옳게 짝지어진 것은?

① 『광개토대왕릉비』 – 백제 왕이 세운 비석으로 부왕을 추모하는 내용을 담고 있다.
② 〈여수장우중문시〉 – 신라 진평왕이 나라를 걱정하며 지은 충언 시이다.
③ 〈영고석〉 – 고구려 승려 정법사가 자연 경관을 노래한 5언 고시이다.
④ 〈태평송〉 – 고구려 장군 을지문덕이 적장에게 보낸 전투 시이다.

10 ① 『광개토대왕릉비』는 백제가 아니라 고구려 장수왕이 아버지 광개토대왕의 업적을 기리기 위해 세운 비이다.
② 〈여수장우중문시〉는 고구려의 을지문덕이 수나라 장수 우중문에게 보낸 한시로, 신라와 관련이 없다.
④ 〈태평송〉은 신라 진덕여왕이 당 고종에게 바친 한시로, 고구려와는 관계가 없다.

주관식 문제

01 다음 한시의 작가와 작품명을 순서대로 쓰시오.

> 쓸쓸한 가을바람에 괴로워 읊조린다
> 이 세상 뉘라서 내 마음을 알아주리,
> 삼경 깊은 밤 창밖에 비는 내리고,
> 등불 앞에 초조한 심사는 만 리를 달리네

01 **정답**
최치원, 〈추야우중〉

해설
비 오는 가을밤의 쓸쓸한 심정을 노래한 이 작품의 제목은 〈추야우중〉으로, 통일신라 말 최치원의 작품이다.

정답 10 ③

02

정답
㉠ 장미
㉡ 할미꽃

해설
제시된 작품은 설총의 〈화왕계〉로, 설총이 신문왕에게 조언을 하기 위해 지은 이야기이다. '가인', 즉 미인은 장미, 흰 백발의 장부, 즉 '백두옹'은 할미꽃을 의인화한 것이다.

02 다음 작품에서 밑줄 친 ㉠과 ㉡은 각각 어떤 꽃을 의인화한 것인지 쓰시오.

> 화왕께서 처음 이 세상에 나왔을 때, 향기로운 동산에 심고, 푸른 휘장으로 둘러싸 보호하였는데, 삼춘가절을 맞아 예쁜 꽃을 피우니, 온갖 다른 꽃보다 빼어나게 아름다웠다. 멀고 가까운 곳에서 여러 가지 꽃들이 화왕을 뵈러 왔다. 깊고 그윽한 골짜기의 맑은 정기를 타고난 탐스러운 꽃들과 양지바른 동산에서 싱그러운 향기를 내며 피어난 꽃들이 앞을 다투어 모여 왔다. 문득 한 ㉠<u>가인(佳人)</u>이 앞으로 나왔다. 붉은 얼굴에 옥 같은 이와 신선하고 탐스러운 감색 나들이옷을 입고 아장거리는 무희(舞姬)처럼 얌전하게 임금에게 아뢰었다.
>
> (중략)
>
> 이때 베옷을 입고, 허리에는 가죽 띠를 두르고, 손에는 지팡이, 머리는 흰 백발을 한 장부 하나가 둔중(鈍重)한 걸음으로 나와 공손히 허리를 굽히며 말했다. "이 몸은 서울 밖 한 길 옆에 사는 ㉡<u>백두옹</u>입니다. 아래로는 창망한 들판을 내려다보고, 위로는 우뚝 솟은 산 경치에 의지하고 있습니다."
>
> (후략)

03 다음 설명에 해당하는 인물의 이름과 그 인물이 쓴 개인 문집의 제목을 쓰시오.

- 통일신라 시대의 문인이다.
- 〈추야우중〉, 〈제가야산독서당〉 등의 한시 작품을 다수 남겼다.
- 당나라에 가서 관리로 일하기도 했다.

03 **정답**
최치원, 『계원필경』
해설
고운 최치원은 통일신라 시대 말기 6두품 출신으로 당나라 빈공과에 합격해 당나라에서 관리로 일하기도 했다. 다수의 작품을 남겼는데 그의 개인 문집인 『계원필경』은 879년에 완성된 한시 문집으로 한국에 현존하는 가장 오래된 개인 문집으로 인정받는다.

04 삼국 중 백제는 고구려나 신라에 비해 특히 한문학이 발달하였을 것으로 짐작된다. 그 근거가 무엇인지 2가지 이상 서술하시오.

04 **정답**
왕인이나 아직기와 같은 사신들을 일본에 보내 『천자문』 등의 도서를 전해주었을 뿐만 아니라 유교 경서를 일본에 전해주었다. 또한 국사를 기록하고 역사서를 편찬하는 등 활발한 문화 활동을 했다는 기록이 있다.

05 우리 민족이 향찰, 이두 등을 만들어 쓴 것으로 보아 알 수 있는 것에 대해 서술하시오.

05 **정답**
향찰, 이두의 사용을 통해 우리 민족이 당시 한자를 받아들이는 데 매우 적극적이었음을 알 수 있다. 또한 한문 문장을 그대로 쓰려 하지 않고 우리말에 맞게 한자를 변용해서 사용하려 노력한 것을 통해 한자를 주체적으로 수용하려 했다는 것을 알 수 있다.

제2장 향가

01 다음 중 향가에 대한 설명으로 옳지 <u>않은</u> 것은?

① 향찰로 표기되었다.
② 한시와 달리 형식이 자유로웠다.
③ 개인 창작시이다.
④ 불교적 색채가 강한 작품이 많다.

02 다음 중 향가의 형식에 대한 설명으로 옳지 <u>않은</u> 것은?

① 가장 단순한 형식은 4구체이다.
② 가장 많은 작품이 남아있는 형식은 10구체이다.
③ 10구체 형식은 시조의 형식으로 이어지기도 한다.
④ 4구체와 8구체는 별개의 형식이다.

03 다음 설명에 해당하는 도서의 제목은?

> 이 책은 신라 시대에 각간 위홍과 승려 대구화상이 간행한 향가집으로 상당수의 향가 작품이 실려 있을 것으로 짐작된다. 그러나 현재 전하지 않는다.

① 『삼대목』
② 『균여전』
③ 『삼국유사』
④ 『계원필경』

---

01 향가는 한자를 빌려 표기했으나 한시의 형식을 따르지 않고 우리말 형식에 맞게 한자의 음과 뜻을 골라 사용했으며, 형식도 한시의 형식이 아니라 별도의 형식을 지니고 있었다. 4구체, 8구체, 10구체의 형식이 바로 그것이다.

02 4구체는 '기 – 승 – 전 – 결'의 형식을 갖고 8구체는 이를 중첩시킨 것이므로 별개의 형식이라 보기는 어려우며, 10구체는 끝에 2구를 더함으로써 점점 발전해 가는 형태를 보인다.

03 진성여왕 2년(888)에 왕명에 의해 위홍과 대구화상이 편찬한 향가집 『삼대목』에 대한 설명이다.
② 『균여전』은 고려 초의 승려 균여의 전기집으로 현전할 뿐만 아니라 향가 중 〈보현십원가〉 11수가 실려 있다.
③ 일연이 쓴 『삼국유사』 또한 현전할 뿐 아니라 많은 수의 향가를 전해 주고 있다.
④ 『계원필경』은 신라 말 최치원의 한시문집이다.

정답 01② 02④ 03①

04 다음 중 〈서동요〉에 대한 설명으로 옳지 <u>않은</u> 것은?

① 현전하는 가장 오래된 향가 작품이다.
② 서동이 지어 아이들에게 부르게 했다고 한다.
③ 익산 미륵사와 관련 있다.
④ 8구체 향가이다.

04 〈서동요〉는 민요가 향가로 정착한 사례를 보여주는 작품으로 4구체 향가이다.

05 다음 중 〈제망매가〉에 대한 설명으로 옳은 것은?

① 작가가 누군지에 대해 논란이 있다.
② 추모의 노래와 사모의 노래 두 가지로 읽힐 수 있다.
③ 승려 월명사가 죽은 형을 추모하기 위해 지었다.
④ 인간적 고통을 불교적으로 승화하였다.

05 ① 〈제망매가〉의 작가는 승려 월명사로 분명하다.
② 추모 혹은 사모의 노래로 읽힐 수 있는 작품은 〈모죽지랑가〉이고 〈제망매가〉는 함께 전해지는 설화와 더불어 죽은 누이에 대한 추모의 노래임이 분명하다.
③ 〈제망매가〉의 마지막 결구에 나타난 '미타찰에서 만날 내 / 도 닦아 기다리리다'라는 구절을 통해 누이의 죽음으로 인한 슬픔을 종교적으로 승화하고자 하는 마음이 드러난다.

06 다음 향가 작품 중 형식이 <u>다른</u> 하나는?

① 〈서동요〉
② 〈찬기파랑가〉
③ 〈안민가〉
④ 〈원왕생가〉

06 〈서동요〉는 4구체이고 나머지 선지의 작품은 모두 10구체 향가이다.

정답 04 ④ 05 ④ 06 ①

07 신라 선덕여왕 때 승려 영지가 영묘사의 장륙삼존상을 만들 때, 사녀(寺女)들이 재물을 바치는 대신 흙을 운반함으로써 시주를 대신하였다. 〈풍요〉는 이때 불린 노동요 성격의 향가이다. 따라서 〈풍요〉의 작가는 승려가 아닌 알 수 없는 누군가 또는 사녀들이라 할 수 있다.
① 〈혜성가〉는 승려 융천이 지었다.
②·④ 〈찬기파랑가〉와 〈안민가〉는 승려 충담이 지었다.

07 다음 중 승려가 지은 향가 작품이 아닌 것은?
① 〈혜성가〉
② 〈찬기파랑가〉
③ 〈풍요〉
④ 〈안민가〉

08 〈찬기파랑가〉의 작가는 충담사로 그 신분이 분명하다.
① 〈처용가〉의 작가로 알려져 있는 처용은 전설 속 인물로, 그 신분이 불분명하다.
② 〈헌화가〉의 작가는 미상이거나, '노옹'으로만 알려져 있다.
③ 〈풍요〉의 작가는 미상이거나 사녀(士女)들로, 분명하지 않다.

08 다음 중 작가의 신분이 분명한 향가 작품은?
① 〈처용가〉
② 〈헌화가〉
③ 〈풍요〉
④ 〈찬기파랑가〉

09 향가는 4구체, 8구체, 10구체라는 형식으로 정형화되어 있는 정형시이다. 자유시의 개념은 현대시에 이르러서야 생겨났다.

09 향가의 특징에 대한 설명으로 적절하지 않은 것은?
① 향가의 형식에는 4구체, 8구체, 10구체가 있다.
② 향가는 신라 시대부터 고려 전기까지 창작되었다.
③ 작가가 승려인 경우가 많아서 불교적 색채가 강한 작품이 많다.
④ 우리나라 최초의 자유시이다.

정답 07 ③ 08 ④ 09 ④

10 10구체 향가의 형식과 관련되는 운문 장르는?

① 시조
② 민요
③ 경기체가
④ 한시

10 감탄사로 시작하는 10구체 향가의 낙구 형식은 이후 시조의 종장 첫 음보에 영향을 준 것으로 여겨진다.

주관식 문제

01 다음 설화와 관련 있는 향가의 제목을 쓰시오.

> 신라 성덕왕 때 김순정이란 사람이 강릉 태수로 부임한다. 그가 부인과 함께 강릉으로 가는 중에 바닷가 절벽에 철쭉이 피어있는 것을 발견한다. 그의 부인은 시종들에게 그 꽃을 따오라고 하지만 다들 사람이 갈 수 있는 데가 아니라고 주저한다. 이때 암소를 끌고 가던 한 노인이 그 얘기를 듣고는 그 꽃을 꺾어서 부인에게 '이 노래'와 함께 바친다.

01 **정답**
〈헌화가〉

해설
수로부인에게 꽃을 꺾어 바친 노인이 불렀다는 〈헌화가〉에 대한 설명으로, 현대어로 풀이한 작품의 내용은 다음과 같다.

> 자줏빛 바위 가에
> 잡고 있는 암소 놓게 하시고
> 나를 아니 부끄러워하시거든
> 꽃을 꺾어 바치오리다

정답 10 ①

02 **정답**
누이의 요절(죽음)

해설
이 작품은 죽은 누이를 추모하기 위해 지은 것으로 '이른 바람'은 인간의 죽음을 자연현상(가을바람에 떨어지는 잎)에 빗대어 표현하고 있다. 이때 '이른 바람'은 누이의 죽음이 이른 나이에 이루어진 일이라는 것을 암시한다.

03 **정답**
㉠ 『삼국유사』
㉡ 『균여전』

02 〈제망매가〉 중 밑줄 친 구절이 의미하는 바를 쓰시오.

> (전략)
> 어느 가을 이른 바람에
> 이에 저에 떨어질 잎다이
> 한 가지에 나고
> 가는 곳 모르누나
> (후략)

03 다음 괄호 안에 들어갈 말을 순서대로 쓰시오.

> 현전하는 향가 작품은 총 25수이다. 그중 (㉠)에 14수, (㉡)에 11수가 전해진다.

04 〈서동요〉의 성격에 대해 두 가지 이상 쓰시오.

04 **정답**
서술적, 동요적, 참요적

05 〈모죽지랑가〉와 〈제망매가〉의 성격상 차이점을 서술하시오.

05 **정답**
두 작품 모두 죽은 이를 추모하기 위해 지어졌다는 점에서는 같으나, 〈모죽지랑가〉는 종교적 색채가 전혀 없이 추모가 이루어진 반면 〈제망매가〉는 불교라는 종교적 색채가 강하게 드러난다는 점에서 다르다. 이러한 특징은 〈모죽지랑가〉의 작가인 득오가 화랑인 반면, 〈제망매가〉의 작가인 월명사는 승려였기 때문인 것으로 추측할 수 있다.

제3장 설화

01 삼국 시대 및 남북국 시대에 만들어진 다음의 한문학 자료들 중 현전하는 것은?

① 『유기』
② 『신집』
③ 『계원필경』
④ 『서기』

01 최치원의 개인 문집인 『계원필경』은 현전하지만 나머지 자료들은 삼국의 역사책들로 현전하지 않는다.

02 『삼국사기』와 『삼국유사』에 실린 설화들에 대한 설명으로 옳지 않은 것은?

① 두 책 모두 단군 신화가 실려 있어 우리나라 건국신화의 본원을 이해하는 데 도움이 된다.
② 『삼국유사』에 실린 기록들은 저자가 지닌 특성으로 인해 불교적인 색채를 띠는 것이 많다.
③ 『삼국사기』에 실린 '전(傳)'들은 사마천의 『사기』에 실린 전의 형식을 창조적으로 이어받았다.
④ 『삼국사기』와 『삼국유사』에 실린 설화들 중 중복되는 것들도 있다.

02 『삼국사기』와 『삼국유사』 모두 수많은 설화를 싣고 있으나 단군 신화가 실린 것은 『삼국유사』뿐이다. 이는 『삼국사기』는 기전체 방식(한 나라의 왕 중심으로 본기, 열전을 서술)으로 서술한 역사책이어서 삼국이 아닌 고조선의 이야기가 들어갈 수 없었기 때문이다. 반면 『삼국유사』는 보다 자유로운 형식으로 서술되었다.

03 『삼국유사』와 『삼국사기』에 실린 다음 설화 중 고구려의 설화가 아닌 것은?

① 거북과 토끼 설화
② 온달 이야기
③ 주몽 신화
④ 도미 설화

03 도미 설화는 백제 4대 개루왕과 관련된 이야기로 백제의 이야기이다.

정답 01 ③ 02 ① 03 ④

04 **주몽 신화와 혁거세 신화의 공통점이라 할 수 없는 것은?**
① 둘 다 건국신화에 해당한다.
② 알에서 태어났다는 내용이 나온다.
③ 탄생이 비정상적이다.
④ 신들 간의 혼인으로 국조가 태어났다.

04 주몽은 하늘의 신과 물의 신이 혼인하여 낳은 알에서 태어났지만, 혁거세는 이러한 혼인의 과정 없이 하늘에서 내려온 알(신적 존재라 할 수 있는)에서 직접 태어났다.

05 **다음 중 『수이전』의 저자로 거론되는 인물이 아닌 것은?**
① 최치원
② 권문해
③ 김척명
④ 박인량

05 권문해는 조선 시대의 학자로, 『대동운부군옥』이라는 제목의 백과사전을 편찬한 사람이다. 이 책에는 『수이전』에 수록되었던 설화 중 일부가 실려 있기는 하나, 『수이전』은 11세기 말에 편찬되었기 때문에 권문해가 『수이전』의 저자라고 보기는 어렵다.

06 **다음 설명에 해당하는 설화는 무엇인가?**

- 한일교류 관계를 상징적으로 보여준다.
- 이 설화와 관련된 지명이 남아있다.
- 태양신을 숭배하는 문화를 보여준다.

① 김현감호 설화
② 연오랑세오녀 설화
③ 수삽석남 설화
④ 심화요탑 설화

06 연오랑세오녀 설화는 연오와 세오가 일본으로 건너가서 왕과 왕비가 되자 우리나라의 해와 달이 흐려졌다가 제사를 지내고 나서야 다시 빛이 돌아왔다는 내용이다. 이 설화를 통해 한국인이 일본으로 집단이주했다는 것과 태양신 숭배문화의 전파 양상 등을 알 수 있다. 또한 현재 포항의 '영일현'이라는 지명은 이 설화에서 유래한 것으로 본다.

정답 04 ④ 05 ② 06 ②

07 김부식은 『삼국사기』를 쓸 때 유교적, 현실적인 관점에서 서술하였다. 따라서 그가 열전에 내세운 인물들도 불교적 관점보다는 유교적·현실적 관점에 부합하는 경우가 대부분이다.

07 『삼국사기』 「열전」에 실린 인물들의 특징으로 적절하지 <u>않은</u> 것은?

① 뛰어난 능력을 지닌 인물들이다.
② 비극적 최후를 맞는 경우가 많다.
③ 숭고미를 보여준다.
④ 불교적 가치를 중시한다.

01 **정답**
㉠ 설화집
㉡ 박인량
㉢ 10

주관식 문제

01 다음 내용에서 괄호 안에 들어갈 말을 순서대로 쓰시오.

『수이전』은 한국 최초의 (㉠)(으)로 제목은 '뛰어나게 기이한 전기'라는 의미를 지닌다. 작가가 누구인지에 대한 논란이 있는데, 현재 가장 유력한 주장은 (㉡)이(가) 지었다는 것이다. 현재 원본은 전해지지 않고 『삼국유사』를 비롯한 몇 권의 책에 약 (㉢)여 편이 전해질 뿐이다.

정답 07 ④

02 다음 설명에 가장 부합하는 설화의 제목을 쓰시오.

> 이루지 못한 연심에 죽어서도 여왕 곁을 맴도는 남성의 비극적 사랑 이야기를 담고 있으며, 주술적 색채와 귀신화 서사를 통해 당대의 신분제 현실과 개인의 좌절을 보여주는 설화이다.

02 **정답**
지귀 설화

03 역사책인 『삼국사기』와 『삼국유사』가 한국문학사에서 갖는 의의에 대해 서술하시오.

03 **정답**
『삼국사기』와 『삼국유사』에는 역사적 저술임에도 불구하고 상당한 분량의 설화와 고대 문학 작품이 실려 있다. 삼국 시대에 쓰인 자료들이 현전하지 않는 상황에서 『삼국사기』와 『삼국유사』에 실린 문학적 작품들은 당시의 서사문학의 모습을 짐작할 수 있는 자료가 될 뿐만 아니라 이후 문학 발전의 밑거름이 되었다.

훌륭한 가정만한 학교가 없고, 덕이 있는 부모만한 스승은 없다.

– 마하트마 간디 –

제 4 편

고려 시대 문학

제1장	고려의 한문학
제2장	고려의 서사문학
제3장	고려의 시가
실전예상문제	

| 단원 개요 |

고려 시대 문학은 한문학과 시가문학, 서사문학이 함께 발전하며 다양한 문학 양상을 보여 준다. 귀족층을 중심으로 한문학이 발달하는 한편, 무신정권기 이후 서사문학과 서민층의 시가문학도 활발히 창작되었다. 설화문학의 기록화, 가전체라는 새로운 서사 양식의 출현, 시조와 가사 등 한국적 운문 양식의 성립이 이 시기의 중요한 특징이다. 고려 문학은 후대 조선 문학의 기반을 마련했다는 점에서도 큰 의미를 지닌다.

| 출제 경향 및 수험 대책 |

고려 시대 문학은 갈래별 특징과 대표 작품을 정확히 구분하여 이해하는 것이 중요하다. 한문학, 설화문학, 시가문학(속악가사, 경기체가, 시조, 가사 등)의 흐름과 주요 작자, 작품을 연결해 학습해야 한다. 특히 가전체, 경기체가, 초기 시조의 형식과 특징은 출제 비중이 높으므로 세부 내용을 꼼꼼히 정리할 필요가 있다. 각 갈래의 역사적 배경과 문학적 의의를 함께 정리하는 것도 좋은 방법이다.

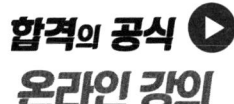

보다 깊이 있는 학습을 원하는 수험생들을 위한
시대에듀의 동영상 강의가 준비되어 있습니다.
www.sdedu.co.kr ➜ 회원가입(로그인) ➜ 강의 살펴보기

제 1 장 | 고려의 한문학

제1절 귀족문학과 관각문학

고려 시대 문학은 한문학을 중심으로 크게 발전하였다. 이 시기의 한문학은 귀족 중심의 문학과 관각(官閣)문학이라는 두 축을 중심으로 형성되었다. 이는 고려 사회의 정치적·문화적 성격과 밀접하게 연관되어 있으며, 문학 활동이 개인의 감성 표현뿐 아니라 국가적 의례나 기록의 차원에서도 활발히 이루어졌음을 보여준다.

1 귀족문학

고려 전기에는 왕실과 중앙 귀족을 중심으로 한 귀족문화가 발달하였다. 귀족들은 문벌제 사회를 형성하면서 한문학을 교양과 권위의 상징으로 여겼다. 이들은 한시(漢詩)를 지어 자신의 학문과 문학적 소양을 과시하고, 정치적 교류와 사적 친교의 수단으로 활용하였다. 귀족문학의 주요 특징 및 성격, 대표 작품은 다음과 같다.

(1) 격식에 맞춘 정제된 표현과 고사(故事) 인용이 많았다.

(2) 주된 주제 의식은 자연에 대한 사랑, 유교적 충의, 불교적 초탈 등의 관념이었다.

(3) 개인적 감정의 절제가 강하게 나타났으며, 감정보다는 이념적·형식적 완성도를 중시하는 경향을 보였다.

(4) 송나라 문학의 영향을 받았으며, 사대적 태도도 일정 부분 드러난다. 그러나 고려 특유의 정서, 즉 자연을 사랑하고 세속을 초월하려는 경향이 뚜렷하게 나타난다.

(5) 대표 작품

작품	작가	특징
『삼국사기』	김부식	역사서로, 문학적 서술미가 뛰어남
『파한집』	이인로	시화집으로, 한국 최초의 시화집으로 인정됨
『보한집』	최자	시화집으로, 『파한집』을 보완·확장함
『역옹패설』	이제현	시화 및 잡록집으로, 고려 시대의 각종 고사 및 잡록이 수록되어 있음
『동국이상국집』	이규보	시문집으로, 이규보의 개인 글뿐만 아니라 사료로서의 가치가 있는 기록들도 다수 담겨있음

2 관각문학

관각문학이란 관각, 특히 국자감이나 한림원 소속 문인들이 공식 문서를 작성하거나, 왕명을 받아 국가적 행사를 위해 행한 문학 활동을 말한다. 고려 시대에는 정치권력을 잡은 귀족층이 문벌 귀족 사회를 이루었고, 이들 중 학문과 문장에 능한 이들이 관각에서 활동하면서 문학적 전통을 세웠다. 관각문학의 주요 특징은 다음과 같다.

공적 성격	개인적 감성보다 국가적 이념과 왕실의 권위를 반영하는 글이 많았다.
격식과 규범 중시	정해진 형식에 맞추어 엄격하게 작성되었으며, 문학적 아름다움보다는 내용의 정확성과 장중함을 중시하였다.
역사적 기록과 찬양	국가 대소사를 기록하고 왕과 국가를 찬양하는 글들이 주류를 이루었다.

관각문학은 고려의 정치, 문화사를 연구하는 데 중요한 자료가 되며, 동시에 고려 문학이 단순한 개인 감성의 표현을 넘어 국가적 차원에서 의미를 가졌음을 보여주는 증거이다. 대표 작품으로는 예문관, 한림원 등에서 작성한 교서, 표문, 축문, 조서 같은 형식의 글이 있다.

3 귀족문학과 관각문학의 관계

귀족문학과 관각문학은 명확히 구분되지는 않는다. 많은 문인들이 귀족 신분을 기반으로 하면서 동시에 관직에 나아가 관각 활동을 하였다.
특히, 고려 후기에는 귀족문학의 성격이 점차 약화되고 관각문학의 공적 성격이 강화되었으며, 동시에 개인적 정서가 섬세하게 표현되는 경향도 나타나기 시작하였다. 이는 이후 조선 시대 문학으로 이어지는 중요한 흐름이다.

4 문학사적 의의

고려 시대의 귀족문학과 관각문학은 한국 한문학 발전의 기반을 닦았다. 이 시기의 문학은 단순한 개인적 표현을 넘어서 사회적, 정치적 역할을 수행하는 문학의 가능성을 보여주었으며, 문학의 기능이 다양화되는 기점을 제공하였다.
또한, 이후 조선 전기의 관학문학(주로 성균관 출신 문인들이 중심이 되어 발전시킨 문학)과 사대부 문학으로 자연스럽게 연결되는 문학적 토대를 마련하였다.

제2절 　한시 비평과 시화

1 　한시 비평

고려 문인들은 작품을 창작하는 동시에 서로의 한시에 대한 평가와 논평을 진행하였다. 한시 비평은 주로 다음과 같은 형태로 이루어졌다.

(1) 시회(詩會)와 비평
문인들이 모여 시를 짓고 서로 평을 나누며 문학적 수준을 높였다.

(2) 서문, 발문을 통한 비평
시집이나 개인 작품집에 붙은 서문이나 발문을 통해 작품의 장단점, 작자의 인품과 문학적 성취를 논하였다.

한시 비평은 작품의 예술적 완성도를 따지는 데 그치지 않고, 문학을 통한 인격 수양과 사회적 품격을 강조하는 데에도 목적이 있었다.

2 　시화

시화란 시를 둘러싼 이야기를 엮은 기록을 뜻한다. 고려 시대에는 시 창작과 관련된 일화, 평가, 논평 등을 모은 시화집이 편찬되었다. 대표적인 시화집으로는 다음 작품들이 있다.

작품	작가	특징
『보한집(補閑集)』	최자	고려 문인들의 일화와 시를 중심으로 구성되었다.
『파한집(破閑集)』	이인로	문인들의 교류와 시 창작의 현장을 생생하게 담아내고 있다.

시화는 단순한 문학적 일화집을 넘어서 당시 문단의 분위기, 문학적 관심사, 문인들의 생활상을 보여주는 귀중한 자료로 평가된다.

3 문학사적 의의

(1) 한국문학사에서 문학 비평의 초기 형태를 보여주는 중요한 사례로, 창작과 감상의 구분이 이루어지고, 문학 작품에 대한 심미적 평가가 문학 활동의 일환으로 자리 잡았음을 알 수 있다.

(2) 문학이 단순한 개인적 표현을 넘어 사회적 소통의 매개로 기능하였음을 보여준다.

(3) 고려 시대의 문학 비평 전통은 이후 조선 시대의 본격적인 문학 이론서와 비평 활동으로 이어지며, 한국 문학사의 체계적 발전에 초석이 되었다.

제3절 주요 작자와 작품

고려 시대에는 뛰어난 문인들이 등장하여 한문학의 수준을 크게 끌어올렸다. 이들은 개인적 감성과 사회적 책임 의식을 모두 담아내며, 고려 한문학의 다양한 면모를 보여주었다.

1 주요 작자와 작품 (종요)

(1) 이규보(1169~1241)
  ① 고려 후기 대표 문인으로, 관각문학과 귀족문학을 아우른 인물이다.
  ② 서사시 『동명왕편』을 통해 고구려 건국신화를 서사시로 표현하여 민족 정체성과 국가 정통성을 강조하였다.
  ③ 가전체 문학인 〈국선생전〉에서는 술을 인격화하여 현실 정치의 모순을 풍자하였다.
  ④ 시화집 『백운소설』을 통해 다양한 장르를 아우르는 문학적 성취를 이루었다.
    ※ 단, 일부 연구에서는 『백운소설』을 『동국이상국집』의 일부 작품을 정리하여 어느 문인이 조선 시대에 편찬한 것으로 보기도 한다.

(2) 이인로(1152~1220)
  ① 고려 문단의 중심 인물로, 자연애와 초탈적 정서를 한시에 담았다.
  ② 시화집 『파한집』을 편찬하여 고려 문인들의 시와 일화, 시화 활동을 기록하였다.
  ③ 『파한집』은 고려 시화문학의 대표적 성과로 평가되며, 고려 문단의 분위기와 문학 활동을 풍성하게 보여준다.

(3) 최자(1188~1260)
① 고려 후기 문인으로, 시화집 『보한집』(1254년 추정)을 편찬하여 다양한 문학 활동과 문인들의 일화를 수록하였다.
② 『보한집』은 고려 후기 문학 연구에 귀중한 자료로 평가되며, 『파한집』과 함께 고려 시화문학의 중요한 흐름을 형성하였다.

(4) 임춘(1149~1182 추정)
① 현실 풍자와 인간 군상에 대한 비판적 시각을 문학으로 표현하였다.
② 가전체 문학인 〈공방전〉을 통해 돈을 의인화하여 인간의 탐욕을 풍자하였고, 〈국순전〉을 통해서는 술을 의인화하였다.

2 문학사적 의의

고려 시대 주요 작자와 작품들은 단순히 개인적 표현을 넘어 민족 정체성, 사회 비판, 자연애 등 다양한 주제를 문학적으로 형상화하였다. 또한 시와 산문, 서사와 풍자의 장르적 다양성을 확립하여 이후 조선 시대 문학의 발전에 결정적 토대를 제공하였다.

제 2 장 | 고려의 서사문학

제1절 고려의 설화

1 고려 설화문학의 전개

(1) 고려 전기 : 설화문학의 잠재기
   ① 과거제도 정착과 관료사회 성립으로 운문문학, 특히 한시가 주류를 이루었고, 설화문학은 비교적 부각되지 않았다.
   ② 구비 전승 형태의 민간설화는 존재했지만, 기록된 형태로 많이 남지는 않았다.

(2) 고려 중기 : 무신정권기 설화문학의 활성화
   ① 문신 계층이 사회적 좌절을 겪으며 현실을 풍자하거나 탈출구를 찾는 문학을 추구하게 되었다.
   ② 『파한집』(이인로), 『보한집』(최자) 등을 통해 시화 형식 안에 설화적 요소가 활발히 기록되었다.
   ③ 현실 비판적 의식, 인간 탐구 정신이 설화 속에 반영되기 시작하였다.

(3) 고려 후기 : 설화문학의 약화
   ① 유학적 합리주의가 사회 전반을 지배하면서, '괴력난신[괴이한 용력과 패란(悖亂)과 귀신에 관한 일)]'을 배척하는 분위기가 확산되었다.
   ② 효자, 열녀 등 유교적 덕목을 강조하는 설화만이 부분적으로 존속하였다.
   ③ 『역옹패설』(이제현) 등이 고려 후기 문학을 대표하는 자료로 남아 있으나, 전반적으로 설화 창작과 기록은 감소하는 추세였다.

2 주요 문헌

(1) 이인로, 『파한집』 중요
   ① 1220년경 편찬된 것으로 추정되며, 출간은 이인로가 죽은 뒤 40년 후인 1260년에 이루어졌다.
   ② 우리나라 최초의 시화집이다.
   ③ 동시대 혹은 이전 시대의 시문학 작품 및 여러 산문을 모은 책이다.

(2) 최자, 『보한집』

① 1254년에 간행되었다.

② 당시 실권자의 요청에 따라 『파한집』을 보완하는 성격으로 편찬되었다.

③ 『파한집』에서 다루어지지 않았던 시화 및 다양한 문학 작품 등이 수록되었다.

※ 『파한집』, 『보한집』에는 한시 창작과 관련되는 이야기를 '시화(詩話)'라 하여 기록했는데, 이 책들에는 다양한 시화들이 실려 있어 고려의 설화문학을 살피는 데 중요한 자료가 된다.

(3) 이제현, 『역옹패설』

① 1342년 간행된 시화문학서이자 잡록집이다.

② 이인로의 『파한집』, 최자의 『보한집』과 함께 시화를 비롯한 여러 고사 및 잡록을 담고 있어 고려 시대 문학 연구에 중요한 자료로 여겨진다.

(4) 조선 전기에 이성계의 명령으로 정도전, 정총, 박의중, 윤소종 등이 『고려사』를 편찬하면서 「열전」 항목에서 효녀나 열녀 등의 이야기가 전해진다.

3 대표적 설화

(1) 〈오수 설화(獒樹說話)〉

전북 임실 오수면에서 전해오는 이야기로, 들불이 나자 개가 몸에 물을 묻혀 잠들어 있던 주인을 구하고 자신은 탈진하여 죽었다는 내용이다.

(2) 〈호승 설화(虎僧說話)〉

한 호랑이가 노승을 잡아먹으려다 스스로 목숨을 끊고, 사람으로 다시 태어나 노승의 제자가 된 뒤 득도하여 신통력을 얻었다는 이야기이다. 신라 시대 설화였던 〈김현감호〉의 변형으로 보인다.

(3) 〈강감찬 설화〉

고려의 명장 강감찬의 탄생과 관련된 설화로, 현재의 '낙성대'에 얽힌 이야기이다. 어떤 사신이 길을 가다가 큰 별이 떨어지는 것을 보고 따라가 보니 집이 한 채 있었고, 그 집에서 아기가 태어났는데 그 아기가 자라서 강감찬이 되었다는 내용이다.

제2절 가전(假傳)

1 개념 및 명칭

'가전'이란 어떤 사물이나 동물의 속성을 의인화하여 인물로 창조하고, 그 인물의 행적을 서술하는 형식으로 교훈을 전달하는 문학 양식이다. 인물의 행적을 서술하다 보니 '전(傳)'의 형식을 보이나, 실제로 살았던 인물이 아니라 허구적으로 창조된 인물이라는 이유로 '가짜 전기'라는 뜻의 '가전'이라 불리며, 학자에 따라 '가전체, 의인소설, 교술문학, 가전체 소설, 의인전기체' 등으로도 불린다.

2 구성 중요

가전은 일반적으로 다음과 같은 3단 구성을 지닌다.

서두부	의인화된 인물의 가계와 출신을 소개하며, '자(字)'를 부여하는 경우가 많다.
행적부	인물의 주요 행적을 소개하며, 작품의 주제를 펼쳐 나간다.
평결부	사신(史臣)의 평을 통해 인물에 대한 평가를 제시하고 교훈을 강조한다. 이러한 구성은 중국 사마천의 『사기』 「열전」 형식을 본뜬 것으로 볼 수 있다.

3 발달 과정

(1) 중국 사마천이 쓴 『사기』의 「열전」 형식의 영향을 받아 발전하였다.

(2) 중국 최초의 가전 작품은 한유의 〈모영전〉이며, 우리나라에서는 고려 시대 임춘의 〈국순전〉이 효시로 평가된다.

(3) 고려 무신정권기 사회 변혁 속에서 문신들이 초야에 묻혀 지내면서 기존의 설화와는 다른 형식의 교훈적 문학이 탄생하였다.

(4) 이후 조선 시대를 거쳐 20세기까지 약 20여 편 이상의 가전체 작품들이 창작되었으나, 시대가 흐를수록 활력은 다소 약화되었다.

4 특징 및 영향

(1) 서술 과정에서 다양한 고사(故事)가 인용되어, 인물의 행적을 뒷받침하는 데 활용된다.

(2) 사물, 특히 문방사우(종이, 붓, 먹, 벼루)를 의인화한 작품이 많이 창작되었다.

(3) 가전은 '전'의 형식을 취하면서도 허구성을 지닌 덕분에 이후 'ㅇㅇ전' 형태의 소설 발달에 중요한 영향을 미쳤고, 조선 시대 소설문학 성장에 밑거름이 되었다.

5 주요 작품 (중요)

작가	작품명	내용 및 특징
임춘	〈국순전〉	술을 의인화하여 술의 폐해를 풍자한다.
	〈공방전〉	돈을 의인화하여 돈을 우선시하는 세태를 비판하고 인간의 탐욕을 경계한다.
이규보	〈국선생전〉	술을 의인화한 국선생이 충성과 지혜를 갖춘 인물로 묘사되며, 술의 긍정적인 측면을 강조한다.
	〈청강사자현부전〉	거북을 의인화하여 벼슬길에 신중히 나서야 한다는 교훈을 준다. ※ 제목의 '청강사자'는 벼슬명, '현부'는 거북을 의미한다.
승려 혜심	〈죽존자전〉	대나무를 의인화하여 고결하고 절개 있는 성품을 찬양한다.
	〈빙도자전〉	얼음을 의인화하여 맑고 깨끗함을 노래하며, '찬'과 '게송'이 삽입되어 불교적 색채가 드러난다.
이첨	〈저생전〉	종이를 의인화하여 선비로서의 직언과 올곧은 자세를 강조한다. 다른 가전체 작품과 달리 끝부분에 사신의 평이 생략되어 있다.
식영암	〈정시자전〉	지팡이를 의인화하고, 꿈속 대화 형식으로 진행되며 대화체 구성과 꿈이라는 장치를 활용하는 점이 특징이다.
이곡	〈죽부인전〉	대나무로 만든 죽부인을 의인화하여 절개를 지키는 죽부인의 삶을 통해 당대의 문란한 남녀 관계를 비판한다.

제3장 고려의 시가

제1절 속악가사, 소악부

1 속악가사

(1) 속악가사의 개념

속악가사는 평민들 사이에 구비 전승되던 민요 사설의 일부를 고려 후기 권문세족이 궁중악으로 수용한 것이다. 조선 시대에 들어 훈민정음 창제 이후 궁중악을 수록한 문헌(『악장가사』, 『악학궤범』, 『시용향악보』 등)에 문자로 정착되어 조선 전기까지 이어졌는데, 이 과정에서 궁중악에 맞게 내용의 첨가와 삭제가 이루어졌다.

(2) 속악가사의 형식 중요

① 주로 3음보를 기본으로 하며 3·3·2조의 음수율을 지니는 경우가 많다.
② 대부분 몇 개의 연이 연속적으로 이어지는 분연체(분절체, 연장체)이다.
   ※ 예외 : 〈정과정〉, 〈사모곡〉
③ 각 연마다 후렴구가 붙는다. (일부 작품 제외)
④ 여음구(조흥구)가 첨가되기도 하여 운율감을 더한다.
⑤ 속악가사〈만전춘〉의 2연과 5연에서 광의의 시조 형식을 엿볼 수 있다. 이를 통해 시조의 기원 논의에서 언급되기도 한다.

(3) 속악가사의 특징

① 솔직하고 소박한 내용뿐만 아니라 남녀의 애정을 진솔하게 읊는 노래가 많아 조선 시대에 '남녀상열지사'라는 이유로 비판의 대상이 되었다.
② 대부분 작품의 작자 및 창작 시기가 알려져 있지 않다.
③ 형식은 자유로운 편이나 10구체 향가와 비슷한 것들도 있어서 향가의 전통이 일정 부분 이어졌다고 보는 견해도 있다.
④ 서정 장르에 속한다.

(4) 속악가사의 주요 작품 중요

작품명	작자	창작 시기	내용
〈도이장가(悼二將歌)〉	예종	16대 예종 (1120년)	고려 개국공신 김낙, 신숭겸을 추모(8구체 향가로 보기도 함)
〈정과정곡(鄭瓜亭曲)〉	정서	18대 의종 (정확한 연도 미상)	임금을 향한 변함없는 충정(10구체 향가 형식을 계승)
〈가시리〉	미상	미상	이별의 정한
〈서경별곡(西京別曲)〉			이별의 정한
〈청산별곡(靑山別曲)〉			인생무상
〈동동(動動)〉			임에 대한 송축과 연모(월령체)
〈만전춘(滿殿春)〉			남녀 간 사랑 노래
〈사모곡(思母曲)〉			어머니에 대한 사랑
〈쌍화점(雙花店)〉			남녀 관계와 사찰 타락 풍자
〈이상곡(履霜曲)〉			사별한 남편에 대한 사랑과 정절
〈정석가(鄭石歌)〉			임에 대한 영원한 사랑과 태평성대
〈처용가(處容歌)〉			향가 〈처용가〉에 내용을 덧붙여 부름

(5) 작품 예시 : 〈가시리〉

> 가시리 가시리잇고 나눈
> 부리고 가시리잇고 나눈
> 위 증즐가 대평셩디(大平盛代)
>
> 날러는 엇디 살라ᄒ고
> 부리고 가시리잇고 나눈
> 위 증즐가 대평셩디(大平盛代)
>
> 잡ᄉ와 두어리마ᄂᆞᆫ
> 선ᄒ면 아니올셰라
> 위 증즐가 대평셩디(大平盛代)
>
> 셜온님 보내옵노니 나눈
> 가시는 듯 도셔 오쇼셔 나눈
> 위 증즐가 대평셩디(大平盛代)

① 사랑하는 사람과의 이별의 심정을 솔직하게 노래한 작품이다.
② 후렴구를 포함하여 3행으로 된 연들이 모여 이루어진 연장체이다.

③ 각 연의 끝에는 '위 증즐가 대평성딕(大平盛代)'라는 후렴구가 붙는데, 이것은 임과의 이별이라는 슬픈 분위기에 어울리지 않는 내용으로, 민간에서 불리던 것이 궁중음악으로 편입되면서 후렴구가 덧붙은 것으로 보인다.
④ 후렴구 외에도 'ㄴ눈'이라는 여음이 붙어 운율을 돋운다.

2 소악부(小樂府)

(1) 소악부의 개념

소악부란 고려 말기와 조선 초기에 상류 지식인들이 민간에서 유행하던 속요나 민요를 한시의 절구 형식(7언 혹은 5언)으로 번역한 시가 양식이다.

원래 악부란 중국의 한나라 당시 음악을 관장하던 관청의 이름이었고, 거기서 불리던 노래의 가사 또한 악부라 하였다. 그러나 이 명칭은 점차 시간이 지나면서 음악과는 별도로 가사만을 지칭하는 개념이 되었다. 원래의 악부는 한 구를 이루는 글자 수의 제한만 있을 뿐, 몇 구로 이루어져 있는가에 대해서는 제한이 없다. 그런데 그중에서도 절구체(4구) 형식으로 이루어진 것들을 작은 시(小詩)라는 의미에서 소악부라 부르게 되었다.

(2) 소악부의 형식

소악부는 주로 7언 절구 혹은 5언 절구 형식으로 구성되며, 각 구는 4행으로 이루어져 있다. 이러한 형식은 중국의 악부시와 유사하지만, 내용적으로는 한국의 민요나 속요를 반영하고 있다.

(3) 소악부의 특징

① 절구 형식으로 짧고 간결하다.
② 한문으로 작성된 시가이지만, 그 내용은 순수한 우리말 가요의 정서를 반영하고 있다.
③ 고려 말기부터 조선 초기에 이르는 시기에 활발히 지어졌다.

(4) 소악부의 주요 작품

① 이제현의 『익재난고』 권4에 실린 11수

작품명	내용
〈장암〉	귀양에서 풀려난 신하를 참새에 빗대 벼슬살이의 위험함을 충고함
〈거사연〉	까치와 거미에 빗대어 남편을 기다리는 아내의 마음을 노래함
〈제위보〉	시냇가에서 만났던 백마 탄 낭군을 잊지 못하는 여인의 마음을 노래함 (한역시와 노래의 해설이 어긋남)
〈사리화〉	관리들의 학정을 참새가 곡식을 다 까먹는 것에 비유함

〈소년행〉	소년 시절의 즐거움을 회상함
〈처용〉	처용의 전설과 처용의 모습을 묘사함 (신라, 고려의 〈처용가〉와 내용이 다름)
〈오관산〉 (〈목계가〉)	오관산 아래 사는 문신이 어머니의 만수무강을 기원함
〈서경별곡〉	〈서경별곡〉 2연을 한역함
〈정과정〉	〈정과정곡〉의 앞 4행을 한역함
〈수정사〉	탐라의 도근천 앞 수정사 주지의 타락을 풍자함
〈북풍선자〉 (〈북풍선〉)	탐라의 실정과 풍속을 풍자함

② 민사평의 『급암집』에 실린 6수

작품명	내용
〈후전진작〉	정다운 임을 만나려거든 황용절 문 앞으로 오라고 노래함
〈인세사〉	인간 세상사의 덧없음을 노래함
〈심야행〉	세상살이를 깊은 밤길을 가는 것으로 비유함
〈삼장〉	〈쌍화점〉 2장과 같은 내용으로, 사찰의 타락을 풍자함
〈안동자청〉	여성 몸가짐의 어려움을 노래함
〈거미요〉	거미에게 소원을 의탁하는 내용을 노래함

③ 『고려사』 권71 「악지」 속악조에 실린 노래

작품명	내용
〈한송정〉	한송정에서 오가는 갈매기를 그림
〈사룡〉	뱀이 용의 꼬리를 물고 태산을 지나갔다는 내용을 노래함

(5) 소악부의 의의
① 말과 글이 달랐던 옛 시대의 노랫말을 그대로 전할 방법이 없자 한시로라도 번안함으로써 노랫말 그대로는 아니더라도 당시 민중의 솔직하고 섬세한 정서와 삶을 보존하는 데 기여했다.
② 우리 민요를 한시로 번역하여 기록한 최초의 시도이다.

제2절 경기체가

1 경기체가의 개념

경기체가란 고려 중기(13세기 중반 고종 때)에 발생하여 조선 초기까지 계속된 시가 장르로, 무신 정권 이후 새롭게 등장한 신흥 사대부들이 자신들의 교양, 생활, 풍류를 노래한 작품을 말한다.
'경기체가'라는 명칭은 후렴구에 있는 '景幾何如'라는 구절에서 따온 것으로, 후대에 와서 붙여진 것이다. 당시에는 '별곡, 별곡체, 별곡체가, 경기하여가' 등으로 불리기도 하였다. 후렴구인 '景幾何如[경(景) 긔 엇더ᄒ니잇고]'는 앞서 나열한 내용들을 압축하여 감탄하는 역할을 하며 감정의 절정을 강조한다.

2 경기체가의 형식

(1) 경기체가는 속악가사와 마찬가지로 대부분 3음보이며 몇 개의 장이 모여 한 작품을 이루는 연장체이다.

(2) 속악가사와 달리 경기체가는 전대절과 후소절로 구분된다. 한 연은 6행으로 되어 있는데 앞의 1~4행까지를 전대절, 뒤의 5~6행을 후소절이라 한다. 전대절에서는 시의 주제가 제시되고, 후소절에서는 전대절의 내용을 보충하거나 변형하여 반복한다.

(3) 후소절에 해당하는 제5행은 4음보로 되어 있는데, 뒤의 2음보가 앞의 2음보의 가사를 반복한다.

(4) 한 장의 글자 수 및 형식의 예를 보면 다음과 같다.

전대절	제1행	3 - 3 - 4
	제2행	3 - 3 - 4
	제3행	4 - 4 - 4
	제4행	위 2(4) 경(景) 긔 엇더ᄒ니잇고
후소절	제5행	엽(葉) 4 - 4 - 4 - 4
	제6행	위 2(4) 경(景) 긔 엇더ᄒ니잇고

3 경기체가의 특징

(1) 교술 장르에 속한다.
   ※ 속악가사는 서정 장르에 가깝다.

(2) 전반적으로 엄격한 정형시 구조를 갖추었다.
   ※ 7편은 정격, 나머지는 변격 내지 파격

(3) 글, 경치, 기상 등을 소재로 선비들의 학식과 체험을 노래했고, 사물이나 경치를 나열함으로써 고려 무신의 난 이후 등장한 신흥 사대부의 호탕한 기상과 자부심을 드러냈다.

(4) 운율상으로는 음악적 성격이 강하게 드러나지만, 일부 견해에 따르면 내용면에서의 문학성은 약하다고 보기도 한다.

(5) 정제된 형식미를 갖추었기에 조선 시대까지 사대부 계층이 적극적으로 창작에 참여했다.

4 경기체가의 의의

(1) 한시적 성격과 국문시가적 특성을 아우른 중간적 문학 형식이다.

(2) 한시와 순수 국문시가 사이를 잇는 교량적 역할을 하였으며, 고려 후기부터 조선 전기 시가 발전에 중요한 토대를 마련하였다.

(3) 정제된 형식미를 갖추고 있어 조선 시대까지 사대부 계층이 꾸준히 계승, 창작하였다.

5 주요 작품

경기체가는 고려 시대에서 조선 시대에 이르기까지 창작되었으며, 현존하는 작품으로는 고려 시대 작품 3편, 조선 시대 작품 22편이 확인된다. 주요 작품은 다음과 같다.

작품명	작자	창작 시기	내용	의의
〈한림별곡〉	여러 유생	고려 고종 (13세기 중반)	문장가·시인 등 문인들의 명성과 풍류를 찬양	최초의 경기체가
〈관동별곡〉	안축	고려 충숙왕 대	강원도의 자연 경치 예찬	조선 시대, 정철의 〈관동별곡〉에 간접적 영향을 미침
〈죽계별곡〉	작자 미상	고려 충숙왕 대	죽계의 풍류 생활 묘사	경기체가 형성과정을 반영
〈불우헌곡〉	정극인	조선 성종 대	성군의 만수무강을 기원	경기체가 형식 변천의 자료
〈독락팔곡〉	권호문	조선 선조 대	세상에 대한 불만과 자아를 반성하는 노래	최후의 경기체가 작품

6 작품 예시 : 〈한림별곡〉

원문	현대어 풀이
元淳文 仁老詩 公老四六 (원순문 인로시 공로사륙)	유원순의 문장, 이인로의 시, 이공로의 사륙변려문
李正言 陳翰林 雙韻走筆 (이정언 진한림 쌍운주필)	이규보와 진화가 쌍운을 맞추어 거침없이 써 내려간 글
沖基對策 光鈞經義 良經詩賦 (충기대책 광균경의 양경시부)	유충기의 대책문, 민광균의 경서 뜻풀이, 김양경의 시와 부
위 試場ㅅ景 긔 엇더ᄒ니잇고 (위 시장ㅅ경…)	아, 과거 시험장의 모습이 어떠합니까 (정말 대단하지 않습니까)
(葉) 琴學士의 玉笋文生 琴學士의 玉笋文生 (금학사의 옥순문생) × 2	학사 금의가 배출한 죽순처럼 많은 제자 [반복]
위 날조차 몃부니잇고	아, 나까지 모두 몇 분입니까 (참으로 많습니다)
- 〈한림별곡〉 전 8장 중 1장 -	

〈한림별곡〉은 13세기 고려 고종 때 한림원의 여러 선비들이 지은 것으로, 학식과 재주를 과시하고 향락적인 풍류를 즐기는 내용이다. 그중 위에 제시된 제 1장은 문인들의 명문장과 금의의 문하생에 대해 찬양하는 내용을 담고 있다. 1장 및 이후에 이어지는 내용을 간단히 살펴보면 다음과 같다.

1장	문장가, 시인 등의 명문장 찬양
2장	학문수련과 독서에 대한 자긍심
3장	유행하는 서체와 필기구 등 명필 찬양
4장	상류 계층의 주흥 예찬
5장	화원의 경치 예찬
6장	흥겨운 주악의 흥취 예찬
7장	후원의 경치 감상
8장	그네뛰기의 흥겨운 광경과 풍류 생활 예찬

제3절 시조 : 기원, 형식, 주요 작자와 작품 등

1 시조의 개념

시조는 고려 말기에 발생하여 조선 시대에 크게 발전한 한국 고유의 정형시 양식이다. '시조(時調)'라는 명칭은 고려 및 조선 초기에는 사용되지 않았으며, 20세기 초 최남선 등의 시조 부흥 운동 이후 정식으로 확립되고 일반화되었다.

시조는 초장, 중장, 종장의 3장 구조로 이루어져 있으며, 각 장은 기본적으로 3음보로 구성된다. 이는 고유한 운율과 형식미를 갖춘 우리나라 대표적 고전 시가 양식이다.

2 시조의 기원

시조의 기원에 대해서는 다음과 같이 크게 두 가지 설이 제기된다.

외래 기원설		시조가 불가(佛歌)와 한시의 절구시의 영향을 받아 형성되었다고 보는 견해
재래 기원설		시조의 원형을 우리의 전통시가에서 찾을 수 있다고 보는 견해로, 다수설로 인정받고 있음
	향가 기원설	향가의 6구체나 10구체 형식이 정제되어 시조로 발전했다는 설 (단, 〈정읍사〉는 향가 계열이 아닌 별도의 고대가요로 봄)
	속요 기원설	속악가사의 서정성과 형식에서 시조가 발전했다는 설
	민요 기원설	민중의 민요적 운율과 구조가 시조로 발전했다는 설

현재로서는 고려 중기 이후 다양한 민요, 향가, 속요 전통이 시조 형성에 복합적으로 작용했다는 다원론적 입장이 설득력을 얻고 있다.

3 시조의 형식 (중요)

시조는 당대에는 문자 기록보다는 구연과 창을 통해 전해졌으며, 음악(가곡, 시조창 등)과 밀접한 관계가 있다. 이는 시조의 운율 구조나 형식적 유연성에 영향을 미쳐 시조는 정형시임에도 형식을 엄격하게 제한하는 것은 아니다. 즉 기본적인 형태는 있지만 다양한 변조 또한 존재한다. 예를 들어 시조(평시조)는 초장, 중장, 종장의 3장으로 구성되는데 초장의 경우 3·4·3·4의 글자 수를 보이는 것도 있고 3·4·4·4의 글자 수를 보이는 것도 있는 식이다. 그럼에도 불구하고 대체적으로 공통되는 형식을 정리해 보면 다음과 같다.

(1) 초장, 중장, 종장이라 불리는 3행이 1연을 이룬다.
    ※ 초·중장은 내용 전개를 담당하고, 종장은 감정을 집약하거나 결론짓는 역할을 한다.

(2) 각 행은 3음보 혹은 4음보이며, 4음보는 두 개의 구로 나뉜다.
    ※ 각 장이 2구로 나뉘는 경우가 많다.

(3) 각 음보는 대체로 3자 혹은 4자를 기본으로 이루어져 있다.

초장	3·4·3(4)·4조
중장	3·4·3(4)·4조
종장	3·5·4·3조

(4) 종장의 첫 음보는 엄격하게 3자를 유지한다.

4 시조의 종류 (중요)

(1) 길이에 따라

① 평시조
   ㉠ 3장 6구로 구성되며 시조의 기본형이다.
     ※ 일반적으로 '시조'라 하면 평시조를 가리키는 경우가 많다.
   ㉡ 사설시조나 엇시조에 비해 길이가 가장 짧아 '단형시조'라고도 한다.
   ㉢ 종장에서 시상의 전환과 함께 주제를 드러낸다.
   ㉣ 절제미가 있고 담박하며 우아한 품격이 드러난다.

② 엇시조
   ㉠ 시조의 기본형에서 한 장 혹은 두 장이 길어진 시조이다. 대부분 중장이 길어졌다.
   ㉡ 평시조와 사설시조의 중간적 성격을 띤다.
   ㉢ '사설지름시조'라고도 한다.

③ **사설시조**
  ㉠ 조선 후기 근대로의 이행기에 평민 의식의 성장과 더불어 발전한 형식이다.
  ㉡ 평시조의 율격을 파괴하고, 중세적 이념에서 벗어나 풍자와 해학에 가치를 두는 서민 의식이 반영되었다.
  ㉢ '장시조', 혹은 '장형시조'라고도 한다.
  ㉣ 종장의 첫 3자를 지키는 등 시조의 기본 형식을 유지하지만 대체로 중장이 매우 길다.
  ㉤ 엇시조보다 더 파격적인 형태를 보여준다.
  ㉥ 주로 서민과 몰락한 양반이 주된 향유층이다.

(2) 중첩 여부에 따라
① **단시조** : 1수만으로 이루어진 시조를 말한다.
② **연시조** : 하나의 제목 아래 평시조 여러 편이 일정한 시상 전개 흐름을 갖고 유기적으로 연결되어 하나의 주제를 이룬 것을 의미한다.

5 시조의 주요 작자와 작품

고려 말의 시조 작품들은 충절, 자연, 인생에 대한 관조를 주된 주제로 삼았다.

(1) 우탁(1262~1342)의 탄로가(歎老歌) 2수

> 흔 손에 막뒤 잡고 또 흔 손에 가싀 쥐고
> 늙는 길 가싀로 막고 오는 白髮(백발) 막뒤로 치려터니
> 白髮(백발)이 제 몬져 알고 즈럼길노 오더라

갈래	평시조
내용	백발을 의인화하고, 세월을 '길'로 구체화하여 늙음은 인간이 어찌할 수 없는 한계임을 해학적으로 노래함
특징	우탁의 탄로가들은 현재 전하는 시조들 가운데 가장 오래된 것으로 여겨짐

> 春山(춘산)에 눈 노기는 바룸 건듯 불고 간 딕 업다
> 져근덧 비러다가 므리 우희 불니고져
> 귀밋틱 히무근 셔리를 녹여 볼가 ᄒ노라

갈래	평시조
내용	자신의 흰 머리를 다시 검게 하고 싶은 마음을 비유적으로 표현함
특징	• 자연의 이미지로 늙음과 회춘에 대한 소망을 표현함 • 늙음을 한탄하면서도 인생을 달관하는 관조적인 태도가 드러남

(2) 이조년(1269~1343)의 시조

> 梨花(이화)에 月白(월백)ᄒ고 銀漢(은한)이 三更(삼경)인 제
> 一枝春心(일지춘심)을 子規(자규) | 야 아라마ᄂᆞᆫ
> 多情(다정)도 病(병)인 냥ᄒ여 ᄌᆞᆷ 못드러 ᄒ노라

갈래	평시조
내용	배꽃이 활짝 핀 달밤에 들려오는 두견새 소리를 들으며 봄의 정취에 빠져 있음을 노래함
창작 배경	지은이가 충혜왕에게 충간하다가 벼슬에서 물러난 후 지은 것으로 보아, 단지 봄밤의 정서가 아니라 왕을 걱정하며 그리는 심정을 노래한 것으로 보기도 함

(3) 이존오(1341~1371)의 시조

> 구름이 無心(무심)탄 말이 아마도 虛浪(허랑)ᄒ다
> 中天(중천)에 써 이셔 任意(임의) ᄃᆞ니며셔
> 구틔야 光明(광명)ᄒᆞᆫ 날빗츨 ᄯᅡ라가며 덥ᄂᆞ

갈래	평시조
내용	고려 말 승려 신돈의 횡포를 풍자한 작품으로, '구름'은 신돈, '햇빛'은 공민왕을 뜻함
창작 배경	이존오가 신돈의 잘못을 탄핵하다가 공민왕에 의해 좌천되었을 때 씀

(4) 이색(1328~1396)의 시조

> 白雪(백설)이 ᄌᆞ자진 골에 구룸이 머흐레라
> 반가온 梅花(매화)ᄂᆞᆫ 어ᄂᆡ 곳에 퓌엿ᄂᆞ고
> 夕陽(석양)에 호을노 셔셔 갈 곳 몰라 ᄒ노라

갈래	평시조
내용	고려 말의 시대상황을 자연물에 빗대어 기울어 가는 고려의 운명을 안타까워하는 내용 • '백설' : 고려의 신하(충신) • '구름' : 신흥 세력 • '매화' : 고려 왕조를 부흥시킬 충신
특징	고려 말의 문신이었으나, 조선 개국에 반대하여 이후에는 벼슬을 하지 않은 작가의 삶이 반영됨

(5) 정몽주(1337~1392)의 시조

> 이 몸이 죽고 죽어 一百番(일백 번) 고쳐 죽어
> 白骨(백골)이 塵土(진토)되어 넋이라도 있고 없고
> 임 향한 一片丹心(일편단심)이야 가실 줄이 있으랴

갈래	평시조
내용	고려 왕조에 대한 변함없는 충정과 절개를 노래하였으며, 〈단심가〉라고도 함
창작 배경	이방원의 〈하여가〉에 대한 답가로 여겨짐

6 시조의 문학사적 의의

(1) 시조는 고려 말기 혼란기에 등장하여 새로운 국문 정형시 양식을 마련하였다.

(2) 개인적 정서, 자연 예찬, 충절 의식 등을 짧고 정제된 언어로 형상화하였다.

(3) 조선 시대에 이르러 사대부 문학으로 자리 잡으며, 가곡(노래), 시조창 등을 통해 구연문학으로도 계승되었다.

(4) 한시적 격식에서 벗어나 한국적 운율과 언어미를 살린 가장 오래된 전통시가로서, 이후 한국문학사의 중요한 흐름을 형성하였다.

제4절 가사 : 기원, 형식, 주요 작자와 작품 등

1 가사의 기원

가사는 고려 말부터 조선 초기에 걸쳐 발생한 한국 고유의 교술시가 양식으로, 그 기원에 대해서는 다양한 학설이 존재한다. 대표적인 다섯 가지 학설은 다음과 같다.

(1) 경기체가 발생설

고려 후기 경기체가의 형식을 계승하여 가사가 형성되었다고 보는 설이다.
① 근거
  ㉠ 고려가요, 특히 경기체가의 소멸 시기와 가사의 발생 시기가 근접하다.
  ㉡ 두 장르 모두 사물이나 생활을 나열하는 서술 방식이다.
  ㉢ 두 장르 모두 주된 작자층이 사대부이다.
② 문제점
  ㉠ 이들은 정극인의 〈상춘곡〉이 가사의 효시라고 보는데, 최근에는 고려 말 나옹화상의 가사 작품을 효시라고 보는 견해가 증가하고 있다.
  ㉡ 조선 초는 경기체가 발전기이므로 갑자기 경기체가가 소멸하고 우수한 형태의 가사가 생겼다고 보기 어렵다.
  ㉢ 경기체가는 3음보의 연장체인 반면 가사는 4음보 연속체로 형식적 차이가 크다.

(2) 시조 발생설

가사가 시조 형식에서 파생되었다고 보는 설이다.
① 근거
  ㉠ 가사의 율격이 4음보격으로 시조의 율격과 같다.
  ㉡ 가사의 마지막 행은 시조의 종장 형식과 같으니, 시조의 초, 중장이 연속되어 가사가 형성되었다고 본다.
② 문제점
  ㉠ 가사의 효시로 여겨지기도 하는 나옹화상의 작품이 등장한 시기가 고려 말이라, 그 선후관계가 불분명하다.
  ㉡ 시조의 늘인 형태로 엇시조와 사설시조가 따로 존재하는데, 엇시조와 사설시조는 가사보다 나중에 발생되었다.
  ㉢ 4음보 3행의 정형시인 시조가 형성되자마자 무제한 연속체인 가사로 변형하게 된 원인이 불분명하다.

(3) 악장체 발생설

악장의 분장 형식이 해체되면서 가사가 발생했다고 보는 설이다.

① 근거
  ㉠ 악장체의 분장 형식이 무너진 이후, 사설 중심의 가사가 발생했다.
  ㉡ 악장체, 가사 모두 향유층이 신흥 사대부와 양반 계층이다.

② 문제점
  ㉠ 악장은 연장체인 반면 가사는 비연시 형식이라는 차이가 있다.
  ㉡ 이들이 주목하는 〈용비어천가〉, 〈월인천강지곡〉의 형태가 유행하지도 못한 상태에서 가사로 발전했다고 보기 어렵다.
  ㉢ 가사의 발생 시기가 고려 말일 가능성이 있기 때문에, 이 경우 가사는 악장보다 선행된 것으로 볼 수 있어 악장에서 발생했다고 보기 어렵다.

(4) 한시 현토체 발생설

가사의 기원이 한시에 우리말 토를 붙인 '현토체'에서 비롯되었다는 설이다.

① 근거
  나옹화상의 〈서왕가〉는 한문 어구에 우리말 토를 단 형식을 보이는데, 이에 따라 한시 현토체의 영향을 받았을 가능성이 있다.

② 문제점
  ㉠ 7언 한시에 토를 붙일 경우 4음보격이 이루어질 수 있으나, 5언 한시의 경우에는 거의 3음보 수준에 머물기 때문에 4음보의 가사 형식이 될 수 없다. 즉 현토체의 영향을 받았다 하더라도 가사의 전형적인 형식을 만드는 데까지 영향을 주었다고 보기는 어렵다.
  ㉡ 한시와 가사는 운율뿐만 아니라 서술방식에 큰 차이가 있다. 한시의 경우 선경후정의 서술방식이 주로 쓰이는 반면, 가사는 서사, 본사, 결사로 이어지는 각 부분이 유기적으로 짜여 있으며, 시간 및 장소의 흐름 등을 따르는 등의 서술 방식을 지닌다.

(5) 교술민요 발생설

민요, 특히 교술적 민요에서 가사가 발생했다는 조동일의 견해이다.

① 근거
  조동일은 모든 문학의 모체를 민요로 보아, 다음과 같이 문학 계통이 파생되었다고 주장하였다.

서정민요	→	향가, 고려 속요
서사민요, 설화		판소리, 소설
교술민요		가사

※ 해당 표에서 서사민요와 설화는 서로 영향을 주고받으며 판소리와 소설 장르를 모두 만들어냈다는 의미로, 각각 구분되어 파생되었다는 의미는 아니다.

② **문제점**
  ⊙ 조선 초 교술민요가 사대부들의 이념적 요청에 의해 기록문학으로 발전했다고 보기 어렵다.
  ⓒ 가사의 효시를 〈상춘곡〉으로 보았을 때는 타당성이 있는 이론이지만, 가사의 효시를 고려 말 나옹화상의 불교 교훈 작품(〈서왕가〉 등)으로 볼 경우 적용되기 어려운 이론이다.

이 외에도 신라가요 발생설, 불교계 가요에서의 발생설 등 다양한 학설이 있으며, 발생 시기에 따라서 신라 말엽 발생설, 고려 말엽 발생설, 조선 초기 발생설, 조선 중기 발생설 등으로도 구분될 수 있다.

최근 연구에 따르면 가사는 고려 무신의 난 이후, 강호에서 지내던 사대부들이 그들의 기호에 맞게 4음보격 리듬을 바탕으로 감정을 토로하던 것이 기원이 되었을 가능성이 크다. 그리고 그러한 가사형태가 승려들에게 수용되어 고려 말엽 나옹화상의 불교 포교용 가사 〈승원가〉, 〈서왕가〉 같은 작품으로 발전했고, 그 이후 사대부 관료들에게 수용되어 차츰 그들의 기호에 맞는 형식으로 자리 잡아 조선 초기에 정극인의 〈상춘곡〉과 같이 세련된 작품으로 정착되었다고 할 수 있다.

2 가사의 형식 중요

(1) 대개 4음보가 1행을 이루는데, 이러한 행이 연속적으로 이어지는 구조이다.

(2) 대개 비연시(非聯詩)이다. 비연시란 연 구분을 하지 않고 1연으로만 이루어진 시를 말한다.

(3) 2음보씩 짝을 지어 의미가 구분되는 경우가 많다.

(4) 사대부가 쓴 가사는 3·4조로 한자 중심이고, 서민가사와 내방가사는 4·4조로 구어 중심이 대부분이다. 사대부 가사는 조선 전기에 주로 쓰였는데 이때는 한자 어구를 많이 썼기 때문에 글자 수가 적었고, 가창되는 경우가 많아서 굳이 안정된 음수율이 필요하지 않았다. 그러나 조선 후기 가사들인 서민가사, 내방가사는 한자어보다는 우리말을 많이 썼고, 가사를 읊는 경우가 많았기 때문에 안정적인 음수율이 필요했다.

(5) 사대부 가사는 시조 종장과 같은 결구, 즉 마지막 행이 첫 3글자로 시작하는 경우가 많다. 이처럼 정형적 결구 형식을 가진 가사(정격 가사)와, 그렇지 않고 자유로운 결말을 맺는 형식을 가진 가사(변격 가사)로 구분하기도 한다.

3 주요 작자와 작품

고려 시대에 지어진 가사로서 현전하는 것은 나옹화상(1320~1376)의 〈서왕가〉, 〈승원가〉, 신득청(1332~1392)의 〈역대전리가〉 정도이다. 그러나 이 작품들이 창작된 시기를 고려 시대라 볼 수 있는가에 대해서는 논란이 있다.

(1) 나옹화상, 〈서왕가〉

① 내용 및 형식[1]

중생들을 교화할 목적으로 지어진 불교가사이다. 100여 구 가량의 장편 가사로, 6개의 이본이 있다. 작품의 구성은 다음과 같다.

서사		인생무상을 한탄
본사	1	입산수도의 뜻
	2	오욕칠정·애욕탐물의 부질없음과 어리석음을 경계
	5	염불 공덕의 큼과 그 길을 설파
	4	극락세계의 장엄함과 신비스러움 및 즐거움을 노래
결사		염불을 적극 권함

② 논란이 되는 점

고려 말에 지어져서 바로 정착되지 않고 불교 신도들 사이에서 구비 전승되어 오다가 18세기 초에 이르러서야 문자로 정착되었다. 따라서 원래의 작품에서 내용상 많은 변화가 있었을 것으로 보인다. 또한 정말로 나옹화상이 지은 것인지에 대해서도 논란이 있다.

③ 의의

㉠ 작자에 대한 이설(異說)이 있으나 일반적으로는 나옹화상의 작품으로 여겨진다. 이에 따르면, 〈서왕가〉는 최초의 가사 작품이 된다.

㉡ 최초의 가사로 인정할 경우 가사가 불교 이념 설파를 위한 교술 장르로 출발했음을 보여 준다.

(2) 나옹화상, 〈승원가〉

① 내용 및 형식[2]

㉠ 총 405구로 구성된 이두 표기의 장편 가사이다.

㉡ 공수래공수거하는 덧없고 숙명적인 인생들에게, 세상잡사를 잊고 탐욕을 벗어나 부처님에게 귀의하여 예불과 염불로써 수도정진하여 서방정토로 가자고 하는 내용이다.

㉢ '주인공 주인공아(主人公 主因公我)'라는 구절이 5번 등장하는데, 이 구절을 기준으로 연 구분이 이루어진다고 보기도 한다.

---

1) [네이버 지식백과] 서왕가 [西往歌] (한국민족문화대백과, 한국학중앙연구원)
2) [네이버 지식백과] 승원가 [僧元歌] (한국민족문화대백과, 한국학중앙연구원)

② **논란이 되는 점**

고려 말기에 구비 전승되다가 조선 시대에 들어 한글 혹은 국한문혼용체로 정착되었다. 작자 및 시기에도 이견이 존재한다.

③ **의의**

이두로 표기되어 있으므로 이두 및 어학 연구에 도움이 된다.

(3) 신득청, 〈역대전리가〉(1371)

① **내용 및 형식**[3]

㉠ 총 96구로, 주로 4음보이지만 3음보 혹은 5음보로 된 부분도 있다.

㉡ 걸주(桀紂)의 정치적 횡포, 진시황의 우매함, 한무제의 구선(求仙), 명제(明帝)의 사불(事佛), 진대의 청담, 오호(五胡)의 소란 등의 중국 역사의 부정적 사례를 읊어, 그것을 보고 군주가 스스로 경계하도록 하는 것을 주 내용으로 한다.

② **논란이 되는 점**

해당 작품이 실려 있는 『화해사전』의 주인공인 신현(신득청의 할아버지)에 대한 정보가 부족하고, 〈역대전리가〉의 형식이나 표기 방식 등이 조선 후기의 방식과 유사하기 때문에 창작 시기나 그 진정성에 대한 다양한 논의가 있다.

③ **의의**

고려 시대 가사일 경우 한국 최초의 정치 교훈형 가사가 된다. 또한 이두로 표기되어 이두 연구에 도움이 된다는 점에서 학문적 가치가 높다.

---

3) [네이버 지식백과] 역대전리가 [歷代轉理歌] (한국민족문화대백과, 한국학중앙연구원)

제4편 실전예상문제

제1장 고려의 한문학

01 고려 전기 귀족문학의 특징으로 옳지 <u>않은</u> 것은?

① 정제된 표현과 고사 인용이 두드러진다.
② 자연에 대한 사랑과 세속 초탈의 경향이 나타난다.
③ 개인적 감정의 자유로운 표현을 지향하였다.
④ 송나라 문학의 영향을 받으며 사대적 경향이 일부 드러났다.

> 01 귀족문학은 감정보다는 이념적·형식적 완성도를 중시하였고, 격식에 맞춘 정제된 표현과 고사 인용이 많았으며, 감정의 절제가 강하게 나타났다. 따라서 개인 감정의 자유로운 표현을 지향한 것과는 거리가 멀다. ①·②·④는 모두 고려 귀족문학의 특징에 해당한다.

02 다음 중 고려 시대 관각문학에 대한 설명으로 가장 적절한 것은?

① 정서 표현을 중심으로 한 개인 정서 중심 문학이다.
② 왕실과 국가를 찬양하는 공적 문학이 주를 이뤘다.
③ 상업 계층에서 발생한 현실 비판적 문학이다.
④ 백성의 삶을 현실적으로 묘사하는 산문문학이다.

> 02 관각문학은 국자감·한림원 소속 문인들이 국가적 행사나 왕명을 받아 공적으로 작성한 문학으로, 국가와 왕실을 찬양하는 글이 중심이다. 나머지 선지는 관각문학과 관련이 없다.

03 관각문학의 대표적 형식으로 볼 수 <u>없는</u> 것은?

① 교서
② 축문
③ 표문
④ 민요

> 03 관각문학에서는 교서, 표문, 축문, 조서 등의 국가 공식 문서 형식이 주류를 이룬다. 민요는 백성의 노래로, 관각문학과 관련이 없다.

정답 01 ③ 02 ② 03 ④

04 ① 귀족문학과 관각문학은 명확히 분리되지 않으며, 서로 교차하는 양상을 보였다.
② 관각문학과 귀족문학 둘 다 개인적 감정 표현을 자제하는 경향을 보였다.
④ 귀족문학의 주된 주제는 자연에 대한 사랑, 유교적 충의, 불교적 초탈 등의 관념이었다.

05 한시 비평은 단순 예술 평가를 넘어 인격 수양 및 사회적 품격을 중시하고, 문인 간 교류의 도구로 활용되었다. 개인의 내면 감정을 자유롭게 표출한 것은 한시 비평의 특징과 거리가 멀다.

06 시화는 시 창작과 관련된 일화, 평가, 논평 등을 엮은 기록을 의미하며, 당시 문단의 분위기와 문학적 관심사를 보여주는 귀중한 자료이다.

04 고려 귀족문학과 관각문학의 관계에 대한 설명으로 옳은 것은?

① 두 문학은 철저히 분리되어 별개의 흐름을 형성하였다.
② 관각문학은 귀족문학에 비해 개인적인 감정 표현이 더욱 강조되었다.
③ 많은 문인들이 귀족 신분을 기반으로 관각에서도 활동하였다.
④ 귀족문학은 주로 백성의 생활을 사실적으로 묘사하였다.

05 다음 중 한시 비평의 특징으로 옳지 않은 것은?

① 작품의 예술적 완성도를 따진다.
② 인격 수양과 사회적 품격을 강조한다.
③ 문학적 평가를 통해 문인들의 상호 교류를 도모한다.
④ 개인의 내면 감정을 자유롭게 표출하는 데 주력한다.

06 다음 중 시화의 정의로 가장 적절한 것은?

① 시인 개개인의 자서전
② 시 창작과 관련된 일화, 평가, 논평 등을 모은 기록
③ 한시를 해석한 주석서
④ 불교 경전을 바탕으로 한 시집

정답 04 ③ 05 ④ 06 ②

07 고려 시대 시화집의 대표적 예시 작품으로 옳은 것은?

① 최자, 『보한집』
② 김부식, 『삼국사기』
③ 이규보, 『동명왕편』
④ 강희맹, 『촌담해이』

07 시화집은 문인들의 일화, 평가, 논평 등을 담은 기록으로, 최자의 『보한집』과 이인로의 『파한집』이 대표적이다.
② 『삼국사기』는 시화집이 아닌 역사서이다.
③ 『동명왕편』은 고려 시대의 문인이었던 이규보가 고구려 건국신화를 바탕으로 창작한 서사시이다.
④ 『촌담해이』는 조선 성종 때 강희맹이 지은 설화집이다.

08 다음 특징을 가지는 문학 자료는 무엇인가?

- 시 창작 관련 일화, 평가, 논평 등을 엮어 문단의 분위기와 문학적 관심사를 보여준다.
- 당시 문인들의 생활상이 담긴 귀중한 기록이다.

① 한시 비평
② 시화
③ 관각문학 기록
④ 국문학 소설

08 제시된 특징은 시 창작과 관련된 일화 및 평가 등을 모은 '시화'의 정의에 해당한다.

09 고려 후기 대표 문인으로 『동명왕편』을 지어 고구려 건국신화를 서사시로 표현한 인물은?

① 이인로
② 임춘
③ 최자
④ 이규보

09 『동명왕편』을 통해 민족 정체성과 국가 정통성을 강조한 서사시를 남긴 이는 이규보이다.

정답 07 ① 08 ② 09 ④

10 〈공방전〉에서 돈을 의인화하여 인간 군상의 탐욕을 풍자한 인물은 임춘이다. 참고로 이규보는 가전체 문학 〈국선생전〉의 작자이다.

10 가전체 문학 〈공방전〉을 지어 돈을 의인화하여 인간의 탐욕을 풍자한 고려 문인은?

① 이규보
② 임춘
③ 최자
④ 이인로

11 『파한집』은 시와 시화, 일화를 아우른 시화집으로, 순수 산문만을 기록한 문집이 아니다.

11 다음 중 『파한집』의 특징으로 옳지 않은 것은?

① 고려 문인들의 시와 일화 등을 기록하였다.
② 고려 문단의 분위기를 생생하게 보여준다.
③ 고려 때 창작된 순수 산문만을 기록한 문집이다.
④ 고려 시화문학의 대표적 성과로 평가된다.

12 최자는 『보한집』을 편찬하여 고려 후기 문학 연구에 귀중한 자료를 남겼다.
① 『파한집』은 이인로가 편찬한 것이다.
③ 〈공방전〉의 작가는 임춘이다.
④ 『동명왕편』은 이규보의 서사시 작품이다.

12 고려 후기 문인인 '최자'에 대한 설명으로 가장 적절한 것은?

① 『파한집』을 편찬하여 문단 활동을 기록하였다.
② 『보한집』을 편찬하여 문인들의 일화를 수록하였다.
③ 〈공방전〉을 지어 인간 탐욕을 풍자하였다.
④ 『동명왕편』을 지어 고구려 신화를 서사시로 표현하였다.

정답 10 ② 11 ③ 12 ②

주관식 문제

01 다음 내용에서 괄호 안에 들어갈 말을 순서대로 쓰시오.

> 고려 전기 귀족문학은 (㉠)제 사회를 형성한 귀족들이 (㉡)을(를) 교양과 권위의 상징으로 여겨 발전시킨 문학이다.

01 정답
㉠ 문벌
㉡ 한문학

해설
고려 전기의 귀족문학은 문벌제 사회를 이루던 왕실과 중앙 귀족들이 한문학을 교양과 권위의 상징으로 여기며 발전시킨 것이다.

02 고려 시대 귀족문학의 주요 특징을 3가지 이상 서술하시오.

02 정답
형식미와 수사적 기교를 중시하였다. 자연에 대한 사랑, 유교적 충의, 불교적 초탈을 주제로 삼았다. 개인적 감정의 절제가 강했으며, 이념적·형식적 완성도를 중시하였다. 송나라 문학의 영향을 받았지만 고려 특유의 자연애와 세속 초월 경향을 드러냈다.

03 다음 내용에서 괄호 안에 들어갈 말을 순서대로 쓰시오.

> 이규보는 『동명왕편』을 통해 고구려 건국신화를 (㉠)(으)로 표현하며, 민족 정체성과 (㉡)을(를) 강조하였다.

03 정답
㉠ 서사시
㉡ 국가 정통성

해설
『동명왕편』은 고구려 건국신화를 서사시 형태로 담아내 민족적 자부심과 국가 정통성을 강조한 문학 작품이다.

04 이규보의 문학적 업적을 2가지 이상 서술하시오.

04 **정답**
『동명왕편』을 지어 고구려 건국신화를 서사시로 형상화하고 민족 정체성과 국가 정통성을 강조하였다. 〈국선생전〉을 통해 현실 정치의 모순을 풍자하였다. 또한 『백운소설』을 통해 다양한 장르의 문학적 성취를 이루었다.

제2장 고려의 서사문학

01 다음 중 『파한집』의 설명으로 가장 적절한 것은?

① 고려 후기에 간행된 유교 경전이다.
② 최자가 편찬한 문집으로 시화가 없다.
③ 고려 시대 최초의 시화집으로, 시문과 시화를 수록했다.
④ 무신정권기 유학자들의 언행을 기록한 인물지이다.

01 『파한집』은 이인로가 편찬한 고려 최초의 시화집으로, 시문과 시화가 수록되어 있다.

02 다음 중 『보한집』에 대한 설명으로 옳지 <u>않은</u> 것은?

① 『파한집』의 보완 성격을 가진 책이다.
② 고려 시대 시화가 다수 수록되어 있다.
③ 13세기 중반에 편찬되었다.
④ 이규보가 지은 문집이다.

02 『보한집』의 저자는 최자이며, 이규보는 『동국이상국집』 등을 남겼다.

03 다음 중 고려의 설화문학을 살펴 볼 수 있는 자료로 가장 적절하지 <u>않은</u> 것은?

① 『파한집』
② 『보한집』
③ 『역옹패설』
④ 『삼국사기』

03 『삼국사기』는 고려가 아닌 삼국의 설화자료를 살펴보는 데 유용하다. ①·②·③의 『파한집』, 『보한집』, 『역옹패설』은 고려 시대의 설화문학을 담고 있는 대표적인 작품집이다.

정답 01 ③ 02 ④ 03 ④

04 낙성대는 강감찬이 태어난 장소로 전해지며, 별이 떨어졌다는 의미로 '떨어질 낙(落)', '별 성(星)'을 사용한다.

04 다음 중 〈강감찬 설화〉와 가장 관련 깊은 장소는?

① 성균관
② 낙성대
③ 황룡사
④ 청량산

05 가전체 문학은 전기 형식을 따라 '서두부 – 행적부 – 평결부'로 구성된다. '판결부'는 법률 용어로, 가전체 문학과 관련이 없다.

05 다음 중 가전체 문학의 일반적인 구성 요소가 아닌 것은?

① 서두부
② 행적부
③ 평결부
④ 판결부

06 〈호승 설화〉는 신라의 설화 〈김현감호〉의 변형으로 여겨진다.

06 다음 중 〈호승 설화〉의 내용과 가장 관련 깊은 것은?

① 〈김현감호〉
② 〈심청전〉
③ 〈구지가〉
④ 〈토끼전〉

정답 04 ② 05 ④ 06 ①

07 다음 중 술의 긍정적 측면을 강조한 가전체 작품은?
① 〈국순전〉
② 〈공방전〉
③ 〈국선생전〉
④ 〈저생전〉

07 〈국순전〉과 〈국선생전〉은 술을 의인화한 가전체로, 〈국순전〉이 술의 폐해를 주로 보여주는 것과 달리 〈국선생전〉은 술의 긍정적 성격을 강조하였다.
② 〈공방전〉은 돈(공방)을 의인화하여 인간의 탐욕을 풍자한 작품으로, 술과는 무관하다.
④ 〈저생전〉은 종이를 의인화한 작품으로, 술과는 관련이 없다.

주관식 문제

01 다음 내용에서 괄호 안에 들어갈 말을 순서대로 쓰시오.

> 고려 시대 대표적 시화 문헌 중 하나인 (㉠)은(는) 이인로가 엮었으며, 그 속편인 (㉡)은(는) 최자에 의해 편찬되었다.

01 **정답**
㉠ 『파한집』
㉡ 『보한집』
해설
이인로의 『파한집』은 고려 최초의 시화집이며, 최자의 『보한집』은 『파한집』의 미비한 점을 보완하여 만든 문헌이다.

02 다음 내용에서 괄호 안에 들어갈 말을 순서대로 쓰시오.

> 혜심이 지은 가전체 작품 중, (㉠)을(를) 의인화한 〈죽존자전〉과 (㉡)을(를) 의인화한 〈빙도자전〉은 각각 고결함과 청결함을 상징적으로 의미화하여 찬양의 의미를 담은 작품이다.

02 **정답**
㉠ 대나무
㉡ 얼음
해설
혜심은 대나무와 얼음을 각 소재로 한 〈죽존자전〉과 〈빙도자전〉을 통하여 고결한 성품과 맑은 본성을 찬미하며 교훈을 전했다.

정답 07 ③

03 **정답**
- 사물이나 동물을 의인화하여 인간 사회를 풍자한다.
- 전기 형식을 따르며, '서두부 – 행적부 – 평결부'의 구성을 지닌다.
- 설화의 서사성과 교훈성을 계승하여 소설 발전에 기여하였다.
- 고사(古事) 인용과 문장 기교가 뛰어나 문인의 문학 놀이로도 활용되었다.

03 가전체 문학의 특징을 3가지 이상 서술하시오.

제3장 고려의 시가

01 다음 중 속악가사의 형식적 특징으로 가장 적절하지 <u>않은</u> 것은?

① 연 구분이 뚜렷하지 않다.
② 각 연의 끝에 후렴구가 붙는 경우가 많다.
③ 주로 3음보로 이루어져 있다.
④ 여음구(조흥구)가 포함되기도 한다.

01 속악가사는 대부분 일정한 수의 행으로 구성된 연이 반복되는 분연체 형식을 보인다.

02 〈가시리〉에서 반복되는 후렴구 '위 증즐가 대평성대'의 역할로 가장 적절한 것은?

① 조선의 건국을 칭송하는 말
② 이별의 슬픔을 강조하는 정서적 후렴
③ 궁중 편입 시 덧붙은 관습적 후렴
④ 사대부 계층의 정치적 비판

02 '위 증즐가 대평성대'는 〈가시리〉의 슬픈 정서와 무관한 내용이다. 따라서 민요가 궁중악으로 편입되는 과정에서 이러한 후렴구가 추가된 것으로 본다.

03 다음 중 향가 형식을 계승한 속악가사에 해당하는 작품으로 가장 적절한 것은?

① 〈청산별곡〉
② 〈사모곡〉
③ 〈쌍화점〉
④ 〈정과정곡〉

03 〈정과정곡〉은 향가 형식을 계승한 대표적 속악가사로, 임금에 대한 충정을 노래했다.

정답 01 ① 02 ③ 03 ④

04 속악가사는 향가 형식을 계승한 노래도 있으며, 조선 초 궁중악으로 편입되었다.
① 속악가사는 작자와 창작 시기가 알려지지 않은 게 대부분이다.
② 고대 가요와의 관계는 알려진 바 없다.
④ 속악가사는 교훈적인 내용보다는 솔직하고 소박한 심정을 읊었다.

04 속악가사와 관련된 설명으로 가장 적절한 것은?

① 모두 작자와 창작 시기가 명확하다.
② 고려 초기에 발생하여 고대 가요를 계승했다.
③ 향가의 형식을 계승하고 조선 초기 궁중악으로 편입되었다.
④ 대부분 교훈적인 내용으로 구성되어 있다.

05 〈가시리〉는 임과의 이별을 아쉬워하는 속악가사이다.

05 다음 중 〈가시리〉의 주제로 가장 적절한 것은?

① 나라를 위한 충정
② 부모에 대한 효심
③ 남녀 간의 이별의 정한
④ 세태 풍자

06 소악부는 고려 말~조선 초에 속요나 민요 등을 한시 절구 형식으로 번역하거나 창작한 시가이다.
① 소악부는 한시로 지어졌다.
② 소악부는 5언 절구 혹은 7언 절구 형태로, 4행으로 이루어져 있다.
④ 소악부는 지식인 계층이 지었다.

06 다음 중 소악부에 대한 설명으로 가장 적절한 것은?

① 순수한 우리말로 지어진 서정민요이다.
② 고려 후기 속요를 10구체 향가 형식으로 옮긴 것이다.
③ 민간 가요를 한문 절구 형식으로 번역하거나 창작한 시가이다.
④ 조선 후기 평민들이 창작한 4음보체 구비문학이다.

정답 04 ③ 05 ③ 06 ③

07 소악부의 형식에 대한 설명으로 가장 적절한 것은?

① 주로 5언 혹은 7언 절구 형식으로 구성된다.
② 정형률을 따르지 않는 자유시 형식이다.
③ 10구체 향가 형식과 유사한 5행 구성이다.
④ 종장에서 주제를 전환하는 시조 형식을 따른다.

07 소악부는 한시의 절구 형식을 따라 5언 절구 또는 7언 절구로 구성된 정형시이다. 시조는 3장 구성, 향가는 4~10행 구성으로, 주로 4행의 절구체로 구성된 소악부와는 형식상 구별이 있다.

08 다음 중 '소악부'라는 명칭이 붙은 이유로 가장 적절한 것은?

① 10행 이상의 서사시로 구성되어 있기 때문이다.
② 음악 연주 없이 암송되는 교육용 악부였기 때문이다.
③ 절구체의 짧은 형식이 '작은 시'를 의미하기 때문이다.
④ 음보율이 자유롭고 길이가 들쭉날쭉했기 때문이다.

08 '소악부'는 절구체(4구)의 짧은 형식 때문에 '작은 시(小詩)'라는 의미로 불리게 되었다.

09 다음 중 경기체가의 정의로 가장 적절한 것은?

① 사대부의 자부심과 기상을 표현한 교술시
② 후렴구 없이 자유로운 형식을 가진 시가
③ 서민의 삶을 솔직하게 표현한 민요
④ 불교적 내용을 중심으로 한 종교시

09 경기체가는 주로 사대부들이 자신의 교양과 기개를 드러내며 학식, 경치, 풍류를 예찬한 교술적인 시가이다.

정답 07 ① 08 ③ 09 ①

10 경기체가는 기본적으로 정형시이지만, 일부 작품은 변격이나 파격 형식을 보이는 경우도 있기 때문에 형식이 완전히 동일하지는 않다.

11 〈불우헌곡〉은 조선 성종 때 정극인이 지은 경기체가 작품으로, 고려 시대 작품이 아니다.

12 '경 긔 엇더ᄒ니잇고(景幾何如)'는 각 연의 끝부분에 반복되는 감탄적 후렴구로, '경기체가'라는 명칭은 이 구절에서 비롯되었다.
① '위 증즐가 대평성대'는 속악가사 〈가시리〉에 등장하는 후렴구이다. 이 구절은 속악가사가 궁중음악으로 편입되는 과정에서 삽입된 것으로 여겨진다.
③ '어와 네여이고'는 조선 시대의 가사 작품인 정철의 〈속미인곡〉에 등장하는 구절이다.
④ '나랏말ᄊᆞ미'는 『훈민정음』 서문의 첫 구절이다.

13 〈한림별곡〉은 고려 고종 때 창작된 경기체가로, 사대부의 자부심과 향유문화를 노래한 최초의 경기체가이다.

10 경기체가의 형식에 대한 설명으로 옳지 않은 것은?

① 전대절과 후소절로 구성된다.
② 전대절은 4행, 후소절은 2행으로 이루어진다.
③ 모든 경기체가는 동일한 형식을 따른다.
④ '경 긔 엇더ᄒ니잇고' 등의 후렴구가 붙는다.

11 다음 중 고려 시대에 창작된 경기체가가 아닌 것은?

① 〈한림별곡〉
② 〈관동별곡〉
③ 〈죽계별곡〉
④ 〈불우헌곡〉

12 경기체가의 명칭 유래와 관련된 후렴구는 무엇인가?

① 위 증즐가 대평성대
② 경 긔 엇더ᄒ니잇고
③ 어와 네여이고
④ 나랏말ᄊᆞ미

13 다음 중 〈한림별곡〉에 대한 설명으로 가장 적절한 것은?

① 향가의 형식을 계승한 고려 전기 가요이다.
② 사대부의 풍류와 학문을 예찬한 최초의 경기체가이다.
③ 조선 후기 평민층의 감정을 표현한 장형시조이다.
④ 유교적 이상세계를 읊은 조선의 악장체 작품이다.

정답 10 ③ 11 ④ 12 ② 13 ②

14 경기체가의 전대절과 후소절 구분에 대한 설명으로 옳지 <u>않은</u> 것은?

① 전대절은 주제 제시, 후소절은 감탄 및 가사의 반복이다.
② 전대절은 4행, 후소절은 2행으로 구성된다.
③ 후소절은 앞 구절을 반복하여 운율을 강화한다.
④ 후소절에는 특별한 의미가 없지만, 음률적으로 보충하는 기능을 갖는다.

14 후소절은 단순히 의미 없는 문장이 아니라, 전대절의 내용을 반복하며 강조하거나 운율감을 더한다.

15 '시조'라는 명칭이 문학 갈래로 명확히 규정되기 시작한 시기와 그 관련 인물이 옳게 연결된 것은?

① 조선 전기 – 김시습
② 고려 말 – 이조년
③ 1920년대 – 최남선
④ 1960년대 – 조지훈

15 1920년대 최남선이 시조부흥론을 제기하면서 시조는 문학 갈래로 자리 잡기 시작했다.

16 다음 중 시조의 형식적 특징으로 옳지 <u>않은</u> 것은?

① 3장의 구성으로 초·중·종장을 이룬다.
② 초장은 반드시 3·4·3·4조로만 이루어진다.
③ 종장의 첫 음보는 3자를 엄격히 유지한다.
④ 각 행은 주로 3음보 혹은 4음보로 구성된다.

16 초장은 보통 3·4·3·4조나 3·4·4·4조 등으로 구성되는 유연성이 있다.

정답 14 ④ 15 ③ 16 ②

17 김상헌은 조선 중기의 인물이며, 병자호란 시기에 〈가노라 삼각산아~〉 등의 시조 작품을 창작한 것으로 유명하다.

17 다음 중 고려 말 시조 작가가 <u>아닌</u> 인물은?

① 우탁
② 이색
③ 정몽주
④ 김상헌

18 단시조는 1수로 구성된 시조를 의미한다.
① · ③ 중장이 길게 확장되고 풍자와 해학을 중심으로 하는 것은 사설시조의 특징이다.
④ 여러 수가 이어진 형태의 시조는 연시조이다.

18 다음 중 단시조에 대한 설명으로 옳은 것은?

① 중장이 길게 확장된 형태이다.
② 한 수로 구성된 시조 형태이다.
③ 풍자와 해학이 중심이다.
④ 제목 아래 시조 여러 수가 이어진다.

19 조동일은 민요모체론을 통해 교술민요에서 가사가 나왔다고 보았다.

19 다음 중 조동일이 주장한 가사의 기원설은?

① 악장체설
② 시조설
③ 경기체가설
④ 교술민요설

정답 17 ④ 18 ② 19 ④

20 다음 중 가사의 형식과 관련된 설명으로 가장 적절한 것은?

① 모든 가사는 3음보 6행 구조를 가진다.
② 서민가사는 한자 중심의 어휘가 주를 이룬다.
③ 사대부 가사는 시조 종장과 같은 결구를 취하는 경우가 있다.
④ 내방가사는 대부분 연으로 구분되는 연시이다.

20 사대부 가사에서는 시조 종장처럼 '첫 3글자'로 시작하는 결구가 자주 사용된다.
① 3음보 6행의 구조는 경기체가의 형식이다.
② 한자 중심의 어휘가 주를 이루는 것은 사대부 가사의 특징이다.
④ 작자와는 상관없이, 가사는 비연시이다.

주관식 문제

01 다음 내용에서 괄호 안에 들어갈 말을 순서대로 쓰시오.

> 〈가시리〉는 (㉠)의 정한을 주제로 하며, 각 연마다 (㉡)인 '위 증즐가 대평성대'가 반복된다.

01 정답
㉠ 이별
㉡ 후렴구

해설
〈가시리〉는 임과의 이별을 아쉬워하는 정서를 노래하였고, 궁중적 요소로 삽입된 후렴이 특징이다.

02 속악가사의 형식적 특징에 대해 2가지 이상 서술하시오.

02 정답
- 3음보와 3·3·2조의 음수율을 지닌 경우가 많다.
- 연이 이어지는 연장체로 구성된다.
- 각 연의 끝에는 후렴구가 붙는다.
- 여음구가 있다.

정답 20 ③

03 정답
㉠ 한시
㉡ 5언
㉢ 7언

해설
소악부는 민간에서 유행하던 속요나 민요를 한시 절구 형태로 번안한 문학 형식이다.

03 다음 내용에서 괄호 안에 들어갈 말을 순서대로 쓰시오.

> 소악부는 고려가요, 시조 등의 우리말 노래를 (㉠) 형식으로 번역한 것으로, 주로 (㉡) 혹은 (㉢) 절구 형식을 따른다.

04 정답
〈삼장〉

해설
〈삼장〉은 사찰의 타락상을 비판한 풍자시로, 〈쌍화점〉의 내용 일부와 유사하다.

04 소악부 작품 중 〈쌍화점〉의 일부 내용을 절구 형식으로 옮겨 풍자한 작품의 제목을 쓰시오.

05 정답
소악부는 말과 글이 달랐던 시대에 우리말 가요의 내용을 문자로 보존하는 데 기여하였다는 점에서 문학사적 의의가 크다.

05 소악부의 문학사적 의의를 서술하시오.

06 고려 고종 대에 창작된 최초의 경기체가 작품의 제목을 쓰시오.

06 **정답**
〈한림별곡〉
해설
〈한림별곡〉은 13세기 고려 고종 대에 한림원의 여러 선비들이 지은 것으로, 학식과 재주를 과시하고 향락적인 풍류를 즐기는 내용을 담고 있는 최초의 경기체가 작품이다.

07 다음 내용에서 괄호 안에 들어갈 숫자를 순서대로 쓰시오.

> 경기체가는 전통적인 (㉠)음보의 연장체로, 각 연이 (㉡)행으로 구성된다.

07 **정답**
㉠ 3
㉡ 6
해설
경기체가는 속악가사와 마찬가지로 대부분 3음보이며 몇 개의 장이 모여 한 작품을 이루는 연장체이다. 하나의 연은 6행으로 이루어져 있다.

08 다음 시조에서 밑줄 친 ㉠, ㉡이 의미하는 바를 각각 쓰시오.

> ㉠ 백설이 ᄌᆞ자진 골에 ㉡ 구룸이 머흐레라
> 반가온 매화는 어늬 곳에 퓌엿는고
> 석양에 호을노 셔셔 갈 곳 몰라 ᄒᆞ노라

08 **정답**
㉠ 고려의 충신
㉡ 신흥 세력
해설
고려 말의 충신이었던 이색이 당시의 시대상황을 자연물에 빗대어 기울어 가는 고려의 운명을 안타까워 하는 시조이다.

09 정답
㉠ 불교
㉡ 나옹화상

해설
〈서왕가〉는 불교 포교를 목적으로 쓴 가사이다. 작가에 대한 논란이 있으나 대체로 나옹화상이 쓴 작품으로 인정된다.

09 다음 내용에서 괄호 안에 들어갈 말을 순서대로 쓰시오.

> 〈서왕가〉는 중생을 교화하기 위한 (㉠)적 성향의 가사로, (㉡)이(가) 쓴 작품으로 여겨진다.

10 정답
㉠ 4
㉡ 결구 형식

해설
가사는 4음보의 연속체로 이루어져 있다. 또한 시조의 종장과 마찬가지로 결구의 첫 음보가 3글자인 정형적 결구 형식을 지니는 경우가 있다. 이를 '정격 가사'라고 하는 견해도 있다. 정격 가사와는 반대로 결구 형식에서 첫 음보를 3글자로 고정하지 않은 가사를 '변격 가사'라고 한다.

10 다음 내용에서 괄호 안에 들어갈 말을 순서대로 쓰시오.

> 가사는 일반적으로 (㉠)음보가 하나의 행을 이루며, 시조의 종장과 같은 (㉡)을 취하는 경우도 있다.

11 정답
시조 발생설의 근거는 시조와 가사가 모두 4음보 율격을 가지며, 종장 형식이 유사하다는 점이다. 그러나 시조보다 가사가 먼저 발생했을 가능성이 있다는 점, 시조의 늘인 형태로는 엇시조·사설시조가 따로 존재한다는 점, 시조에서 곧바로 가사로 전개되었음을 설명하기 어렵다는 점이 시조 발생설의 한계로 꼽힌다.

11 가사의 발생 기원설 중 시조 발생설의 근거와 그에 대한 문제점을 각각 서술하시오.

제 5 편

조선 전기 문학

제1장	훈민정음의 창제
제2장	조선 전기의 시가
제3장	조선 전기의 소설
제4장	조선 전기의 한문학
실전예상문제

| 단원 개요 |

조선 전기 문학은 유교적 이념과 형식 정립이 강조된 시기다. 궁중 악장, 사대부 중심의 시조·가사, 예술성과 대중성이 어우러진 전기소설과 몽유록, 관학 중심의 한문학 등이 주요 양상이다.

| 출제 경향 및 수험 대책 |

각 문학 갈래별로 개념, 특징, 대표 작자와 작품을 정확히 파악해야 한다. 악장과 시조, 가사, 소설, 한문학의 전개 양상을 비교하고, 훈민정음의 창제 의의나 관학파·도학파 등 문학 유파의 차이도 함께 정리하면 좋다.

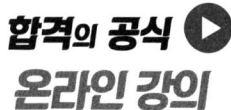 

보다 깊이 있는 학습을 원하는 수험생들을 위한
시대에듀의 동영상 강의가 준비되어 있습니다.
www.sdedu.co.kr ➔ 회원가입(로그인) ➔ 강의 살펴보기

제 1 장 | 훈민정음의 창제

제1절　훈민정음 창제의 문학사적 의의　중요

'한글'의 원래 이름은 '백성을 가르치는 바른 소리'라는 뜻의 '훈민정음(訓民正音)'이다. 세종이 1443년(세종 25년)에 만들었고, 3년 동안 다듬고 설명서를 덧붙여 1446년(세종 28년)에 『훈민정음』이라는 책으로 반포하였다. 훈민정음은 '정음, 언문, 반절, 암글' 등으로 불리기도 했는데, 일제 강점기에 이르러 주시경 선생에 의해 '한글'이라는 이름이 쓰이다가 1927년 조선어연구회에서 『한글』이라는 제목의 잡지를 펴내면서부터 본격적으로 '한글'로 불렸다. 훈민정음, 즉 한글의 창제는 한국문학사에서 다음과 같은 의의를 갖는다.

1　본격적으로 시작된 국문문학의 시대

훈민정음 창제 이전에도 문자는 있었다. 한문과 한자의 차자 표기가 그것이다. 그러나 한국인의 정서를 우리말에 맞게 표현하는 데에는 한계가 있었다. 그러다가 훈민정음이 창제됨으로써 한국인의 의식을 한국적으로 표현하는 것이 가능해졌다. 또한 우리나라의 설화적 소재들을 우리 고유의 훈민정음을 통해 예술적으로 승화시키는 것이 가능해졌다. 훈민정음 창제는 단순히 표기 수단의 변화뿐만 아니라, 본격적인 국문문학의 시대를 여는 계기가 된 것이다.

2　민족의 동질성 확립의 기본

언어 즉 말과 글은 민족의 공동체 의식을 형성하는 기본이 된다. 한국인이 훈민정음이라는 민족의 언어를 갖게 됨으로써 민족의 동질성을 확립하고 표현 방식의 자율성을 획득하였을 뿐만 아니라, 한국인의 의식을 가장 한국적으로 표출하게 됨으로써 한국인 자체의 문화 생활권이 이루어지게 되었다.

3 구비문학의 훈민정음 정착

훈민정음이 만들어지기 전에도 구비문학의 문헌화가 이루어지기는 했으나, 구비문학 중에서도 '민중의 노래'는 한문으로 기록하는 데에 한계가 있었다. 노래를 한문으로 옮기다보면 노래가 지니는 운율이 가락으로 나타날 수 없었던 것이다. 이것은 말과 문자가 달라서 생기는 현상이었다. 신라 때부터 이두나 향찰 같은 표기 수단을 고안하여 원래의 말을 기록하려고 노력하기는 했으나 충분하지는 않았다.

그러나 우리말과 일치하는 훈민정음이 창제되면서 이러한 문제가 해결될 수 있었다. 민중의 구비노래가 음운 일치적 문자로 정리되어 본래 운율을 살려 기록될 수 있었던 것이다. 이뿐만 아니라 여러 구비문학이 훈민정음으로 정착되면서 구비문학을 기록문학으로 발전시키는 계기가 마련되었다.

4 중국문학의 규범에서 벗어나 고유 언어에 기반한 자생적 문학 형성

훈민정음이 창제되기 이전에는 중국에서 전래한 규범에 따라 글을 지을 수밖에 없다는 현실적인 한계가 있었다. 그러나 훈민정음이 창제되면서 한자 및 한문학에서 서서히 벗어나게 되었다. 어떤 언어를 사용하느냐에 따라 사유가 달라지므로 훈민정음을 사용하게 되면서 중국 전래의 문학 양상에서 벗어나 우리만의 독자적인 문학을 수립하게 되었다. 즉 자존적이고 온전한 한국문학 및 민족문학이 형성되게 된 것이다.

5 문학의 대중화

조선 시대는 모든 면에서 성리학적 사상이 기본이 되는 시대였다. 이러한 시대에 문자생활은 권위 중심의 문화 체제에 국한되는 소극적인 것이었다. 게다가 한자는 글자를 익히는 데만도 너무나 많은 시간이 소요되므로 여가시간이 충분하지 않은 평민들이 익혀 사용하기 어려운 문자였다. 훈민정음이 창제된 이후에도 한동안 양반층의 문자라 할 수 있는 한문만이 진서(眞書)로 인식되고, 훈민정음은 천시되는 경향이 존재했다. 하지만 점차 평민들도 쉽게 문자를 익히게 되면서 한문이 아닌 훈민정음을 통한 문자 생활이 가능하게 되었다. 여성이나 일부 문인들은 훈민정음으로 표현된 문학 작품을 읽거나 쓰게 되었고, 이들의 요구에 따라 현실 인식과 흥미를 갖춘 문학이 생겨나기 시작했다. 사대부가의 여성들뿐 아니라 평민들도 문학의 향유층이 되었고, 문학의 내용 역시 성리학적 가르침에 충실한 것에서 더 나아가 대중성을 지닌 작품들이 창작되어 널리 읽히게 된 것이다.

6 시조와 가사 및 소설 장르의 발전

조선 전기의 시가문학에는 악장, 경기체가 및 시조와 가사 등이 있었다. 이러한 시가문학은 훈민정음이 창제되면서 내용과 형식에 변화가 생겨나게 된다. 가장 두드러진 변화는 서사화라 할 수 있다. 양반들이 엄격한 형식을 지켜 짓는 평시조 중심의 시조에서 나아가 한 장 혹은 두 장이 길게 늘어지는 사설시조가 생겨났으며 내용적인 면에서도 사실적인 묘사가 이루어졌다. 사설시조를 짓는 사람들 중에는 몰락한 양반이나 중인 계층도 있었을 거라 짐작되지만 특히 평민들의 문학 창작 참여로 인한 변화가 컸다. 또한 경기체가 대신 가사가 발달하면서 길이는 길어지고 음악적인 면은 줄어들었다. 이처럼 서사가 중심이 되고, 분량이 늘어나게 된 것은 자연스레 산문문학의 발전으로 이어졌다.

이러한 점들을 통틀어 보아 한글 창제가 소설에 끼친 영향은 지대하다. 한글 창제는 긴 글로 한국인의 사상과 정서를 담아내는 서사문학, 특히 소설을 이끌어내는 주요한 거점이자 근간이었다.

다만 한글 창제 이후에도 한문소설이 구준히 지어진 것으로 보아 표기수단의 변화에 따라 한문소설에서 한글 소설로의 변화가 곧바로 이루어진 것은 아니다.

제2절 한글문학과 한문문학의 교섭

훈민정음이 창제된 이후, 조선 전기 문학은 새로운 문자 체계인 '한글'과 기존의 문자였던 '한문'이 공존하는 양상 속에서 발전하였다. 이 시기의 문학은 한글문학과 한문문학이 교섭하며 서로 영향을 주고받는 이중 구조를 형성하게 된다. 이러한 교섭 양상은 단순한 문자 차원의 혼용을 넘어 사상, 표현, 문체의 차별성 및 통합성이라는 측면에서 중요한 문학사적 의미를 지닌다.

1 문자의 이중 구조와 문학 양식의 공존

조선 전기 문학은 문자 체계의 측면에서 한문과 한글이 병존하는 이중 구조를 보였다. 한문문학은 여전히 지배 이데올로기와 관료 체계의 중심으로 기능하며, 표준 문예 양식으로서 사대부 문인의 지적, 도덕적 품격을 드러내는 데 사용되었다. 반면, 한글문학은 주로 여성, 중인, 평민 등 비주류 집단의 언어 표현 수단으로 활용되며, 서민적 감정과 일상생활의 정서를 드러내는 데 기여하였다. 이러한 이중 구조는 문자에 따른 문학의 위계 구조를 형성했으며, 한문은 '진서(眞書)'로, 한글은 '언문(諺文)' 혹은 '암클'로 불리며 하위 문자로 인식되기도 하였다.

2 한문문학의 지속과 변용

조선 전기 문인들은 여전히 한문으로 시, 산문, 서간문, 전, 기 등의 문체를 구사하며 문학 활동을 전개하였다. 특히 악장, 경기체가, 시조 등 일부 시가문학도 형식은 국문이되 내용은 한문적 교양에 기반을 둔 경우가 많았다. 예컨대 정극인의 〈상춘곡〉, 〈불우헌곡〉 등의 가사문학은 훈민정음으로 표기되었으나, 그 내용과 주제의식은 유교적 이상과 한문 고전의 사상을 충실히 따르고 있다. 이처럼 한문문학은 한글문학에 일정한 영향을 미치며, 한글문학의 형식과 주제, 수사법에 고전적 품격과 사대부적 언어 미감을 부여하였다.

3 한글문학의 부상과 자율성의 확대

훈민정음의 보급과 함께 여성 문학과 서민 문학이 본격화되었다. 여성들은 한글로 가사나 편지글, 자서전적 글쓰기(예 내방가사)를 시도하였고, 중인이나 평민층은 시조, 가사, 야담, 민간설화 등을 통해 자기표현의 통로를 확보하게 되었다. 한글문학은 초기에는 한문문학의 보조적 위치에 머물렀지만, 점차 독자적인 장르와 언어 미학을 발전시키며, 후기에는 한문문학에 버금가는 위상을 확보하게 된다.

4 교섭과 혼융의 문학 양상

조선 전기 문학에서는 훈민정음 창제 이후 한문과 한글이 상호 대립하기보다는 교섭과 혼융의 방식으로 활용되었다. 이 시기의 문학은 문자 체계의 이원성 속에서 다양한 문학적 양식이 형성되었고, 이는 한국문학의 정체성과 범위를 넓히는 데 중요한 역할을 하였다. 한문문학과 한글문학의 교섭과 혼융은 주제, 형식, 문화적 범주의 차원에서 다음과 같은 양상으로 나타난다.

(1) 주제적 교섭

조선 전기의 한문문학은 유교적 도덕성과 고전적 규범을 중심으로 한 철학적·윤리적 주제를 주로 다루었으나, 이후 한글문학의 영향 아래 현실성, 감정 중심성, 민중적 관심사를 수용하는 양상을 보이기 시작하였다.

대표적인 예로 박지원(1737~1805)은 한문소설인 〈양반전〉, 〈호질〉 등을 통해 조선 사회의 위선과 모순을 통찰력 있게 풍자하였으며, 한문문학의 형식을 빌려 한글문학이 다루던 현실 비판적 감수성을 담아냈다.

또한 김만중(1637~1692)은 국문소설인 〈구운몽〉과 〈사씨남정기〉를 통해 유교적 세계관(입신양명과 충효)을 서사화하면서도 대중적 정서와 상상성, 불교적 환상 구조를 적극 도입하였다. 이로써 전통적 한문문학의 주제를 확장하고, 국문문학의 서사 가능성과 감성적 깊이를 보여주는 데 기여하였다.

(2) 형식적 융합

한문문학과 한글문학의 교섭은 형식적 측면에서도 활발히 이루어졌는데, 대표적인 현상이 국한문혼용체의 확산이다. 국한문혼용체는 한문 어휘를 사용하되 한글 어순을 따르는 문장 구조를 가진 것으로, 문학은 물론 행정문서, 편지, 설화 필사본 등에서도 널리 사용되었다. 문집이나 기록 문헌에서는 본문은 한문, 서문이나 발문은 한글 혹은 그 반대의 구성이 나타나기도 하며, 이는 문자 사용의 유연성을 보여준다.

또한 한글문학 작품에서도 한문 어휘, 고사성어, 사대부적 표현 양식이 빈번히 차용되었다. 예를 들어 정극인의 〈상춘곡〉은 훈민정음으로 창작된 가사이지만, 유교적 은일 사상, 고전적 어휘, 수사법 등에서 한문문학의 영향이 뚜렷하게 드러난다. 이처럼 한글문학은 형식적으로는 우리말이지만, 내용과 표현에서는 여전히 한문문학의 고전성과 품격을 공유하고 있었다.

(3) 문화적 확장

한글문학과 한문문학의 교섭은 문학의 문화적 지평을 넓히는 데도 크게 기여하였다. 훈민정음의 창제로 인해 한글문학이 발달하면서 문학의 향유층은 기존의 사대부 계층을 넘어 여성, 중인, 평민 등으로 확대되었고, 문학이 교육, 종교, 오락 등의 다양한 영역으로 확산되었다.

첫째, 내방가사의 성립은 여성의 문식력 향상과 함께 이루어진 한글문학의 성과이다. 여성들은 훈민정음을 통해 유교적 교훈, 일상 경험, 정서적 내면을 표현하였고, 이를 통해 가사는 사대부 남성 중심의 문학에서 여성 중심의 일상문학으로 확장되었다. 대표적인 작품으로는 〈규중칠우쟁론기〉, 〈유산가〉, 〈원행가〉 등이 있다.

둘째, 불교 포교용 가사와 설화의 정착 역시 중요한 예이다. 훈민정음을 활용하여 불교 교리와 경전을 쉽게 풀이한 가사가 창작되었고, 한문 불전의 주요 내용이 구비 전승을 통해 한글 설화로 문헌화되기도 하였다. 이는 불교 신앙의 대중화와 함께 종교문학의 형식적 다양화를 이끌었다.

셋째, 야담과 패관문학의 확대를 들 수 있다. 당초 한문소설 형식으로 지어진 이야기들이 한글 야담이나 구연 문학 형태로 재구성되어 널리 퍼지면서, 이야기 문학은 사대부 지식층의 전유물이 아닌 서민의 오락과 교육 도구로 활용되었다. 이러한 흐름은 문학의 사회적 기능을 확장시키는 결과로 이어졌다.

이처럼 조선 전기의 문학은 한문문학과 한글문학이 형식과 내용을 넘나들며 서로 영향을 주고받은 교섭과 혼융의 시대였다. 이 과정은 한국문학이 지닌 정체성을 더욱 입체적이고 다층적으로 형성하는 데 기여하였으며, 이후 조선 후기 문학의 다양성과 근대문학의 기초 형성에도 지속적인 영향을 끼쳤다.

5 문학사적 의의

한글문학과 한문문학의 교섭은 단순한 문자 사용의 차이를 넘어, 사유 방식의 전환, 표현 주체의 다원화, 문학 장르의 확장을 이끌어낸 중요한 전환점이었다. 이를 통해 조선 전기 문학은 사대부 중심의 고전적 문학에서 여성과 서민, 중간 계층까지 포함하는 다층적 문학 환경으로 발전할 수 있었다. 이러한 흐름은 조선 후기로 이어지며, 한문소설과 한글소설, 사설시조와 평민가사, 민간설화의 문헌화 등 문학의 영역과 형식을 다양화시키는 기반이 되었다.

> **더 알아두기**
>
> **한글과 훈민정음**
> '한글'은 본래 '백성을 가르치는 바른 소리'라는 뜻의 '훈민정음(訓民正音)'에서 유래하였다. 세종은 1443년(세종 25년)에 훈민정음을 창제하였고, 이후 3년에 걸쳐 체계를 정비하고 '해례(解例)'라는 해설서를 덧붙여 1446년(세종 28년)에 『훈민정음』이라는 이름의 책으로 반포하였다. 훈민정음은 조선 시대에는 '정음(正音)', '언문(諺文)', '반절(反切)' 등으로 불렸으며, 일부 민간에서는 '암클(여성용 글)'이란 표현도 사용되었다.
> 일제 강점기에는 주시경 선생이 '한글'이라는 명칭을 제안하였고, 1927년 조선어연구회가 『한글』이라는 잡지를 창간하면서 이 이름이 본격적으로 정착되었다.

제 2 장 조선 전기의 시가

제1절 악장

1 악장의 개념

악장이란 조선 시대에 궁중의 공식 행사에서 사용된 송축적 성격의 교술적 노래 가사로, 유교적 예악(禮樂) 정신을 구현하기 위한 목적으로 창작되었다.

'악장'이라는 말 자체는 본래 특정 시대에 국한되지 않고 예악과 관련된 모든 의례용 노래를 의미할 수 있으나, 조선 전기에는 동아시아적 통치 관념에 따라 예악 체계를 새로 정비하면서 궁중의 정치적 정당성과 유교적 이념을 강조하는 노래들을 따로 구분하여 지칭할 필요가 생겼다.

그 결과 조선 전기의 국가 주도 하에 창작된 궁중 의례용 노래를 지칭하는 의미로 '악장'이라는 용어가 좁은 의미로 정착되었으며, 일반적으로는 조선 초 궁중 악장을 중심으로 이해된다.

2 악장의 특징

(1) 형식보다는 내용의 공통성이 강하다. 작품에 따라 형식이 다양하며 정형성이 약하고 다양한 형태를 보이며, 〈용비어천가〉나 〈월인천강지곡〉처럼 이전의 어느 장르와도 다른 독특한 형태를 지닌 것도 있다.

(2) 표기 방식에 따라 한문으로 된 악장, 국문으로 된 악장, 한시 원문에 우리말 토를 붙인 현토악장(懸吐樂章)의 세 가지 유형이 있는데, 이 중 가장 많은 작품이 있는 것은 한문악장이다. 그중에는 한시에 '위(偉)~'라는 말로 시작하는 후렴구를 붙인 작품들이 있다. 국문악장은 한문악장에 비해 작품 수가 훨씬 적지만 고려속요의 형식을 수용하면서 새로운 세계관을 드러내었다는 점에서 주목할 만하다. 한편, 현토악장은 기존의 한시 작품에 우리말 토를 단 것이 아니라, 악장용으로 새로 제작된 한시를 바탕으로 현토를 붙인 형태의 시가이다.

(3) 정형적 형식은 없으나, 일부 작품은 절로 나뉘는 분절 구조 혹은 행이 길게 이어지는 연장형식을 취하기도 한다.

(4) 노래로 불리었다.

(5) 교술적 어조를 지닌다.

(6) 신흥 사대부 가운데 핵심 관료층이 주로 담당했다.

(7) 유교적 이상사회에 대한 찬양이 주된 내용이다.

(8) 문어체를 쓴다.

(9) 장중함과 외경스러움이 잘 드러나는 내용이 담겼다.

3 대표적인 작가와 작품

조선 전기 악장은 주로 조선의 건국 이념, 왕실의 위업, 유교적 이상국가의 구현 등을 송축하는 내용을 담고 있으며, 핵심 관료층과 학자들이 참여하여 창작하였다. 대표적인 작가와 작품은 다음과 같다.

(1) 정도전

조선 건국의 이념과 태조 이성계의 위업을 정치적·군사적 측면에서 찬양한 작품 다수를 남겼다.
① 〈무공곡(武功曲)〉: 이성계의 무공을 예찬한다.
② 〈문덕곡(文德曲)〉: 임금의 덕치를 찬양한다.
③ 〈납씨가(納氏歌)〉: 태조가 납합출의 침입을 물리친 공을 찬양한다.
④ 〈정동방곡(靖東方曲)〉: 위화도 회군의 정당성과 영웅성을 강조하였다.
⑤ 〈신도가(新都歌)〉: 개경에서 한양으로 천도한 사실을 송축하였다.

(2) 하륜

외교적 성과를 송축한 악장을 지은 대표적 인물이다.
① 〈근천정(覲天庭)〉: 태종이 명나라에 직접 방문하여 황제의 오해를 풀고 돌아온 일을 백성들이 기뻐하는 내용이다.
② 〈수명명(受明命)〉: 명나라로부터 조선 왕으로의 책봉을 받은 사실을 노래하였다.

(3) 윤회, 〈봉황음(鳳凰吟)〉

봉황을 상징으로 삼아 나라와 왕실의 태평성대를 송축하였다.

(4) 세종, 〈월인천강지곡(月印千江之曲)〉

세종의 아들 수양대군은 어머니인 소헌왕후가 죽자, 명복을 빌기 위해 석가모니의 일대기와 설법을 한글로 번역하여 1446년 『석보상절』을 편찬했다. 이후 세종은 『석보상절』을 읽고 각 구절에 찬가 형식으로 한글 시를 지어 덧붙였는데, 이것이 〈월인천강지곡〉이다. 이 작품은 한글 창제의 정당성과 의의를 드러내는 작품으로 초기 훈민정음 연구에 있어서도 매우 중요한 가치를 지닌다.

(5) 변계량, 〈화산별곡(華山別曲)〉

서울의 경치와 수도로서의 위엄을 찬양한 작품이다.

(6) 상진(또는 작자 미상), 〈감군은(感君恩)〉

임금의 은혜를 바다의 깊이에 비유하며 송축하고, 왕의 만수무강을 기원하였다.

(7) 작자 미상(또는 불확실)

정확한 작자는 밝혀지지 않았지만, 당시 궁중 의례용으로 활용된 작품들이다.
① 〈성덕가(聖德歌)〉 : 조선 건국과 명나라의 공덕을 칭송하였다.
② 〈연형제곡(宴兄弟曲)〉 : 형제간의 우애를 노래하고, 왕조 문화를 찬미하였다.

4 작품 예시 : 〈용비어천가〉 중요

(1) 특징

① 훈민정음을 이용해 만든 최초의 노래로, 조선 초 악장의 결정판이라 할 만하다.
② 창제된 훈민정음을 시험해 보고, 훈민정음을 국가의 글자로서 권위를 부여하려는 의도에 따라 만들어졌다.
③ 조선 건국의 정당성과 조선의 무궁한 발전을 기원하는 송축가이다.
④ 전체가 125장으로 되어 있고, 각 장은 2행 4구의 대구체 형식이며 4음보의 리듬을 지닌다.
⑤ 1·2·3·4·125장 등 5장에는 악곡을 지어서 〈치화평〉, 〈취풍형〉, 〈봉래의〉, 〈여민락〉 등의 악보를 만들고 조정의 연례악(宴體樂)으로 사용하였다.
⑥ 정인지를 비롯한 여러 학자들이 공동 제작했다.
⑦ 인물의 탄생을 신화적으로 표현하지 않고 선조들로부터 이어져 온 것으로 표현함으로써 고대의 신화적 세계관이 아닌 중세적 세계관이 바탕이 되어 있다는 것을 알 수 있다. 그러나 이성계에게 하늘이 금척을 내렸다고 하는 등 여전히 영웅 서사시적인 내용이 남아 있다.

(2) 원문 일부 보기

① 제1장

원문	현대어 풀이
海東六龍·이ᄂᆞᄅ·샤°:일 :마다天福·이시·니.	우리나라의 여섯 성군이 나시어 하시는 일마다 하늘의 복을 받으시니
古聖·이°同符·ᄒ시·니	중국 옛 성왕들이 하신 일과 들어맞으시니

'여섯 성군'은 세종의 6대조까지를 의미하는 것으로 목조, 익조, 도조, 환조, 태조, 태종을 뜻한다. 이들은 조선을 일으키고 하늘의 복을 받아 조선을 이끌었으며, 이들의 행적은 옛 성인들의 행적과 부합한다는 것을 밝힘으로써 조선 왕조는 위대한 인물들에 의해 세워진 정당성 있고 위대한 국가라는 것을 강조한다.

② 제2장

원문	현대어 풀이
불·휘기·픈남·ᄀᆞ° ᄇᆞᄅ·매아·니 :뮐·씨。곶 :됴·코° 여·름·하ᄂᆞ·니 :ᄉᆡ·미기·픈·므·른° ·ᄀᆞ모·래아·니그츨·씨。내·히이·러바·ᄅᆞ·래 가ᄂᆞ·니	뿌리가 깊은 나무는 바람에 흔들리지 아니하므로 꽃이 좋고 열매가 많이 열리니 샘이 깊은 물은 가뭄에 그치지 아니하므로, 내가 이루어져 바다에 가나니

뿌리가 깊게 뻗은 나무나 깊은 샘이 외부 위협에 상관없이 생명력을 오랫동안 유지하듯, 조선 왕조도 오랜 역사와 전통을 바탕으로 문화를 발전시키며 오래오래 번영할 것이라는 의미를 지닌다.

제2절 시조 : 사대부 시조, 여성시조 등 하위 갈래의 주요 작가 및 작품

조선 전기(1392~1592)는 정치적 안정과 유교 질서 확립을 바탕으로 시조 문학이 본격적으로 정착되고 발전한 시기였다. 이 시기의 시조는 시기에 따라 다음과 같은 특징을 보인다.

조선 건국 초기에는 고려 유신들의 회고적 작품과 개국 공신들의 송축가가 중심을 이루었고, 세조 즉위 직후에는 왕위 찬탈에 대한 비판과 단종에 대한 충절을 노래하는 작품이 다수 나타났다. 성종 대 이후로는 유교적 이념에 따라 자연 속에서 유유자적하는 삶을 노래하는 작품들이 주로 창작되었다. 이는 노장 사상의 영향으로 무위자연을 지향하는 경향과도 맞닿아 있다.

또한 이 시기에는 지역적 가단이 형성되어 문학의 다양성을 보였다. 이현보, 이황, 조식, 채헌 등으로 대표되는 영남가단은 도학적 기풍을 띤 작품을, 송순, 정철, 임억령, 김성원, 송인수 등 호남가단은 자연과 풍류를 예찬하는 작품을 창작하였다.

시조는 정형미를 지니며 윤리적 교훈을 담을 수 있는 갈래로서, 사대부들의 이념적 요구와 잘 맞아떨어졌기에 활발하게 창작되었다. 그러나 16세기 말 이후로는 여성 작가들도 창작에 참여하였다. 글을 아는 사대부 여성들 혹은 기녀들이 주를 이루었는데, 이들은 남성 중심 문단에서 섬세하고 절제된 표현으로 여성 고유의 목소리를 내었다. 이들의 참여로 시조의 작자층과 향유층은 더욱 확대되었다.

1 사대부 시조 중요

(1) 시기별 대표적인 작가 및 작품

① 조선 건국 초기

작가	대표적 작품	내용 및 특징
길재	〈오백년 도읍지를〉	고려 왕조에 대한 회고와 망국의 슬픔을 노래함
원천석	〈흥망이 유수ᄒ니〉	고려 왕조에 대한 회상
황희	〈대쵸볼 불근 골에〉	가을 농촌의 풍요로움과 흥겨움을 노래함
김종서	〈삭풍은 나무 끝에 불고〉	대장부의 호방한 기개를 드러냄
맹사성	〈강호사시가〉	• 자연을 즐기며 임께 감사하는 마음을 노래함 • 최초의 연시조 • 강호한정가의 효시

② 세조 즉위 무렵

작가	대표적 작품	내용 및 특징
유응부	〈간밤의 부던 바람〉	수양대군의 포악함을 자연물에 빗대어 풍자함
박팽년	〈가마귀 눈비 맞아〉	단종에 대한 변함없는 충절을 노래함
이개	〈방 안에 혓는 촛불〉	단종과의 이별에 대한 슬픔을 촛농에 감정이입하여 나타냄
왕방연	〈천만 리 머나먼 길헤〉	단종의 죽음에 대한 비통함을 표현함
원호	〈간밤의 우던 여흘〉	여울물에 감정을 투영하여 단종에 대한 충절을 표현함
성삼문	〈이 몸이 주거 가셔〉	• 단종에 대한 굳은 절개를 비유적으로 표현함 • 대표적 절의가

③ 성종 이후

작가	대표 작품	내용 및 특징
송순	〈면앙정잡가〉	자연에 파묻혀 안분지족하며 살아가겠다는 마음을 노래함
이이	〈고산구곡가〉	고산 아홉 구비의 경치를 노래함
주세붕	〈오륜가〉	목민관이었던 저자가 백성들에게 유교적 가르침을 전하고자 함
이황	〈도산십이곡〉	자연 친화적 삶의 추구와 학문에 정진할 것을 다짐함
이현보	〈어부가〉	• 자연과 벗하여 살아가는 어부의 삶을 노래함 • 윤선도의 〈어부사시사〉에 영향을 줌
정철	〈훈민가〉	한글을 적극 활용해 백성의 눈높이에 맞춘 윤리 교육 목적이 뚜렷하며, 백성 계몽을 위한 관찰사의 역할이 문학으로 표현된 점에서 의의가 큼

(2) 구체적 작품 예시

① 원천석(1330~?)의 시조

> 興亡(흥망)이 有數(유수)ㅎ니 滿月臺(만월대)도 秋草(추초) ㅣ 로다
> 五百年(오백년) 王業(왕업)이 牧笛(목적)에 부쳐시니
> 夕陽(석양)에 지나는 客(객)이 눈물 계워 ㅎ드라

갈래	평시조
내용	고려 왕조를 회상하고 세월의 무상함을 노래함
창작 배경	고려의 유신이었던 작가가 옛 고려의 도읍지를 돌아보면서 과거를 회상하고 지음

② 정도전(1342~1398)의 시조

※ 일반적으로 정도전의 작품으로 전해지나, 작자 미상으로 보는 견해도 있음

> 仙人橋(선인교) 나린 물이 紫霞洞(자하동)에 흘너 드러
> 반천 년 왕업이 물소리 쑨이로다
> 아희야 古國興亡(고국흥망)을 물어 무슴ᄒ리오

갈래	평시조
내용	고려 왕업의 무상함을 노래함
창작 배경	조선이 세워진 직후 고려 왕조의 옛 자취를 돌이켜 생각하며 지음

③ 맹사성(1360~1438)의 시조 〈강호사시가〉 - 제1장

> 江湖(강호)에 봄이 드니 미친 興(흥)이 절로 난다
> 濁醪溪邊(탁료계변)에 錦鱗魚(금린어) ㅣ 안주로다
> 이몸이 한가히옴도 亦君恩(역군은)이샷다

갈래	연시조(총 4수)
내용	자연의 변화와 더불어 자신의 삶도 변하는 것을 춘하추동에 맞추어 노래함
특징	• 최초의 연시조 • 정치와 생활이 안정된 조선 전기의 모습을 잘 보여주는 작품

④ 황희(1363~1452)의 시조

> 대쵸 볼 불근 골에 밤은 어이 뜻드르며
> 벼 빈 그르헤 게는 어이 누리누고
> 술 닉쟈 체 쟝ᄉ 도라가니 아니 먹고 어이리

갈래	평시조
내용	가을 농촌의 여유로움과 풍요로움을 흥겹게 노래함
특징	맹사성의 시조와 마찬가지로 안정된 조선 전기의 모습을 잘 보여주는 작품

⑤ 김종서(1383~1453)의 시조

> 朔風(삭풍)은 나무 끝에 불고 明月(명월)은 눈속에 찬데
> 萬里邊城(만리변성)에 一長劍(일장검) 짚고 서서
> 긴 파람 큰 한소리에 거칠 것이 없에라

갈래	평시조
내용	직설적인 표현을 통해 무인(武人)의 기개를 한껏 드러낸 내용
특징	국내 정치가 안정되고 국방이 강화된 조선 전기의 분위기를 반영함

⑥ 성삼문(1418~1456)의 시조

> 이 몸이 주거 가서 무어시 될꼬 ᄒ니
> 蓬萊山(봉래산) 第一峰(제일봉)에 落落長松(낙락장송) 되야 이셔
> 白雪(백설)이 滿乾坤(만건곤)ᄒᆯ 제 獨也靑靑(독야청청)ᄒ리라

갈래	평시조
내용	죽어서도 높은 산의 소나무가 되어 흰 눈이 온 세상을 덮더라도 푸르겠다는 성삼문의 지조가 담긴 노래
특징	사육신의 한 사람이었던 성삼문의 충절을 느낄 수 있음

⑦ 영남가단 이현보(1467~1555)의 〈농암가〉

> 농암에 올라보니 老眼(노안)이 猶明(유명)이로다
> 人事(인사)ㅣ 변한들 산천이 딴 가샐가
> 巖前(암전) 某水某丘(모수모구)ㅣ 어제 본듯 하여라

갈래	평시조
내용	자기는 변했으나 변하지 않는 자연의 모습을 예찬함
특징	작자가 만년에 안동군에서 전원생활을 하면서 농암이라는 바위에 올라 읊은 것

⑧ 영남가단 이황(1502~1571)의 〈도산십이곡〉 - 제11곡, 제12곡

> 靑山(청산)은 엇뎨ᄒᆞ야 萬古(만고)애 프르르며
> 流水(유수)는 엇뎨ᄒᆞ야 晝夜(주야)애 긋디 아니는고
> 우리도 그치디 마라 萬古常靑(만고상청) 호리라
>
> 愚夫(우부)도 알며ᄒᆞ거니 긔아니 쉬운가
> 聖人(성인)도 몯다ᄒᆞ시니 긔아니 어려운가
> 쉽거나 어렵거낫듕에 늙은 주를 몰래라

갈래	연시조(총 12수)
내용	자연 친화적 삶의 추구와 학문 수양에 대한 끝없는 의지를 노래함
특징	작가가 벼슬을 사직하고 고향으로 내려와 지내며 쓴 작품

⑨ 호남가단 송순(1493~1583)의 〈면앙정잡가〉 - 제2수

> 十年(십년)을 經營(경영)ᄒᆞ여 草廬三間(초려삼간) 지여내니
> 나 ᄒᆞᆫ간 둘 ᄒᆞᆫ간에 淸風(청풍) ᄒᆞᆫ간 맛져 두고
> 江山(강산)은 들일 ᄃᆡ 업스니 둘러 두고 보리라

갈래	연시조(총 2수)
내용	가난하지만 자연 속에서 자연을 즐기는 삶
특징	• '면앙정'은 송순의 호임 • 송순은 자연을 주제로 한 작품을 많이 써서 강호가도의 선구자로 불림 • 이 작품은 1수와 2수를 분리하여 평시조로 보기도 함

⑩ 호남가단 정철(1536~1593)의 〈훈민가〉 - 제13수

> 오늘도 다 새거다 호믜 메고 가쟈스라
> 내 논 다 매여든 네 논 졈 매여 주마
> 올 길헤 뽕 따다가 누에 머겨 보쟈스라

갈래	연시조(총 16수)
내용	유교적 윤리의 실천을 권장하는 내용
특징	• 순우리말을 사용하여 백성들을 계몽하고 교화시키려는 목적이 극대화됨 • 정철이 강원도 관찰사로 재직하던 시기에 백성들을 가르치기 위해 지은 것으로 추정됨

2 여성들의 시조

(1) 대표적인 작가 및 작품

작가	대표적 작품	내용 및 특징
황진이	〈동지ㅅ둘 기나긴 밤을〉	우리말의 아름다움을 잘 살려 임에 대한 간절한 그리움을 표현함
계랑	〈이화우 훗쑤릴제〉	계랑은 실존 여부에 논란이 있으며, 임이었던 유희경과의 일화를 중심으로 구전되어 왔다. 이별을 주제로 한 작품이 전해지는데, 시조의 문학성과 정서적 표현력 측면에서 높은 평가를 받음
홍랑	〈묏버들 갈히 것거〉	조선 선조 때 삼당시인으로 불리던 최경창과의 일화를 바탕으로 전해지는 시조로, 작자 미상의 한역본과 함께 전함

(2) 구체적 작품 예시

① 황진이(?~?), 〈동지ㅅ둘 기나긴 밤을〉

> 冬至(동지)ㅅ 둘 기나긴 밤을 한 허리를 버혀 내어
> 춘풍 니불 아릭 서리서리 너헛다가
> 어론 님 오신 날 밤이여든 구뷔구뷔 펴리라

갈래	평시조
내용	임에 대한 사랑과 그리움을 노래함
특징	• 추상적인 시간을 구체화하여 사물처럼 토막낸다고 하는 과감한 상상력을 보여줌 • 우리말의 묘미를 잘 살림

② 계랑(1573~1610), 〈이화우 훗쑤릴제〉

> 梨花雨(이화우) 훗쑤릴제 울며 잡고 離別(이별)흔 임
> 秋風落葉(추풍낙엽)에 저도 날 싱각ᄂ가
> 千里(천리)에 외로운 쑴만 오락가락 ᄒ노매

갈래	평시조
내용	이별의 슬픔과 임을 향한 그리움을 표현
특징	• '이화우'와 '추풍낙엽'의 대비를 통해 시간의 흐름 표현 • 하강적 이미지와 공간적 거리감의 표현을 통해 슬픔의 정서를 심화시킴

이처럼 조선 전기의 시조는 정치적 충절, 유교적 윤리, 자연 예찬, 개인 감정의 표출 등 다양한 주제를 포괄하면서 작자층과 향유층을 확장해 갔으며, 이후 조선 중기와 후기의 시조 문학 발전에 중요한 초석을 제공하였다.

제3절 가사 : 유배가사, 규방가사 등 하위 갈래의 주요 작가 및 작품

조선 전기의 가사는 주로 양반층에 의해 창작되었다. 한시나 시조에 비해 형식이 보다 자유로운 장르인 가사를 통해 이들은 다양한 생활 체험과 신념, 흥취를 표현해 냈다.
조선 전기에는 은일가사, 유배가사, 기행가사, 규방가사, 전쟁가사 등 다양한 주제의 가사 작품이 창작되었으며, 특히 강호시가의 발달이 두드러졌다.

1 은일가사

(1) 개념

벼슬을 버리고 자연에 은거한 삶의 안분지족과 자연 속 풍류를 노래한 가사이다.

(2) 대표 작품 : 정극인의 〈상춘곡〉, 정철의 〈성산별곡〉

① 정극인, 〈상춘곡〉
  ㉠ 작가가 벼슬을 그만 두고 전라도 태인에 돌아와 살 때 지은 것으로, 정확한 창작 연도는 미상이다. 다만 단종이 왕위를 빼앗긴 후 작가가 고향으로 돌아와 쓴 것으로 추정된다.
  ㉡ 내용[1]
  봄의 풍경을 만끽하는 생활을 하며 자연 속에서 안분지족하고 안빈낙도의 삶을 지향하겠다는 내용이 담겨 있다.

  > 紅塵(홍진)에 뭇친 분네, 이내 생애 엇더ᄒᆞ고
  > 녯사ᄅᆞᆷ 풍류ᄅᆞᆯ 미츨가 못 미츨가,
  > 천지간 남자 몸이, 날만ᄒᆞ이 하건마ᄂᆞᆫ
  > 山林(산림)에 뭇쳐 이셔 至樂(지락)을 ᄆᆞ롤것가
  > (후략)

  ㉢ 정제된 형식과 세련된 감정표현 등으로 인해 양반가사의 대표 작품이라 할 수 있다.
  ㉣ 한동안 가사 문학의 효시가 되는 작품으로 여겨졌으나 최근에는 나옹화상의 〈서왕가〉를 효시로 보는 경향이 강해졌다.
  ㉤ 자연에 묻혀 사는 일의 즐거움을 나타내는 은일가사의 효시가 되는 작품이며 강호가도의 시풍을 형성하는 계기가 된 작품이기도 하다. 이후 송순의 〈면앙정가〉, 정철의 〈성산별곡〉으로 이어졌다.
  ㉥ 전통적으로 정극인의 작품으로 알려졌으나 정극인이 원작자가 아닐 수도 있다는 견해도 있다.

---

[1] [네이버 지식백과] 상춘곡 [賞春曲] (두산백과 두피디아, 두산백과)

② 정철, 〈성산별곡〉
  ㉠ 성산은 전라남도 담양에 있는 지명이자, 정철의 문학적 벗이었던 김성원의 호이다. 정철은 당쟁으로 인해 정계에서 물러나 이곳에 살면서 김성원을 위해 이 작품을 지었다고 전해진다.
  ㉡ 내용2)

> 엇던 디날손이 星山(성산)의 머믈며셔
> 棲霞堂(서하당) 息影亭(식영정) 主人(주인)아 내말듯소
> 人生(인생) 世間(세간)의 됴흔일 하건마는
> 엇디훈 江山(강산)을 가디록 나이녀겨
> 寂寞(적막) 山中(산중)의 들고아니 나시는고
> (후략)

  ㉢ 성산은 이상적인 은거처로 설정되어 있으며, 자연 속에서 즐기는 풍류와 안빈낙도의 삶을 노래하였다.
  ㉣ 송순의 〈면앙정가〉를 계승하고, 자연 예찬과 사대부의 여유를 한층 세련되게 표현하였다.
  ㉤ 조선 양반 문학의 형식미와 정서를 잘 보여주는 작품으로, 은일가사 중에서도 문학사적 가치가 크다.

2 강호한정가

(1) 개념
자연 속에서의 평온한 삶과 계절 변화를 감상하며 안빈낙도의 태도를 담은 가사이다.

(2) 대표 작품 : 송순의 〈면앙정가〉
① 송순이 관직에서 물러나 고향인 전남 담양에 면앙정이라는 정자를 짓고 그곳에서의 생활을 담아 지은 가사 작품이다.
② 내용3)
면앙정 주변의 아름다운 풍경과 계절마다 달라지는 모습을 묘사하고 그러한 절경 속에 묻혀지내는 심정을 노래한 후 가장 마지막 부분에서 '이 몸이 이렁 굼도 역군은이샷다'라고 하여 임금님의 은혜에 감사하는 것으로 끝맺었다.

---

2) [네이버 지식백과] 성산별곡 (배규범·주옥파, 외국인을 위한 한국고전문학사, 2010. 1. 29.)
3) [네이버 지식백과] 면앙정가 [俛仰亭歌] (두산백과 두피디아, 두산백과)

> 無等山(무등산) 흔 활기 뫼히 동다히로 버더이셔,
> 멀리 쌔쳐와 霽月峰(제월봉)이 되어거늘,
> 無邊大野(무변대야)의 모숨 짐쟉ᄒ노라
> (후략)

③ 강호가도를 확립한 작품으로 여겨진다.
④ 내용과 형식 등의 면에서 정극인의 〈상춘곡〉을 계승하고 정철의 〈성산별곡〉으로 이어지는 중간 고리의 역할을 하며 강호한정가의 전범을 제시했다.

3 기행가사

(1) 개념
관직 수행이나 여행 중 체험한 경치와 감상을 노래한 가사이다.

(2) 대표 작품 : 백광홍의 〈관서별곡〉, 정철의 〈관동별곡〉

① 백광홍, 〈관서별곡〉
  ㉠ 조선 명종 때(1555) 백광홍이 평안도에서 벼슬을 마치고 돌아와 그곳의 아름다운 자연에 대해 썼다.
  ㉡ 내용

  > 關西(관서) 名勝地(명승지)예 王命(왕명)으로 보내실새
  > 行裝(행장)을 다사리니 칼 한나뿐이로다
  > 延詔門(연조문) 내달아 모화고개 너머드니
  > 歸心(귀심)이 빠르거니 故鄕(고향)을 思念(사념)하랴
  > (후략)

  ㉢ 문헌상 확인되는 가장 이른 시기의 기행가사 작품이다.
  ㉣ 정철의 〈관동별곡〉에 선행하는 작품으로 두 작품은 유사한 흐름을 보인다.

② 정철, 〈관동별곡〉
  ㉠ 1580년 정철이 강원도 관찰사로 부임하여 부임지로 가면서 관동 팔경을 유람한 후 지은 것이다.
  ㉡ 내용4)

  > 江湖(강호)에 병이 깁퍼 竹林(죽림)의 누엇더니,
  > 關東(관동) 팔백리에 方面(방면)을 맛디시니,
  > 어와 聖恩(성은)이야 가디록 망극하다

---
4) [네이버 지식백과] 관동별곡 [關東別曲] (두산백과 두피디아, 두산백과)

> 延秋門(연추문) 드리다라 慶會南門(경회남문) 바라보며,
> 下直(하직)고 믈너나니 玉節(옥절)이 압패 셧다
> 平邱驛(평구역) 말을 가라 黑水(흑수)로 도라드니,
> 蟾江(섬강)은 어듸메오 雉岳(치악)이 여긔로다
> 昭陽江(소양강) 나린 믈이 어드러로 든단 말고,
> 孤臣去國(고신거국)에 白髮(백발)도 하도할샤
> (후략)

ⓒ 다양한 표현기법을 사용하였고 사대부의 기상이 돋보이는 작품으로 양반가사의 정수를 보여주는 작품으로 평가받는다.
ⓓ 기행가사이지만 새로운 견문을 표현하는 데 그치는 것이 아니라 자연 유람을 통한 연군의식과 도교적 풍류의식이 조화를 이루고 있다.

4 유배가사

(1) 개념
정치적 이유로 유배된 작가가 유배지에서의 심경과 억울함, 충절을 표현한 가사이다.

(2) 대표 작품 : 조위의 〈만분가〉
① 조선 연산군 때 작가가 무오사화로 유배되어 순천에 머물게 되었을 때 지은 유배가사이다.
② 내용[5]
유배된 처지가 된 자신의 억울함을 옥황상제(성종)에게 하소연하는 내용이다.

> 天上(천상) 白玉京(백옥경), 十二樓(십이루) 어듸매오,
> 五色雲(오색운) 깁픈 곳의, 紫淸殿(자청전)이 ᄀ려시니,
> 天門(천문) 九萬理(구만리)를, 쑴이라도 갈동 말동
> 츠라리 싀여지여, 억만 번 변화ᄒ여,
> 남산 늣즌 봄의, 두견의 넉시 되어,
> 이화 가디 우희, 밤낫즐 못 울거든,
> 三淸洞裏(삼청동리)의 졈은 한닐, 구름 되어
> ᄇᆞ람의 흘리ᄂᆞ라 紫微宮(자미궁)의 ᄂᆞ라 올라,
> 옥황 香案前(향안전), 지쳑의 나아 안자,
> 흉중의 싸힌 말슴, 쏠커시ᄉᆞ로리라
> (후략)

---

5) [네이버 지식백과] 조위 [曺偉] (이응백·김원경·김선풍, 국어국문학자료사전, 1998.)

③ 유배가사의 효시로 여겨진다.
④ 굴원의 〈천문〉으로부터 영향을 받은 것으로 추정되며, 유배지에서의 심정을 형상화한 점에서 정철의 〈사미인곡〉과 정서적 연관성이 보인다.

5 규방가사

(1) 개념
조선 여성들이 규중에서 자신의 삶, 감정, 교육적 내용을 노래한 가사이다.

(2) 대표 작품 : 허난설헌의 〈규원가〉
① 〈원부사〉라고도 한다.
② **내용**[6]
조선 봉건사회에서 인종을 강요당하며 눈물과 한숨으로 규중(閨中)에서 속절없이 늙어가는 여인의 정한(情恨)을 읊고 있다.

> 엇그제 졈엇더니 하마 어이다 늙거니,
> 少年行樂(소년행락) 생각하니 닐너도 쇽절업다
> 늙거야 설운 말삼 하쟈하니 목이 멘다
> 父生母育(부생모육) 辛苦(신고)하야 이내몸 길러낼 제,
> 公候配匹(공후배필)은 못 바라도 君子好逑(군자호구) 願(원)하더니,
> 三生(삼생)의 富業(부업)이오 月下(월하)의 緣分(연분)으로
> 長安(장안) 遊俠(유협) 輕薄子(경박자)랄 꿈 갓갓 만나이셔
> (후략)

③ 작가는 허난설헌이라 알려져 있으나, 허균의 첩 무옥이라는 견해도 있다.
④ 규방가사에 속하는데, 규방가사란 여성들이 창작하고 전승시켜 온 가사 작품을 말한다. '규방'은 전통 사회에서 여성들이 머무는 방을 뜻한다.
⑤ 현전하는 가사 중 최초의 여성 가사 작품이다.
⑥ 봉건적인 사회에서 여성으로 살아가는 삶의 한과 원망을 표현하고 있다.

---

6) [네이버 지식백과] 원부사 [怨婦辭] (이응백·김원경·김선풍, 국어국문학자료사전, 1998.)

6 전쟁가사

(1) 개념
전쟁 체험과 애국심, 무인의 충정을 서사적 형식으로 담아낸 가사이다.

(2) 대표 작품 : 양사준의 〈남정가〉
① 1555년 을묘왜변 당시 양사준이 전투에 나갔다가 왜구를 물리치고 지었다.
② 내용

> 나라히 무스ᄒᆞ야 이빅년이 너머드니
> 文恬武嬉(문념무희)ᄒᆞ야 兵革(병혁)을 니젓다가
> 時維乙卯(시유을묘)ㅣ오 歲屬三夏(세속삼하)애
> 島寇雲翔(도구운상)ᄒᆞ니 빗수를 뉘 혜려요
> 혜욤 업슨 뎌 兵使(병사)야 네 딘을 어듸 두고
> 達島(달도)로 드러간다
> (후략)

③ 왜구와의 싸움을 과장하여 표현하고, 그 공을 임금에게 돌림으로써 충심과 우국의 정신이 드러난다.
④ 전기 전쟁가사 중 사실 묘사와 서사적 구조가 뚜렷한 작품이다.

더 알아두기

정철의 〈사미인곡〉, 〈속미인곡〉
- 〈사미인곡〉과 〈속미인곡〉은 〈관동별곡〉과 함께 정철의 3대 가사 작품으로 여겨지며 홍만종, 김만중에게 매우 수준 높은 작품이라 평가받았다.
- 〈사미인곡〉과 〈속미인곡〉은 정철이 정치적 실각 이후 자신의 고향인 전라도 창평에 자발적 은거하던 시기에 창작되었으며, 유배가사의 감성을 공유한다.
- 〈사미인곡〉을 먼저 짓고 그것의 속편으로 〈속미인곡〉을 지었다고 한다.
- 두 작품 모두 여성 화자를 내세워 연군의 정을 애달프게 표현하는 충신연주지사의 내용이다. 두 작품 모두 여성 화자를 내세움으로써 한과 그리움, 기다림의 정서를 보다 더 절절하고 섬세하게 보여줄 수 있었고, 이를 통해 수월하게 감정에 이입하게 하여 독자들의 공감을 얻을 수 있었다. 이 중 〈속미인곡〉은 독백체인 〈사미인곡〉과 달리 두 명의 여성이 대화를 주고받는 형식으로 이루어진 최초의 대화체 가사이다.
- 또한 〈속미인곡〉은 중국 고사 등을 인용하지 않고 순우리말 어휘를 적극적으로 사용하는 등 보다 높은 문학성을 보여준다.
- 〈사미인곡〉은 정철 자신의 〈속미인곡〉뿐만 아니라 김춘택의 〈별사미인곡〉, 이진유의 〈속사미인곡〉, 양사언의 〈미인별곡〉 등에 영향을 주었다.
- 각 작품의 시작 부분은 다음과 같다.

〈사미인곡〉	이 몸 삼기실 제 님을 조차 삼기시니, ᄒᆞᆫ성 緣分(연분)이며 하ᄂᆞᆯ 모ᄅᆞᆯ 일이런가. 나 ᄒᆞ나 졈어 잇고 님 ᄒᆞ나 날 괴시니, 이 ᄆᆞ음 이 ᄉᆞ랑 견졸 ᄃᆡ 노여 업다. 平生(평생)애 願(원)ᄒᆞ요ᄃᆡ ᄒᆞᆫᄃᆡ 녜쟈 ᄒᆞ얏더니, 늙기야 므ᄉᆞ 일로 외오 두고 글이ᄂᆞᆫ고. 엇그제 님을 뫼셔 廣寒殿(광한전)의 올낫더니, 그더ᄃᆡ 엇디ᄒᆞ야 下界(하계)예 ᄂᆞ려오니, 올 적의 비슨 머리 얼킈연디 三年(삼년)이라. 臙脂粉(연지분) 잇ᄂᆞ마ᄂᆞᆫ 눌 위ᄒᆞ야 고이 ᄒᆞᆯ고. ᄆᆞ음의 ᄆᆡ친 실음 疊疊(첩첩)이 ᄡᅡ혀 이셔, 짓ᄂᆞ니 한숨이오 디ᄂᆞ니 눈믈이라. 人生(인생)은 有限(유한)ᄒᆞᆫᄃᆡ 시름도 그지업다. 無心(무심)ᄒᆞᆫ 歲月(세월)은 믈 흐ᄅᆞᄃᆞᆺ ᄒᆞᄂᆞᆫ고야. 炎凉(염량)이 ᄯᅢ를 아라 가ᄂᆞᆫ ᄃᆞᆺ 고텨 오니, 듯거니 보거니 늣길 일도 하도 할샤. (후략)
〈속미인곡〉	[甲女(갑녀)] 뎨가는 뎌각시 본듯도 ᄒᆞ뎌이고 天上(천상) 白玉京(백옥경)을 엇디ᄒᆞ야 離別(이별)ᄒᆞ고 ᄒᆡ다뎌 져믄날의 눌을보라 가시ᄂᆞᆫ고 [乙女(을녀)] 어와 네여이고 이내ᄉᆞ셜 드러보오 내얼굴 이거동이 님괴얌즉 ᄒᆞᆫ가마ᄂᆞᆫ 엇딘디 날보시고 네로다 녀기실ᄉᆡ 나도 님을미더 군ᄠᅳ디 젼혀업서 이릭야 교ᄐᆡ야 어ᄌᆞ러이 ᄒᆞ돗썬디 반기시ᄂᆞᆫ ᄂᆞᆺ비치 녜와엇디 다ᄅᆞ신고 누어 ᄉᆡᆼ각ᄒᆞ고 니러안자 혜여ᄒᆞ니 내몸의 지은죄 뫼ᄀᆞ티 ᄡᅡ혀시니 하ᄂᆞᆯ히라 원망ᄒᆞ며 사ᄅᆞᆷ이라 허믈ᄒᆞ랴 셜워 플뎌혜니 造物(조물)의 타시로다 (후략)

제3장 조선 전기의 소설

제1절 소설의 성립과 발전

고소설은 작자가 명확하지 않거나 다수의 집단층에 의해 누적적으로 형성된 경우가 많아 출현 시기에 대한 논란이 있다. 일반적으로는 15세기 후반 김시습의 『금오신화』를 고소설의 효시로 보지만, 고려 말 가전체 작품이나 더 이른 시기의 설화를 그 기원으로 보는 견해도 있다.

1 중세 전기

시기	신라 말~고려 전기
특징	• 설화문학의 시대 • 중국 당나라의 전기소설이 전래되었을 것으로 추정됨 • 작품 길이가 짧고 구조가 단순하여 설화와 유사하지만, 일부는 소설적 경지에 도달한 것으로 평가됨
주요 작품	• 〈조신〉: 환몽 구조를 통해 조신과 김 여인의 사랑을 그림 • 〈김현감호〉: 헌신적인 여주인공의 죽음을 다룬 비극적 사랑 이야기 • 〈수삽석남〉: 금기된 사랑을 소재로 한 환생담 • 〈최치원〉: 역사적 인물(최치원)을 허구적으로 구성한 전기적 이야기

2 중세 후기

시기	고려 후기~조선 전기
특징	• 무신의 난 이후 사회 변동 속에서 가전체 문학이 등장함(최근에는 가전체를 소설의 한 형식으로 인정하려는 경향도 있음) • 설화에서 소설 중심의 문학 양식으로 이행함 • 전기(傳奇)체 한문소설이 본격적으로 출현함

주요 작품	• 임춘, 이규보, 혜심 등의 가전체 작품
	• 김시습의 『금오신화』
	• 채수의 『설공찬전』
	  – 사후세계와 영혼을 통해 유교적 한계를 비판
	  – 1997년 국문번역본 일부 발견 → 〈홍길동전〉 이전에도 국문 표기 소설이 존재했음을 보여주는 사례
	  – 조선 최초의 금서로 탄압받음
	• 신광한의 『기재기이』: 『금오신화』 이후 전기소설 발전 양상을 보여줌

3 중세에서 근대로의 이행기

시기	조선 후기~갑오개혁 이전
특징	• 비현실성과 전기성이 유지되면서도 사회 비판과 서민의식이 강화되어 서민층 중심의 문학 양식이 확산됨 • 국문 소설의 양적 확대가 이루어짐 • 역사 군담소설, 애정소설, 세태소설, 가정소설 등 다양한 형태의 소설이 출현함 • 일부 사대부 작가를 중심으로 실학적 사유를 담은 작품이 등장함 • 판소리계 소설이 등장함
주요 작품	• 허균의 〈홍길동전〉 • 김만중의 〈구운몽〉, 〈사씨남정기〉 • 권필의 〈주생전〉 • 작자 미상의 〈유충렬전〉, 〈임진록〉, 〈박씨전〉, 〈임경업전〉 등 • 박지원의 〈양반전〉, 〈호질〉, 〈허생전〉 등 • 판소리계 소설인 〈춘향전〉, 〈심청전〉, 〈흥부전〉, 〈별주부전〉 등 • 그 외 〈장화홍련전〉, 〈콩쥐팥쥐전〉, 〈정을선전〉, 〈채봉감별곡〉, 〈배비장전〉, 〈옥루몽〉, 〈천군본기〉 등

4 근대

시기	갑오개혁 이후~1917년 이전
특징	• 신소설이 등장하며 근대 지향의 문학이 싹틈 • 개화, 계몽, 자주 독립, 애국 등이 주요 주제로 부각됨
주요 작품	• 이인직의 「혈의 누」, 「은세계」, 「귀의 성」 • 이해조의 「자유종」 • 안국선의 「금수회의록」

5 현대

시기	1917년~현재
특징	현대문학의 시대
주요 작품	이광수의 「무정」 등

※ 근대와 현대를 묶어서 '근·현대'라 하기도 하고, 갑오개혁 이후를 현대로 보는 등 시대 구분에 대해서는 여러 견해가 존재한다.

제2절 주요 작품 : 전기소설, 전(傳) 계열 소설, 몽유록 등

1 전기소설

(1) 전기소설의 개념 및 전개

'전기(傳奇)'란 일반적으로 '기이한 것을 전한다'는 뜻을 지닌다. 한국 고전소설사에서 가장 먼저 등장하여 가장 오랫동안 유지된 서사 양식이다. 10세기였던 신라 말 고려 초에 있던 〈조신〉, 〈김현감호〉, 〈최치원〉, 〈수삽석남〉 등의 설화가 15세기 김시습이 쓴 『금오신화』에 이르러 '소설'로서의 면모를 갖추게 되었다. 이후 17세기에 이르러서는 장편화되고 사실성이 좀 더 강조되었으며 19세기에 이르러서는 전기소설의 장르 특성이 점차 해체되어 애정소설의 면모보다 세태소설의 면모가 더 두드러지게 되었다.

(2) 전기소설의 일반적 특징 중요

① 전기소설은 이전의 설화와 달리 한 개인의 창작의 소산이다.
② 현실적인 생활 문제나 인간 사회의 여러 문제를 다루고, 인물의 성격 및 행동 묘사가 치밀하여 당시 현실을 풍자하고 권선하려는 노력을 보여준다.
③ 작가층이 주로 남성 지식인으로, 이로 인해 화려한 문어체의 한문 문체를 주로 사용한다. 작가는 고도로 세련된 문체로 자신의 문학적 역량을 발휘한다.
④ 단순한 사건 나열이 아니라 인물의 활동에 서술의 초점을 맞추어 이야기를 진행시킴으로써 주인공의 행위를 작가와 유기적으로 연결하고 이를 통해 작가 자신의 생각을 효과적으로 표현한다.
⑤ 주인공의 내면의식을 그린다. 전기소설에 등장하는 시·사(詞)·편지는 인물의 내면을 상대방에게 드러내는 역할을 담당한다.
⑥ 봉건 사회 속 사대부 혹은 귀족 계층의 인물을 주인공으로 하며 그를 둘러싼 사회 현실을 반영한다.
⑦ 초현실성·환상성·낭만성을 특징으로 한다.

(3) 전기소설의 주제

전기소설은 상당수의 작품이 애정 전기소설로 불릴 정도로 초현실적 애정 서사를 주요하게 다룬다. 따라서 전기소설은 기본적으로 현실을 초월한 남녀의 사랑을 주제로 삼는 경우가 대부분이다. 또한 고독하고 감성적이며 다소 유약한 모습을 지닌 남성 주인공이 주로 등장하는 것을 토대로 세계와 화합하지 못하는 인물과 폐쇄적인 세계상을 주제로 볼 수 있으며, 현실적 질곡을 낭만적으로 극복하려는 열망과 비현실적 갈등 귀결 등을 주제로 볼 수도 있다.

(4) 전기소설의 서사 구조

① **주인공의 일생 중 한 시기에 집중**
영웅소설이나 가문소설 등 대부분의 소설에서는 주인공의 일생 전체를 그리는 경향이 있다. 그러나 전기소설은 청년기에 주인공 남녀의 결연에 서사가 집중된다.

② **기이한 애정 결연**

전기소설의 남녀 등장인물은 시 혹은 대화를 통해 마음의 교감을 한 후 육체의 결합으로 이어진다. 〈이생규장전〉의 이생과 최랑처럼 생사 이별을 극복하는 설정, 혹은 신분의 차이 등의 시련을 극복하고 이루어진 이들 간의 결연은 독점적, 절대적이다. 하지만 일시적·비극적이다. 이는 작가의 고독과 그에 따른 심리감정을 보여주는 것이라 할 수 있다.

③ **외부 장애로 인한 비극적 결말**

전기소설의 인물들은 대부분 비극적인 결말을 맞이한다. 또한 이러한 비극적 결말의 원인은 등장인물의 내적인 문제가 아니라 전쟁, 죽음과 같은 외부에서 주어지는 것이다. 이는 현실세계를 부정하며 초월하고자 하는 작가의 심리가 반영된 것으로 볼 수 있다.

(5) 조선 전기 전기소설의 주요 작품

① **김시습의 『금오신화』(1465~1470 집필 추정. 간행은 김시습 사후 이루어짐)**

  ㉠ 특징 및 의의

  ⓐ 우리나라가 아닌 일본에서 먼저 1658년과 1884년에 방각본으로 출간되었다. 우리나라에서는 1927년에 최남선이 일본에서 1884년에 간행된 『금오신화』를 월간지 『계명』 19호에 옮겨 실어 처음으로 소개되었다.

  ⓑ 중국 명나라 때 구우가 쓴 단편 전기소설집인 『전등신화(剪燈新話)』의 영향을 받아 창작된 것으로 보인다.

  ⓒ **한국 최초의 한문 단편소설집으로, 5편의 단편소설이 실려 있다.**

  ⓓ 당시 대부분의 산문들이 유교 이념의 강력한 통제 아래 유교 이념의 설파나 백성의 교화를 목적으로 지어졌는데 반해, 『금오신화』에는 당시의 규범화된 산문에서 탈피해 자유로운 상상과 그가 추구하는 이상이 담겼다.

  ㉡ 수록 작품 **중요**

〈만복사저포기〉	양생이란 이름의 노총각이 부처님과 저포놀이를 하여 이긴 결과 아름다운 여자를 만나 열렬한 사랑을 나누게 된다. 그러나 그녀는 오래 전 죽은 이의 혼령이었으므로 결국 이별하게 된다.
〈이생규장전〉	이생과 최랑과 인연을 맺고 사랑을 나눴으나 전쟁으로 인해 헤어진다. 어느 날 최랑을 다시 만나 함께 살았는데 알고 보니, 전쟁 중에 최랑은 죽고 그녀의 영혼만 돌아온 것이었다. 최랑은 결국 저승세계로 돌아가고 이생은 끝까지 절개를 지키며 살다가 죽는다.
〈취유부벽정기〉	개성 상인이었던 홍생이 평양에 놀러 갔다가 대동강 부벽루에서 한 선녀를 만나 즐기는데 선녀는 자신이 위만에게 나라를 빼앗긴 기자의 딸이라 한다. 이후 선녀는 천상계로 올라가고 홍생은 집에 돌아와서도 선녀를 그리워하다가 선녀의 주선으로 하늘에 올라가게 된다.
〈남염부주지〉	경주 선비 박생이 꿈에 저승의 염라왕을 만나 불교, 유교, 천당, 지옥, 불공, 역사 등에 관한 대화를 나누고 돌아와 보니 한낱 꿈이었다.
〈용궁부연록〉	주인공 한생이 용궁으로 초대되어 가서 상량문을 지어주고 융숭한 대접을 받고 돌아왔는데, 깨어보니 꿈에서 일어난 일이었다. 이후 한생은 명산으로 들어가 자취를 감춘다.

② 신광한의 『기재기이』(1553)
  ㉠ 특징 및 의의
    ⓐ 저자의 체험을 바탕으로 한 한문 단편소설집이다.
    ⓑ 『금오신화』가 처음 간행된 것보다 훨씬 더 이른 시기인 1553년에 간행되었다.
    ⓒ 문제의식의 부족, 일회적인 비현실계와의 교섭, 약한 서사적 긴장감과 강한 교술성으로 인해 일반적으로 문학사에서 『금오신화』에 비해 문학성이 부족하다는 평을 받는다.
  ㉡ 수록 작품

〈안빙몽유록〉	저자는 말년에 독서당을 짓고 여러 가지 수목과 화초를 심고 즐겼는데, 이때의 화원을 배경으로 삼아 꽃을 의인화한 작품이다.
〈서재야회록〉	저자가 여주에서 여러 해 동안 두문불출하며 책만 읽었던 경험을 토대로 서재에서 사용하는 문방사우를 의인화한 작품이다.
〈최생우진기〉	저자가 삼척부사로 머물 때 삼척의 두타동천을 자주 찾았는데, 이 작품은 두타동천의 무릉계곡을 배경으로 주인공 최생의 신선체험을 다룬 이야기이다.
〈하생기우록〉	고려를 배경으로 한 하생이란 사람의 기이한 체험 이야기이다.

2 전(傳) 계열 소설

(1) 개념

전(傳) 계열 소설은 역사적 인물이나 실제 사건을 바탕으로 하되, 작가의 상상력과 문학적 구성력을 통해 서사적으로 재구성된 소설을 말한다. '전(傳)'은 원래 정사에서 특정 인물의 생애와 공적을 서술한 전기적 글이지만, 고려 시대에는 가전체 문학이 되었다가 조선 전기에는 이러한 형식이 문학적 허구와 결합하여 소설로 발전하였다. 전 계열 소설은 역사성과 허구성의 경계에 서 있으며, 교훈성과 문학성을 동시에 지닌 갈래로 평가된다.

(2) 역사적 전개

전 계열 소설은 고려 말부터 조선 초, 문벌 귀족 사회가 해체되고 신흥 사대부가 집필 주체로 등장하면서 본격화되었다. 특히 유교적 윤리의 확립과 인물 중심의 서사 구조를 중시하던 사대부 문인들에 의해 주로 창작되었다. 조선 초기에는 실존 인물의 행적을 도덕적 교훈과 결합하여 서사화한 작품들이 등장하였으며, 이후 점차 허구적 요소가 강화되며 소설로 발전하였다.

(3) 주제

전 계열 소설은 주로 충(忠), 효(孝), 열(烈) 등 유교적 덕목을 주제로 삼는다. 역사 속 인물의 충절과 절의, 지조, 가족애, 우국정신 등을 중심으로 구성되며, 이를 통해 이상적 인간상과 사회 질서의 모범을 제시하고자 했다. 또한 실제 인물의 생애를 이상화함으로써 당대 현실에 대한 반성과 교훈을 전달하려는 목적을 지녔다.

(4) 특징

① 실제 역사적 인물이나 사건을 바탕으로 하되 허구적 요소가 가미된다.
② 작가의 도덕적 평가와 유교적 가치관이 강하게 반영된다.
③ 문체는 주로 한문 문어체로 구성되며, 전통 전기체 문장의 영향을 받는다.
④ 정사(正史)와 야사(野史)의 경계를 넘나들며 문학성과 사실성을 동시에 추구한다.
⑤ 교훈적 목적이 강하며, 도덕적 모범을 세우려는 의도를 지닌다.

(5) 대표 작품

① 김우옹의 〈천군전〉(1566)
  ㉠ 마음을 의인화한 작품이다.
  ㉡ 권선징악의 결말을 보인다.
② 임제의 『수성지(愁城誌)』(선조 대 추정)
  ㉠ 인간의 마음을 의인화하였다.
  ㉡ 인간의 마음을 의인화한 장수들이 '수성(근심의 성)'을 둘러싸고 벌이는 이야기이다.
③ 정태제의 〈천군연의〉(현종 초기 추정)
  ㉠ 마음을 의인화한 장편소설이다.
  ㉡ 철학적인 심성론을 소설의 형식으로 풀어내었다.
④ 이이순의 〈화왕전〉(정조 대 추정)
  ㉠ 꽃을 의인화하였다.
  ㉡ 정치에 대한 풍자를 담고 있다.

※ 정태제의 〈천군연의〉, 이이순의 〈화왕전〉은 모두 조선 후기에 창작된 것으로 추정되는 작품이나, 도서 목차 및 지면 관계상 해당 페이지에 수록하였습니다.
※ 〈천군연의〉는 창작 시기에 대한 여러 견해가 존재하나, 17세기 중반 현종 대 작품으로 추정되며, 이 책에서는 조선 후기로 분류하였습니다.

3 몽유록

(1) 몽유록의 개념과 역사적 전개

① 개념
  몽유록은 꿈을 빌려 현실을 우회적으로 표현하는 수사 방식을 핵심 구조로 삼아, 작가의 주제를 상징적으로 구현한 소설 양식이다.
② 역사적 전개
  꿈을 바탕으로 한 작품으로는 『삼국유사』에 실린 〈조신〉을 꼽을 수 있으나 본격적인 몽유록 소설은 임제의 〈원생몽유록〉이 지어진 16세기 중엽에서 17세기 말에 이르는 시기에 집중적으로 창작되었

다. 이 시기는 지속적인 정변이 일어난 시기로 몽유록의 형식을 통해 문학적 대응을 해 나간 것이라 할 수 있다.

(2) 몽유록의 주제

① **주제의 위치**
몽유록 소설의 현실세계는 몽유세계를 담기 위한 장치로 존재할 뿐이며, 작가의 주제의식은 몽유세계에 나타나 있다.

② **주제의 내용**
현실에서 용납되기 어려운 작가 자신의 이상이나 작가가 품고 있는 역사 및 현실의 부당성에 대한 비판이 주제가 된다.

(3) 몽유록의 서사 구조 중요

① **순차적 서술 구조(액자 구조)**
몽유록은 '현실 → 꿈 → 현실'의 순차적 서술 구조를 지니는데, 이는 환몽 구조 혹은 액자 구조라 할 수 있다.

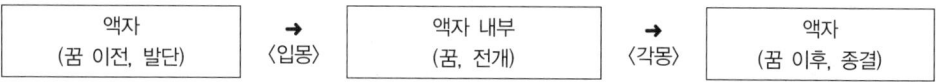

② **의미 구조(병렬적 대립 구조)**
몽유록은 '현실 – 꿈', '세속 – 초월'의 대립은 물론이고 현실에서 이룰 수 없는 정치적 이상(결여)이 꿈속에서 실현(충족)된다는 점에서 '결여 – 충족'의 병렬적 의미 구조를 따른다.

③ **언표 구조**
사건과 그 사건에 대한 서술자(작가)의 평가의 구조를 지닌다.

(4) 몽유록의 주요 작품 : 〈원생몽유록〉, 〈강도몽유록〉

① **〈원생몽유록〉**
㉠ 임제(1549~1587)가 지은 한문 단편소설이다.
㉡ 제작연대는 확실하지 않으나 1568년으로 추정된다.
㉢ 주인공의 이름을 따 〈원자허전〉이라고도 한다.
㉣ 원자허라는 인물이 꿈에서 단종과 사육신을 만나 비분한 마음으로 흥망의 도를 토론하고 술을 마시며 시를 지어 부르다가 깨어나게 된다는 내용으로 세조의 왕위 찬탈과 인간사의 부조리함을 비판하였다.
㉤ 당시 금기된 내용을 담고 있었기에 문집에 실리지는 못하고 필사된 형태로 남게 되었다.
㉥ 국역본도 존재하는 것으로 보아 사대부뿐만 아니라 부녀자층까지 폭넓은 독자층을 확보하였다.

ⓐ 김시습의 『금오신화』에 실린 몽유록을 계승한 것이지만 『금오신화』의 몽유록들이 단순한 환상과 낭만을 보여주는 것과 달리 역사적·사회적 비판의식을 담았다는 점에서 보다 본격적인 소설로 성격화되었다.
ⓑ 이러한 과정을 거쳐 보다 높은 차원이라 할 수 있는 몽자류 소설이 전개되기에 이르렀다.

② 〈대관재몽유록〉
㉠ 심의(1475~?)가 쓴 한문소설이다.
㉡ 몽유록계 소설의 효시라 불린다.
㉢ 꿈의 형식을 빌려 우리나라 시인의 서열을 정리하고, 그 시론을 넣어 중국의 문인과 비교한다.
㉣ 작가는 정치 현실에 대한 불만을 이상적인 문인 왕국을 통해 해소하려 한다.

> **더 알아두기**
>
> **몽자류 소설과 몽유록 소설의 환몽 구조 비교**
> 몽자류 소설과 몽유록 소설은 환몽 구조를 지닌다는 점에서 공통적이지만 다음과 같은 면에서 차이가 있다.

특징 \ 종류	몽자류 소설	몽유록 소설
입몽자의 인물 성격	입몽 전 현실세계에서 개인적인 부귀영화에의 욕구로 갈등이나 불만의 상태에 있음	입몽 전 현실세계에 대한 개인적인 갈등이나 불만은 보이지 않음
몽유의 계기	입몽 전 현실세계에서의 욕구가 몽유세계에서 유감없이 실현됨으로써 현실세계가 몽유의 계기가 됨	입몽 전 몽유의 계기가 주어지지 않음
현실세계와 꿈속 세계의 관련성	두 세계가 밀접한 관련을 맺음	두 세계가 단절되어 있음
입몽 과정	현실과 꿈의 구분이 명확하지 않고 모호하게 입몽함	현실과 입몽의 세계가 분명하게 구별됨
몽유 시한	한 인물의 일생	하룻밤의 한 부분 정도의 길이로 대체로 몽유 시한이 짧음
몽유세계의 분량	사건 중심의 매우 복잡한 형태로 긺	인물들의 대화나 토론 중심으로 짧은 분량
몽유세계의 허구성	완전한 허구	역사적 사실을 바탕으로 한 허구
꿈의 기능	주인공이 깨달음을 얻는 계기	현실 비판의 공간
각몽 후	각몽 후 몽유자는 입몽 전의 현실과는 전혀 다른 의미를 지니는 현실을 만나 극심한 허무감을 느끼며 대오각성함	각몽 후 별로 놀라울 것이 없고 그것으로 소설이 끝남
대표 작품	〈구운몽〉, 〈옥루몽〉, 〈옥선몽〉 등	〈원생몽유록〉, 〈대관재몽유록〉, 〈강도몽유록〉 등

제4장 조선 전기의 한문학

제1절 관각파, 도학파, 방외인의 한문학

조선 전기의 한문학은 관료로 진출하는 수단이었으므로 상당히 활발하게 전개되었다. 이 시기의 한문학은 훈구파와 사림파의 두 갈래로 갈라졌는데, 훈구파는 '사장(詞章)'을 중시하여 사장파라고도 불렸다. 사장이란 당송고문을 모범으로 삼아 수사적 기교를 중시하는 것을 말한다. 훈구파는 개국 공신의 후예로 중앙 요직을 두루 차지하고 있었기 때문에 그들의 문학을 관각문학이라고도 한다. 반면 문장의 세련보다 깊이를 중시하는 도학파들은 사림문학이라고도 불린다. 또한 세상을 등진 채 독자적으로 문학세계를 추구한 이들에 의한 방외인 문학도 있었다. 이 세 부류의 문인 집단은 그 문학적 성향과 작품 양식에서 뚜렷한 차이를 보이며, 조선 전기 한문학의 전체적 흐름을 구성한다.

1 관각파 문학

(1) 개념

관각파는 집현전, 홍문관 등 중앙 관서에 소속되어 정계와 학계에서 활동하던 문신 출신의 문인들로 구성된 집단이다. 이들은 관직에 몸담은 신진 사대부로서 정치적 이상을 실현하는 동시에 문장과 시를 통해 교화적, 실용적 목적을 달성하려 하였다. 관각파 문학이라 하면 관각파에 의해 지어진 한문 문장을 말한다. 이들은 국가 이념의 홍보, 유학의 교화, 정치적 충의의 표현이라는 목적 아래 형식적으로 정제되어 있고 유려한 문장을 지향하였다.

(2) 대표적 인물

서거정 (1420~1488)	• 『동문선』(1478)을 편찬하여 고려 말부터 조선 초 문학을 집대성함 • 유려하고 정제된 문장을 통해 유교적 교화와 문학적 권위를 동시에 실현함 • 관학 중심 문학의 대표자로, 국가 이념과 유교적 가치를 강조한 시문을 다수 남김
권근 (1352~1409)	• 『입학도설』을 비롯한 여러 저술을 통해 관학 교육의 기틀을 마련하고 성리학 보급을 위한 학문 체계를 정리함 • 문장과 예술적 표현도 중시하며, 문학을 유교적 윤리를 담는 수단으로 활용함 • 성리학을 국가 기본 이념으로 정착시키는 데 핵심적 역할을 담당함 • 시문집 『양촌집』을 남김

이 외에도 성현, 남곤, 이행 등이 있다.

(3) 특징

① 문학의 예술성과 형식을 중시하였다.
② 시가와 문장을 다듬는 데 중점을 뒀다.
③ 문학의 정치적 효용을 중시하였다.

(4) 문학사적 의의

관각파 문학은 조선 초기 관학 중심 문인들의 교화적 의도, 유가적 충효 정신, 국가 중심의 역사 의식을 담아내며 문학의 공공성과 도덕성을 중시하였다.

2 도학파 문학

(1) 개념

도학파는 성리학을 삶의 이념으로 삼고, 도덕적 수양과 경세치용의 실천을 중시한 문인들로 구성된 집단이다. 이들은 시문(詩文)보다도 유교 경전과 주자학에 대한 주석 및 논변에 더 많은 관심을 기울였으며, 문학 역시 '도의 전달'이라는 도구적 기능에 무게를 두었다.

(2) 대표적 인물

김종직 (1431~1492)	• 도학적 문학의 선구자이며, 사림파 형성에 핵심적인 인물임 • 〈조의제문〉을 통해 사육신의 절의를 기리고 성리학적 충절을 강조함 • 문학을 '도의 구현' 수단으로 보았으며, 도덕성과 절의 중심의 문장을 남김
이황 (1501~1570)	• 도학파의 중심 인물로서 학문적 순수성과 도덕적 수양을 중시함 • 이념성과 교훈성이 강한 시와 문장을 중시함 • 영남학파에 영향을 줌 • 연시조 〈도산십이곡〉과 시집 『도산잡영』에서 유학자가 실천해야 할 덕목을 시로 형상화함

이 외에도 길재, 김일손, 김굉필, 조광조, 서경덕, 이이 등이 있다.

(3) 특징

① 문학의 예술성보다는 '도덕적 진리의 구현'을 중시하였다.
② 건조하고 간결한 문체를 주로 사용하였다.
③ 문학은 도학을 보조하는 역할을 한다고 여겼다.

(4) 문학사적 의의

문학을 통해 유교적 가치를 전파하고, 학문과 도덕의 실천을 강조함으로써 조선 사회의 사상적 기반을 형성하는 데 중요한 역할을 담당하였다.

3 방외인 문학

(1) 개념

방외인 문학은 관직과 거리를 두고 반체제적인 태도로 자연 속에서 방랑하거나 은둔적 삶을 지향한 문인들이 남긴 작품군을 말한다. 이들은 정계나 관학 중심의 유가적 질서에서 벗어나 개인적 정서와 예술적 감흥을 중시하였으며, 시적 자율성과 자유로운 감성의 발현을 추구하였다. 조선 전기의 문학 속에서 '개인성'과 '예술성'을 드러낸 문인들이다.

(2) 대표적 인물

김시습 (1435~1493)	• 조선 최초의 한문소설집 『금오신화』의 저자임 • 불교, 도교적 사유와 현실 비판의식을 환상적 이야기 형식으로 표현함 • 성리학 중심의 질서에서 벗어나 자유로운 상상력과 실험적 문학을 시도함
남효온 (1454~1492)	• 세조 때 생육신으로 자신의 뜻을 이루지 못하자 유랑생활을 함 • 소설 형식의 『육신전』 등 다수의 작품을 남김 • 현실 정치에 대한 풍자와 비판의식, 개성적이고 자유로운 문풍을 보임

(3) 문학사적 의의

방외인 문학은 주류 유교 문학의 교화성에서 벗어나 문학의 자율성과 개인적 성찰을 강조한다. 이는 후대 조선 중기 이후 감성적이고 개성적인 문학 경향 형성에 영향을 미쳤으며, 예술로서의 문학 가능성을 확장시켰다.

> **더 알아두기**
>
> **조선 전기와 후기의 방외인 문학 비교**
> 조선 전기의 방외인 문학은 관직에서 물러나 자연 속에서 은둔하거나 도교·불교적 사상을 바탕으로 예술성과 개성을 추구한 문인들에 의해 주도되었다. 이들의 문학은 조선의 성리학적 질서에 대한 일정한 거리 두기를 보여주며, 문학의 심미적 기능과 자율성을 확장시켰다는 점에서 의의가 크다.
> 조선 후기에 이르러서도 방외적 성향의 문학은 지속되었으나, 양상에는 차이가 있다. 후기 방외인 문학은 서민과 여성, 실학자, 천주교 신자 등 기존의 유교 질서에 편입되지 않은 다양한 계층의 목소리로 확대되었으며, 현실 비판과 자아 성찰, 감정의 해방, 사회 부조리에 대한 고발 등을 담은 경우가 많았다. 예를 들어, 정약용은 실학자로서 유배 중에도 한문 시와 산문을 통해 체제에 대한 비판과 이상적 정치 질서를 구상하였고, 허난설헌은 여성 문인으로서 자신의 감정과 존재의식을 섬세하게 표현하였다.
> 이처럼 조선 후기의 방외인 문학은 전기의 '은일적 취향과 감성의 문학'에서 발전하여, 보다 현실 참여적이고 다층적인 자아의 목소리를 담는 문학으로 나아갔다는 점에서, 방외인 문학의 흐름을 통시적으로 이해하는 데 중요한 단초를 제공한다.

제2절 해동강서시파, 삼당파, 한문사대가

조선 전기 한문학은 관각 중심의 문학에서 점차 개별 문인 중심의 시단 형성과 유파의 분화로 나아가게 된다. 특히 지역과 학문적 취향을 바탕으로 결속한 시단이 등장하면서 문학의 형식과 내용, 그리고 문인들의 문학적 자의식이 보다 다양해졌다. 이 가운데 해동강서시파, 삼당파, 한문사대가는 조선 전기 후반의 한시 문단을 이끈 대표적 흐름으로, 이들은 각기 다른 문풍과 시론을 바탕으로 한문학의 전개 양상을 풍요롭게 만들었다.

1 해동강서시파

(1) 개념

강서시파(江西詩派)란 중국 송나라 때 황정견을 비롯한 일군의 시인들을 말하는데, 황정견의 고향이 '강서'라는 이유로 붙여진 이름이다. 이들은 당나라 시풍을 거부하고 기발함을 중시하는 새로운 형태의 시를 추구했다. 이러한 경향이 우리나라에도 영향을 끼쳐 중국의 강서시파와 비슷한 시풍이 유행하자 '해동강서시파'라 명명하게 되었다.

(2) 특징

① 당시(唐詩)의 구절을 인용하는 방식이 아니라 참신하고 새로운 시어를 사용하였다.
② 시구의 단련을 중시하였다.
③ 논리적으로 치밀한 구성을 보인다.
④ 주관적 감정을 단련을 통하여 내부로 수렴하였다.
⑤ '이고위신(以故爲新)', 곧 기존의 낡은 것을 통해 자신만의 새로움과 기이함을 추구하였다.

(3) 대표적 인물

박은, 이행, 박상, 정사룡, 노수신, 황정욱, 최립 등이 주된 인물이며, 김종직, 조신, 정희량, 신광한 등도 일정 부분 강서시를 받아들인 것으로 보인다.

(4) 문학사적 의의

한시의 작법을 연구하고 예전에 지어진 시를 연구하여 응용하면 좋은 시를 쓸 수 있다는 가능성을 심어 주었다.

2 삼당파

(1) 개념

삼당파는 이달, 최경창, 백광훈 세 시인을 일컫는 말이다. 이들은 당시 대부분의 시인들이 중국 송나라의 시풍을 배우고 따라하는 것에 대해 비판적이었으며, 당시(唐詩)를 배우고 당시풍의 작품들을 써 냈다.

(2) 특징

① 당시(唐詩)와 비슷해지기 위해 당시집의 구절을 인용하는 경우가 많았다.
② 율시 중심인 강서파와 달리 절구 형식의 시를 주로 지었다.
③ 소리의 부드러운 울림을 중시하였다.

(3) 대표적 인물

이달	• 서얼 출신으로, 불우한 자신의 처지를 비애의 정조로 읊은 작품, 당시 정치와 사회에 대한 비판이 담긴 작품 등을 창작했다. • 〈만랑무가〉를 통해 검무의 율동과 음악에 맞추어 시의 호흡을 조절하며 인간의 자유로운 경지를 노래했다.
최경창	• 당파 간의 대립이 심한 정치현실에 대해 비판적 태도를 드러내는 작품, 속세에서 벗어나 고고한 삶을 읊은 작품, 일상적·경험적 정감을 노래한 작품들을 창작했다. • 장편 고시 〈기군환락우성서작〉(1557)에서는 그 해에 일어난 전염병, 기근과 더불어 부도덕한 정치현실에 적응하지 못하는 자신의 고고함과 그로 인한 가난을 노래했다.
백광훈	• 과거를 통한 출세의 길을 포기하고 일생을 궁핍하게 지냈다. • 현실에서의 패배에 대한 체념, 전원에서의 평온한 삶 등을 노래했다.

(4) 문학사적 의의

① 삶의 구체적인 체험을 바탕으로 한 인간적 정서를 진솔하게 표현했다.
② 시를 기교와 현학의 과시 혹은 심성 수양의 한 방편으로 여기던 풍조에서 벗어났다.

3 한문사대가

(1) 개념

조선 선조 때부터 광해군과 인조에 이르기까지 학자와 문인 중 이름을 떨친 사람들이 많았는데, 그중 특히 한문학 문장가로서 이름을 떨친 네 인물을 가리켜 '한문사대가'라 한다. 그들은 월사(月沙) 이정구, 상촌(象村) 신흠, 계곡(谿谷) 장유, 택당(澤堂) 이식이다. 이들의 호에서 한 글자씩 따와 '월상계택(月象谿澤)'이라고도 한다. 이 중에서도 이식의 문장은 우리나라의 정통적인 고문(古文)으로 높이 평가되어 왔다.

(2) 특징

① 당송팔가[중국 당나라와 송나라 시기 고문(古文)의 대가 여덟 명으로 한유, 유종원, 구양수, 왕안석, 증공, 소순, 소식, 소철을 가리킴]의 고문을 쓰려고 하였다.
② 주자학적인 사고관을 보여 주면서도 문예 지향적인 면모가 엿보인다.
③ 출신 가문이 좋고, 관료로서도 출세하였다.

(3) 각 인물과 문집

신흠 (1566~1628)	『상촌집』	신흠의 문학세계에 대한 이해뿐만 아니라 당시의 정치와 임진왜란 등에 대한 자료가 실려 있으며, 시 작품을 통해 당시 가평의 풍경을 알 수 있다는 점에서 의미가 있다.
이정구 (1564~1635)	『월사집』	개인 문집으로서의 의미뿐만 아니라 임진왜란 전후의 국내외 정세 파악 및 여러 인물들에 대한 이해에 도움이 되는 자료이다.
장유 (1587~1638)	『계곡집』	1,860여 수에 이르는 방대한 양의 시를 담고 있는 문집이며 당시 국내의 정치, 사회 문제를 이해하는 데 도움이 되는 글도 실려 있다.
이식 (1584~1647)	『택당집』	수록된 다양한 글들을 통해 다양한 분야에 대한 이식의 관심과 생각을 알 수 있고, 병자호란을 겪은 대신의 시각에서 본 당대의 역사적 상황을 확인할 수 있다. 이식의 문장은 우리나라의 전통적인 고문(古文)으로 평가된다.

(4) 문학사적 의의

주자주의적인 당시의 경향에서 벗어나려는 요소가 보여 문예미를 존중하는 우리 근대문학의 싹이 임진왜란 이후에 이미 배태되기 시작하였을 것이라는 추측을 가능케 한다.

또한 후대 문학 교육과 관학 중심 시문 계승에 중대한 영향을 끼쳤으며, 한문문학의 정전(기준이 되는 중요한 작품) 형성과 권위 구축에 기여하여 중세의 관료문학을 대표한다.

제5편 실전예상문제

제1장 훈민정음의 창제

01 훈민정음의 창제가 문학사에 끼친 영향으로 가장 적절한 것은?
① 민족의 전통 윤리를 강화시켰다.
② 고전 한문문학의 전통을 계승하였다.
③ 조선 후기 실학문학의 토대를 형성하였다.
④ 국문문학의 본격적 시작을 가능하게 하였다.

01 훈민정음 창제를 통해 한국인의 정서를 한국적으로 표현하는 것이 가능해졌고, 설화적 소재의 예술적 승화가 가능해졌다. 즉, 훈민정음 창제는 국문문학의 본격적 출발점을 의미한다.

02 다음 중 훈민정음의 창제로 인한 문학의 변화로 볼 수 <u>없는</u> 것은?
① 평민과 여성의 문학 창작 참여 확대
② 문학의 서사화 경향 강화
③ 향가의 부활과 대중화
④ 구비문학의 문자 기록 가능성 확대

02 향가는 신라 시대부터 고려 시대까지의 장르로, 훈민정음 창제와는 직접 연결되지 않는다.

03 훈민정음이 창제된 연도와 반포된 연도가 옳게 연결된 것은?

	창제 연도	반포 연도
①	1443년	1446년
②	1440년	1445년
③	1433년	1443년
④	1450년	1453년

03 훈민정음은 세종 25년(1443)에 창제되어 세종 28년(1446)에 『훈민정음』으로 반포되었다.

정답 01 ④ 02 ③ 03 ①

04 훈민정음은 음소 문자로서, 말과 글이 일치하는 점이 가장 큰 장점이다.

04 **다음 중 훈민정음이 한문과 구별되는 가장 큰 장점은?**
① 정치적 상징성을 강화함
② 음소 문자로서 말과 글의 일치
③ 문학의 형식성을 심화함
④ 고전 어휘의 사용을 촉진함

05 한글문학은 한문문학과 상호 영향을 주고받으며 점진적으로 자율성을 확립했다.

05 **한문문학과 한글문학의 교섭 양상에 대한 설명으로 가장 적절한 것은?**
① 한문문학은 창작층이 평민 중심이었다.
② 한글문학은 초기에만 사용되고 사라졌다.
③ 한문문학과 한글문학은 서로 영향을 주고받았다.
④ 한문문학은 훈민정음 창제 이후 급격히 쇠퇴했다.

06 훈민정음은 누구나 쉽게 배울 수 있어 여성과 평민층의 문학 향유를 가능케 했다.

06 **조선 전기 한글문학의 향유층 확대와 가장 관련 깊은 것은?**
① 고위 관리의 취미 활동으로 문학이 활성화됨
② 불교 사상의 유행과 문학 결합
③ 국자감의 교육 확대와 문학 교육 보편화
④ 문자의 접근성이 향상되어 여성·서민의 문학 참여 증가

정답 04 ② 05 ③ 06 ④

07 훈민정음 창제 이후 조선 전기 문학의 특징으로 가장 적절하지 <u>않은</u> 것은?

① 시조, 가사, 소설의 서사화 경향 강화
② 여성, 서민의 문학 참여 증대
③ 모든 문학이 한글로 창작됨
④ 구비문학의 문자화 촉진

07 훈민정음 창제 이후에도 한문문학은 여전히 중요한 비중을 차지했다.

08 다음 중 훈민정음 창제가 조선 전기 시가문학에 끼친 영향으로 옳은 것은?

① 사설시조와 가사에서 서사적 성향이 강화되었다.
② 향가 계열의 서정시가 되살아났다.
③ 시조의 형식이 고정되고 정제되었다.
④ 중국 고전시가 형식이 직접 도입되었다.

08 훈민정음 창제로 시가의 대중화가 이루어졌고, 사설시조와 가사에서 서사적 경향이 강화되었다.

09 다음 중 훈민정음 창제의 결과로 형성된 문학적 현상으로 가장 적절한 것은?

① 궁중악장의 부활
② 국한문혼용체의 본격화
③ 민요의 소멸
④ 이두문학의 유행

09 훈민정음 창제 이후 문학 표현의 폭이 넓어지면서, 한글과 한문이 함께 쓰이는 국한문혼용체가 공식 문서, 문학, 서간문 등에 널리 사용되었다.
① 궁중악장은 훈민정음 이전 시기인 조선 초기 문학 양식이다.
③ 민요는 사라진 것이 아니라 오히려 한글 기록을 통해 보존되었다.
④ 이두문학은 훈민정음 이전에 사용된 표기 방식으로 점차 쇠퇴하였다.

정답 07 ③ 08 ① 09 ②

주관식 문제

01 다음 내용에서 괄호 안에 들어갈 말을 순서대로 쓰시오.

> 훈민정음은 (㉠)(이)라는 뜻으로, 1927년 이후 (㉡)(이)라는 이름이 정착되었다.

01 정답
㉠ 백성을 가르치는 바른 소리
㉡ 한글

해설
훈민정음은 '가르칠 훈(訓), 백성 민(民), 바를 정(正), 소리 음(音)'의 한자들로 이루어진 말로, 주시경이 '한글'이라는 용어를 사용하면서 이후 일반화되었다.

02 다음 내용에서 괄호 안에 들어갈 말을 순서대로 쓰시오.

> 조선 전기 문학은 문자 양식 면에서 (㉠)문학과 (㉡)문학이 교섭·혼융되는 양상을 보인다.

02 정답
㉠ 한문
㉡ 한글

해설
조선 전기 문학은 한문문학과 한글문학의 이중 구조 속에서 문자 교섭이 활발히 이루어졌다.

03 다음 중 훈민정음의 문학사적 의의에 해당되는 3가지를 고르시오.

ㄱ. 민족 정체성 확립
ㄴ. 시조의 정형화 고착
ㄷ. 서사문학의 토대 마련
ㄹ. 문자생활의 특권화
ㅁ. 문학 향유층 확대

03 **정답**
ㄱ, ㄷ, ㅁ

해설
시조의 정형화는 훈민정음과 직접 관련이 없고, 훈민정음은 문자생활의 대중화를 촉진했다.

04 훈민정음 창제와 문학 대중화의 관계를 서술하시오.

04 **정답**
훈민정음은 배우기 쉬운 문자로, 한자에 비해 접근성이 높았다. 이에 따라 여성, 평민도 문자생활과 문학 향유가 가능해졌고, 현실적 내용과 대중적 정서를 담은 작품들이 등장하게 되었다.

제2장 조선 전기의 시가

01 다음 중 '악장'에 대한 설명으로 가장 적절한 것은?
① 악장은 고려 시대 궁중 연회에서 사용된 민간 서정가요이다.
② 악장은 시조처럼 정형적인 형식으로 구성된 고전시가이다.
③ 악장은 신라 향가의 후신으로 백성의 정서를 반영한 노래이다.
④ 악장은 주로 조선 초기 궁중행사에 사용된 노래 가사이다.

02 다음 중 조선 초기 악장의 대표적 특징이 아닌 것은?
① 구비 전승된 민요 양식으로 구성된다.
② 형식보다는 내용에서의 공통성이 강하다.
③ 노래로 불리는 교술적 성격의 문학이다.
④ 대부분 연장형식과 분절형식으로 구성된다.

03 다음 중 정도전의 작품으로만 묶인 것은?
① 〈신도가〉, 〈무공곡〉, 〈연형제곡〉
② 〈문덕곡〉, 〈정동방곡〉, 〈납씨가〉
③ 〈감군은〉, 〈월인천강지곡〉, 〈무공곡〉
④ 〈화산별곡〉, 〈성덕가〉, 〈문덕곡〉

---

01 악장은 조선 초 궁중의 공식 행사에서 사용된 음악 가사이다.

02 악장은 민요가 아니라 궁중에서 창작되어 기록된 교술적 문학이다.

03 〈문덕곡〉, 〈정동방곡〉, 〈납씨가〉 세 작품은 모두 정도전의 작품이다. 정도전 작품에는 이외에도 〈무공곡〉, 〈신도가〉가 있다.
① 〈연형제곡〉은 작자 미상의 작품이다.
③ 〈감군은〉은 미상의 작자(또는 상진)가, 〈월인천강지곡〉은 세종이 지은 작품이다.
④ 〈화산별곡〉은 변계량, 〈성덕가〉는 작자 미상의 작품이다.

정답 01 ④ 02 ① 03 ②

04 〈용비어천가〉에 대한 설명으로 적절하지 <u>않은</u> 것은?

① 훈민정음 창제 직후에 지어진 악장이다.
② 총 125장으로 구성되며 장마다 대구 형식을 갖춘다.
③ 세종 혼자서 창작한 서정적 연가이다.
④ 조선 왕조의 정당성과 번영을 강조한 송축가이다.

04 〈용비어천가〉는 세종과 집현전 학자들이 공동 제작한 교술악장이다.

05 '불·휘기·픈남·ᄀᆞ· ᄇᆞᄅ · 매아 · 니 :뮐·씨。~'라는 구절이 들어간 작품은?

① 〈서왕가〉
② 〈봉황음〉
③ 〈월인천강지곡〉
④ 〈용비어천가〉

05 발문의 구절 '불·휘기·픈남·ᄀᆞ· ᄇᆞᄅ · 매아 · 니 :뮐·씨。~'는 〈용비어천가〉 제2장에 나오는 상징적인 구절이다.

06 다음 중 조선 전기 시조의 특징으로 가장 적절한 것은?

① 주로 유교와 노장 사상에 기반한 자연 친화적 삶을 주제로 삼았다.
② 고려 말 신흥 무인 세력의 현실 비판을 담았다.
③ 형식이 자유로워 구비 전승되었다.
④ 외세 침략에 대한 분노와 저항을 강하게 표현했다.

06 조선 전기 시조는 유교적 가치와 노장 사상의 영향으로 자연을 예찬하는 내용이 많다.

정답 04 ③ 05 ④ 06 ①

07 이황은 주로 〈도산십이곡〉과 같은, 자연과 학문을 주제로 한 도학적 시조를 남겼다.

07 다음 중 단종에 대한 충절을 표현한 시조로 볼 수 없는 것은?

① 성삼문, 〈이 몸이 죽어 가서〉
② 박팽년, 〈가마귀 눈비 맞아〉
③ 이황, 〈도산십이곡〉
④ 이개, 〈방 안에 혓는 촛불〉

08 맹사성의 〈강호사시가〉는 최초의 연시조로 평가된다.

08 다음 중 연시조의 효시로 평가되는 작품은?

① 〈면앙정잡가〉
② 〈강호사시가〉
③ 〈도산십이곡〉
④ 〈어부사시사〉

09 무신의 전쟁 승리보다는 자연과 유교적 이상을 표현한 시조가 많았다.

09 조선 전기 시조의 시기별 흐름에 대한 설명으로 옳지 않은 것은?

① 조선 건국 초기엔 고려에 대한 회고와 개국을 송축하는 시조가 많았다.
② 세조 즉위 직후엔 단종에 대한 충절을 노래한 충신들의 시조가 집중되었다.
③ 성종 이후엔 무신들의 전쟁 승리를 노래한 시조가 유행했다.
④ 성종 이후 자연과 도학을 주제로 한 작품이 창작되었다.

정답 07 ③ 08 ② 09 ③

10 다음 중 이현보의 시조 〈농암가〉에 대한 설명으로 가장 적절한 것은?

① 변화하지 않는 자연에 대한 예찬을 담았다.
② 전쟁터에서의 고단함을 표현하였다.
③ 임을 향한 이별의 슬픔을 노래한 작품이다.
④ 자연 속 안빈낙도를 찬미한 백정의 노래이다.

10 이현보는 조선 전기 영남가단의 시인으로, 고향에 돌아온 기쁨과 변하지 않는 자연을 예찬하는 마음을 담아 〈농암가〉를 썼다.

11 다음 중 정극인의 〈상춘곡〉에 대한 설명으로 옳은 것은?

① 기행가사의 효시로 평가받는 작품이다.
② 단종 복위 운동을 주제로 삼은 정치 가사이다.
③ 자연과 벗하며 은일의 삶을 노래한 양반가사의 대표 작품이다.
④ 유배지에서의 억울함을 호소하는 내용이 중심이다.

11 ①·② 〈상춘곡〉은 은일가사이지 기행가사가 아니며, 정치적 이슈보다는 자연 예찬과 은거 생활이 주제이다.
④ 유배지에서의 억울함을 호소하는 내용이 중심을 이루는 것은 〈만분가〉 같은 유배가사에 해당하는 설명이다.

12 〈면앙정가〉에 대한 설명으로 가장 적절한 것은?

① 임금에 대한 원망을 표현하였다.
② 자연미와 풍류를 즐기며 왕의 은혜에 감사한다.
③ 유배지의 황량함을 묘사하였다.
④ 전란 중에 전공을 강조한다.

12 ① 〈면앙정가〉는 원망이 아니라 오히려 임금의 은혜에 감사하는 내용이다.
③ 유배지의 황량함을 묘사하는 것은 유배가사의 특성이다.
④ 전란 중에 전공을 강조하는 것은 전쟁가사의 특징이다.

정답 10 ① 11 ③ 12 ②

13 〈관서별곡〉은 기행가사로, 유교적 교훈이 아니라 자연 감상과 회고가 중심이다.

14 〈관동별곡〉은 정철이 강원도 관찰사로 있으면서 자연을 유람하며 충심을 담아 표현한 대표적 기행가사이다.
① · ② 유배가사에 해당하는 설명이다.
④ 대화체는 〈속미인곡〉같은 작품을 통해 잘 드러난다.

15 〈규원가〉 등 규방가사는 허난설헌과 같은 실제 규방 여성들의 작품으로, 시적 화자를 여성으로 본 것과는 차이가 있다. 시적 화자를 여성으로 설정하여 연군지정을 노래한 대표적인 가사 작품으로는 정철의 〈사미인곡〉, 〈속미인곡〉 등이 있다.

정답 13 ④ 14 ③ 15 ②

13 〈관서별곡〉에 대한 설명으로 적절하지 <u>않은</u> 것은?

① 기행가사 중 가장 이른 시기의 작품이다.
② 백광홍이 평안도의 자연을 예찬한 내용이다.
③ 정철의 〈관동별곡〉에 영향을 주었다.
④ 유교적 교훈을 주제로 하고 있다.

14 다음 중 〈관동별곡〉의 특징으로 가장 적절한 것은?

① 유배지에서 지은 연군의 가사이다.
② 자연 감상보다는 유배의 고통이 중심이다.
③ 사대부의 기상과 연군지정이 담긴 기행가사이다.
④ 여성 화자의 심정을 드러낸 대화체이다.

15 다음 중 〈규원가〉에 대한 설명으로 옳지 <u>않은</u> 것은?

① 여성 작자가 쓴 최초의 가사로 평가받는다.
② 시적 화자를 여성으로 설정하여 연군지정을 노래하였다.
③ 허난설헌 혹은 허균의 첩 무옥의 작품으로 전해진다.
④ 규방 여성의 삶의 고통과 정한을 담고 있다.

16 다음 중 〈사미인곡〉과 〈속미인곡〉의 공통점으로 옳지 <u>않은</u> 것은?

① 정철의 대표적인 연군가사이다.
② 모두 여성 화자를 내세웠다.
③ 대화체 형식으로 구성되어 있다.
④ 연군지정을 문학적으로 승화시켰다.

16 〈사미인곡〉과 〈속미인곡〉 중 대화체 형식에 해당되는 것은 〈속미인곡〉 뿐이다. 〈속미인곡〉은 두 여인이 주고받는 대화 형식으로 되어 있는 반면, 〈사미인곡〉은 화자의 독백체로 구성되어 있다.

17 다음 중 기행가사에 해당하는 작품만 옳게 묶은 것은?

① 〈상춘곡〉, 〈성산별곡〉
② 〈관서별곡〉, 〈관동별곡〉
③ 〈규원가〉, 〈남정가〉
④ 〈사미인곡〉, 〈속미인곡〉

17 〈관서별곡〉, 〈관동별곡〉 모두 유람과 지역 감상을 중심으로 한 기행가사이다.
① 두 작품 모두 은일가사에 해당된다.
③ 〈규원가〉는 규방가사, 〈남정가〉는 전쟁가사에 해당된다.
④ 두 작품 모두 연군가사에 해당한다.

18 다음 중 정철의 작품이 <u>아닌</u> 것은?

① 〈관동별곡〉
② 〈성산별곡〉
③ 〈사미인곡〉
④ 〈만분가〉

18 〈만분가〉는 조위가 지은 유배가사이다.

정답 16 ③　17 ②　18 ④

주관식 문제

01 다음 내용에서 괄호 안에 들어갈 말을 순서대로 쓰시오.

〈월인천강지곡〉은 불교의 성인인 (㉠)의 생애와 공덕을 찬양한 작품이며, (㉡)이(가) 쓴 것이다.

01 정답
㉠ 석가(모니)
㉡ 세종

해설
〈월인천강지곡(月印千江之曲)〉의 제목은 '달이 즈믄 가람에 비치는 노래'라는 뜻이다. 세종 대(1446)에 수양대군이 어머니의 명복을 빌기 위해 석가모니의 일대기를 지어 바쳤는데, 그것이 『석보상절』의 밑바탕이 된 글이다. 세종이 완성된 『석보상절』을 보고 각 구절에 찬가 형식으로 한글 시를 지어 덧붙인 것이 〈월인천강지곡〉이다.

02 〈용비어천가〉의 창작 배경과 문학적 의의를 서술하시오.

02 정답
〈용비어천가〉는 훈민정음 창제 이후 그 실용성과 권위를 시험하고, 조선 왕조의 건국 정당성과 번영을 찬양하기 위해 제작되었다. 훈민정음으로 기록된 최초의 작품으로서 국문 문학 발전에 중요한 역할을 하였으며, 중세적 세계관에 기반한 교훈적 서사 양식을 보여준다.

03 다음 시조를 읽고, 〈보기〉의 괄호 안에 들어갈 말을 순서대로 쓰시오.

> 이 몸이 주거 가서 무어시 될소 ᄒᆞ니
> 蓬萊山(봉래산) 第一峰(제일봉)에 落落長松(낙락장송) 되야 이셔
> 白雪(백설)이 滿乾坤(만건곤)홀 제 獨也靑靑(독야청청) ᄒᆞ리라

보기

이 시조는 성삼문이 (㉠)에 대한 충절을 표현한 작품으로, 시적 화자는 자신을 (㉡)에 비유하였다.

03 정답
㉠ 단종
㉡ 낙락장송(소나무)

해설
사육신의 한 사람이었던 성삼문이 단종에 대한 마음을 담아 쓴 시로, 시적 화자는 자신이 '봉래산 제일봉에 낙락장송(소나무)'이 되겠다는 다짐의 마음을 나타내고 있다.

04 맹사성의 〈강호사시가〉의 내용상 특징, 형식상 특징을 각각 쓰시오.

04 정답
맹사성의 〈강호사시가〉는 봄, 여름, 가을, 겨울의 사계절을 자연의 변화에 따라 노래한 작품으로, 자연을 즐기며 임금의 은혜에 감사하는 마음을 표현하고 있다. 형식적으로는 총 4수의 연시조로 구성되어 있으며, 조선 전기 최초의 연시조로 평가된다.

05 정답
㉠ 임금
㉡ 강호가도(강호한정가)

해설
〈면앙정가〉의 마지막 구절은 '이 몸이 이렁 굼도 역군이샸다'이다. 이는 임금님의 은혜에 감사하는 내용이다. 또한 이 작품은 정극인의 〈상춘곡〉에서 정철의 〈성산별곡〉에 이르기까지 강호한정가가 발전해 나가는 중간 고리 역할을 했다.

05 다음 내용에서 괄호 안에 들어갈 말을 순서대로 쓰시오.

송순의 〈면앙정가〉는 자연 풍경을 묘사하며 안분지족하는 삶을 노래하고, 마지막에 (㉠)에 대한 감사로 끝을 맺는다. 이 작품은 (㉡)의 발전에 중간 고리 역할을 한다.

06 정답
㉠ 허난설헌
㉡ 한(정한)

해설
〈규원가〉는 현전하는 최초의 여성 가사작품으로 봉건적인 사회에서 살아가는 여성의 정한을 읊고 있다.

06 다음 내용에서 괄호 안에 들어갈 말을 순서대로 쓰시오.

〈규원가〉는 (㉠) 혹은 무옥의 작품으로 전해지며, 규방 여성의 삶에서 느끼는 (㉡)이 주된 내용이다.

07 정답
여성 화자를 설정함으로써 감정 표현이 보다 절절하고 섬세하게 전달되었다. 또한 직접적으로 충신의 충절을 말하기 어려운 상황에서, 우회적 표현이 가능해졌다. 여성의 정절과 기다림은 임금에 대한 충성심을 상징적으로 드러내는 데 효과적이어서 이를 통해 독자의 감정이입과 공감을 극대화할 수 있었다.

07 정철이 〈사미인곡〉과 〈속미인곡〉에서 여성 화자를 설정함으로써 얻을 수 있었던 효과에 대해 서술하시오.

제3장 조선 전기의 소설

01 일반적으로 고소설의 효시로 인정받는 작품은?

① 『금오신화』
② 『용재총화』
③ 『기재기이』
④ 『설공찬전』

01 『금오신화』는 15세기 김시습이 지은 한국 최초의 한문소설집으로 고소설의 효시로 인정받는다.
② 문헌수필집이다.
③ 『금오신화』보다 발간은 빨랐으나, 창작 자체는 늦었다.
④ 국문소설의 초기 사례로 평가된다.

02 전기소설의 일반적 특징에 해당하는 것은?

① 작가의 창작성이 뚜렷하고 문체는 한문 문어체이다.
② 민중의 구비 전승에 의존하여 집단 창작 형태를 보인다.
③ 주로 여성 작가가 창작하며 국문체가 일반적이다.
④ 설화와 달리 집단 공동체 중심의 주제가 강하다.

02 전기소설은 개별 작가의 창작성이 강하고, 사대부 지식인이 화려한 문어체로 서술했다.
② · ④ 설화의 특징이다.
③ 조선 후기 여성층 중심의 국문소설 특징이다.

03 전기소설이 설화와 구분되는 주요 기준으로 가장 적절한 것은?

① 짧은 이야기 형식
② 구비 전승
③ 개인 창작성
④ 환상성

03 전기소설은 작가 개인의 창작 산물로 문학성이 뚜렷하다.
① · ② 설화의 특징이다.
④ 공통적 특징일 수는 있으나 핵심 구분 기준은 아니다.

정답 01 ① 02 ① 03 ③

04 신광한의 『기재기이』는 문제의식의 부족, 일회적인 비현실계와의 교섭, 약한 서사적 긴장감, 강한 교술성 등의 특징으로 인해 문학성 면에서 『금오신화』보다 평가가 낮다.

04 다음 중 『기재기이』에 대한 설명으로 적절하지 <u>않은</u> 것은?

① 신광한이 지은 전기체 소설집이다.
② 체험을 바탕으로 한 한문 단편이 수록되어 있다.
③ 출간 시기가 『금오신화』보다 앞선다.
④ 『기재기이』는 『금오신화』보다 더 풍부한 몽환성과 구조미를 지닌다.

05 〈원생몽유록〉은 임제의 작품으로, 조선 중기의 몽유록이다.

05 다음 중 『금오신화』에 수록된 작품이 <u>아닌</u> 것은?

① 〈남염부주지〉
② 〈이생규장전〉
③ 〈만복사저포기〉
④ 〈원생몽유록〉

06 전기소설에서는 전쟁, 죽음 등 외부적 장애로 인해 주인공이 비극적 결말을 맞는 경우가 많다.
① · ③ 주로 세태소설에서 보이는 특징이다.
④ 신선담이나 전생설화 계열에서 보이는 특징이다.

06 전기소설의 주인공이 경험하는 대표적 결말 유형은?

① 현실의 갈등을 이성적으로 해결하고 성공한다.
② 외부 장애로 인해 비극적인 결말을 맞는다.
③ 가족의 도움으로 갈등을 해결하고 화목한 결말을 맞는다.
④ 종교적 구도에 성공하여 승천한다.

정답 04 ④ 05 ④ 06 ②

07 다음 중 전기소설과 가장 관련이 적은 요소는?
① 주인공의 내면 표현
② 낭만적 애정 서사
③ 세태 풍자
④ 문학적 허구

07 세태 풍자는 조선 후기 세태소설의 대표적인 특징이다.
①·②·④는 전기소설에서 공통적으로 나타나는 요소이다.

08 몽유록 소설에서 '몽유 세계'가 지니는 역할로 가장 적절한 것은?
① 풍류와 낭만의 유희 공간
② 현실 도피의 이상적 장소
③ 작가의 이상과 역사비판이 담긴 공간
④ 환상적 요소가 없는 현실 반영의 공간

08 몽유 세계는 현실에서 이루지 못한 이상과 역사적 부조리를 드러내는 공간이다.
① 풍류문학에 더 가까운 설명이다.
② 몽자류에 더 가까운 설명이다.

09 몽유록에서 현실과 꿈의 관계를 가장 정확하게 설명한 것은?
① 두 세계가 혼재되어 분별이 어렵다.
② 두 세계가 분리되어 대립적 의미 구조를 이룬다.
③ 꿈이 곧 현실을 반영하는 은유이다.
④ 꿈은 현실의 기억을 그대로 재현한 것이다.

09 몽유록은 현실과 꿈의 대립 구조를 통해 의미를 구성하며, '현실-꿈', '세속-초월'의 대립 구도를 취한다.
① 몽자류에 더 가까운 설명이다.
③·④ 문학적 환유에 가깝다.

정답 07 ③ 08 ③ 09 ②

주관식 문제

01 다음 내용에서 괄호 안에 들어갈 말을 순서대로 쓰시오.

> 『금오신화』는 (㉠)이(가) 지은 한국 최초의 한문소설집으로, 중국 (㉡)의 영향을 받은 것으로 알려져 있다.

01 정답
㉠ 김시습
㉡ 『전등신화』

해설
한국 전기소설의 시초로 평가되는 김시습의 『금오신화』는 중국의 전기소설집인 『전등신화』의 영향을 받았다.

02 다음 내용에서 괄호 안에 들어갈 말을 순서대로 쓰시오.

> 몽유록의 서사 구조는 (㉠) → (㉡) → (㉠)의 순차적 구조를 지닌다.

02 정답
㉠ 현실
㉡ 꿈

해설
몽유록은 환몽 구조 혹은 액자 구조라 불리며, 현실에서 시작해 꿈을 꾸고 다시 현실로 돌아오는 구성을 가진다.

03 다음 특징에 해당하는 소설 갈래를 쓰시오.

- 꿈과 현실의 구분이 명확하다.
- 단기간의 몽유를 통해 역사적 이상을 그린다.
- 현실 비판이 주요 주제이다.

03 **정답**
몽유록 소설
해설
몽유록 소설은 '현실 → 꿈 → 현실'의 구조와 역사적, 현실 비판적 메시지를 담는다. 몽유록과 가장 유사하다 할 수 있는 몽자류 소설은 개인의 욕망 실현에 초점이 맞춰져 있다.

04 『금오신화』의 문학사적 의의를 서술하고, 그 수록 작품을 2편 이상 제시하시오.

04 **정답**
『금오신화』는 한국 최초의 한문 단편소설집으로, 수록된 작품으로는 〈이생규장전〉, 〈만복사저포기〉, 〈취유부벽정기〉, 〈남염부주지〉, 〈용궁부연록〉이 있다.

제4장 조선 전기의 한문학

01 다음 중 관각파 문학의 대표적 성격으로 옳지 <u>않은</u> 것은?

① 국가 이념을 홍보하는 문학
② 유교적 교화 목적을 지닌 시문
③ 개인 정서와 자율성 강조
④ 형식적 정제와 유려한 문체

02 다음 중 도학파 문학의 대표적 특징으로 가장 적절한 것은?

① 도덕적 진리의 구현
② 예술성 중심의 표현
③ 현실 비판과 풍자
④ 개성적 감정의 발현

03 다음 중 방외인의 문학 특징이 가장 잘 드러나는 인물은?

① 성현
② 김시습
③ 김일손
④ 서거정

---

01 개인 정서와 자율성을 강조한 것은 방외인 문학의 특징이다. 관각파는 공공성과 교화성을 중시하며, 국가 이념과 유학적 가치를 문학에 반영하였다.

02 도학파는 성리학적 이상과 도덕 실현을 중시하며, 문학을 '도의 전달 수단'으로 여겼다.
③ 삼당파 문학의 특징이다.
②·④ 방외인 문학의 특징이다.

03 김시습은 『금오신화』를 통해 환상성과 개인의 감정을 자유롭게 표현한 방외인 문학의 대표자이다.
① 성현은 수필집 『용재총화』를 편찬했다.
③ 김일손은 도학파 문학의 대표적인 인물이다.
④ 서거정은 관각파 문학의 대표적인 인물이다.

정답 01 ③ 02 ① 03 ②

04 다음 중 해동강서시파의 시풍과 가장 거리가 먼 것은?

① 송나라 시풍 중시
② 논리적 구성 중시
③ 참신한 시어 사용
④ 화려한 수사

04 화려한 수사는 훈구파의 시풍에 더 가까운 설명이다. 해동강서시파는 참신한 언어와 도학적 이상을 중시하였다.

05 다음 중 삼당파 문학의 특징과 가장 거리가 먼 것은?

① 당시(唐詩)에 대한 강한 의고적 성향
② 절구 형식 사용
③ 교화 목적 강조
④ 음악성 중시

05 교화 목적은 관각파나 도학파에 더 가까운 특징이다. 삼당파는 당시(唐詩)를 배우고 당시풍의 작품을 주로 창작했으며, 주로 절구 형식을 사용했고, 소리의 부드러운 울림을 중시하였다. 또한 비애와 곤궁을 주제로 삼는 경우가 많았으며, 유약하고 현실성이 부족하다는 평을 들을 정도였기 때문에 교화를 목적으로 했다는 설명과는 거리가 멀다.

06 다음 중 한문사대가에 대한 설명으로 옳은 것은?

① 모두 실학자로 분류된다.
② 여성 문학의 개척자들이다.
③ 문장의 정전 형성에 기여했다.
④ 조선 후기 산문 작가들이다.

06 한문사대가는 정전 편찬과 사실문 중심의 문학 발전에 기여하였다.
① 한문사대가가 활동하던 시기와 실학이 연구되던 시기는 서로 다르다.
② 허난설헌 등이 여성 문학에 해당되는 대표 작가이다. 한문사대가에 해당되는 작가는 이정구, 신흠, 장유, 이식으로, 이들은 모두 남성이다.
④ 한문사대가는 선조부터 인조까지, 즉 조선 중기 때의 작가들이다.

정답 04 ④ 05 ③ 06 ③

07 방외파는 시문 유파라기보다는 성향에 따른 문인 유형이다. 나머지는 문단 중심으로 결속한 유파이다.

08 김시습은 『금오신화』를 통해 방외인의 자유로운 상상력과 종교적 사유를 결합한 실험적 소설을 남겼다.

07 다음 중 조선 전기의 한시 문단을 구성한 대표적 시문 유파가 아닌 것은?

① 해동강서시파
② 삼당파
③ 방외파
④ 관각파

08 다음의 특징을 가장 잘 보여주는 문인은 누구인가?

- 환상적 이야기 형식을 보이기도 했다.
- 불교·도교적 사유를 반영하기도 했다.
- 현실 비판 의식과 실험적 문학을 시도하였다.

① 강희맹
② 김시습
③ 정극인
④ 서거정

주관식 문제

01 **정답**
도학파
해설
도학파는 성리학적 이념을 중심으로 경전 연구와 도덕적 수양을 중시했다. 방외인은 예술성, 관각파는 교화성, 삼당파는 감성적 시풍이 특징이다.

01 다음 특징에 해당하는 문인 집단의 명칭을 쓰시오.

- 시문보다 유학 경전과 주자학 주석에 집중하였다.
- 문학은 '도의 전달' 수단이라고 여겼다.
- 문체는 간결하고 건조하지만 사상은 깊다.

정답 07 ③ 08 ②

02 방외인 문학의 성격, 대표 인물 등 그 특징을 서술하시오.

02 **정답**
방외인 문학은 개인의 감성과 예술성을 중시하며 자유로운 상상력 표현이 특징이다. 성리학 중심 질서에서 벗어나 자율적인 문학 세계를 추구하였다. 대표적 인물로는 김시습, 남효온이 있다.

03 다음 내용에서 괄호 안에 들어갈 말을 순서대로 쓰시오.

(㉠)은(는) 관각파 문학의 대표적 인물로, 고려 말부터 조선 초 문학을 집대성한 책 (㉡)을(를) 편찬하였다.

03 **정답**
㉠ 서거정
㉡ 『동문선』
해설
관각파 문학의 대표적 인물에는 서거정, 권근, 성현, 남곤 등이 있다. 그 중에서도 서거정은 성종의 명에 따라 1478년 여러 편찬자들과 함께 133권 45책에 달하는 분량의 『동문선』 편찬이라는 업적을 이뤄냈다.

교육은 우리 자신의 무지를 점차 발견해 가는 과정이다.

— 윌 듀란트 —

제 6 편

조선 후기 문학

제1장	조선 후기의 시가
제2장	조선 후기의 소설
제3장	공연예술과 문학
제4장	조선 후기의 한문학
실전예상문제

| 단원 개요 |

조선 후기는 사회·경제적 변화에 힘입어 문학의 대중성과 다양성이 크게 확장된 시기이다. 시가문학에서는 가단 형성, 사설시조, 민요와 무가의 발전이 나타났으며, 소설 분야에서는 영웅소설, 애정소설, 세태소설 등 다양한 갈래가 등장해 대중적 인기를 얻었다. 또한 공연예술과 문학의 결합으로 판소리와 민속극이 발전했고, 한문학에서도 명·청 문단의 영향과 실학 사조를 반영한 변화를 보였다. 조선 후기 문학은 한국문학의 근대적 전환을 준비한 중요한 전환기였다.

| 출제 경향 및 수험 대책 |

조선 후기 문학에서는 시가, 소설, 공연예술, 한문학 등 갈래별 주요 특징과 대표 작품을 체계적으로 정리해야 한다. 특히 사설시조, 판소리, 대중소설(영웅·애정·세태소설 등)과 조선풍 한시 등의 성격과 변화를 명확히 구분할 필요가 있다. 명·청 문단의 영향과 실학의 반영, 민요·악부와의 교섭 양상도 주목해야 한다. 갈래별 변화 흐름과 시대적 배경을 함께 연결하여 서술형과 개념 구분형 문제에 대비하는 것이 효과적이다.

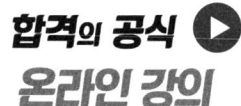

보다 깊이 있는 학습을 원하는 수험생들을 위한
시대에듀의 동영상 강의가 준비되어 있습니다.
www.sdedu.co.kr ➡ 회원가입(로그인) ➡ 강의 살펴보기

제1장 조선 후기의 시가

제1절 시조 : 가단, 시조집, 사설시조 등

두 차례의 전쟁을 거친 후인 조선 후기에 이르러 시조의 향유층이 평민층으로까지 확대되면서 시조는 생활의 일부로 자리 잡았으며, 내용과 형식의 변화가 이루어졌다.

우선 내용은 사대부들이 전통적으로 추구하는 관념적·유교적 내용만이 아니라 현실적인 삶과 고뇌를 다루는 작품, 자연에 묻혀 사는 즐거움을 노래한 작품들이 대거 창작되었다. 박효관, 위백규, 박인로, 김수장, 윤선도 등이 이 시기의 작가에 해당한다.

형식적인 면에서는 사설시조가 등장하였는데 대개 평민들이 창작하였기에 작가와 창작 연대를 알 수 없는 경우가 많았고, 당대 사회 현실에 대한 풍자, 서민들의 소박한 생활 감정 등이 솔직하게 표현된 시조들이 많았다. 또한 전문 가객 중심의 가단이 형성되고 시조집이 편찬되는 등 시조는 보편적 문학으로 완전히 자리 잡게 된다.

1 가단

가단(歌壇)이란 시조를 노래로 부르는 동호회를 말한다. 전문 가객들이 모여 시조를 창작·가창하기도 하고 시조집을 편찬하였을 뿐만 아니라 악기를 연주하고 연회를 즐기는 등 다양한 활동을 했다. 이들은 정형적인 시조의 형식을 지키려 하기보다는 자유로운 표현 방식을 추구하며 풍류를 즐겼다.

대표적인 가단에는 18세기 전반의 김천택을 중심으로 한 경정산가단, 18세기 중반 김수장이 중심이 된 노가재가단, 석문정시가단, 19세기 후반 박효관과 안민영을 중심으로 한 승평계가단 등이 있다.

(1) 시기별 가단의 종류

① **경정산가단**

18세기 전반에 김천택을 중심으로 한 가단으로, 이들에 의해 『청구영언』이 편찬되었다. 김유기, 김성기, 김우규, 김두성 등이 활동하였다. '경정산'은 중국의 시인 이백의 시에 나오는 산 이름이다.

② **노가재가단**

18세기 중반에 김수장을 중심으로 만들어진 가단이다. '노가재'는 김수장이 서울 화개동에 지은 집의 이름이자 김수장의 호이다. 다소 보수적이었던 경정산가단에 비해 예술의 자유로움을 적극적으로 추구했다는 평을 받는다. 이 가단에 의해 『청구가요』가 편찬되었다. 김시모, 김우규(경정산가단과 노가재가단 둘 다 활동함), 박문욱, 김중열, 장복소, 이덕함 등이 참여한 것으로 보인다.

③ 석문정시가단

경상북도 문경에 살던 채헌(1715~1795)이 문경에 석문정을 세우고 가단 활동을 해서 붙여진 이름이다. 이중목, 이천섭, 이오, 길한상, 박몽수, 정언박 등과 채헌의 아들 채시옥을 비롯한 채씨 일가가 주된 구성원이었다. 이들은 봄과 가을에 정기 모임을 가졌을 뿐 아니라 수시로 석문정에 모였다고 한다.

④ 승평계가단

19세기 후반, 조선 고종 때 박효관, 안민영 등이 중심이 되어 만들어진 가단으로『가곡원류』를 편찬해 내었다. 안경지, 김군중, 김사준, 김성심 등의 전문 가객은 물론이고 기생, 상류층, 왕실과도 교류했다.

(2) 지역별 가단의 종류

① 호남가단
- ㉠ 지역 및 시기 : 16세기 중반에서 조선 중기 때, 전라도 중심(특히 담양, 창평 등)으로 형성
- ㉡ 주요 인물 : 송순, 정철, 임억령, 김성원, 송인수 등
- ㉢ 주요 작품 : 송순의 〈면앙정가〉, 정철의 〈성산별곡〉·〈훈민가〉 등
- ㉣ 형성 배경 : 정치적 은거와 자연 예찬 문화, 관직 은퇴 후 지역에 정착해 정자를 짓고 전원적 삶을 추구하는 경향
- ㉤ 문학적 특징 : 자연 속에서의 풍류, 유유자적한 삶, 안분지족, 강호가도 성격

② 영남가단
- ㉠ 지역 및 시기 : 16세기 중반에서 조선 후기 때, 경상도 중심(특히 안동, 문경, 예안 등)으로 형성
- ㉡ 주요 인물 : 이현보, 이황, 조식, 채헌, 김우굉 등
- ㉢ 주요 작품 : 이현보의 〈농암가〉·〈어부가〉, 이황의 〈도산십이곡〉 등
- ㉣ 형성 배경 : 도학 중심의 유교적 사유, 서원 혹은 문중 중심의 학문 공동체 전통
- ㉤ 문학저 특징 : 시조를 수양의 도구로 삼는 도학적 성찰, 수기치인(修己治人), 자연과 수양의 조화

③ 분강가단
- ㉠ 지역 및 시기 : 16세기 중반, 경상북도 안동시 예안의 분강 지역에서 모임
- ㉡ 주요 인물 : 이현보, 이황, 이해, 이문량, 이중량, 황준량 등
- ㉢ 주요 작품 : 이현보의 〈어부가〉 등
- ㉣ 형성 배경
    - ⓐ 16세기 중반 이현보(1467년~1555년)를 중심으로 형성된 가단
    - ⓑ 이현보 사후 그의 아들들에 의해 이어지면서 17세기와 18세기 초반까지 지역의 사대부들에 의해 활동이 이루어짐
- ㉤ 문학적 특징 : 영남가단의 한 유형으로, 〈어부가〉를 중심으로 한 시가를 즐기며 이를 향유하는 놀이 문화를 형성하기도 했다.

(3) 가단의 문학사적 의미
① 지역문학을 활성화하였다.
② 시조의 향유 계층을 확대하였다.
③ 시조집 편찬 활동으로 이어졌다.

2 시조집

(1) 시조집 편찬의 배경
조선 후기에 들어 그동안 창작 및 향유되었던 수많은 시조들을 모아 시조집으로 편찬하는 작업이 이루어지게 되었다.

시조는 고려 말부터 시작되어 수많은 작품이 창작되었고, 개인적인 작품집도 발간되어 있는 상황이었다. 여기에 더해 조선 후기에 들어서면서 상업 발전에 힘입어 경제력을 갖게 된 평민층이 예술 향유층으로 활동하게 되고, 전문 가객과 같은 가창자들이 늘어남에 따라 많은 가사 작품을 수록한 시조집 편찬에 대한 요구도 높아졌다. 또한 후기로 갈수록 국문시가의 가치에 대한 인식이 높아졌다.

(2) 대표적 시조집
이 중 『청구영언』, 『해동가요』, 『가곡원류』는 3대 시조집으로 여겨진다.

제목	편찬자	출판년도	특징
『청구영언』	김천택	1728년	• 시조 580수가 수록됨 • 악곡도 함께 제시함 • 당시의 유행 가곡 정리 목적으로 편찬됨 • 현전하는 최초의 시조집 • 전문 가객이 정리한 최초의 시조집
『해동가요』	김수장	1762년	• 시조 883수가 수록됨 • 악곡도 함께 제시함 • 『청구영언』을 기반으로 확장
『고금가곡』	편찬자 미상 혹은 송계연월옹(추정)	1764년(추정)	• 시조 300여수가 수록됨 • 3대 시조집에 수록되지 않은 시조 120여 편이 실려 있음
『병와가곡집』	이형조 혹은 이형장(추정)	정조 때(추정)	시조 1,109수가 수록됨
『가곡원류』	박효관, 안민영	1876년	• 시조 856수가 수록됨 • 가창 실연 지침서로 활용됨 • 악곡 해설이 포함된 악서(樂書)의 성격도 지님

(3) 대표 작가 및 작품

작가	대표 작품	내용 및 특징
안민영	〈매화사〉	스승인 박효관이 가꾼 매화를 보고 영탄의 감정을 읊음
이정보	〈국화야 너는 어이〉	국화를 의인화하여, 이를 선비의 높고 곧은 절개에 비유함
윤선도	〈어부사시사〉	자연 속에서 한가롭게 살아가는 여유와 흥취
	〈만흥〉(전 6수)	자연에 묻혀 사는 즐거움과 임금의 은혜
	〈오우가〉(전 6수)	물, 바위, 소나무, 대나무, 달을 친구로 삼고 그들의 덕을 기림
박인로	〈조홍시가〉	어버이를 추모하는 사친가
	〈동기로 세 몸 되어〉	혈육인 아우들을 그리는 정
송시열	〈청산도 절로절로〉	자연의 순리에 따라 살고자 하는 마음을 나타냄
신흠	〈헛가레 기나 쟈르나〉	• 저자가 인목대비 폐위 사건으로 유배를 갔을 때 쓴 시조 • 자연 친화와 안빈낙도를 지향함
김상헌	〈가노라 삼각산아〉	우국지사의 비분강개를 다룸

3 사설시조

(1) 개념

평시조의 중장 혹은 중장과 종장이 일반적인 구절 수(두 구) 이상으로 길어진 형식으로 장시조, 장형시조라고도 불린다.

(2) 발달 배경

조선 후기로 오면서 평민들이 문학 창작에 적극적으로 참여하게 되자 기존의 정형화된 형식만으로는 다 표현할 수 없는 다양한 내용들을 담아낼 수 있는 문학 형식에 대한 요구가 생겨났다. 이러한 상황에서 17~18세기의 문학은 산문 중심으로 변화되었고 시조 역시 기존의 정형화된 틀을 깨고자 하는 시도가 이루어졌다. 또한 양반 중심의 시조에서 주로 다루던 자연 친화적인 내용만이 아니라 일상생활과 남녀 간의 진솔한 사랑 등이 담기게 되었다.

(3) 특징 종요

① 평민층 및 몰락한 양반들이 중심이 되어 창작하였고 여성들도 창작에 참여하게 되면서 작자 미상인 경우가 대부분이다.
② 관념적인 내용이 아니라 현실 생활에서 느낄 수 있는 감정을 진솔하고 직설적으로 담아냈다.
③ 구체적인 이야기 및 현실 모순에 대한 풍자와 해학이 담겼다.
④ 남녀 간의 애정과 성의 문제가 담긴 작품이 많다.
⑤ 판소리 및 민요와 향유층이 유사하다.

(4) 대표 작가 및 작품

제목(첫 구절)	특징
〈님이 오마 ᄒ거늘〉	음성 상징어를 통한 과장된 표현과 해학미가 드러남
〈귀또리 져 귀또리〉	귀뚜라미에 감정이입하여 동병상련을 느끼고, 독수공방의 외로움을 표현함
〈바람도 쉬어 넘는 고개〉	적극적인 여성상이 드러나는 연정가
〈창 내고쟈 창 내고쟈〉	마음에 창을 내고자 한다는 것을 통해 답답한 마음을 표현함
〈한숨아 셰한숨아〉	• 한숨을 의인화함 • 인생의 고달픔과 근심에서 벗어나고 싶어하는 마음을 표현함
〈댁들에 동난지이 사오〉	게젓 장수(양반)의 현학적 태도를 비판함
〈두터비 파리를 물고〉	두꺼비(탐관오리)의 횡포를 풍자함
〈일신이 ᄉᆞ쟈 하였더니〉	세상살이의 고단함을 토로하고 가렴주구를 일삼는 관리를 벌레에 빗대어 풍자함

(5) 구체적 작품 예시

① 〈바람도 쉬어 넘는 고개~〉(작자 미상)

아무리 높은 고개라도 임이 있는 곳이라면 한 번도 쉬지 않고 넘어 가겠다는 연모의 마음을 노래했다.

> ᄇᆞ름도 쉬여 넘는 고기 구름이라도 쉬여 넘는 고기
> 山陣(산진)이 水陣(수진)이 해동청 보ᄅᆞ미도 다 쉬여 넘는 고봉장성령 고기
> 그 너머 임이 왓다 ᄒ면 나는 아니 ᄒᆞ 번도 쉬여 넘어 가리라

② 〈창 내고자 창을 내고자~〉(작자 미상)

답답한 마음을 풀기 위해 가슴에 창을 달아 풀고 싶다고 하소연하는 내용이다.

> 窓(창) 내고쟈 窓(창)을 내고쟈 이내 가슴에 窓(창) 내고쟈
> 고모장지 셰살장지 들장지 열장지 암돌져귀 수돌져귀 빈목걸새 크나큰 쟝도리로 쑹닥 바가 이내 가슴에 窓(창) 내고쟈
> 잇다감 하 답답ᄒᆞᆯ 제면 여다져 볼가 ᄒ노라

제2절 가사 : 작자층의 확대와 주제의 다양화

1 조선 후기 가사의 특징

임진왜란과 병자호란이라는 두 차례의 큰 전쟁을 겪으며 조선 사회는 뿌리부터 흔들리는 커다란 변화에 직면했다. 전쟁을 겪으며 양반 중심의 사회 구조가 약해지고 평민층이 두드러지게 성장하기 시작한 것이다. 평민들은 상공업을 통해 경제적 기반을 다지게 되면서 비판 의식의 성장뿐만 아니라 경제력의 성장도 일구어 내었다. 이에 따라 양반뿐만 아니라 평민들도 문학을 향유하는 계층으로 자리 잡았다. 평민들은 다양한 문학 창작에 참여했을 뿐만 아니라 문학 작품을 읽고 즐기는 데에도 적극적이었다. 또한 여성들도 문학 활동에 적극적으로 참여하게 되면서 사대부 중심이었던 가사문학의 주제가 다양해지면서 형식에도 변화가 생겨났.
뿐만 아니라, 성리학 중심의 학문연구에서 벗어나 실용성을 중시하는 실학사상이 퍼지면서 가사문학의 주제에서도 일상적이고 현실적인 것으로의 변화가 일어났다.
조선 후기 가사문학에 나타난 특징을 다음과 같이 정리해 볼 수 있다.

(1) 작자층
양반뿐만 아니라 평민과 여성으로 작자층이 확대되어 다양한 계층의 생각과 감정을 담아내었다.

(2) 주제
일상적인 체험과 감정을 진솔하게 표현하였으며, 기행, 교훈, 사회적 상황, 농촌의 현실 등 주제가 다양화되었고 사회현실을 담아내는 역할도 하게 되었다.

(3) 형식
① 산문성이 강화되어 길이가 길어졌다.
② 마지막 행이 3글자로 시작하지 않는, 변격 가사가 나타났다.
  예 〈농가월령가〉 등

이러한 조선 후기 가사는 갑오개혁 이후 개화 가사로까지 이어지며 다양한 작품이 창작되었다.

2 조선 후기 가사의 주요 작품 중요

(1) 기행가사
기행가사란 명승지나 사행지(使行地)를 기행하고 여정을 중심으로 견문과 감회를 읊은 가사로서, 조선 후기에는 주로 중국이나 일본에 사행을 다녀와서 적은 것들이 있었다.

① **김인겸의 〈일동장유가〉**

1763년에 김인겸이 일본에 통신사로 다녀오면서 보고 들은 것을 바탕으로 쓴 가사이다. 4,200행이 넘는 장편가사로 11개월의 긴 여정 동안 일어난 일뿐만 아니라 일본의 풍속, 통신사로서의 임무 수행 과정 등이 담겨 있다. 또한 일본에 대한 작가의 비판적인 감정도 알 수 있다.

② **홍순학의 〈연행가〉**

1866년 왕비 책봉을 위해 청나라에 다녀온 작가가 쓴 기행가사로 3,800여 구나 되는 장편가사이다. 서울에서 북경까지의 여정과 풍속, 견문 등이 담겨 있다. 김인겸의 〈일동장유가〉와 더불어 조선 후기 기행가사의 대표적 작품이다.

③ **유인목의 〈북행가〉**

1866년 홍순학과 함께 북경에 다녀온 작가가 지은 기행가사로, 홍순학의 〈연행가〉에 비해 짧은 편이고, 홍순학의 시선과는 다른 정서적, 서정적 관점을 담았다. 또한 사실 위주인 〈연행가〉에 비해 여러 이야기를 담고 있어서 문학성이 높은 편이다.

(2) 전쟁가사

전쟁의 피해와 처참한 모습에서 오는 비애와 의분 그리고 전후의 곤궁한 현실을 주제로 한 작품들을 말한다.

① **박인로의 〈태평사〉**

1598년 박인로가 지은 가사로, 총 7년의 전쟁(임진왜란, 정유재란)을 잘 싸워 이겨내었으니 고향에 돌아가 평안히 지내는 태평성대를 기원한다는 내용이다.

② **박인로의 〈선상탄〉**

1605년 지어진 것으로 작가의 종군 경험이 반영된 작품이다. 조선 후기 전쟁문학을 대표하는 가사로, 전쟁이 끝난 후 대비태세를 갖추는 상황에서 왜군에 대한 적개심, 전쟁 없는 시대에 대한 염원을 담아내었다.

(3) 규방가사

부녀자들에게 향유된 가사로 '내방가사(內房歌辭)'라고도 한다. 작자 미상이거나 작자의 성씨 정도만 알려진 경우가 대부분이다.

① **교훈가사**

종류	주된 내용 및 주제	주요 작가 및 작품명
계녀가류	나이 찬 딸의 출가를 앞두고 여자의 규범이 될 만한 고사를 어머니가 자신의 시집살이 경험과 결부시켜 양가의 부녀다운 예절을 갖추도록 일깨운다.	이씨 부인의 〈복선화음가〉, 김씨 부인의 〈김씨 계녀사〉 등 ※ 이 외에도 〈계녀가〉라는 제목으로 여러 지역에서 700여 편의 작품이 전한다.
도덕가류	일반 부녀자들이 지켜야 할 도리를 주된 주제로 한다.	〈도덕가〉, 〈오륜가〉, 〈나부가〉 등

② 생활 체험가사

종류	주된 내용 및 주제	주요 작가 및 작품명
탄식류	시집살이의 어려움을 토로하거나 인생의 무상감을 읊은 것과 남편과의 사별, 노처녀의 한을 주제로 한 것들이 있다.	〈사친가〉, 〈여자자탄가〉, 〈한별곡〉, 〈원별가〉, 〈노처녀가〉 등
송축류	자녀의 장래를 축복하거나 부모님의 회갑이나 회혼을 맞아 장수를 축원하는 내용이다.	〈귀녀가〉, 〈재롱가〉, 〈수연가〉, 〈헌수가〉, 〈회혼참경가〉 등
풍류류	여행의 즐거움을 주제로 한다.	〈화전가〉, 〈관동팔경유람기〉, 〈경주관람기〉, 〈부여노정기〉 등

(4) 서민가사

서민가사는 서민이 지었거나 서민의식이 투영된 가사를 말하는데, 그렇다 보니 대부분의 작품이 작자 미상이다. 여기서의 서민은 향촌의 몰락 사족층까지도 포괄하는 개념으로 보는 것이 적절하다. 조선 후기에는 양반 계급의 실질적인 권리가 이전에 비해 상대적으로 약해졌다. 이에 따라 양반층 내부에서도 체제 비판이나 현실 비판의 목소리가 커지고 있음을 반영한 가사 작품들이 생겨나기 시작했다.

종류	주된 내용 및 주제	주요 작가 및 작품명
현실 비판	봉건 지배 질서에 순응하지 않고 현실적 모순을 폭로하고 비판하는 내용	정훈의 〈우활가〉와 〈탄궁가〉, 〈갑민가〉, 〈거창가〉, 〈민원가〉, 〈합강정가〉 등
개방적 세계관	기존 관념에 대한 도전과 인간 본능의 표출	〈청춘과부곡〉, 〈규수상사곡〉, 〈성사회답곡〉, 〈양신회답가〉 등

(5) 영사(詠史)·풍속(風俗)·세덕(世德)

① 주된 내용 및 주제

영사란 역사적인 사실이나 가문의 전통, 중국의 역사나 고사(故事)를 주제로 하여 쓴 작품들을 말한다. 또한 풍속과 세덕은 여러 가지 신변을 주제로 했다.

② 주요 작가 및 작품명

박리화의 〈만고가〉, 윤우병의 〈농부가〉, 김충선의 〈모하당술회가〉, 정학유의 〈농가월령가〉 등이 있다.

(6) 종교가사

종교의 교리를 세상에 널리 펴는 것을 주제로 한 가사로 경전 교리를 가사체로 서술한 것, 신앙정신에 입각하여 창작한 것, 전도를 목적으로 지은 것 등이 모두 포함된다. 종교가사에는 불교가사, 천주교 가사, 동학가사, 유교가사 등이 있다.

① 불교가사

휴정의 〈회심곡〉, 침굉의 〈귀산곡〉, 〈태평곡〉 등이 있다.

② 천주교 가사

정약전 등의 〈십계명가〉, 이벽의 〈천주공경가〉, 최양업의 〈사향가〉, 〈삼세대의〉 등이 있다. 천주교 가사는 복음적이며 계몽성이 강한 반면, 동학가사는 민중적 저항성이 강하다.

③ 동학가사(혹은 천도교 가사)

최제우의 〈용담유사〉 등이 있다. 동학가사는 민중의 힘을 결집시킨 구국과 개혁의 사회적 이념이 자생적 근대 지향을 보인다는 점에서 그 의의가 크다.

④ 유교가사

이태일의 〈오도가〉 등이 있다.

(7) 개화가사

개화기에 창작된 가사로, 근대 시가로 이행하는 과도기 양식이라 할 수 있다. 그러나 어투가 지나치게 직설적이고, 작자가 비전문가이며 이름이 전하지 않는 경우가 많다는 점에서 과도기적 성격을 지닌다. 또한 대개 발표매체가 일간지였기 때문에 시사성을 띠는 작품이 많다. 개화가사는 1890년대 중반 창가가 나타나자 결국 맥이 끊어지게 되었다.

종류	주된 내용 및 주제	주요 작가 및 작품명
계몽적 개화사상	서구와 일본을 문명 개화의 모범으로 삼고 위로부터의 개혁을 주장	〈애국가〉, 〈동심가〉, 〈성몽가〉 등
신문화 수용 비판	제국주의에 반대하며 밑으로부터의 개혁을 주장	〈문일지십〉, 〈일망타진〉, 〈육축쟁공〉 등

제3절 민요와 무가

1 민요

(1) 민요의 개념

민요는 민중의 노래를 말한다. 여기서 민중은 근대 이전 사회에서는 백성, 평민, 서민 등의 피지배 계급에 해당하며 '민중'이라는 말은 현대적 개념이라 할 수 있다. 그러므로 민요는 전통 사회의 피지배 계급이 불러온 노래를 말한다고 할 수 있다. 피지배 계급이라는 계급성을 바탕으로 하기 때문에 민요는 궁중가요 및 상층가요의 상대적 개념이 되는 하층가요이다.

이 민중의 노래는 구비 전승된다는 점에서 무가, 판소리, 잡가와 동일하지만 부르는 사람이 전문 창자가 아니며, 일정한 곡조나 창법에 얽매이지 않고 자유롭게 불린다는 점에서는 차이점이 있다.

또한 민요는 가창자와 창작자 모두 민중이라는 특징을 갖는다. 한 개인이 민요를 창작했다 하더라도 삶의 현장에서 필요에 따라 불리면서 민중의 공감을 받아야만 살아남을 수 있었다. 민중에 의해 불리는 과정에서 작자의 개성이나 특수성은 소멸된다. 또한 수많은 사람이 공동의 작자로 참여하게 되면서 민요의 작자는 결국 민중이 된다. 즉 민요의 창작자는 한 개인이 아니라 민중이라는 집단 전체이다.

민요는 민중에 의해 창작되고 향유되는 구비문학의 한 형태이다. 누군가에게 보이기 위한 것도 아니고, 누군가를 위해 봉사하려고 부르는 것도 아니다. 민요는 기본적으로 스스로 즐기고 만족하기 위해서 혹은 함께 즐기기 위해 부른다. 혼자 부를 수도 있지만, 여럿이 부를 때조차 청자와 창자가 따로 있는 게 아니라 메기고 받는 과정을 통해 누구라도 청자가 되기도 하고 창자가 되기도 한다. 이처럼 민요는 민중의 기층적 삶과 깊게 연결되어 민족적 고유성이 가장 두드러지게 나타나는 장르이다.

(2) 민요의 형식
민요의 형식은 민요 사설의 운율적인 면만이 아니라 가창 방식도 함께 살펴야 한다.

① **민요 사설의 형식**
  ㉠ 음보 및 글자 수
    4·4조의 4음보가 많다. 그러나 3음보(예 〈아리랑〉, 〈한강수타령〉)로 된 것도 있고, 2음보로 된 경우도 있다(예 〈보리타작노래〉). 원래 3음보로 된 것이 많다가 조선 시대에 들어 4음보가 주종을 이루게 되었다.
  ㉡ 길이
    가장 짧은 것으로는 총 2행짜리가 있고(예 〈모내기노래〉), 100행 이상 되는 긴 것(예 〈베틀노래〉 중의 긴 것, 〈이사원네 맏딸애기〉)들도 있다.
  ㉢ 연의 구분
    짧은 민요 혹은 특히 긴 민요는 연 구분을 하지 않으나, 후렴이 있는 민요는 후렴을 경계로 연이 나뉜다. 연들은 서로 내용상 관련을 가지기도 하고, 거의 독립적일 수도 있다.
  ㉣ 구조
    병렬구조, 반복구조, 대응구조가 쓰인다.

② **가창 방식(歌唱方式)**
  ㉠ 선후창
    한 사람이 사설을 부르면 이어서 나머지 사람들이 후렴을 부르는 방식이다. 흔히 메기고 받는 형식이라 한다. 선창자는 사설의 가사를 마음대로 바꿀 수 있으며 후창자들을 이끄는 역할을 한다(예 〈논매기노래〉, 〈상여소리〉).
  ㉡ 교환창
    선창자와 후창자의 두 패로 나누어 부르는 방식으로 후렴이 따로 없다.
    ⓐ 사설 분담식 교환창 : 하나의 사설을 양분하여 선창과 후창이 각 한 행씩 부른다. 선창에 따라 후창이 결정되므로 후창자는 선창을 고려하여 대구나 문답 관계에 있는 사설을 부를 수밖에 없다.
    ⓑ 사설 전담식 교환창 : 선창과 후창의 내용이 전혀 상관없이 서로 다른 사설을 번갈아 부른다. 사설 전체를 교환할 수도 있고 부분적으로만 교환할 수도 있다(예 〈모내기 노래〉, 〈놋다리 밟기〉).
  ㉢ 제창
    여러 사람이 함께 부르는 방식으로, 사설이 임의로 변형될 수 없다.

② 독창

　　혼자 부르는 방식으로, 후렴이 있기도 하고 없기도 하다. 또한 독창으로 부르다가 선후창이나 제창으로 바뀌기도 한다(예 〈아리랑〉, 〈어랑타령〉).

③ **관용적 표현의 사용**

　거의 같거나 똑같은 구절(관용적 표현)이 한 민요에서 거듭되거나, 혹은 여러 민요에서 두루 나타나는 경우가 있다. 이로써 민요의 전승과 즉흥적 창작이 쉬워진다.

④ **자유로운 형식**

　전체 길이 및 음보 구성에 규칙성이 없고 비교적 자유로운 형식도 있다.

(3) 민요의 특질

① **형식상 특질**

　㉠ 4·4조의 4음보가 많이 쓰인다.
　㉡ 관용구 혹은 상투구가 사용된다.
　㉢ 음의 반복을 통해 운율감을 높였다.
　㉣ 정형성을 띠면서도 가변적이다.

② **내용상 특질**

　㉠ 부녀자들의 삶의 애환을 노래한 것이 많다.
　㉡ 농업이 기본이 된 사회이므로, 농업과 관련된 노래가 많다.
　㉢ 노동의 고통, 현실생활의 여러 갈등들을 있는 그대로 표현하기보다 익살과 해학을 통해 우회적으로 표현하는 노래가 많다.
　㉣ 지배층과 남성에 대한 순종적 태도를 보이는 노래가 많다.
　㉤ 현실의 불합리함에 대해 문제의식을 갖고 직접적 혹은 풍자적으로 비판하는 노래가 많다.

(4) 민요의 기능

민요는 창작 분야의 비전문가인 민중이 삶의 필요에 따라 불러온 노래이다. 따라서 기능적인 면이 두드러진다. 일을 할 때, 의식을 치를 때, 놀이를 할 때와 같이 생활과 직접적으로 맞물려 생활에 필요한 바를 충족시키는 것이 민요의 주된 기능이다. 민요의 기능을 좀 더 구체적으로 살펴보면 다음과 같은 4가지로 볼 수 있다.

① **노동적 기능**

　민요의 발생이 노동요였다고 보는 학자가 있을 정도로 노동적 기능은 민요의 매우 중요한 기능이다. 집단 노동에서 불리는 민요는 일하는 순서와 절차에 따라 방법을 지시하고 질서를 바로잡기도 하고 일꾼들을 격려하고 소망을 기원하기도 한다.

　　예 〈모심기소리〉, 〈김매기소리〉, 〈노젓는소리〉, 〈배치기소리〉 등

② **의식적 기능**

　세시민속, 통과의례, 신앙행위 등을 할 때 부른 민요로 주술적, 종교적 성격을 지니는 경우가 많다. 또한 어떤 의식을 진행하는 순서에 맞춰 사설을 구성함으로써 순서에 따른 의식을 돕는 경우도 있

다. 노래가 의식을 수행하는 데 있어서 빠질 수 없는 중요한 부분이었다는 것을 짐작할 수 있다.
예 〈영신가〉, 〈해가〉, 〈상여소리〉, 〈달구소리〉, 〈지신밟기〉 등

③ 유희적 기능

놀이는 노동으로 인해 지친 몸을 쉬게 함으로써 노동력을 재생산하는 과정으로서의 의미를 지닌다. 또한 놀이는 공동체 구성원 간의 화합을 도모하는 수단이 되기도 한다. 이러한 목적을 달성하기 위해 놀이를 할 때 노래를 부르는 것은 공동체 구성원 간의 갈등을 해소하고 화합을 다지는 데 크게 기여한다. 놀이는 어른만이 아니라 아이들도 즐기는 것이므로 유희요에는 동요도 존재한다.
예 〈강강술래소리〉 등

④ 정치적 기능

정치현실에 직접적으로 참여할 기회를 가지기 어려웠던 민중들은 민요를 통해 의견제시를 하고, 지주와 양반들에 대한 반항심을 표현하고, 부당한 현실의 개선을 모색했으며, 잘못된 정치에 대한 비판의 소리를 냈다. 이러한 기능은 현대 민요에서도 찾아볼 수 있는 것이다. 여기에 덧붙여 고대 민요에는 예언, 여론 형성, 선전 선동의 기능도 있었다.
예 〈목자요〉, 〈미나리요〉 등

(5) 민요의 분류 중요

민요는 종류에 따라 다양한 내용을 지닌 작품들의 모습을 살펴볼 수 있다. 민요의 종류를 구분하는 방식은 다양한데, 일정한 기능에 맞게 부르는 기능요와 단지 즐겁기 위해 부르는 비기능요로 대별해 볼 수 있다. 이때 기능요는 노동요, 유희요, 의식요, 정치요로 다시 갈라진다. 다만 일부 민요는 기능요와 비기능요의 양면적 성질을 가지는 것도 있다. 각 종류의 특징을 보여주는 민요의 대표적인 예를 살펴보면 다음과 같다.

① 비기능요
  ㉠ 특징
    ⓐ 형식이 자유로운 편이다.
    ⓑ 음악적・문학적인 면에서 기능요보다 정제되었다.
    ⓒ 주제는 주로 살면서 부딪치는 문제들과 관련된 소망, 괴로움, 슬픔, 기쁨 등이다.
    ⓓ 서정적 경향이 두드러진다.
  ㉡ 대표 작품 : 〈정선아리랑〉(노동요적 기능도 있음), 〈밀양아리랑〉, 〈진도아리랑〉, 〈시집살이노래〉 등

② 기능요
  ㉠ 노동요
    ⓐ 힘든 노동을 보다 즐겁게 함으로써 능률을 높이기 위해 부르는 노래이다.
    ⓑ 일의 리듬에 따라 박자를 맞추어 행동을 통일함으로써 노동이 효과적으로 진행되게 하는 경우도 있고, 노동과 노래의 박자가 일치하지 않는 경우에는 함께 일하는 즐거움을 사설로 삼아 흥을 돋움으로써 지루함을 잊게 한다.
    ⓒ 작업 중 노동요를 함께 부르며 공동체 의식을 다질 수 있었고 이는 결국 생산성 확대로 이어지는 효과를 낳았다.

ⓓ 기능요 중 가장 비중이 크며, 민요의 출발이 노동요라고 보는 견해가 일반적이다.
ⓔ 노동의 종류가 여러 사람의 동일한 작업을 요구하는 것인지 아닌지에 따라 사설은 없이 여음으로만 이루어진 〈목도메기〉와 경우도 있고, 사설과 여음이 함께 이루어진 경우도 있으며, 사설만으로 이루어진 경우도 있다. 또한 노동의 난이도에 따라 1·2음보의 간단한 형식인 경우도 있고, 완만한 동작일 경우 3·4음보로 이루어져 있다.
ⓕ 노동요는 노동에 종사하는 사람들의 자기표현 방식이라는 점에서 기층문화를 형성하였으며 이후 다른 민요 및 다른 시가를 산출하는 모체가 되었다.
ⓖ 대표적 작품 : 〈보리타작〉, 〈모내기노래〉, 〈해녀노래〉, 〈베틀노래〉 등
ⓛ 유희요
ⓐ 놀이에 박자를 맞추어 부르는 노래이다.
ⓑ 유희요는 놀이를 질서 있게 진행시키고 놀이 자체를 흥겹게 하기 위해, 혹은 승부에 이기기 위해 부른다.
ⓒ 놀이의 종류, 방법 등 놀이의 성격이 다양하므로 이에 따라 유희요도 종류가 매우 많다.
ⓓ 유희요는 크게 '세시유희요'와 '일상유희요'로 나눌 수 있고, '일상유희요'는 다시 놀이방식과 그 목적에 따라 '경기유희요', '조형유희요', '풍소유희요', '언어유희요', '가창유희요'로 나눌 수 있다.
ⓔ 대표적 작품 : 〈그네 뛰는 소리〉, 〈줄타기노래〉, 〈두꺼비집 짓는 소리〉, 〈처녀총각노래〉, 〈한글풀이노래〉, 〈창부타령〉 등
ⓒ 의식요
ⓐ 의식을 진행하는 과정에서 민중이 부르는 노래이다.
ⓑ 신을 섬기기 위한 여러 의식을 진행하는 과정에서 신을 위무하거나, 위협함으로써 인간의 안전을 확보하기 위해 불렀다.
ⓒ 의식의 진행 과정에서 필수적이다.
ⓓ 민요의 의식요에는 세시의식요와 장례의식요, 신앙의식요가 있다.
ⓔ 대표적 작품 : 〈지신밟기노래〉, 〈상여소리〉(〈만가〉), 〈귀신 쫓는 소리〉 등
ⓔ 정치요
ⓐ 한 시대의 상황과 민중의 정치의식을 드러내는 노래이다.
ⓑ 시대적 상황이나 정치적 징후를 암시하는 '참요'와 한 지방의 풍속을 읊은 '풍요'가 있다.
ⓒ 왕조의 변화나 민중 봉기 등의 주제를 가진다.
ⓓ 대표적 작품 : 〈계림요〉, 〈완산요〉, 〈목자요〉, 〈미나리요〉, 〈녹두새요〉 등

(6) 민요의 사회적 가치

구비문학으로 분류되는 전통문학은 실질적으로 단절되었으나, 민요는 여전히 창작과 향유가 이루어지고 있다. 그 이유는 민요가 지닌 가치에서 찾을 수 있다.

① 문제의 인식 및 표출

민요는 누군가의 노래를 수동적으로 수용하기만 하는 게 아니라 자기 자신의 이야기를 할 수 있다. 전해지는 민요를 부른다 하더라도 가사를 그대로 부르는 게 아니라 얼마든지 바꿔 부를 수 있다.

따라서 민요는 세계의 객관적 실상 및 불합리한 현실의 문제를 인식하고 그것을 가사로 바꿔 표출하는 통로가 된다. 다시 말해 민요는 자신의 현실을 이야기함으로써 삶을 보다 의미 있게 만드는 데 기여한다.

② **공동체적 유대의 강화**

민요는 율격과 구성, 가락 등 형식적인 면을 통해 민족의 생활감정이 꾸밈없이 표출됨으로써 청자에게 심미적 체험을 불러일으키고 정서적인 정화 및 동화를 경험하게 함으로써 공동체적 유대감을 강화하는 구실을 한다.

2 무가

(1) 무가의 개념

무가(巫歌)란 굿을 할 때 무당이 부르는 노래를 말한다. 무당은 악기의 반주에 맞춰 춤을 추며 노래를 부른다. 따라서 무가는 종합예술의 형태를 띠고 있다. 이러한 특징은 무가 속에서 문학의 원형을 찾을 수 있다는 것을 의미하기 때문에 무가는 구비문학과 고대 문학 연구에 필수적이다. 무가에 해당하는 작품으로는 〈바리공주〉, 〈창부타령〉, 〈노랫가락〉, 〈제석풀이〉, 〈염불요〉, 〈서우제소리〉 등이 있다.

(2) 무가의 유형

① **서사무가**
- ㉠ 고유한 등장인물과 그 인물의 활동 위주의 줄거리를 갖춘 무가로 서사 양식에 속한다.
- ㉡ '무속신화', '본풀이'라고도 한다.
- ㉢ 고전소설, 판소리에 영향을 주기도 했다.
- ㉣ 대표적인 예시로는 〈제석본풀이〉, 〈바리공주〉, 〈장자풀이〉, 〈심청굿풀이〉, 〈천지왕본풀이〉 등이 있다.

② **희곡무가**
- ㉠ 굿거리에서 2인 이상의 무당이 배역을 나누어 대화와 노래, 몸짓, 손짓 등을 통해 연행을 펼치는 무가이다.
- ㉡ 대표적인 예시로는 〈광대탈대감거리〉, 〈자리곰방놀이〉, 〈사재삼성거리〉, 〈세경놀이〉 등이 있다.

③ **교술무가**
- ㉠ 사실의 전달, 대상의 묘사, 사물의 열거, 기원 및 훈계 등의 내용을 담은 무가이다.
- ㉡ '축원무가'라고도 한다.
- ㉢ 무가의 대부분을 이룬다.
- ㉣ 일반적으로 다음과 같이 내용이 전개되는 양상을 보인다.

> 시공간의 개략적 진술 – 무의 준비 과정 기술 – 청배(신의 강림 요청) – 공수(무녀가 신의 행위를 하며 신의 말을 전함) – 찬신(신의 외모, 공덕, 영험 등을 찬양) – 축원(인간의 소원 빌기)

ⓜ 참신한 비유와 대구법 등의 사용으로 문학성이 높다.
ⓗ 예시로는 〈지두서〉, 〈조상해원풀이〉, 〈성주축원〉, 〈망자풀이〉 등이 있다.
④ 서정무가
㉠ 주관적인 감정이나 정서를 표현하는 무가로 독립된 작품은 없고 다른 무가와 복합되어 있다.
㉡ 굿에서 '오신(신과 인간이 서로 어울려 화합하고 유대를 강화하려는 것)'의 목적으로 구연된다.
㉢ 대표적인 예시로는 〈노랫가락〉, 〈창부타령〉, 〈대감타령〉 등이 있다.

(3) 무가의 특징
① 제의성
무가는 굿이라는 무속의례의 상황에서 무당들에 의해 행해지는 노래이다. 따라서 무당의 존재가 무가의 성격에 결정적인 영향을 줄 수밖에 없다. 무당이란 굿을 주관하는 자로서 신병이나 무병을 통해 영력을 획득하여 신과 교통할 수 있는 자이다. 물론 세습무도 있기 때문에 무당이라고 해서 다 강신을 경험한 것은 아니지만, 강신무든 세습무든 굿이라는 무속의례를 주재하는 과정에서 무가를 연행하는 것이므로 무가는 주술성과 신성성을 지니게 된다. 강신(降神), 치병(治病), 예언(豫言) 등이 모두 무가에 내포된 주술의 효과로 볼 수 있다. 또한 무가는 신과 인간의 대화라는 점에서 신성성을 띠기도 한다. 이로 인해 인간이 알지 못하는 문구를 삽입하는 식으로 과장되기도 하고, 신 자신의 언어로 신의 의사가 전달되는 '공수' 단계가 있기도 하다.

② 문학성
중요 세습무의 경우, 강신무와 달리 무병이나 내림굿을 하지 않고도 혈통을 따라 무당의 직위가 계승된다. 세습무는 무속의례를 행할 때 사제가 되어 인간의 뜻을 신에게 청원하는 공연을 하고 그 대가로 사회적 지위와 물질적 소득을 추구한다. 이로 인해 신과 인간의 매개자로서의 역할을 담당했던 강신무와 달리 세습무는 인간을 만족시키는 것에 중점을 두고 노력하다 보니 무가의 문학성이 강해지게 되었다. 알아듣기 힘든 말, 과격하거나 괴상한 어투 등을 사용하는 강신무의 사설과 달리 세습무의 사설은 비유와 대구가 늘어나고 매끄럽게 구연될 수 있도록 다듬어졌다. 이러한 무가의 문학적 성격을 바탕으로 판소리 같은 여러 갈래들이 무가를 원천으로 발전할 수 있었다.

(3) 무가의 대표적 예시
① 〈제석본풀이〉
㉠ 〈제석본풀이〉는 〈당금애기〉라고도 알려져 있는데, 제석신(집 안에 살면서 집안 사람들의 수명·자손·운명·농업 등을 관장하는 신)이 탄생하여 신이 되기까지의 과정을 서술한 서사무가이다. 제주도를 포함한 한반도 전역에서 불리는 대표적 서사무가로, 정착한 여성과 도래한 남성이 결합하여 삼형제 신을 출산한다는 기본 설정을 갖고 있는데 세부 내용이 다른 여러 개의 각편을 갖고 있다.

ⓒ 대표적인 내용은 다음과 같다.[1]

> 옛날 어느 곳 고귀한 가정의 부부가 아홉 형제를 두었으나 딸이 없어 딸을 점지해 달라는 치성을 드리고 딸을 낳아 이름을 당금애기라고 하였다. 곱게 자란 당금애기가 처녀가 되었을 무렵 부모와 오라비 등 가족이 모두 볼일을 보러 떠나고 당금애기만 집에 남아 있었다. 그때 서역에서 불도를 닦은 스님이 당금애기를 찾아와 시주를 빙자하여 접촉하고 사라졌는데, 그 후 당금애기는 잉태를 하게 된다. 가족들이 귀가하여 당금애기가 스님의 씨를 잉태한 사실을 알아내고 당금애기를 지함 속에 가두거나 집에서 내쫓는다. 잉태한 지 열 달 후에 지함 속에 있던 당금애기는 아들 세쌍둥이를 출산한다. 당금애기의 아들 삼 형제가 일곱 살이 되어 서당에 다녔는데 친구들에게 아비 없는 자식이란 욕설과 놀림을 당한다. 삼 형제는 당금애기에게 아버지가 누구며 어디 있는가를 물어서 알아내고 당금애기와 함께 스님을 찾아 서천국으로 가서 한 절에 이른다. 스님은 당금애기와 아들 삼 형제가 찾아온 것을 알고 친자 확인 시험을 한다. 종이옷 입고 청수에서 헤엄치기, 모래성 쌓고 넘나들기, 짚북과 짚닭 울리기 등의 시험을 거쳐, 마지막으로 손가락을 베어 피를 내어 스님과 세 아들의 피가 합쳐지는 것을 확인하고, 친자임을 인정하였다. 그래서 아들들에게 신직을 부여한 후, 스님과 당금애기는 승천하고 아들 삼 형제는 제석신이 되었다.

② 〈바리공주〉

㉠ 〈바리공주〉 역시 〈제석본풀이〉와 마찬가지로 전국적으로 나타나는 대표적인 서사무가이다. 〈바리공주〉는 죽은 사람의 영혼을 좋은 곳으로 인도하기 위해 하는 굿인 오구굿에서 불리는데, 사후세계를 인정함으로써 이승의 한계를 저승이라는 초월적인 공간에서 이루고자 하는 소망을 보여준다. 한편 〈바리공주〉는 영웅설화의 구조와도 비슷하다.

㉡ 바리공주의 온전한 원형을 간직하고 있는 이 본풀이의 핵심을 요약하면 다음과 같다.[2]

> 주상금마마와 중전부인이 혼인하게 되었다. 천하궁 다지박사에게 물으니 혼사를 서두르지 말라는 금기를 내리는데 이 금기를 어기면서 둘은 혼인한다. 이로 말미암아 바리공주의 부모는 거푸 딸을 낳게 되었으며 일곱 번째 역시 딸을 낳는다. 그런데 일곱 번째 딸은 마지막에도 딸이라는 이유로 부모에게 버림을 받는다. 이렇게 버려진 공주는 바리공주라는 이름을 얻고 비리공덕할아비와 비리공덕할미에게 구조되어 키워진다. 한편 바리공주의 부모는 죽을병에 걸리는데, 자신들에게 필요한 약이 무장승이 있는 곳에서 얻을 수 있는 양유수와 꽃임을 알게 된다. 부왕은 여섯 공주에게 서천서역국에 가서 양유수를 구해 오라고 하는데, 여섯 공주는 갖은 핑계를 대면서 가지 않겠다고 한다. 하는 수 없이 버린 일곱 번째 공주에게 부탁하기 위해서 어렸을 때 버려진 공주를 찾는다. 마침내 바리공주와 주상금마마 내외는 서로 재회한다. 바리공주는 남장을 하고 부모를 살릴 수 있는 약수를 구하기 위해 저승 여행을 떠난다. 그곳까지 가는 동안 바리공주는 여러 가지 주문과 주령을 들고 지옥에서 신음하고 있는 이들을 구원한다. 마침내 저승에 이르러서 남성인 무장승을 만난다. 무장승에게 여러 가지 일을 해 주면서 공덕을 쌓은 끝에 아이들을 낳고, 마침내 그곳에 있는 꽃이나 약물이 부모를 살릴 수 있는 것임을 알게 된다. 바리공주는 양유수와 꽃을 가지고 남편과 자식을 데리고 오다가

---
[1] [네이버 지식백과] 〈당금애기〉 [국립민속박물관, 한국민속문학사전(설화 편)]
[2] [네이버 지식백과] 〈바리공주〉 [국립민속박물관, 한국민속문학사전(설화 편)]

> 강림도령을 만나 인산거동(因山擧動)이 났음을 알게 된다. 더욱 서둘러 가서 양유수와 꽃으로 부모를 모두 되살린다. 마침내 부모를 살린 덕분에 부왕에게 신직을 부여받는데, 아이들은 칠성으로 자리하고, 무장승은 시왕군웅 노릇을 하게 되었으며, 바리공주는 만신의 몸주 노릇을 함으로써 만신의 섬김을 받는다.

3 민요와 무가의 현대적 가치

민요와 무가는 단지 '옛것'이 아니라, 문화 정체성의 뿌리, 공동체적 소통의 도구, 창작의 자원, 교육 및 문화산업의 콘텐츠로서 오늘날에도 높은 가치를 지니고 있다.

제2장 조선 후기의 소설

제1절 소설에 대한 비판론과 옹호론

1 소설 배격론

(1) 소설 배격론의 바탕

① 유학의 관점에서 본 문학 : 재도론

조선 시대는 유학이 사회 전반에 영향을 끼치던 시기였다. 유학적 관점에서의 문학관 중에서도 조선 시대를 압도한 관점은 재도론(載道論)이다. 재도론이란 문학을 도덕적, 교육적 목적의 성취를 위한 방법 중 하나로 보는 견해이다. 특히 조선 후기에는 혼란한 사회 분위기를 극복하고자 사대부 문학가들이 이러한 재도론을 심화·발전시키고 재도론에 부합하는 시문을 지으려 노력했다. 재도론에서는 문학도 도학을 위한 것이어야 했다. 즉 도를 위해 문장을 써야 하는 것이며, 이러한 관점에 어긋나는 문장은 배격의 대상이 되었다.

② 당대 소설 유행의 양상

㉠ 정조는 산문체의 유행으로 문풍이 어지럽혀지는 것을 우려해 문체반정을 일으켜 복고적인 문예 정책을 펼쳤다. 문체반정의 구체적 조치 중에는 과거시험의 제한 외에도 잡서 금지령, 소설 필사본 압수 등 상당수의 소설책 금지 관련 조치가 포함되었다.

㉡ 조선 후기 사대부 부녀자들은 누구보다도 소설을 탐독했다. 소설책에 빠져 가사를 방치하거나 돈을 주고 빌려 보다가 가산을 탕진하는 경우까지 있었다고 하니 당시 부녀자들의 소설 사랑을 짐작해 볼 수 있다.

㉢ 여성뿐만 아니라 사대부 남성들도 소설에 빠져들었다. 『북학의』를 쓴 초정 박제가는 병석에 누워서도 소설책을 탐독하여 친구들의 걱정을 사기도 했다.

㉣ 소설에 대한 사랑은 사대부가뿐만 아니라 서민 대중에게서도 일반적인 일이었다. 이렇게 될 수 있었던 것은 강독사의 등장 덕분이었다. 강독사는 소설을 전문적으로 낭독해주는 사람으로, 주로 세책점 등에서 활동하며, 문맹층에게 소설을 전달하는 역할을 했다. 직업적인 강독사의 등장은 18세기 후반 우리 사회의 특징적 현상이었다. 이들의 등장은 소설독자의 저변을 서민 대중으로까지 확대시켜 바야흐로 소설의 전성기를 이끌었다.

㉤ 당대 유행하던 소설에는 국문으로 된 애정소설, 『수호지』, 『삼국지연의』, 『서유기』, 『금병매』 및 『서상기』 같은 중국소설들이었으며 종로와 동대문 사이의 길거리에서 전기수들은 〈숙향전〉, 〈소대성전〉, 〈심청전〉, 〈설인귀전〉, 〈임장군전〉 같은 다양한 우리말 창작소설들을 읽었다고 한다.

ⓑ 대체로 사대부들은 한문으로 된 중국의 사대기서나 〈서상기〉 등을 읽었던 것으로 보이고, 양반 부녀자들은 주로 우리말 창작 혹은 번역의 애정소설류를 읽었던 것으로 보이며, 일반 대중은 우리말로 된 『삼국지연의』류나 영웅소설, 애정소설들을 낭송을 통해 접했던 것으로 추정된다. 이처럼 신분 계층이나 남녀별 성향에 따라 향유되는 소설의 종류가 서로 달랐던 것은 이 시대의 독특한 문화현상 중 하나라 할 수 있다.

(2) 소설 배격론의 이유
① 허구성에 대한 부정적 인식
  ㉠ 당시 유행하던 『삼국지연의』 같은 '연의류(演義類)' 소설들은 허구를 덧붙인 역사소설인데, 유학자인 기대승은 그러한 작업이 역사를 왜곡한 것이라 비판했고, 왕에게 소설을 가까이 하지 말라는 진언을 하기도 했다.
  ㉡ 이식은 사대부들이 역사서인 『삼국지』는 잘 읽지 않고 소설인 『삼국지연의』만을 탐독하여 진·가를 구별하지 못하는 현실을 개탄하면서, 역사를 왜곡하고 있는 모든 연의는 불살라버릴 것을 주장했다. 또한, 이식도 기대승과 마찬가지로 연의류 소설을 역사의 왜곡으로만 생각하고 비판했다.
  ㉢ 이익은 '역사를 읽는 자는 상세히 알아야 할 것'이라고 했는데 이 말은 '연의소설'은 그 내용이 실제의 역사가 아니라 사실을 왜곡한 가짜 역사이기 때문에 읽지 말아야 한다는 뜻을 담고 있다. 실사구시만을 추구하는 실학자 이익은 사실로서의 진실성만을 수용하고 허구를 통한 진실성의 추구는 인식하지 않았던 것으로 보인다.
  ㉣ 중종 때 채수가 쓴 『설공찬전』을 두고 조정에서 정치적인 논쟁이 벌어졌는데, 유학자들 중에는 『설공찬전』이 '윤회화복지설'로써 민중을 미혹시킨다고 보는 사람이 있었다. 윤회화복은 불교가 지향하는 종교적 교리 중의 하나로, 조선 시대는 유교만을 정교로 인정하던 시기였다. 따라서 유학자들의 입장에서는 유교만이 정설인데다가, 윤회화복지설 자체가 비현실적인 이야기여서 더 배척할 근거가 충분했다.

② 효용성에 대한 부정적 인식
이의현은 남녀의 이야기는 외설스럽고 음란한 내용이 많아서 근엄한 선비가 가까이 두고 보아서는 안 된다고 했다. 남녀 간의 사사로운 정을 용납하지 않았던 유학자들에게 남녀의 애정문제를 다루는 소설의 내용은 외설·음란·비도덕적인 것으로밖에 인식되지 않았다. 따라서 이런 소설들은 인간의 심령을 방탕케 하여 결국 사회의 윤리질서에까지 악영향을 주므로 배격해야 한다고 보았다.

③ 반체제성에 대한 부정적 인식
  ㉠ 이식
    〈수호전〉의 반체제적·반사회적 내용을 비난하고, 허균의 〈홍길동전〉이 〈수호전〉을 모방했다며 비난했다.
  ㉡ 이익
    〈수호전〉의 작가가 음적(陰賊)의 뜻을 품었다고 비난했다. 또한 난을 일으킨 자들이 〈수호전〉에 나오는 인물과 병술까지 흉내 내는 양상을 보며 소설이 주는 사회적 해악이 심각하다고 보았다.

④ 언어·문체에 대한 부정적 인식

이식, 이덕무, 이이순은 소설의 문체가 고상하고 규범적이며 절제된 순정한 고문에 준거한 언어와 문체가 아니라고 보았다. 소설이 허구적 개연성을 갖기 위해 삶의 현장에서 쓰는 언어와 문체를 사용하기도 했는데 그러다 보니 고문체만을 문(文)의 전범으로 고집하는 유학자들에게는 천하고 속된 표현으로 인식되었다. 따라서 그들은 소설체 문장을 패사소품체(稗史小品體)란 말로 치부하고 배격하였다. 정조의 문체반정도 이러한 인식에 따른 일로 볼 수 있다.

⑤ 비생산성에 대한 부정적 인식

유학자들의 기본 생각은 사대부 자제들은 학문과 도를 닦는데 정진해야 하고, 관리들은 자기 임무에 충실해야 하며, 부녀자들은 가정 일에 충실해야 한다는 것이었다. 그러나 소설의 유통이 번성함과 더불어 소설에 심취한 나머지 사대부 자제들은 경사(經史) 공부를 등한시하고, 관료들은 공무를 소홀히 하며, 부녀자들은 가사를 돌보지 않는데다 심지어 세책하느라 가산까지 축내는 지경에 이르게 되었다는 것이었다. 이에 유학자들은 소설을 사회적 재앙의 하나로 인식하기에 이르렀다.

(3) 소설 배격론의 결과

① 예술적 창의성 계발을 억제하여 소설 발달이 저해되었다. 이러한 문제는 정조의 문체반정에 이르러 극에 달했다. 정조는 당시 유행하기 시작한 박지원의 『열하일기』와 같은 참신한 문장에 대해, 문체가 순정성을 잃고 잡문체로 전락했다고 비판하면서 순수한 고문(古文)을 문장의 모범으로 삼아야 한다고 했다. 이를 위해 『삼국지연의』를 비롯한 패관소설과 잡서 등의 수입을 금했고 과거시험 및 사대부 계층의 글쓰기 전반에 대한 검열을 했다. 패관잡기에 관련되는 답이 있으면 과거시험에서 낙방시키라는 명을 내리기도 했다.

② 소설의 작가로 하여금 떳떳하게 자기 이름을 밝히지 못하게 하였다. 이 때문에 작자 미상의 소설 작품이 많아지게 되었다.

그러나 조선 후기에 들어 소설에 대한 인식은 점점 긍정적인 쪽이 우위를 점하는 방향으로 나아갔다.

2 소설 옹호론

(1) 소설의 효용적 가치 인정

조선 후기로 오면서 소설 배격론은 점차 힘을 잃어가고 소설의 기능과 효용성을 인정하는 쪽으로 서서히 힘이 실리게 되었다. 이러한 입장에서 제시하는 소설의 효용적 가치는 다음과 같다.

① 인간은 소설처럼 사실무근한 허구의 이야기를 표현할 수밖에 없는 심리를 갖고 있다. [기양론(技攘論)]

② 인간사의 저속성을 의미 있게 받아들여야 한다. [언사론(言事論)]

③ 허구적이면서 저속한 이야기는 효용이 있다. [이장론(弛張論)]

④ 소설은 읽는 이에게 즐거움과 함께 감동, 교훈을 준다.
⑤ 사필귀정, 권선징악의 내용을 담은 소설의 스토리는 복선화음(착한 사람에게는 복이 오고 악한 사람에게는 재앙이 내리는 것)의 이치를 담고 있어서 부녀자들과 어린이들을 교화하는 방법이 될 수 있다.
⑥ 소설은 우의적이거나 풍자적인 방법으로, 때로는 직접적인 방법으로 사회를 비판하고 개선하려는 뜻을 나타냄으로써 작가나 독자의 불만을 해소해 주고, 소망을 성취하게 해주기도 한다.
⑦ 〈사씨남정기〉, 〈창선감의록〉 등의 몇몇 가정소설들은 도덕적인 관점에서 특히 긍정적으로 평가되었다.
⑧ 이이순은 자신이 지은 한문소설 〈일락정기〉의 서문에서 자기 작품은 '가공구허지설(架空構虛之說)에서 나왔으나 복선화음의 이치가 있다'고 했다. 이는 소설이 허구성을 지닌 것임에도 불구하고 가치 있는 것으로 평가해야 한다는 것이다.

(2) 소설의 허구성에 대한 인식
① 조선 후기로 들어서며 소설의 본질을 교훈성이 아니라 허구성에서 찾는 경향이 강해진다.
② 소설의 허구성을 적극적으로 인정하는 것은 소설관에 있어 보다 진전된 견해이다.
③ 소설의 창작동기가 지닌 가치가 아니라 소설 작품 자체에 대한 인식을 통해 소설 긍정론이 보다 힘을 얻게 되었다.
④ 이양오는 〈구운몽〉과 〈사씨남정기〉에 대한 평을 남겼는데, 두 작품의 문장이 훌륭하고, 묘사가 박진감 있으며, 인간의 진실을 보여주고 있다며 높이 평가했다. 이는 창작 동기를 논하지 않고 작품 자체의 가치에 초점을 맞춘 시선으로, 소설에 대해 보다 진전된 인식을 지녔음을 보여준다.
⑤ 홍희복은 중국소설 〈경화연〉의 번역서 서문에 '소설은 거짓일이 실제로 일어난 듯 꾸며 재미있게 해서 인기를 모은다'고 했다.
⑥ 이우준은 〈몽유야담〉에서 '소설은 빈 데 시렁을 매고, 허공을 꿰뚫어 생각을 쌓고, 뜻을 포개어 기이한 말을 지어내는데, 본뜻을 캐면 깊고 또한 이치에 맞다'고 했다. 여기서 말하는 '기이한 말'은 허구 속에 진실이 담겨있다는 의미로, 소설이 지닌 예술성의 가치를 인식했음을 반영하는 표현이다. 이는 예술의 본질을 이해한 선진적인 태도였다.

제2절 소설의 대중화와 상업화

19세기에는 민간 출판업자에 의해 방각본 소설이 출판되었다. '방각본'이라는 용어는 '도시의 민간 출판업자들이 목판으로 찍어낸 책'이라는 의미인데, 이로써 다수의 독자들에게 소설이 퍼져나갔다. 이는 곧 소설의 대중화와 상업화를 의미한다. 방각본 소설이 출판됨으로써 '작가(제작자) - 유통 매체 - 독자'라는 소설의 생산과 소비의 유통구조가 분명해졌다. 이는 소설을 상품화한 것으로, 우리나라 상업 출판의 효시가 방각본 소설이라 할 수 있다.

한편 한 명의 방각업자만 있는 게 아니라 한 지역에서도 여러 명의 업자들이 등장하게 되면서 제작비용을 줄이기 위한 경쟁이 생겨나기도 했다. 이에 따라 독자들은 더 저렴한 가격으로 소설을 구매할 수 있게 되었고 그 결과 소설 독자층의 확산이 이루어질 수 있었다.

또한 20세기에 이르러 활자본 소설이 등장하게 되면서 소설의 유통은 전국적으로 이루어지게 된다. 방각본 소설은 목판인쇄 방식이다 보니 유통범위가 전국적인 범위로까지 확대되기에는 무리가 있었다. 그러나 활자본 소설은 서양의 신식 활판 인쇄기를 들여와 문자 활자(주로 금속 활자)를 조합하여 찍는 방식이었다. 이를 통해 소설의 대량 유통이 가능한 환경이 조성되었다. 가격도 '6전소설(소설 한 권의 가격이 6전이었다는 의미로, 당시 6전은 쌀 2되 값에 해당하는 정도)'이라 불릴 정도로 저렴한 편이어서 소설의 전국적인 유통이 이루어질 수 있었다.

이처럼 상업소설이 등장하면서 한동안 대세를 이루던 소설 낭독의 시대는 저물고 개인적인 묵독의 시대로 접어들었다.

제3절 주요 갈래와 작품 : 영웅소설, 애정소설, 세태소설 등 중요

1 영웅소설

(1) 영웅소설의 개념

영웅소설이란 일반적으로 국가의 환란을 무력으로 해결하는 영웅의 삶을 그리는 소설이다.

(2) 영웅소설의 역사적 전개

영웅소설 중 역사적 인물을 주인공으로 한 〈최고운전〉이 16세기에 읽혔다는 기록이 있는 것으로 보아, 역사 영웅소설은 16세기 무렵 이미 확립되어 있는 것으로 보인다. 16세기에 이어 17세기에는 〈홍길동전〉, 18세기에는 〈임경업전〉 같은 작품들이 창작되어 널리 읽혔다. 다만 역사 영웅소설은 역사적 실존 인물을 다루기에 창작 영웅소설에 비해 성격이 일정하지 않다. 주인공의 역사적 사실과 관련된 전설, 민담 등의 영향을 받게 되기 때문이다.

창작 영웅소설은 18세기 중엽 양식이 확립된 것으로 보인다. 이 시기에는 〈장풍운전〉, 〈소대성전〉 등이 널리 읽힌 것으로 보인다.

그러다가 19세기에 들어 〈유충렬전〉, 〈조웅전〉 등이 방각본으로 출판되면서 영웅소설은 조선 후기에 가장 인기 있는 장르가 된다.

(3) 영웅소설의 특징

① 영웅은 비범한 능력을 지니되, 개인적 가치(애정, 효 등)보다 집단의 가치(국난 평정, 민족의 고난 해결 등)를 우선하여 실현하는 인물을 의미한다.
② 영웅소설은 특히 서민층이 주로 향유하였다. 그러다보니 전쟁의 고통과 당쟁을 일삼다 국가의 위기에 제대로 대처하지 못했던 권력층과 위정자의 무능, 이를 해결해 줄 영웅의 출현을 바라는 민중들의 소망, 민족의식 등을 주요 내용으로 담아 비극적 체험을 전달하고 현실적인 패배감을 소설을 통해 해소하고 승화시키고자 하는 의식이 담겨 있다.
③ 영웅소설은 내용상 권선징악적 주제, 행복한 결말, 인물의 일대기적 구성, 우연한 만남, 전형적 인물 등의 특징을 지닌다.

(4) 영웅소설의 주제

영웅소설의 주인공은 결국 지배 질서의 상층으로 편입되거나 혹은 복귀한다. 따라서 영웅소설에서 강조되는 것은 결국 지배 질서의 이념일 수밖에 없다. 특히 '충'의 개념이 강조된다.

그런데 영웅소설에서 '충'은 추상적, 관념적으로만 강조되고 대신 현실 비판 의식이 부각되기도 한다. 예를 들어 〈유충렬전〉의 경우 전체 서사 구조는 충신과 간신의 대립으로 볼 수 있으나 구체적인 장면에서는 유충렬 가족의 비극과 아픔을 강조함으로써 당대 서민들이 겪는 비극적인 현실을 부각시킨다. 이로써 당대 현실에 대한 비판 인식이 드러나는 것이다.

이처럼 '충'이라는 유교적 지배 이념의 강조와 현실에 대한 비판은 영웅소설의 주제를 이루는 중요한 두 축이다.

(5) 영웅소설의 서사 구조 중요

① 영웅의 일대기 구조

영웅소설은 일반적으로 영웅의 일대기를 그린다. 우리나라의 서사문학에는 예전부터 영웅의 이야기가 있어 왔다. 〈주몽신화〉와 같은 건국신화, 〈제석본풀이〉, 〈바리공주〉 같은 서사무가가 그러한 것들이다. 이러한 서사에 등장하는 영웅의 일생은 일정한 구조를 지닌다. 영웅소설의 주인공의 일생 역시 서사무가 속 영웅과 상당히 비슷한 구조를 지닌다. 이 둘의 일대기 구조를 비교하면 다음과 같다.

서사무가에 나타난 영웅의 일생	조선 후기 유행한 영웅소설의 일대기
① 고귀한 혈통 ② 비정상적 출생 ③ 탁월한 능력 ④ 어려서 기아(棄兒) ⑤ 조력자의 도움 ⑥ 자라서 위기 극복 ⑦ 투쟁적 극복으로 승리	① 상류 계층인 주인공의 가계에 관한 소개 ② 주인공의 비범한 탄생 ③ 부모의 실세(失勢), 도적의 침입 등에 따른 가족 이산과 비운 ④ 전직 승상, 도사 등에 의한 구원 ⑤ 습득한 도술이나 신이한 존재의 도움으로 국가의 변란에서 공을 세움 ⑥ 명예로운 귀환과 부귀영화

이로 보아 영웅소설은 고대 영웅신화에서부터 형성되어 온 서사적 토양 위에 형성된 것임을 알 수 있다.

② **결연담과 군담의 결합**

영웅소설은 대개 다음과 같은 스토리를 지니고 있다. 따라서 영웅소설은 결연담과 군담이 결합된 형태라고 할 수 있다.

㉠ 영웅소설의 주인공은 대부분 처음에는 현실 극복의지나 뚜렷하게 지향하는 가치가 없다. 오히려 세계와의 갈등을 피한다. 하지만 고난을 겪는 과정에서 조력자를 만나게 되고, 그 조력자에 의해 현실 극복의지를 지니게 된다.

㉡ 영웅소설의 조력자는 대부분 전직 승상과 노승이며 대개 한 작품에 이 두 조력자가 모두 나타난다. 전직 승상이 위기에 처한 주인공을 보살펴 주는 과정에서 승상의 딸과 주인공이 맺어지게 되고 다시 고난을 겪는 과정에서 주인공은 노승을 만나 무술 등을 전수받는다.

㉢ 그 후 전쟁과 같은 국가적 변란이 일어나면 주인공은 적을 물리쳐 나라를 구하고 헤어진 가족과 재회한 뒤 부귀영화를 누린다.

③ **행복한 결말**

대부분의 영웅소설은 영웅이 나라를 구하고 능력을 인정받아 가족과 함께 부귀영화를 누린다는 행복한 결말로 끝을 맺는다.

(6) 영웅소설의 작품 예시

① **허균, 〈홍길동전〉**

> 서자라는 이유로 홀대받던 홍길동이 집을 떠난다. 이후 그는 활빈당 무리를 이끌고 전국을 돌아다니며 탐관오리를 벌하고 가난한 백성을 구제한다. 홍길동을 잡는 데 실패한 임금이 그를 병조판서로 임명하자 홍길동은 활빈당 무리와 함께 조선을 떠나 율도국의 왕이 된다.

㉠ 16세기 후반~17세기 초에 창작된 것으로 추정되는, 우리나라 최초의 한글소설이자 영웅소설이다.

㉡ 고대 신화와 서사무가로 전승된 유형 구조와 후대에 인기를 끄는 흥미 본위의 상업적·통속적 영웅소설을 연결해 주는 작품으로, 영웅소설의 효시라 할 수 있다.

㉢ 대부분의 영웅소설과 달리 홍길동은 조력자의 도움 없이 스스로 고난을 극복한다는 점에서 독립적이며 진취적인 인물이라 할 수 있다.

② 작자 미상, 〈소대성전〉

> 소대성은 동해 용왕의 아들인데, 적강하여 명나라 때 태어났다. 소대성은 어려서 부모를 잃고 혼인 문제로 죽임을 당할 뻔했으나 도망쳐 목숨을 건지고, 도술을 배운다. 호국이 침략했을 때 나라에 공을 세우고 높은 자리에 올라 채봉과의 인연을 성취하고 선정을 베푼다.

㉠ 작자 및 연대 미상의 작품이다.
㉡ 〈대봉기〉라는 제목으로도 전한다.
㉢ 천상계와 지상계의 이원론적 세계관이 나타난다. 이러한 점은 〈홍길동전〉과의 차이점이라 할 수 있는데 후대의 영웅소설에서는 빈번하게 드러나는 구조이다.
㉣ 다양한 이본이 있으며 당시 상당히 인기를 끌었던 것으로 보인다.

③ 작자 미상, 〈장풍운전〉

> 중국 송나라 때 영웅 장풍운은 도적에 의해 부모와 헤어지게 된 후 고난을 겪으나 결국 과거에 급제하여 외적의 침략을 받은 나라를 구하고 잃어버렸던 가족들을 다시 만나 잘 살게 된다.

㉠ 작자 및 연대 미상(정조 이전으로 추정)의 작품이다.
㉡ 〈금선각(金仙覺)〉이라는 제목으로도 전한다.
㉢ 양반이었던 장풍운이 한때 광대로 신분이 전락하는 점, 상인의 활동이 부각되었다는 점에서 영웅소설의 해체기에 해당하는 작품으로 본다.

④ 작자 미상, 〈조웅전〉

> 송나라 문제 때 충신 조정인의 유복자 조웅은 아버지의 원수인 이두병이 황제 자리를 빼앗은 것에 분개하여 그를 욕하는 글을 대궐 문에 써 붙인 일로 어머니와 함께 도피의 길에 나서게 된다. 그리하여 3년 동안 숨어 다니다가 월경대사를 만나 강선암에 의탁하면서 글과 술법을 배운 뒤, 다시 철관도사를 만나 병법과 신통 묘술을 배우고 용마도 얻는다.
> 두 스승 사이를 오가던 중 조웅은 장진사댁 딸 장소저와 인연을 맺기도 한다. 몇 년 뒤 20살 전후의 조웅은 서번의 침입으로 위험해진 위나라를 구하니, 위왕은 부친의 친구였다. 한편 장소저는 강호자사의 위협을 피해 강선암으로 피신하고 장소저 모친은 감옥에 갇힌다. 그러나 유배 중인 태자를 구하러 계량도로 가던 조웅이 장소저 모친을 구하게 되니, 강선암에서 모두가 만나게 된다.
> 강선암을 나온 조웅은 서번왕의 방해를 물리치고 태자를 구해와, 온 가족이 모인 가운데 위왕의 차녀와도 결혼한다. 한편 조웅의 위세를 꺾기 위해 이두병이 기병하나, 조웅이 그의 여러 장수를 격파하고 일대 삼형제까지 참하니, 이두병은 내부의 반란으로 자멸한다. 하여 이두병을 죽인 조웅은 번국 왕이 되어 부귀영화를 누리며 살게 된다.

㉠ 작자 및 연대 미상의 작품이다.
㉡ 〈조원수전〉이라는 제목으로도 전한다.
㉢ 영웅소설(군담소설)류 중에서 가장 널리 읽혔던 작품으로 이본이 다양하다.

ⓐ 영웅의 일대기 형식이나 적강 모티프 등 주인공의 탄생에 있어 특이한 내용도 나타나지 않는다. 또한 주인공 자신의 힘보다 초인의 도움으로 운명을 개척해 나간다는 점도 특이하다.
ⓜ 주인공의 결혼이 혼전성사를 통해 이루어진다는 점에서 전통적인 유교 윤리와 어긋난다는 점도 특징적이다.

⑤ 작자 미상, 〈유충렬전〉

> 명나라 영종연간에 정언주부의 벼슬을 하고 있던 유심은 늦도록 자식이 없어서 한탄하다가 남악 형산에 치성을 드리고 신이한 태몽을 꾼 뒤, 귀하게 아들을 얻어 충렬이라 이름을 짓고 키운다.
> 이때 조정의 신하들 중에 역심을 품은 정한담과 최일귀 등이 옥관도사의 도움을 받아 정적인 유심을 모함하여 귀양 보내고, 유심의 집에 불을 놓아 충렬 모자마저 살해하려 한다.
> 그러나 충렬은 천우신조로 정한담의 마수에서 벗어나 많은 고난을 겪은 후 퇴임한 재상 강희주를 만나 그의 사위가 된다. 강희주는 유심을 구하려고 상소를 올렸으나 정한담의 모함을 입어 귀양을 가게 되고, 강희주의 가족은 난을 피하여 모두 흩어진다. 충렬은 강낭자와 이별하고 백룡사의 노승을 만나 무예를 배우며 때를 기다린다.
> 이때 남적과 북적이 반기를 들고 명나라에 쳐들어오자 정한담은 자원 출전하여 남적에게 항복하고, 남적의 선봉장이 되어 천자를 공격한다. 정한담에게 여러 번 패한 천자가 항복하려 할 즈음, 충렬이 등장하여 남적의 선봉 정문걸을 죽이고 천자를 구출한다.
> 충렬은 홀로 반란군을 쳐부수고 정한담을 사로잡는다. 또한 호왕에게 잡혀간 황후·태후·태자를 구출하였으며, 유배지에서 고생하던 아버지 유심과 장인 강희주를 구하여 개선한다. 이후 이별하였던 어머니와 아내를 찾고, 정한담 일파를 물리친 뒤 높은 벼슬에 올라 부귀영화를 누린다.

㉠ 작자 및 연대 미상의 작품이다. 다만 중국소설 〈설인귀전〉과의 유사성을 근거로 18세기 후반 이후 창작된 것으로 추정된다.
㉡ '劉忠烈傳', '柳忠烈傳', '俞忠烈傳' 등 작품 제목의 한자 '유'가 다르게 표기되는 이본들이 있다.
㉢ 판본 및 중판 횟수가 많은 것으로 보아 상당히 인기 있는 작품이었던 것으로 추정된다.
㉣ 충신과 간신의 대립을 통해 조선 시대에 이상으로 여긴 충신상을 보여주며, 무능하고 비굴한 왕가의 모습에 대한 비판도 담겨 있다. 또한 청나라에 대한 민족적 적개심도 표현되었다.
㉤ 〈유충렬전〉에서 유래한 서사무가 〈충렬굿〉이 있다.

⑥ 작자 미상, 〈숙향전〉 : 여성 영웅소설

> 천상의 월궁선녀와 태을성이 서로 희롱하는 죄를 짓고 각각 숙향과 이선으로 인간 세상에 내려온다. 인간 세상에서 숙향과 이선은 갖은 고난을 겪은 끝에 마침내 사랑을 성취하고 행복을 누리다가 다시 천상으로 되돌아간다.

㉠ 작자 및 연대 미상의 작품이다. (18세기 중반 이전으로 추정)
㉡ 〈요조숙향전〉, 〈이화정기〉, 〈이황정기우기〉, 〈이화정기적〉이라는 제목으로도 전한다.
㉢ 천상의 인물들이 사건에 적극적으로 개입하는 등 초현실적 세계관이 강하게 나타난다.
㉣ 여성 영웅소설의 전형적인 모습을 보여준다.
㉤ 조선 후기에 널리 애독된 작품으로 다른 여러 고전소설에 관련 내용이 삽입될 정도로 영향력이 컸다.

⑦ 작자 미상, 〈박씨전〉 : 여성 영웅소설

> 이득춘과 박 처사가 자식들의 혼사를 약속하여 이시백과 박 처사의 딸은 혼인하게 된다. 그러나 이시백은 박씨의 외모에 실망해 박씨를 돌보지 않는다. 이에 박씨는 시아버지에게 후원에 피화당(避禍堂)을 지어 달라고 청하여 그곳에 홀로 거처한다.
> 그럼에도 불구하고 박씨는 이득춘이 급히 입어야 할 조복을 하룻밤 사이에 짓는 재주와, 비루먹은 말을 싸게 사서 잘 길러 중국 사신에게 비싼 값에 팔아 재산을 늘리는 영특함을 보인다. 또, 박씨는 시백이 과거를 보러 갈 때 신기한 연적을 주어 그로 하여금 장원급제하도록 한다. 시집온 지 삼 년이 된 어느 날, 박씨는 액운에서 벗어나 일순간에 절세미인으로 변한다. 이에 시백을 비롯한 모든 가족들이 박씨를 사랑하게 된다.
> 한편 시백은 벼슬이 높아져 임경업과 함께 나라를 지키게 된다. 이때, 호왕(胡王)이 조선을 침공하기 앞서 임경업과 이시백을 죽이려고 기홍대라는 여자를 첩자로 보내 시백에게 접근하게 한다. 박씨는 이것을 알고 기홍대의 정체를 밝히고 혼을 내어 쫓아버린다.
> 두 장군의 암살에 실패한 호왕은 용골대 형제에게 10만 대군을 주어 조선을 치게 한다. 천기를 보고 이를 안 박씨는 시백을 통하여 왕에게 호병이 침공하였으니 방비를 하도록 청하나, 간신 김자점의 반대로 받아들여지지 않는다.
> 마침내 호병의 침공으로 사직이 위태로워지자 왕은 남한산성으로 피난하지만 결국 항복하겠다는 글을 보낸다. 많은 사람이 잡혀 죽었으나, 오직 박씨의 피화당에 모인 부녀자들만은 무사하였다.
> 이를 안 적장 용울대가 피화당에 침입하자 박씨는 그를 죽이고, 복수하러 온 그의 동생 용골대도 크게 혼을 내준다. 용골대는 인질들을 데리고 퇴군하다가 의주에서 임경업에게 또 한 번 대패한다. 왕은 박씨의 말을 듣지 않은 것을 후회하고 박씨를 충렬부인에 봉한다.

㉠ 작자 및 연대 미상의 작품이다.
㉡ 〈명월부인전〉, 〈박씨부인전〉이라는 제목으로도 전한다.
㉢ 전반부(결연담)와 후반부(병자호란 서사)의 내용이 필연적으로 연결되는 것이 아니어서 두 종류의 서사가 합쳐진 것으로 보기도 한다. 나중에는 임경업 서사까지 합쳐진 것으로 보인다.
㉣ 남편인 이시백은 평범한 남성인 반면 박씨 부인은 초인간적 능력을 지닌 비범한 인물로 그려, 여성이 남성보다 우위에 있는 것으로 표현한다. 또한, 박씨의 지적·도덕적 영웅성이 강조된다.
㉤ 봉건적 가족제도에서 해방하고자 하는 여성들의 욕구, 병자호란의 치욕을 씻고자 하는 민중들의 욕구를 반영한다.
㉥ 변신 모티프를 통해 여성의 우수한 능력을 보여준다.

2 애정소설

(1) 애정소설의 개념
주로 조선 후기에 지어진 남녀 간의 애정을 주제로 한 소설을 의미한다.

(2) 애정소설의 역사적 전개
원래부터 소설은 남녀 간의 사랑 문제를 기본으로 하고, 여기에 다른 내용이 덧붙는다고 보아도 무방할 정도로 남녀 간의 애정은 소설의 주요한 소재로 작용한다. 우리나라 소설의 본격적인 출발로 여겨지는 김시습의 『금오신화』 수록 작품 역시 애정소설의 초기 형태를 보여준다.

이후 영웅 서사가 무너지고 중세의 집단적 사고에서 벗어나 개인의 자각이 이루어지던 조선 후기에 이르러 여러 이유로 인해 정상적인 부부가 되기 어려운 남녀가 순전히 애정 때문에 결합되고 시련을 겪는다는 내용의 소설들(애정소설)이 활발히 창작되면서 애정소설의 위세는 절정에 도달했다.

대하소설로 늘어난 가문소설은 지속적인 세책이 가능한, 경제적 여유가 있는 상류층에서 주로 유통된 반면 애정소설들은 하층민 중심으로 퍼져나갔다. 남녀 주인공의 애정문제를 집중적으로 다루면서 기존의 관습을 뒤집어엎는 방향으로 나아가는 내용이 하층민들의 선호에 잘 맞았기 때문이다.

게다가 19세기 들어 방각본 소설이 활발하게 출판되었는데, 방각본 출판을 위해서는 단권으로 출판할 수 있을 정도로 짧고, 영웅소설이 아니어도 독자들도 좋아할 만한 다양한 종류의 이야기가 요구되었다. 애정소설은 이런 요구에 잘 부합하였다.

(3) 애정소설의 서사 구조
애정소설에 속하는 작품들은 공통적으로 애정관계에 있는 남녀 주인공들의 결연문제를 다루고 있다. 순수하게 서로에게 이끌려 혼사를 약정한 청춘남녀가 주변인의 혼사장애로 결별위기에 처하나 위기를 극복하고 연분을 이루어 애정생활을 성취하는 과정을 그리는 내용을 담고 있다. 이를 정리하면 애정소설은 다음과 같은 서사구조를 갖는다.

1	청춘남녀가 만나 애정관계를 맺는다.
2	혼사를 약정한다.
3	혼사장애로 결별위기에 처한다.
4	결별위기를 극복하고 성혼한다.
5	애정생활을 영위하며 복록을 누린다.

이 중 핵심은 혼사장애로 인한 고난을 극복하는 과정이다. 그런데 남녀주인공의 성격적 특징에 따라 이들이 겪는 혼사장애와 극복 방법, 이에 따른 구조도 다음 표와 같이 달라진다.

	혼사 장애	구조
적강연인형	• 친자갈등(부모의 허락을 받지 않고 자유의지에 따라 결혼을 해서 생긴 갈등) • 늑혼갈등(연인을 고려하지 않은 다른 혼처 지정에 따른 갈등)	주인공들의 출생부터 결혼, 사후까지의 일대기적 구조
신진관료형	늑혼갈등(왕명을 앞세워 국혼을 강권하는 척신세력과 이를 거부하고 애정혼을 고수하는 주인공 사이의 갈등)	간신세력과 주인공의 대립 구조
절행가인형	친자갈등(의혼권을 일방적으로 행사하려는 부모와 애정혼을 이루려는 주인공 사이의 갈등)	효와 애정 사이의 갈등이 내적갈등으로 이어지고 희생적인 절행을 통해 연인의 정의에 보답하기 위한 대책을 찾는 구조
정절기녀형	신분갈등(기녀인 여주인공에게 수청을 강요하는 호색탐관과 정절을 지키려는 주인공 사이의 갈등)	기녀와 호색탐관 사이의 대립 구조

(4) 애정소설의 작품 예시 : 〈주생전〉, 〈운영전〉, 〈채봉감별곡〉 등

① 권필, 〈주생전〉(1593)

㉠ 내용3)

> 중국 명나라 때 '주회'라는 청년이 전당에서 살다가 아버지를 따라 촉주로 가서 태학을 다니면서 수차 과거를 보았으나 계속 실패하였다. 과거를 포기하고 장사차 길을 떠나 강호를 유랑하다가 우연히 고향 전당에 이르러 어릴 때의 벗이었던 처녀 배도를 만나 사랑을 나누었다. 배도가 노승상 부인의 총애를 받아 그 집에 드나드는 것을 엿본 주생은 몰래 배도를 따라갔다가 승상의 딸 선화의 미모에 혹하여 연정을 품게 된다.
> 승상 부인은 배도로부터 주생의 탁월한 학식을 듣고 주생을 아들 국영의 스승으로 청하여 주생은 배도의 집에서 국영을 가르쳤다. 그러나 선화에 대한 연정을 참지 못하여 왕래의 불편을 핑계로 승상댁에 들어가 국영을 가르치면서 선화와의 밀연에 빠졌다. 이를 알아차린 배도가 원망하자 주생은 배도의 집으로 돌아왔으나 배도에 대한 사랑은 이미 식어 있었다. 배도는 사랑을 잃고 괴로워하다가 죽고, 국영도 우연히 병사하자 주생은 의지할 곳이 없어 전당을 떠났다.
> 수천 리 밖에서 선화를 그리워하던 중 이웃 노인의 중매로 혼인이 성립되어 9월에 혼례를 올리기로 하였으나, 임진왜란이 일어나 종군서기로 징발되어 선화에게 알리지도 못한 채 송도까지 와서는 그리움으로 병이 나서 머무르는 신세가 된다.

㉡ 한 청년 선비의 비극적인 운명을 전기형식으로 썼다.

㉢ 당시 소설에서 흔히 보이는 비현실적인 요소가 없고 배경이나 사건의 전개, 인물들이 모두 현실감을 지니고 있다.

---

3) [네이버 지식백과] 〈주생전〉 (이응백 · 김원경 · 김선풍, 국어국문학자료사전, 1998.)

② 작자 미상, 〈운영전〉(〈수성궁몽유록〉, 〈유영전〉)
  ㉠ 내용4)

> 조선 왕조 세종의 셋째 아들 안평대군의 수성궁은 세월이 흘러 폐허가 되었다. 어느 봄날 유영이라는 한 선비가 그곳을 찾아가 홀로 술잔을 기울이다가 문득 잠이 들어 밤을 맞는다. 유영은 꿈에서 김진사라는 청년과 안평대군의 궁녀 운영이라는 여인을 만나 그들의 사연을 듣게 된다. 운영은 궁궐에서 안평대군을 찾아온 김진사를 보고 사모의 마음을 품게 된다. 그 마음을 담은 시를 써서 전했는데 김진사도 궁궐에 출입하는 무녀를 통해 답신을 보내어 둘은 밀회를 즐기게 된다. 그러다가 그들의 밀회가 안평대군에게도 들킬 위기에 처하자 운영은 탈출을 계획하고 김진사의 사내 종 특(特)을 통하여 그의 가보와 집기들을 모두 궁외로 옮긴다. 그 뒤 그 재보는 특의 간계에 의하여 모두 빼앗기게 된다. 안평대군이 이 사실을 알고 궁녀들을 문초하자 운영은 자책감으로 그날 밤 비단수건으로 목을 매어 자결하고 말았다.
> 한편 김진사는 운영이 죽자 운영이 지녔던 보물을 팔아 절에 가서 운영의 명복을 빈 다음 식음을 전폐하고 울음으로 세월을 보내다가 운영의 뒤를 따라 자결하고 말았다.
> 운영과 김진사는 유영에게 자신들의 사랑을 세상 사람들에게 전해달라고 당부한다. 꿈에서 깬 유영은 운영의 일을 기록한 책자를 가지고 집으로 돌아와 상자에 감추어 둔 뒤 침식을 전폐하고 명산대천을 두루 돌아 마친 바를 알지 못하였다고 한다.

  ㉡ 김진사와 안평대군의 궁녀 운영의 사랑 이야기를 담은 몽유록 형식의 이야기이다. 기존 몽유록계 소설과의 차이점은 다음과 같다.

기존 몽유록계 소설	〈운영전〉
• 꿈과 현실이 명확하게 구별되며 대체로 현실세계의 주인공이 꿈속의 주인공과 동일 인물이다. • '현실 → 꿈 → 현실'의 단순한 액자구성이다.	• 현실세계의 주인공은 유영, 꿈속의 주인공은 운영과 김진사이다. 유영은 꿈이 아니라 현실에서 운영과 김진사를 만난다. 그러나 김진사나 운영은 이미 죽은 사람들이다. 따라서 유영은 환상 체험을 한 것이라 할 수 있다. 이러한 구성 방식은 작품을 보다 현실성 있게 해 주는 것으로, 몽유록의 발전된 형식이라 할 수 있다. • 유영은 현실에서 운영과 김진사를 곧바로 만나지 않는다. 술에 취해 잠이 들었다가 깨어난 다음 운영과 김진사를 만나는 것이다. 또한 그들과 헤어져 현실로 돌아올 때에도 잠이 들었다가 깨어나는 과정을 거친다.

  ㉢ 대부분의 고전소설과 달리 비극적인 결말로 끝난다.
  ㉣ 봉건사회의 궁중이라는 두꺼운 장벽을 뛰어넘어 자유연애를 하는 과감한 인물들과 그들의 희생을 통해 봉건사회의 모순을 비판하는 의미를 지닌다.
  ㉤ 20여 편의 절구와 율시를 통해 줄거리 전개의 실마리를 제공한다.

---

4) [네이버 지식백과] 〈운영전〉 (한국학중앙연구원, 한국민족문화대백과)

③ 작자 미상, 〈채봉감별곡〉(〈추풍감별곡〉)
  ㉠ 내용5)

> 여주인공 채봉은 평양성 밖 김진사의 딸로, 봄날 꽃구경에 나섰다가 전 선천부사의 아들 강필성을 만나 서로 호감을 갖게 된다. 필성은 채봉이 수줍어 도망다가 떨어뜨린 손수건을 주워 연정을 담은 시를 써서 시비 추향에게 전한다. 이를 받아 본 채봉이 화답시를 보낸다. 채봉의 어머니 이 부인이 채봉을 질책하자 채봉이 사실을 고한다. 필성이 어머니를 통하여 채봉의 집에 매파를 보내자, 채봉의 아버지 김진사가 서울에 가고 없는 동안에 부인이 혼자 결정하여 약혼한다.
> 김진사는 세도가 허판서의 문객 김양주를 통하여 벼슬할 생각을 한다. 김양주는 김진사에게 과년한 딸이 있다는 말을 듣고, 딸을 허판서의 애첩으로 들여보내고 그 대가로 벼슬을 하도록 권한다. 김진사가 주저하던 끝에 승낙하고 허판서에게도 약속을 하고 온다. 돌아온 김진사가 부인에게 딸을 데리고 상경하자고 하니 부인은 대경실색하고, 채봉은 눈물만 흘린다. 부인과 채봉의 반대에도 불구하고 김진사는 전답과 기타 가산을 정리하여 상경한다.
> 김진사 일행은 도중에 화적을 만나는데, 이때 채봉은 부모에게 알리지 않고 평양으로 되돌아온다. 김진사는 화적에게 재물을 빼앗기고 허판서에게 사정을 알리지만 허판서는 대노하여 김진사를 옥에 가둔다. 부인은 할 수 없이 채봉을 찾으러 다시 평양으로 온다. 채봉은 평양에서 시비 추향의 집에 묵고 있었는데, 기생어미가 그녀에게 기생 되기를 권하나 거절한다. 채봉의 어머니는 추향의 집에서 딸을 만나 아버지가 하옥되어 있는 사실을 이야기하고 상경하자고 조른다. 채봉은 아버지를 구하기 위하여 기생으로 몸을 팔기로 작정하고 기생어미로부터 돈을 받아 어머니에게 준다.
> 기명을 송이라고 한 채봉은 강필성에게 화답하여 보낸 한시를 내놓고 그것을 풀이하는 사람에게 몸을 허락하겠다고 하지만 아무도 풀지를 못한다. 필성은 기생 송이가 제시하였다는 한시를 듣고 하도 신기하여 찾아갔다가 채봉을 만나고, 그 뒤 밤마다 찾아가서 사랑을 속삭인다.
> 한편, 평양감사 이보국이 송이의 서화가 뛰어나다는 말을 듣고 몸값을 지불하고 데려와, 곁에 두고 서신과 문서를 처리하는 일을 맡긴다. 필성은 채봉을 잃고는 채봉을 그리워하며 지내다가 감영의 이방이 되기를 자원하여 채봉을 만나고자 한다.
> 채봉은 별당에 거처하면서 필성을 날마다 그리워하고 있다가 어느 달 밝은 밤에 〈추풍감별곡〉을 지어서 부른다. 이 노래를 들은 감사가 채봉을 불러 천한 이방을 사모한다고 질책한다. 이에 채봉은 현재 이방으로 와 있는 필성과의 관계를 고백한다. 감사는 두 사람의 사랑을 가상히 여겨 필성을 불러서 상면하게 하고 감사 자신이 혼례와 관련된 일들을 주관하여 두 사람의 지난날의 인연을 성취시켜준다.

㉡ 〈추풍감별곡〉은 작품 속에서 채봉이 사랑하는 사람과 이별한 사연을 하소연하는 192행의 가사 작품의 제목으로, 그 작품에 사건을 붙여 쓴 소설이 〈채봉감별곡〉이다. 이것은 일반적인 고전소설에서 삽입시가 등장하는 것과는 다르다고 할 수 있다. 〈추풍감별곡〉은 당시 인기를 끌며 유행했던 노래이다. 작가는 이러한 노래를 끼워 넣음으로써 대중성을 확보하고자 한 것으로 추측된다. 또한 〈추풍감별곡〉을 통해 주인공의 정서가 극대화되고 낭만적 분위기 속에서 갈등이 해결되도록 하는 효과가 있다.

---

5) [네이버 지식백과] 〈채봉감별곡〉 (한국학중앙연구원, 한국민족문화대백과)

ⓒ 이 작품은 근대로 전환되는 조선 말기를 배경으로 하여 당시 봉건 제도의 모순과 부패를 고발하고 개화의 물결 속에서 새로운 가치관이 퍼져 나가는 상황을 잘 반영하고 있다. 이 작품에 나타난 시대상을 정리해 보면 다음과 같다.

작품 내용	작품에 드러난 시대상
허판서가 김진사에게 돈을 받고 벼슬을 팔고 딸을 첩으로 줄 것을 요구함	매관매직이 성행했으며 신분제가 약화되고 해체 조짐이 보임
김진사 내외가 채봉에게 허판서의 첩이 될 것을 강요함	가부장적 권위와 봉건적 가치관이 남아 있음
김진사는 장필성의 집안이 가난하다는 것을 이유로 장필성을 못마땅하게 여김	자본주의적 가치관이 드러남

ⓔ 중국소설집 『금고기관』 중의 〈왕교란백년장한〉과 유사한 점이 있어 번안이라는 논란이 있으나, 전체 줄거리와 짜임새가 다르므로 창작소설로 보는 것이 타당하다.
ⓜ 주인공들의 행동이 기존의 신분질서에 파격적이라는 점, 현실적 사건의 전개, 사실적인 표현법 등으로 보아 근대소설로 옮겨가는 과도기상의 작품이라 할 수 있다.

3 세태소설

(1) 세태소설의 개념

세태소설이란 일반적으로 특정 시기의 풍속 혹은 세태의 한 모습을 나타내는 것을 목적으로 하는 소설을 말한다. 그러나 고전소설에서 말하는 세태소설이란 조선 후기에 나타난 당대의 모순된 현실을 희화화해 비판하는 소설이라는 의미가 강하다. 조선 후기의 세태소설은 주로 남성 훼절담(금욕 남성이 유혹에 넘어가 웃음거리가 되는 이야기)으로 대변된다. 따라서 조선 후기의 세태소설이란 정절을 내세우던 남성이 훼절 후 드러내는 추한 모습을 과장적으로 그려 웃음을 유발하는 형식을 지닌 소설을 의미한다.

(2) 세태소설의 역사적 전개

① 19세기 조선 후기에 주로 등장했다.
② 중세에서 근대로, 공동 사회에서 이익 사회로의 이행기에 중세적 사고방식에서 기인한 초경험적인 원리나 도덕적 규범에 대한 불신이 생기고 경험적 인식이 성장한 것이 원인으로 작용했기 때문이다.
③ 〈배비장전〉, 〈오유란전〉, 〈장끼전〉, 〈이춘풍전〉 등이 해당한다.

(3) 세태소설의 주제

세태소설에서 주로 주제로 삼는 것은 다음과 같다.
① 지배층 남성의 이중적 태도를 비판한다. 수청기 제도와 관련한 신분 제도의 부당함을 비판하고 청상과부를 대상으로 성적 욕망을 거침없이 드러내는 상층 남성의 이중적 태도를 비난한다.

② 훼절대상자의 성격에 따라 주제가 달라질 수 있다. 여색에 대해 왜곡되거나 경직된 사고를 가진 남성을 훼절하는 경우 교화를 주제로 하고, 사실은 여색에 대해 초연하지 못하면서 초연한 척 위선을 드러내는 남성의 경우 그들의 위선과 허위를 드러냄으로써 풍자한다.
③ 주인공들이 성에 대해 갖고 있는 부정적 인식을 비판하고 성적 본능을 긍정한다.

(4) 세태소설의 서사 구조
세태소설은 대부분 남성훼절 설화를 수용하고 있는데 남성 훼절설화란 금욕적 절개를 지키겠다고 표방하던 남자가 남의 책략에 속아 자신의 절개를 스스로 훼손하고 남의 웃음거리가 되는 이야기를 말한다. 남성 훼절설화의 기본 구조는 다음과 같다.

주인공의 성관	어떤 양반(A)이 금욕적 절조를 내세우며 여색을 멀리한다.
훼절을 꾀한 자의 문제시	가치관이 다른 양반(B)이 A의 훼절을 모의한다.
유혹	기녀가 A를 훼절시키는 책임을 맡고 계획적으로 유혹한다.
훼절	A가 기녀와 은밀히 정을 나눔으로써 금욕적 절조를 훼손한다.
폭로 및 망신	B와 기녀에 의해 A의 훼절 사실이 폭로된다.

이러한 서사 구조가 이루어지기 위해서는 훼절대상자, 훼절음모자, 훼절수행자가 필요하다. 이 중 훼절대상자와 훼절음모자는 상층 내지 중인이고, 훼절수행자는 일반 민중(대부분 기녀)이다. 그리고 사건 진행의 중추는 훼절음모자라 할 수 있다. 훼절음모자는 작자의 의도에 따라 행동하는 인물로, 훼절음모자의 성격이 어떠한가에 따라 주제가 달라진다.

(5) 우화소설과 세태소설
우화소설은 동물이나 식물 혹은 사물을 의인화하여 그들의 행동을 통해 교훈을 나타내거나 풍자를 하는 소설이다. 우화소설은 구전설화로부터 시작하는 오랜 전통을 가진 것으로, 인간 세상에 대한 비판 및 풍자를 보다 안전한 방식으로 하는 데 긴요한 양식이었다.

설화로부터 출발한 우화 양식이 소설의 형태로 자리 잡게 된 것은 조선 후기이다. 기존 중세 사회의 가치관이나 윤리, 권위들이 무너져 내리는 조선 후기에 우화소설들은 현실적 모순, 지배층의 허위의식, 위선 등에 대해 비판적인 태도를 보임으로 당대 인간의 그릇된 의식을 풍자 및 비판하였다. 이런 점에서 우화소설은 세태소설과 일맥상통하는 주제의식을 갖고 있었다고 할 수 있다. 조선 후기의 대표적인 우화소설에는 다음과 같은 것들이 있다.

① 〈두껍전〉
두꺼비를 의인화하였다. 노루의 축하연에서 두꺼비와 여우가 서로 높은 자리를 차지하려고 말다툼을 하는데 여우는 결국 두꺼비에게 지고 창피만 당하게 된다는 내용이다.

② 〈까치전〉
까치 부부의 낙성연에 초대받지 못한 비둘기가 남편 까치를 죽이고 교묘하게 송사에서도 교묘하게 빠져나가지만 이후 사건의 진실을 알게 된 원앙 암행어사에 의해 벌을 받게 된다는 내용이다.

③ 〈서동지전〉

다람쥐가 서대주에게 은혜를 입고도 배신하려 하였으나 현명한 판관 덕에 다람쥐가 벌을 받게 된다는 내용을 바탕으로 배은망덕한 인간에 대한 비판 및 사필귀정, 권선징악을 교훈으로 내세우고 있다.

④ 〈서대주전〉

쥐와 다람쥐를 의인화하였다. 서대주를 비롯한 쥐들이 다람쥐의 먹이를 훔치고도 형리에게 뇌물을 바쳐 벌을 면하지만 도둑질을 일삼는 것 때문에 사람들에게 미움을 받게 되고 다람쥐는 사랑받게 된다는 내용이다.

(6) 세태소설의 주요 작품

① **작자 미상, 〈배비장전〉**

㉠ 내용[6]

> 한양에 살던 김경(金卿)이 제주목사에 제수되자, 서강에 사는 배선달을 불러 예방의 소임을 맡긴다. 사또 일행은 제주도로 가는 배 위에서 술을 마시며 즐기다가 대풍을 만나 위험에 처하지만, 다행히 용왕에게 제사를 지내 무사히 목적지에 도착한다. 이때 마침 배에서 내린 배비장은 정비장과 기생 애랑이 이별하는 장면을 목격하게 된다. 애랑은 갖은 아양과 교태를 부리며 정비장이 가진 재물을 모두 빼앗고, 입고 있던 의복을 벗겨낸다. 정비장은 자신의 보검을 내어주고, 앞니까지 뽑아서 애랑에게 준다. 모든 광경을 지켜본 배비장은 정비장을 조롱하면서, 자신은 결코 여색을 가까이 하는 일이 없을 것이라 호언장담한다. 이에 방자는 배비장에게 내기를 제안한다. 사또를 비롯한 다른 무리들이 기생과 함께 즐길 때에, 배비장은 도덕군자를 자처하며 도도하게 군다. 그러자 배비장을 곯려 주리라 작정한 제주 목사 김경이 배비장을 훼절시킬 기생을 찾고, 애랑이 이 일에 자원한다.
> 아무것도 눈치 채지 못하고 목사 및 다른 비장들과 함께 한라산 놀이를 떠난 배비장은 기생 애랑이 목욕하는 모습을 보고 한눈에 반해버린다. 애랑의 자태를 잊지 못해 상사병이 날 지경에 이른 배비장은 방자를 시켜 자신의 마음을 담은 서신을 그녀에게 전달한다. 방자는 서신을 애랑에게 전달하고, 애랑의 허락을 받은 배비장은 한밤중에 개가죽 두루마기에 노벙거지를 쓰고 담 아래 구멍을 통해 애랑의 집으로 들어간다. 애랑의 유혹에 완전히 넘어간 배비장은 그녀와 함께 운우의 정을 나눈다. 이때 갑자기 바깥에서 고함치는 소리가 들리고, 애랑은 배비장에게 자신의 남편이 왔다고 이야기한다.
> 하지만 고함소리의 실제 주인공은 방자이다. 몸을 숨길 곳을 찾던 배비장은 애랑의 말에 따라 자루 속으로 들어가고, 자루 속에 든 물건이 무엇인지 묻는 방자의 물음에 애랑은 거문고라고 답한다. 방자가 자루 이곳저곳을 손가락으로 퉁기자 배비장은 거문고 소리까지 내며 벌벌 떤다. 잠시 방자가 자리를 비운 사이, 배비장은 자루 밖으로 나와 다시 애랑의 권유대로 피나무 궤 속에 숨는다. 그러자 애랑의 남편으로 가장한 방자가 들어와 자신의 꿈에 백발노인이 나와 궤를 불사르라 했다고 말한다. 애랑은 그럴 수 없다며 만류하는 체하고, 방자는 궤를 공평하게 나누자며 톱질을 시작한다. 그러자 배비장은 궤 속에서 업궤신 흉내를 내며 이 궤를 계집에게 주라고 소리친다. 이에 방자는 궤를 강물에 버리겠다고 큰 소리로 이야기한 뒤, 궤를 짊어다 동헌 마당에 내려둔다. 배비장은 이리저리 흔들리는 궤 안에서 바다에

---

[6] [네이버 지식백과] 〈배비장전〉 (전경욱, 한국전통연희사전, 민속원, 2014.)

> 당도했다고 생각하고, 지나가는 어부에게 살려달라고 구원을 요청한다. 드디어 배비장이 헤엄을 치면서 궤 밖으로 나와 보니 그곳은 다름 아닌 관청 마당이었고, 목사와 육방 관속, 기생들이 둘러서서 자신을 비웃고 있었다.

ⓛ 이본
배비장이 정의현감이라는 관직에 오르는 것으로 끝나는 이본과, 망신당하는 것으로 끝나는 이본이 있다.

ⓒ 주제
ⓐ 공허하고 위선적인 유가윤리 혹은 호색성 풍자
ⓑ 관인사회에 처음 참여하는 사람이 겪어야 하는 입사식(入社式)으로서의 신참례 의식
ⓒ 관인 사회의 비리와 야합상 풍자

ⓔ 근원설화
ⓐ 발치설화 : 기생과 이별하며 이빨을 뽑아 준다는 내용
ⓑ 미궤설화 : 기생을 멀리하던 사람이 기생의 계교에 빠져 알몸으로 뒤주에 갇혀 망신당하는 내용

ⓜ 특징
ⓐ 원래 판소리 12마당에 속하는 〈배비장타령〉을 소설화한 판소리계 소설이지만 신재효의 6마당에는 빠졌다.
ⓑ 판소리로 불리던 것이어서 판소리 사설의 문체적 특징이 남아있다.

② **작자 미상, 〈오유란전〉**

㉠ 내용7)

> 한양에 동갑·동학(同學)인 김과 이 두 선비가 있었다. 먼저 장원하여 기백(평안도 관찰사)이 된 김생을 이생이 동행한다. 이생을 위하여 선화당에서 베푼 잔치자리에서 이생은 기생을 업신여긴 처사 때문에 여러 사람의 빈축을 산다.
> 김생은 기생 오유란이 이생을 훼절시키도록 설득한다. 이생은 오유란의 함정에 빠져 이승과 저승을 혼동하고 온갖 추태를 자행한다. 결국, 이생은 선화당 잔치자리에서 벌거벗은 몸으로 오유란과 마주 서서 춤을 추다가 사람들 앞에서 망신당하고 만다. 이생은 곧바로 상경하여 공부에 몰두하고 곧 암행어사가 된다. 이후 '어사출두' 봉고하고 형구를 갖추어 김생을 벌주려 하나, 김생이 옛일을 사과함으로써 그들은 우정을 되찾는다.

㉡ 주제
양반의 위선적인 삶에 대한 풍자

㉢ 특징
ⓐ 판소리 〈강릉매화타령〉을 소설화한 것이라는 논의가 있었으나 확실하지 않다.
ⓑ 전기소설적인 면, 환몽 구조 차용, 판소리계 소설의 흥미 요소 등 복합적 양식의 특징을 띤다.
ⓒ 정조를 지키려는 남성이 훼절하고 망신을 당한다는 내용을 지닌 훼절담에 해당한다.

---

7) [네이버 지식백과] 〈오유란전〉 (한국학중앙연구원, 한국민족문화대백과)

ⓓ 〈배비장전〉과 큰 내용의 흐름 및 비판의 대상이 같으나 〈오유란전〉은 마지막 부분에서 대립과 갈등을 극복한다는 점에서 〈배비장전〉과 다르다. 이는 융화 지향의 공동체 의식의 반영 혹은 사회적 모순을 은폐하는 것으로 볼 수 있다.

ⓔ 오유란은 이생의 성적 욕망을 끌어내어 조롱할 뿐만 아니라, 이생이 자신의 잘못을 오유란의 책임으로 돌리려 하자 이를 당당히 비판한다. 이는 조선 후기 달라진 여성의 모습을 반영한다.

③ **작자 미상, 〈장끼전〉**

㉠ 내용[8]

> 장끼가 아내 까투리와 함께 아홉 아들, 열두 딸을 거느리고 엄동설한에 먹을 것을 찾아 들판을 헤매다가 콩 한 알을 발견한다. 굶주린 장끼가 먹으려 하니 까투리는 지난밤의 불길한 꿈을 말하며 먹지 말라고 말린다. 그러나 장끼는 고집을 부리며 그 콩을 먹자 덫에 치어 죽는다. 죽으면서 아내에게 개가하지 말라고 유언한다.
> 까투리는 장끼의 깃털 하나를 주워다가 장례를 치르는데, 문상 왔던 갈가마귀와 물오리 등이 청혼하지만 모두 거절한다. 그러다가 문상 온 홀아비 장끼의 청혼을 받아들여 재혼한다. 재혼한 이들 부부는 아들딸을 모두 혼인시키고 명산대천을 구경하다가 큰물에 들어가 부부가 조개로 환생하는 우화적 결말로 마무리된다.

㉡ 이본

〈장끼전〉, 〈웅치전〉, 〈화충전〉, 〈화충가〉, 〈화충선생전〉, 〈자치가〉 등으로 불린다. 이본 중에는 까투리가 개가하는 내용이 덧붙여진 것과 장끼의 죽음으로 끝나는 것 등 결말이 완전히 다른 것들이 있다. 까투리가 개가하는 이유도 다양하다. 이는 당시 까투리의 개가에 대한 다양한 시선이 공존했음을 보여준다.

㉢ 주제
  ⓐ 장끼의 죽음을 통해 가부장제의 모순과 허위의식을 풍자
  ⓑ 유랑민의 비참한 현실 폭로
  ⓒ 여성의 개가에 대한 다양한 시선 등

㉣ 특징
  ⓐ 우화소설이다.
  ⓑ 남존여비 사상에 대한 풍자, 개가금지에 대한 비판 등 당시 소외된 여성들의 권익을 강조함으로써 조선 후기 서민의식의 성장을 반영한다.
  ⓒ 판소리계 소설이기도 하므로 판소리계 소설의 문체가 남아있다. 그런데 이 작품은 다른 판소리계 소설들과 달리 '민요 - 판소리 - 가사 - 소설'의 경로를 거쳐 전승된 것으로 보인다. 이처럼 판소리가 가사로 유통되고 다양한 이본이 생겨난 것은 〈장끼전〉이 유일하다.
  ⓓ 꿩의 암수 모습이 다르고 수컷이 암컷보다 더 화려한 모양을 가졌다는 것은 당시 남성과 여성의 삶의 모습과 닮은 점이 있었다. 이 때문에 장끼와 까투리의 삶에서 무리 없이 당시 인간 부부의 모습을 포착해 낼 수 있었던 것으로 보인다.

---

[8] [네이버 지식백과] 〈장끼전〉 (한국학중앙연구원, 한국민족문화대백과)

제3장 공연예술과 문학

제1절 판소리

1 판소리의 개념

판소리는 한 명의 창자가 고수의 북 장단과 추임새에 맞추어 서사적인 이야기를 소리와 아니리로 엮어 너름새(발림, 몸짓)를 곁들이며 구연하는 구비 서사문학이다.

판소리라는 명칭은 '판'과 '소리'가 결합된 말이다. '판'은 다수가 모여 어떤 일을 벌이는 곳이나 정황, 행위 자체를 뜻하고 '소리'는 음악을 뜻한다. 따라서 판소리는 다수의 청중이 모인 판놀음(줄타기, 땅재주, 춤, 죽방울, 소리 등)에서 불리는 성악이라는 의미를 지닌다고 보는 것이 일반적이다. 그러나 '판'이 중국에서는 악조를 의미하는 것에 주목하여 변화가 있는 악조로 구성된 판창(板唱), 즉 판을 짜서 부르는 소리로 보는 견해도 있다.

이처럼 판소리는 국악의 한 용어에 해당되지만, 그 판소리 사설의 중요성 때문에 한국문학의 한 장르 용어로도 쓰이고 있다.

2 판소리의 발생과 전승과정

(1) 발생

판소리의 발생에 관하여는 서사무가 기원설, 독서성 기원설, 강창 기원설, 광대소학지희 기원설 등 여러 가지 견해가 있다.

이 중 가장 유력한 것으로 인정받는 것은 서사무가 기원설이다. 판소리가 구비 서사시라는 점이 서사무가와 비슷할 뿐만 아니라, 우리나라 남도의 세습무 가계에서 판소리 명창들이 다수 배출되었다는 것 등의 이유로 남도의 서사무가가 신성한 것으로 여겨지던 것에서 벗어나 세속화 되면서 나타난 것으로 인식되고 있다.

(2) 전승

기록으로 남아 있는 판소리의 가장 오래된 모습은 조선 영조 때 유진한이 쓴 〈가사춘향가이백구〉에서 확인할 수 있다. 유진한은 1753년부터 1754년까지 호남지방을 여행하면서 보았던 〈춘향가〉의 가사를 한시로 옮겨 놓았는데, 이를 흔히 〈만화본춘향가(晚華本春香歌)〉라고 부른다. 이 무렵에 이미 판소리 열두 마당이 형성되었을 것으로 짐작된다. 판소리 열두 마당은 〈춘향가〉, 〈심청가〉, 〈흥보가〉, 〈수궁가〉, 〈적벽가〉, 〈배비장타령〉, 〈변강쇠타령〉, 〈강릉매화타령〉, 〈숙영낭자타령〉, 〈옹고집타령〉, 〈장끼타령〉, 〈무숙이타령(왈자타령)〉인데 〈숙영낭자타령〉 대신 〈가짜신선타령〉을 넣는 경우도 있다.

이후 19세기에 이르러 판소리는 더욱 발전하게 되었다. 수많은 명창들이 배출되고 향유층이 서민뿐만 아니라 중인, 양반 사대부 계층으로 넓혀졌다. 또한 판소리계 소설이 방각본으로 다수 간행되어 독서용으로도 퍼져나갔다. 고종 때 신재효는 판소리 광대들을 적극 후원하고 여성 명창도 육성하였으며, 판소리 12마당 가운데 6마당의 사설을 정리·개작하였다. 이 중 〈변강쇠가〉는 곡이 유실되었고, 현재는 12마당 중 〈춘향가〉, 〈심청가〉, 〈흥보가〉, 〈수궁가〉, 〈적벽가〉만 사설과 선율이 함께 남아 있다.

20세기 초에는 협률사, 원각사 등 근대 서구식 극장이 만들어지면서 연극적인 면이 강화된 창극과 마당극의 형태로 변화되기도 했다. 일제 강점기에는 전국적으로 권번(기생조합)이 설치되고 거기에서 판소리를 가르치기 시작하면서 여성 명창도 다소 배출되었다. 1964년에는 판소리를 중요무형문화재(인간문화재)로 지정하여 보존 및 전수의 계기를 마련하였다.

3 판소리 구성요소

판소리 공연이 이루어지기 위해서는 **연창자인 소리광대, 북을 치는 고수, 청중**이 있어야 한다.

(1) 소리광대(창자)

소리광대 판소리의 주된 인물로 여러 가지 형상적 표현수단을 이용하여 판소리 대본을 청중에게 전달하여 그들의 사상, 정서적 감흥을 불러일으킨다. 연창자의 형상적 표현수단에서 중요한 것은 '창(唱, 소리)', '아니리', '너름새' 등이다.

① **창**

창이란 판소리 대본에서 연창자가 소리하는 모든 대목을 통틀어 이르는 말이다. 창은 소리의 형태, 음조, 형상기법, 성음의 높낮이, 발성법 등 여러 기준에 따라 나눠볼 수 있다. 창에서 특히 중요한 것은 더늠인데, 이것은 성숙의 경지에 올라선 창자가 스승에게 전수받은 부분 위에 자신이 만들어낸 자신의 장기인 새로운 부분을 덧보태 이를 후배에게 전승시키는 것을 말한다. 더늠은 판소리의 진수가 제일 잘 나타난 부분으로 창자의 온갖 재주가 발휘되어 문학과 음악이 조화의 극치를 이루는 부분이다.

② **아니리**

아니리는 판소리 대본의 극적 줄거리를 창자가 운율화된 말로 엮어나가는 부분을 말한다. 아니리는 판소리 대본의 서두에서 사건이 벌어지는 장소, 인물, 환경을 설명하는 것으로부터 시작하여 극적 사건이 변화되는 내용을 대화체로 연결한다. 이러한 대화체는 고수의 일정한 장단 안에서 처리되어야 한다. 아니리는 연창자로 하여금 소리의 공간과 너름새의 기회를 주게 된다.

③ **너름새(발림)**

너름새는 연창자의 간단한 몸동작을 말하는데 발림이라고도 한다.

④ 기타
  ⊙ 화용 : 얼굴표정을 나타내는 것
  ⓒ 비양 : 새소리를 비롯한 자연계의 온갖 소리를 흉내내는 것

(2) 고수

고수는 북으로 장단을 맞춰주며 연창자를 인도하고 청중과 호흡을 맞춘다. 고수는 북장단을 치면서 때로는 '얼씨구', '좋다', '으이' 등의 말을 덧붙여 연창자의 흥취를 돋우며 청중의 인기를 끈다. 이때 고수와 청중 간의 호흡을 맞추는 것을 추임새라고 한다. 고수의 북장단은 판소리의 주요한 음악구성의 하나로서 판소리에 쓰인 장단에는 진양조, 중모리, 중중모리, 잦은모리, 잦은중모리(휘모리), 엇모리 등이 있다. 고수는 이러한 여러 가지 장단을 통하여 판소리에 변화를 주면서 작품을 재미있게 엮어나간다.

(3) 청중

청중 역시 고수와 마찬가지로 추임새를 넣으며 연행자와 소통하고, 판에 생동감을 불어넣는다. 판소리의 연행자는 청중과 호흡을 맞추며 즉흥적으로 원래의 내용이나 곡조와 다르게 연행하기도 한다. 그러므로 청중은 제2의 연행자이며 창작자라 할 수 있다.

4 판소리의 특성

(1) 구비문학
구비 전승되는 과정에서 같은 제목을 가진 여러 작품군이 나타났다.

(2) 적층문학
판소리는 구비문학의 여러 단순 형태가 쌓이며 각 시대의 문화, 각 계층의 언어가 누적되었다.

(3) 종합예술
음악적 요소인 창, 문학적 요소인 아니리, 연극적 요소인 발림과 무용이 결합되었다.

(4) 부분적 독자성
구비 전승되는 과정에서 전체적 유기성에 크게 구속받지 않는 '더늠'에 의해 부분적 독자성을 지닌다. 이는 서양과는 다른 동양적 극의 특징이라 할 수 있다.

(5) 서민문학적 성격
서민의 일상을 이야기하기에 서민의 의식 욕구를 잘 드러낸다.

(6) 국민문학, 민족문학

후대에는 서민만이 아니라 중인층의 개입으로 양반의 후원을 받고 연행되는 경우가 많아졌다. 따라서 판소리는 특정 계층이 아닌 국민, 민족의 문학이다.

(7) 에로티시즘

성의 문학화를 통해 억제된 본능을 연희적으로 해소하는 카타르시스적 장치로 작동하였다. 그러나 유교 이념을 중시하는 양반도 향유하던 장르였기 때문에 정제되고 문학적으로 윤색된 표현이 사용되었다.

(8) 운문과 산문의 혼합

전아하고 장중한 양반의 언어와 발랄함과 소박함을 지닌 서민의 언어가 섞이면서 나타난 특징이라 할 수 있다.

(9) 긴장과 이완의 구성

비장한 장면에서 느낄 수 있는 긴장감이 골계적인 장면을 통해 해소되는 구성 방식을 지닌다.

(10) 표면적 주제와 이면적 주제

판소리 생산의 주체는 구비문학을 토대로 한 문화적 토양에 자리 잡은 민중인 반면, 감상의 주체를 확장할 경우 기록문학을 토대로 한 문화적 토양에 자리 잡은 양반 사대부와 왕족 및 신흥 세력까지 포함하게 된다. 따라서 판소리는 표면적인 주제와 이면적인 주제라는 양면적인 주제를 가짐으로써 향유층을 넓히게 되었다.

5 판소리계 소설

(1) 판소리계 소설의 개념

판소리는 여러 요소들이 함께 어우러져 연행되는 현장 예술적인 공연물이고 판소리 사설은 판소리 연창을 위한 대사이다. 그 판소리 사설과 판소리계 소설의 선후관계에 대해서는 어느 것이 선행했는가에 대해 두 가지 학설이 있는데, 일반적으로 판소리가 소설에 선행했다고 본다. 그리고 판소리 사설은 거의 대부분 구전설화를 기본 골격으로 갖고 있다. 따라서 구비 전승되던 구전설화가 판소리 사설이 되고, 그것이 다시 판소리계 소설로 정착되었을 가능성이 높다.

이렇게 해서 형성된 판소리계 소설에는 〈춘향전〉, 〈심청전〉, 〈토끼전〉, 〈화용도〉 등이 있다. 이러한 판소리계 소설은 근대의식을 발전시키는 역할을 담당했다는 점에서 의의가 있다. 또한 판소리계 소설은 나중에 신소설 작가에 의해 현대적으로 변용되어 〈옥중화〉, 〈강상련〉, 〈연의각〉 등의 작품이 만들어지기도 했다.

(2) 판소리계 소설의 대표 작품

작품명	내용	특징
〈춘향전〉	이몽룡과 춘향의 신분을 초월한 사랑 이야기	• 봉건 사회의 도덕과 다른 남녀 간의 자유연애 사상 • 신분 상승 의지 • 여성의 주체적 선택을 강조하나 정조 관념 고취 • 탐관오리에 대한 서민의 저항을 보임
〈흥부전〉	마음씨 착한 흥부가 제비의 도움으로 가난에서 벗어난 이야기	• 권선징악적 성격 • 우애 있는 형제라는 이상적 가족주의를 보임 • 서민의 소박한 희망을 반영함
〈심청전〉	심청이 지극한 효성으로 아버지의 눈을 뜨게 한 이야기	• 부모에 대한 효(孝)의 극단적 구현 • 권선징악적 성격, 불교적 성격(윤회 사상)
〈토끼전〉	용궁에 잡혀 간 토끼가 지혜를 발휘하여 살아남는 이야기	• 고난을 극복하는 지혜 및 허욕에 대한 경계, 왕에 대한 충성을 다룸 • 양반 권력 및 인간의 속물적 근성에 대한 비판 및 풍자

제2절 민속극

1 민속극의 개념

민속극이란 민간에서 전해오는 여러 습속이나 전설 등을 소재로 한 연극을 가리키는 것으로 음악, 무용, 언어가 조화를 이룬 종합예술적 성격을 갖고 있다. 민속극은 마을 축제나 행사 때 '마당'이라는 무대 역할을 하는 공간에서 연행되는데 대본에 따라 다양한 개성을 지닌 인물들이 등장하여 고정된 대본이 아니라 공연마다 재창조되는 대사를 구사한다는 점에서 구비문학적 측면을 지니고 있다. 이들의 대사에는 민중의식을 바탕으로 하여 지배체제에 대한 비판정신이 잘 표현되어 있다.

민속극은 일반적으로 무당의 굿놀이, 가면극(탈춤), 인형극(꼭두각시놀음)을 말하지만 이외에도 발탈, 우희, 만석중놀이, 영등희 등 다양한 것들이 있었다.

2 역사

(1) 민속극은 고대 제천의식에서 시작되어 중국이나 서역의 영향을 받아 점차 제의적 성격을 벗고 흥미 위주의 공연으로 발달된 것으로 본다.

(2) 삼국 시대에는 고구려악, 백제의 기악, 신라의 오기와 처용무가 있었다는 기록이 남아있는데 이것들은 모두 국가에서 치르는 행사나 연희에서 연행되었던 노래, 춤, 기예(가무백희)를 통합한 것이었다.

(3) 고려 시대에는 산대잡극과 구나(驅儺)에 대한 기록이 남아있다. '산대잡극'이란 산과 같이 높은 무대를 '산대'라 부른 데서 유래한 말이다. 고려 시대 국가 행사 때 산대를 만들고 그 위에서 음악과 함께 처용무 여러 탈춤을 추거나 여러 가지 곡예를 펼쳤는데, 이를 산대잡극이라 한다. '구나'는 궁중에서 '방상시' 탈을 쓴 사람이 역귀로 분장한 사람을 쫓는 연극을 말한다. 섣달 그믐 즈음에 궁중에서 악귀를 쫓는 행사로 행했다.

(4) 이러한 산대잡극과 구나는 조선 시대까지 이어졌으나 유교를 기반으로 한 조선 시대에는 발달에 제약이 있었다. 조선 중기까지만 해도 '산대도감'이라는 관청을 두어 사신 영접이나 공식 행사 때 가무백희를 거행했으나 규모가 큰 편에 속하는 민속극은 궁중에서 연희되지 않았다. 그러다가 인조 12년(1634) 산대희를 공식행사에 동원하는 일이 폐지되자, 산대도감에 소속되었던 연희자들이 각지로 흩어져 생계를 유지하기 위해 민간에서 공연하면서 민중오락으로서의 산대놀이가 행해졌다. 상층 문화와는 단절된 채 지역에서 행해지는 민속 예능으로 남게 된 것이다.

3 민속극의 종류별 특징

(1) 무당의 굿놀이
① 무당이 하는 굿의 한 과정에 해당하는 '공수' 단계에서 이루어지는 연극을 말한다. 공수란 무당이 전해주는 신의 말 혹은 죽은 자의 넋이 하는 말인데, 굿을 청한 사람과 무당이 말을 주고받게 된다.
② 세습무 계통의 연희자들이 있어 상당한 수준으로 발전하는 것이 가능했으리라 짐작된다.
③ 굿놀이에는 제주도의 〈영감놀이〉·〈입춘굿놀이〉·〈세경놀이〉, 동해안의 〈원님놀이〉, 전남의 〈삼설양굿〉, 진도의 〈다시래기〉, 경기도와 황해도의 〈소놀이굿〉, 황해도와 평안도의 〈방아놀이〉 등이 있다.

(2) 가면극(탈춤)
① **개념 및 명칭**
가면극은 연희자들이 각 등장인물이나 동물을 형상화한 가면을 쓰고 나와 연기하는 전통연극이다. 가면극 이외에 탈춤, 탈놀이, 탈놀음으로 부르기도 한다. 또한 지역에 따라 산대놀이(서울, 경기), 탈춤(황해도), 야류(낙동강 동쪽), 오광대놀이(낙동강 서쪽)라고 부르기도 하는데 국문학적 관점에서는 극의 대본을 연구하므로 '가면극'이라는 명칭을 주로 사용한다.

② **특징**
이러한 가면극은 등장인물의 대사와 몸짓으로 진행되며 반주를 하는 악사와 대사를 주고받기도 한다는 점에서 현대적인 의미의 극과는 차이가 있다. 또한 현대극의 '막'에 해당하는 것으로 '과장'이 있다. 과장은 인물의 등장과 퇴장을 구분지어 주는 개념으로 현대극에서처럼 일관성 있는 사건의 흐름을 구분하는 개념은 아니다.

③ **종류**

마을굿놀이 계통 가면극, 본산대놀이 계통 가면극, 기타 계통 가면극으로 나누어 볼 수 있다.

㉠ 마을굿놀이 계통 가면극

ⓐ 마을굿에서 유래한 것으로, 굿의 절차에서 주민들 혹은 관노들이 주술적인 의미에서 가면을 쓰고 노는 가면극이 행해졌다. 그 가면극만을 따로 떼어 공연하게 되면서 마을굿놀이 계통 가면극이 성립되었다.

ⓑ 강릉단오제의 관노가면극, 하회별신굿의 가면극, 병산별신굿의 탈놀이, 경북 영양군 주곡동의 탈놀이 등이 있다.

ⓒ 특징
- 토착적이고 자생적이다.
- 주로 농촌지역에 분포하며 마을의 평안과 풍농을 기원하는 마음이 반영되었다.
- 지역에 따라 가면극의 내용이 전혀 다르다.
- 본산대놀이 계통 가면극의 영향이 일부 관찰된다.
  예 하회별신굿탈놀이의 파계승 과장이나 유학과 유학자를 조롱하는 내용, 강릉관노가면극의 소매각시

㉡ 본산대놀이 계통 가면극

ⓐ 양주, 송파 등지의 산대놀이를 별산대놀이라 부르는 것과 달리 애오개나 사직골 등에 있던 산대놀이를 본산대놀이라고 부른다. 본산대놀이는 조선 후기에 반인(泮人, 성균관 소속 노비)들이 삼국 시대로부터 전해 내려오는 산악, 백희 계통의 가면희와 연희를 재창조한 것이다. 이러한 본산대 놀이패들은 지방으로 순회공연을 자주 다녔는데, 이 과정에서 각 지방의 가면극 형성에 영향을 주어 발생한 가면극을 본산대놀이 계통 가면극이라 한다.

ⓑ 서울의 송파산대놀이, 경기도의 양주별산대놀이, 황해도의 봉산탈춤·강령탈춤·은율탈춤, 경상남도의 수영야류·동래야류·통영오광대·고성오광대·가산오광대, 남사당패의 덧뵈기 등이 해당된다.

ⓒ 특징
- 상업이 발달한 곳에서 주로 행해졌다.
- 상인들의 후원과 지방 관아의 주최로 가면극이 행해지기도 했다.
- 지역과 상관없이 각 과정의 구성과 내용, 등장인물, 대사의 형식, 극적 형식, 가면의 유형 등이 비슷하다.

㉢ 기타 계통 가면극 : 북청사자놀이

원래는 함경남도 북청군에서 전승되어 온 가면극으로, 한국전쟁 당시 월남한 연희자들에 의해 남한에서 복원되었다. 음력 정월 14일 밤에 사자탈을 쓰고 집집마다 돌아다니며 놀던 벽사진경의 풍습이 현재는 서울을 중심으로 전승되고 있다.

④ **주제**

㉠ 말뚝이나 취발이 등의 하층인물을 통해 양반과 승려 등의 위선을 풍자하였다.

㉡ 영감과 할미, 각시의 갈등을 통해 엄격한 가부장적 질서를 비판하였다.

㉢ 그 밖에 인생무상, 왕생희원 등의 주제로 노래하기도 했다.

(3) 인형극(꼭두각시놀음)

① 개념 및 명칭

인형극은 인형을 만들어 의상을 입히고 실을 매달아 인형의 동작을 보이고 조종자들이 뒤에서 대화하는 방식으로 연출하는 극을 말한다. 그러나 우리나라의 경우 대표적인 인형극이라 할 수 있는 꼭두각시놀음은 무대를 차리고 인형의 조종자가 인형의 하반신을 손으로 잡고 손을 움직여 상반신만 무대 위에 올라가게 하여 관중에게 공연하는 방식이다. 남사당패나 굿중패라 불리는 떠돌이 놀이패에 의해 연행되었다.

유사한 것으로 발탈과 만석중놀이가 있다. 발탈은 인간 배우와 발에 탈을 쓴 배우가 함께 등장하여 재담을 주고받는 것이며, 만석중놀이는 석가탄신일에 사찰이나 민가에서 행해지던 것으로, 만석중과 동물들의 인형 그림자를 보여주는 방식으로 연행하던 것이다. 그러나 발탈의 경우 인간 배우의 비중이 높은 편이고, 만석중놀이의 경우 그림자를 비춰 보이는 방식이라는 점에서 일반적인 의미의 인형극과는 다르며 오늘날까지는 거의 전해지지 않는다.

인형극은 주요 등장인물인 박첨지와 홍동지의 이름을 따서 '박첨지놀이', '홍동지놀이' 혹은 '꼭두각시놀이', '꼭두극', '덜미'로도 불린다.

② 특징

인형극은 고정된 대본이 없이 전승되어 왔기 때문에 채록된 대본들을 보면 차이가 많은 편이다. 기본적으로는 몇 개의 과장(거리)으로 구성되어 있으며 각 과장은 서로 관련이 없는 독립된 내용으로 이루어져 있다. 다만 박첨지가 여러 과장들에서 동일하게 해설자 역할을 담당하며 여러 과장을 통일시킨다. 극중 장소는 해설자 역할을 하는 박첨지가 주로 설정하는데 소도구나 대화를 통해 표현된다.

③ 종류

현전하는 꼭두각시놀음 계통의 인형극은 크게 남사당 꼭두각시놀음, 서산 박첨지놀이, 장연 꼭두각시극의 3개로 나눌 수 있다.

4 민속극의 의의

(1) 민속극은 하층 문화로서 비판 정신이 가장 잘 표현된 장르라 할 수 있다.

(2) 민중이 독자적으로 창조적 역량을 발휘한 장르이다.

제 4 장 조선 후기의 한문학

제1절 명·청 문단의 영향과 실학

조선 후기 한문학은 당대의 사회·사상적 변화 속에서 새로운 문풍의 형성과 다양한 시도들이 나타났다. 특히 외래문학의 유입과 실학의 대두는 문학의 주제와 표현 양식에 중요한 변화를 불러일으켰다.

1 명·청 문단의 영향

조선 후기 문인들은 중국의 문학 흐름에 민감하게 반응하였으며, 특히 명말 청초 문단의 시풍은 조선 문단에 큰 영향을 끼쳤다.

(1) 명말 문단의 특징과 영향

① **공안파(公安派)**
  ㉠ 개성적, 감성적 문학을 지향하였다.
  ㉡ 대표 인물 원굉도는 "시는 성정(性情)에서 나온다."며 감정의 진실한 표출을 강조하였다.

② **곤유파(竟陵派)**
  ㉠ 개인 감성을 중시하였다.
  ㉡ 형식보다 내용을 강조하였다.

③ **조선 문인에 미친 영향**
  김창협, 김창흡, 박제가 등이 감성적 시풍과 자아 성찰, 현실 인식을 드러내었다.

(2) 청대 문단의 특징과 영향

① **고문 부흥 운동**
  ㉠ 한유의 고문 정신을 계승하였다.
  ㉡ 고전적 문체와 엄정한 논리를 강조하였다.

② **고증학의 발달**
  고증학이 발달하여, 실증적·객관적 학풍을 중시하였다.

③ **조선 문인에 미친 영향**
  안정복, 이덕무, 유득공 등은 사실성과 문헌적 근거를 중시한 문체를 형성하였다.

2 실학과 한문학의 전개

조선 후기에 실학이 대두하면서 문학도 현실성과 실용성을 중시하는 방향으로 전환되었다.

(1) 실학자들의 문학적 태도
① 문학을 현실 문제 고찰과 백성의 삶을 개선할 수단으로 인식하였다.
② 감정보다 사실, 비판, 실천을 중시하였다.
③ 대표 인물
  ㉠ 정약용 : 유배 중 시문과 산문을 통해 정치를 비판하였고, 유교 이상 국가를 구상하였다.
  ㉡ 박지원 : 『열하일기』 등을 통해 현실 풍속과 제도를 비판하였다.

(2) 문체반정과 문체 논쟁
① 정조는 박지원・이덕무 등의 파격적 문체가 정통 유학의 격조에 어긋난다며 비판하고 두보의 시와 같은 고문체를 따르라고 명했다.
② 정통 유학 문체와의 충돌은 문체의 기능과 다양성 논의로 이어져 후대 문학의 전환점을 마련하였다.

조선 후기에 들어서면서, 전기의 관각체 문학이 지닌 건실한 기풍은 점차 출세의 수단으로 변질되었다. 그러나 이에 대한 반작용으로 고문을 중시하는 경향이 나타나기도 했고, 중인과 서얼 계층의 한문학인 위항문학이 태동하였으며, 감성과 서정을 중시하는 조선 전기의 사장파 문학을 계승하는 흐름과 함께 현실 참여적인 실학파 문학이 대두하는 등 다양한 문학 경향이 공존하게 되었다.
또한, 조선 후기 한문학은 명・청 문단의 감성적 시풍과 고증학적 문체론, 그리고 실학의 현실 참여 정신이 복합적으로 작용하면서 변화하였다. 문학은 단순한 도덕 교화의 수단을 넘어서 자아 성찰, 현실 비판, 실천적 사유를 담는 통로로서 그 역할이 확대되었으며, 이는 이후 한문학의 새로운 가능성을 열어 주는 계기가 되었다.

제2절 민요, 악부와의 교섭과 조선풍의 한시

조선 후기의 한시는 당대의 생활 문화와 민중 정서가 반영되면서 이전과 다른 새로운 경향을 보였다. 이 시기에는 민요나 악부체와 같은 서민적 양식과의 교섭을 통해 정제된 유가문학에서 벗어난, 보다 자연스럽고 현실적인 시가 창작되었으며 이를 통해 '조선풍의 한시'라는 새로운 문학적 흐름이 형성되었다.

1 민요, 악부체의 영향

(1) 민요와의 교섭
① 민요는 백성의 삶과 감정을 직접적으로 반영한 구비시가로, 현실적이고 감성적인 내용이 특징이다.
② 조선 후기 한시에서는 민요의 어조, 표현 방식, 정서 등이 차용되어 시적 표현이 보다 자연스러워졌다.
③ 민요적 표현을 수용한 한시는 형식의 완결성과 교화성보다는 감정의 진솔한 표현을 중시하였다.

(2) 악부체 수용
① 악부는 중국 고대 시가 양식으로, 현실 묘사와 서사성이 강조된 형식이었다.
② 조선 문인들은 악부체를 빌려 백성의 삶과 사회의 부조리를 사실적으로 묘사하였다.
③ 이는 당시 시문에서 풍속 비판, 사회 고발 등의 현실 참여적 경향을 강화하는 계기로 작용하였다.

2 조선풍의 한시 형성

(1) 개념과 특징
① 조선풍의 한시는 중국 시풍과 구별되는 토착적 정서와 표현을 담은 한시이다.
② 민속적 소재, 자연 친화적 정서, 정감 있는 언어를 활용하였다.
③ 형식보다는 내용과 감성, 개성 표현에 중점을 두었다.

(2) 대표 작가와 작품
① 김삿갓(김병연)은 방랑과 해학을 담은 시로 백성의 삶과 현실을 풍자하였다.
② 유만주는 『흠영』 등을 통해 평민적 감정과 일상의 체험을 사실적으로 시화하였다.
③ 조수삼, 정학유 등도 조선풍 한시 창작에 기여하였다.

(3) 문학사적 의의
① 조선 후기 한시는 민요와 악부의 요소를 흡수하며 문학의 표현 방식과 정서를 풍부하게 하였다.
② 정형성과 교화 중심의 문학에서 현실 감각과 개성을 중시하는 문학으로의 전환을 보여주었다.
③ 조선풍의 한시는 토착적 감성과 민중적 언어 감각을 담아내며, 이후 시문학의 다양성과 포용성을 확대하는 기반이 되었다.

제3절 주요 작자와 작품

조선 후기 한문학은 명·청 문단의 영향, 실학 사상의 확산, 민요·악부체와의 교섭 등으로 문학의 경향이 다양화되었으며, 이에 따라 활발한 창작 활동을 펼친 문인들도 다수 등장하였다.

정약용	• 실학자이자 문인으로 유배지에서 다수의 시문과 산문을 남김
	• 시문은 자아 성찰과 현실 비판을 담은 실천적 성격이 강함
	• 대표작 : 『여유당전서』
	  - 방대한 저작을 아우른 개인 문집
	  - 실학 사상이 집대성됨

박지원	• 실학자이자 문장가로 다양한 산문문학을 남김
	• 자유로운 문체와 생생한 현실 묘사로 조선 후기 산문문학의 새로운 방향을 제시함
	• 대표작 : 『열하일기』
	  - 청나라 사행 중 문물과 제도를 기록한 기행문으로, 현실 비판과 계몽 정신을 드러냄
	  - 〈호질〉, 〈양반전〉, 〈허생전〉 등 현실 비판적 단편소설 포함

이덕무	• 실용성과 교양을 중시한 문인으로 실학문학의 새로운 면모를 제시함
	• 정조 때 문체반정의 대상이 되었으며, 파격적 산문 문체로 논쟁의 중심에 섬
	• 대표작 : 『청장관전서』
	  - 산문, 일기, 독서록 등 일상과 학문을 결합한 자전적 문집
	  - 〈간서치〉 등 독서에 열중하는 삶을 회고하는 수필 포함

김삿갓 (김병연)	• 방랑 시인으로 백성의 삶과 당대 현실을 해학적으로 풍자함 • 관습적 시 형식에서 벗어난 자유로운 시풍으로 조선풍 한시를 대표함 • 대표작 : 다수의 한시 작품(개별 작품보다 시적 태도와 양식이 주목됨)

유만주	• 실용적이고 생활 밀착형 시문을 남긴 문인
	• 민요와 악부체 수용을 통해 조선적 시풍 형성에 기여함
	• 대표작 : 『흠영』
	  - 일상 체험과 정서를 담은 일기책
	  - 평민적 감성과 민요적 표현이 돋보임

정학유	• 정약용의 둘째 아들로, 풍속과 민중 생활을 시로 형상화한 작가 • 자연과 일상을 정감 있게 표현하여 서민문학의 흐름에 기여함 • 전하는 문집은 없으나, 민요적 운율과 생활 감정을 담은 한시들이 후대 문헌에 다수 인용되며, 서민 정서 표현에 뛰어난 작가로 평가됨 • 대표작 : 장편가사 〈농가월령가〉 등
성해응	• 시문과 평론 활동을 병행하며 비판적 시각을 견지함 • 현실 정치에 대한 관심을 시에 반영하고 사실적 표현을 중시함 • 대표작 : 오언 절구 한시 〈칠만암〉 등

김정희	• 실학자이자 예술가로 문학과 서화의 융합적 활동을 전개함
	• 고증학에 입각한 정확한 문장과 고전 해석에 능통
	• 대표작
	  - 실사구시에 입각한 다수의 시 작품과 편지글
	  - 『완당척독』 등의 문집 등

제6편 실전예상문제

제1장 조선 후기의 시가

01 다음 중 조선 후기 시조의 향유 계층 확대와 관련된 설명으로 옳지 <u>않은</u> 것은?

① 평민층의 참여로 시조 창작의 주제가 다양화되었다.
② 전문 가객들이 활동하며 시조집 편찬이 이루어졌다.
③ 시조는 일상과 현실을 반영하는 문학으로 변화하였다.
④ 사설시조는 대개 왕실과 양반에 의해 창작되었다.

01 사설시조는 왕실과 양반이 아니라 주로 평민 및 몰락한 양반 계층이 창작하였다.
①·②·③은 모두 조선 후기 시조의 대중화와 문학적 확장 경향을 설명한 내용이다.

02 다음 중 경정산가단에 대한 설명으로 옳은 것은?

① 김수장을 중심으로 편찬된 『청구가요』와 관련된다.
② 채헌과 채시옥이 활동한 가단이다.
③ 김천택이 중심이 되었고 『청구영언』을 편찬했다.
④ 안민영이 중심이 되어 『가곡원류』를 제작했다.

02 ① 노가재가단에 해당한다.
② 석문정시가단에 해당한다.
④ 승평계가단에 해당한다.

03 다음 중 조선 후기 사설시조의 특징으로 적절하지 <u>않은</u> 것은?

① 작자 미상이 대부분이다.
② 운율이 일정하며 형식이 엄격하다.
③ 현실 감정을 직설적으로 표현한다.
④ 판소리 및 민요와 향유층이 유사하다.

03 운율이 일정하고 형식시 엄격한 것은 평시조의 특징으로, 사설시조는 형식이 자유롭고 중장·종장이 길어져 산문적 느낌이 강하다.
①·③·④는 모두 사설시조의 전형적인 특징에 해당한다.

정답 01 ④ 02 ③ 03 ②

04 ② 승평계가단에 해당하는 설명이다.
③·④ 석문정시가단과 관련 있는 설명이다.

04 다음 중 '노가재가단'에 대한 설명으로 옳은 것은?
① 김수장이 중심이었으며 예술의 자유로움을 추구하였다.
② 『가곡원류』 편찬과 관련된다.
③ 경상북도 문경에 근거지를 둔 가단이다.
④ 채헌과 채시옥이 중심이 되었다.

05 영남가단은 도학자 중심(이황, 조식 등)으로 수양과 유교적 내면 성찰을 추구했다.
①·② 호남가단의 특징이다.
④ 사설시조나 일부 평민층 문학의 특징이라 할 수 있다.

05 다음 중 영남가단의 문학적 특징으로 가장 적절한 것은?
① 관직 은퇴 후 정자 생활의 낭만적 분위기 강조
② 풍류와 안분지족의 정서를 표현
③ 도학 중심의 수양과 유교적 성찰
④ 예술적 실험과 해학 중심의 가사 창작

06 정부는 민요 보급을 지원한 바 없고, 시조집은 민간 주도로 편찬되었다.

06 다음 중 시조집의 편찬 동기로 보기 어려운 것은?
① 시조 향유층의 확대
② 민요 보급을 위한 정부의 정책 지원
③ 상업 발달로 인한 출판 여건 향상
④ 우리말 시가에 대한 관심 증대

정답 04 ① 05 ③ 06 ②

07 다음 중 『가곡원류』에 대한 설명으로 옳지 않은 것은?

① 박효관과 안민영이 편찬에 참여했다.
② 악곡 해설이 포함된 음악 이론서적 성격이 있다.
③ 시조 856수가 수록되어 있다.
④ 『청구영언』보다 먼저 편찬되었다.

07 『가곡원류』는 1876년에, 『청구영언』은 1728년에 편찬되었다. 따라서 『가곡원류』의 편찬 시기가 더 나중이다.

08 다음 중 사설시조 작품의 전형적 표현 방식으로 볼 수 없는 것은?

① 반복과 열거를 활용한 형식
② 비유와 상징 중심의 관념적 표현
③ 구체적인 현실 상황에 대한 묘사
④ 남녀 간 사랑 표현을 자유롭게 드러냄

08 비유와 상징을 중심으로 관념적인 표현을 사용한 것은 양반 시조나 평시조에서 흔한 표현 방식이다.
①·③·④는 모두 직설적이고 현실적이며 서민적 감각이 드러나는 방식을 선호하는 사설시조에 가까운 설명이다.

09 다음 중 조선 후기 가사문학의 특징으로 옳지 않은 것은?

① 작자층이 양반 중심에서 평민, 여성으로 확대되었다.
② 산문성이 약화되어 정형률에 더욱 충실해졌다.
③ 현실적이고 일상적인 주제를 다루는 경향이 강해졌다.
④ 형식상 〈농가월령가〉 등의 변격 가사가 등장했다.

09 조선 후기 가사는 산문성이 강화되었다.

정답 07 ④ 08 ② 09 ②

10 〈일동장유가〉는 일본 사행을 다녀온 후 쓴 기행가사이다.
① 영사적 요소가 있는 가사에 해당한다.
③ 은일가사에 해당한다.
④ 불교가사에 해당한다.

11 '양반 사대부의 관념적 내용에 집중'한 것은 조선 전기 사대부 가사의 특징이다.

12 〈농가월령가〉는 영사·풍속·세덕류에 해당한다.
②·③·④는 각각 불교, 천주교, 동학 관련 가사에 해당한다.

13 일정한 곡조나 창법을 엄격히 따라야 하는 것은 무가나 전문예술 장르에 해당하는 설명이다. 민요는 일정한 형식에 얽매이지 않고 자유롭게 불린다.

정답 10 ② 11 ③ 12 ① 13 ②

10 다음 중 기행가사에 해당하는 작품은?
① 〈농가월령가〉
② 〈일동장유가〉
③ 〈누항사〉
④ 〈회심곡〉

11 조선 후기 서민가사의 특징에 해당하지 <u>않는</u> 것은?
① 작자 미상인 경우가 많다.
② 현실 비판 의식을 담은 작품이 많다.
③ 주로 양반 사대부의 관념적 내용에 집중하였다.
④ 인간 본능과 감정을 솔직히 표현하는 경향이 있다.

12 다음 중 종교가사에 해당하지 <u>않는</u> 것은?
① 〈농가월령가〉
② 〈회심곡〉
③ 〈십계명가〉
④ 〈용담유사〉

13 다음 중 민요의 개념에 해당하지 <u>않는</u> 것은?
① 민중이 창작하고 불렀다.
② 일정한 곡조나 창법에 엄격히 따라야 한다.
③ 구비 전승되며 공동체의 표현 양식이다.
④ 청자와 창자의 구분이 없는 경우가 많다.

14 다음 중 민요의 기능과 그에 해당하는 예시로 옳은 것은?

① 노동적 기능 – 〈시집살이노래〉
② 의식적 기능 – 〈지신밟기노래〉
③ 유희적 기능 – 〈상여소리〉
④ 정치적 기능 – 〈창부타령〉

14 ① 〈시집살이노래〉는 비기능요에 해당한다.
③ 〈상여소리〉는 장례를 치를 때 부르는 장례의식요이다.
④ 〈창부타령〉은 유희요로 분류되며, 정치적 기능이 있다고 보기는 어렵다.

15 다음 중 무가의 특징으로 옳지 <u>않은</u> 것은?

① 주술성과 신성성을 지닌다.
② 종합예술적 성격을 가진다.
③ 문학성을 내포하고 있다.
④ 무병, 신내림과는 큰 관계가 없다.

15 강신무는 무병이나 신내림을 겪은 자가 무가를 부르며, 이는 무가의 제의성과 관련이 있다.

16 다음 중 노동요에 해당하는 민요는?

① 〈보리타작노래〉
② 〈강강술래소리〉
③ 〈계림요〉
④ 〈규수상사곡〉

16 작업 중 박자를 맞추기 위해 부르는 대표적 노동요이다.
② 〈강강술래소리〉는 유희요에 해당한다.
③ 〈계림요〉는 정치요에 해당한다.
④ 〈규수상사곡〉은 가사 작품이다.

정답 14 ② 15 ④ 16 ①

주관식 문제

01 다음 내용에서 괄호 안에 들어갈 말을 순서대로 쓰시오.

> 조선 후기에는 시조의 향유층이 (㉠)층으로까지 확대되었고, 형식면에서는 (㉡)시조가 새로 등장하였다.

01 정답
㉠ 평민
㉡ 사설

해설
시조 향유층은 조선 초에는 주로 양반이었으나 후기에는 평민으로 향유층이 확대되었다. '사설시조'는 조선 후기에 형식적 확장의 결과로 등장한 새로운 시조 유형이다.

02 대표적인 조선 후기 3대 시조집을 쓰시오.

02 정답
『청구영언』, 『해동가요』, 『가곡원류』

해설
『청구영언』, 『해동가요』, 『가곡원류』는 방대한 시조 수록, 음악적 요소 포함, 향유층 확대의 양상을 잘 보여주는 시조집으로, 조선 후기 시조문학의 흐름과 특성을 집약적으로 담고 있어 '3대 시조집'으로 불린다.

03 사설시조가 기존의 평시조와 구별되는 특징을 2가지 이상 서술하시오.

03 정답
형식이 자유롭고 길이가 길어 산문적 느낌이 강하고, 작자 미상이 대부분이며, 주로 평민과 여성에 의해 창작되었다. 또한 현실의 감정이나 남녀 간의 사랑을 직설적이고 해학적으로 표현한다.

04 다음 내용에서 괄호 안에 들어갈 말을 순서대로 쓰시오.

> 종교가사 중 동학가사의 대표적 작품은 (㉠)이며, 저자는 (㉡)이다.

04 정답
㉠ 〈용담유사〉
㉡ 최제우

해설
동학가사의 대표작인 최제우의 〈용담유사〉는 민중의 힘을 결집시킨 구국과 개혁의 사회적 이념을 담고 있다.

05 다음 특징에 해당하는 조선 후기 가사 작품의 제목을 2개 이상 쓰시오.

> - 명승지나 사행지를 다녀와서 썼다.
> - 견문과 감회 등이 담겨 있다.
> - 청나라를 다녀와서 쓴 작품이다.

05 정답
〈연행가〉, 〈북행가〉

해설
제시된 설명은 기행가사에 대한 것으로, 조선 후기 기행가사 중 청나라를 다녀와서 쓴 것으로는 홍순학의 〈연행가〉, 유인목의 〈북행가〉 등이 있다.

06 조선 후기 가사문학의 작자층이 확대되며 문학 양상에 어떤 변화가 있었는지 설명하시오.

06 정답
평민과 여성들이 문학 창작에 참여하게 되면서 현실적이고 다양한 주제가 등장했다. 감정의 솔직한 표현, 일상생활에 대한 묘사, 사회 비판 의식이 강화되었다. 또한 기존 양반 중심의 유교적 이념에서 벗어나 다층적 정서가 드러났다.

07 다음 특징을 가진 민요 유형을 쓰시오.

- 놀이의 박자를 맞추어 흥을 돋운다.
- 놀이 방식에 따라 여러 종류로 나뉜다.
- 공동체의 화합을 목적으로 한다.

07
정답
유희요
해설
유희요는 놀이와 관련된 민요로, 〈강강술래〉, 〈줄타기 노래〉 등처럼 놀이 중 박자를 맞추며 부른다. 이러한 유희요에는 공동체적 화합, 스트레스 해소, 경쟁 요소 등 놀이의 다양한 측면이 반영된다.

08 무가 작품 중에서 제석신이 탄생하여 신이 되기까지를 서술한 작품의 제목을 쓰시오.

08
정답
〈제석본풀이〉
해설
〈제석본풀이〉는 제석신의 탄생과 신격화 과정을 내용으로 한 서사무가로, 무속 신앙에서 중요한 신화적 역할을 한다. '당금애기'가 등장하는 이야기로도 알려져 있다.

09 노동요가 민중에게 가지는 사회적 의미를 서술하시오.

09
정답
노동요는 작업의 효율성을 높일 뿐 아니라, 공동체의 소속감을 고취시키고 노동의 고통을 해소하는 수단이었다.

제2장 조선 후기의 소설

01 다음 중 유학적 문학관인 '재도론'에 대한 설명으로 옳은 것은?

① 문학을 예술적 유희로 보는 견해이다.
② 문학은 감정을 해방시키는 수단이라고 본다.
③ 문학은 사실성과 역사성을 중시해야 한다고 본다.
④ 문학은 도덕적 목적을 실현하기 위한 수단이라고 본다.

> 01 '재도론'은 문학이 유교적 도덕 실현 수단으로 가치가 있다고 보았다.
> ①·② 낭만주의 계열의 관점이다.
> ③ 사실주의 계열의 관점이다.

02 정조가 문체반정을 시행한 이유로 가장 적절한 것은?

① 중국 문체를 도입하기 위해
② 소설의 실용성을 높이기 위해
③ 문장의 고문 체계를 복원하기 위해
④ 여성 독자의 문학 향유를 장려하기 위해

> 02 정조는 산문체와 패관체를 배격하고 고문체를 강조하며 문풍을 바로잡고자 했다.

03 다음 중 정조가 문체반정으로 비판한 작품이 <u>아닌</u> 것은?

① 『열하일기』
② 두보의 시
③ 『청장관전서』
④ 『삼국지연의』

> 03 정조가 보기에 박지원의 『열하일기』, 이덕무의 『청장관전서』 같은 글들은 패관소품에 해당하는 것으로 배격의 대상이었다. 또한 중국의 『삼국지연의』 역시 당대에 유행했으나 잡스러운 글로 여겨 멀리했다. 그러나 두보의 시는 고문체에 해당하므로 본받아야 할 것이었다.

정답 01 ④ 02 ③ 03 ②

04 연의류는 역사에 허구를 덧붙인 형식이기에 유학자들은 역사 왜곡으로 인식했다. 재도론의 관점을 갖고 있는 유학자들에게 역사 왜곡은 도학에 위배되는 것으로 여겨질 수밖에 없다.

04 소설 배격론자들이 연의류 소설을 비판한 이유로 가장 적절한 것은?

① 지나치게 문어체로 쓰였기 때문이다.
② 허구를 덧붙여 역사를 왜곡했다고 보았기 때문이다.
③ 너무 짧아서 감동이 부족하다고 여겼기 때문이다.
④ 외국어로 쓰여 있었기 때문이다.

05 조선 시대의 소설은 주로 필사본 혹은 방각본의 형태로 유통되었다. 필사본은 독자가 직접 베껴 쓴 책이며, 방각본은 '방각'이라는 이름으로 목판에 글자를 새겨 인쇄한 책을 말한다. 방각본 소설은 민간에서 주도하여 만든 상업용 인쇄 출판물로 오락적 요소가 강화된 것이 특징이다. 반면 관에서 직접 제작해 만든 일부 소설은 유교 교화용으로 제작되었기 때문에 그 성격이 방각본과는 다르다. 한편, 궁중 기록물과 소설은 직접적인 관련이 없다.

05 다음 중 방각본 소설의 특징으로 가장 적절한 것은?

① 국왕의 명령에 따라 인쇄된 궁중 기록물이다.
② 서민층이 집필한 육필 필사본 소설이다.
③ 관에서 직접 제작하여 배포한 유교 교화용 소설이다.
④ 민간 출판업자에 의해 목판으로 인쇄된 상업용 소설이다.

06 방각본 소설은 출판업자 간 경쟁으로 가격이 저렴해졌고, 서민도 구입 가능해지면서 독서 인구가 확대되었다.

06 방각본 소설의 대중화와 가장 밀접한 관련이 있는 변화는?

① 궁중 낭송 문화의 발달
② 신분제 강화를 위한 문학 통제
③ 독서층의 확대 및 도서 가격 인하
④ 활자본 소설의 출현 이전 전통 보존

정답 04 ② 05 ④ 06 ③

07 다음 중 20세기 활자본 소설의 특징으로 볼 수 <u>없는</u> 것은?

① 전국적으로 유통되기 어려웠다.
② 금속 활자 등을 활용한 인쇄방식을 사용했다.
③ 서양식 인쇄 기술을 도입하였다.
④ '6전소설'로 불릴 만큼 저렴했다.

07 방각본은 목판본이어서 전국 유통에 제약이 있었으나, 활자본 소설은 이와 달리 전국 유통이 가능했다.

08 다음 중 '소설 낭독의 시대가 저물고 개인적 묵독의 시대로 넘어가게 된' 배경으로 가장 적절한 것은?

① 문맹층의 증가
② 세책점의 확산
③ 상업소설의 등장과 인쇄 기술의 발달
④ 국왕의 소설 금지령

08 활자본 소설은 개인이 직접 구매해 읽을 수 있는 시대를 열었고, 낭독(전기수 중심) 문화는 점차 쇠퇴하였다.
① 문맹층의 증가와는 거리가 멀다. 오히려 문자 보급 확대로 묵독이 가능해졌다.
② 세책점은 낭독 시대를 유지시키는 요소로, 묵독 전환과는 거리가 있다.
④ 금지령이 있었던 것은 사실이지만, '낭독 → 묵독'의 변화를 설명하지는 못한다.

09 다음 중 영웅소설의 일반적인 특징으로 옳지 <u>않은</u> 것은?

① 권선징악적 주제
② 개성적이고 사실적인 인물 구성
③ 인물의 일대기적 구성
④ 우연한 만남과 행복한 결말

09 영웅소설은 전형적인 인물 구성을 가진다. 개성적이고 사실적인 인물은 주로 근대 소설의 특징이다.
①·③·④는 모두 영웅소설의 일반적인 특성에 해당된다.

정답 07 ① 08 ③ 09 ②

10 〈홍길동전〉은 조력자의 개입 없이 홍길동이 독자적으로 문제를 해결하는 진취적 인물상을 보여준다.
① 〈홍길동전〉의 주인공인 홍길동은 남성이다.
② 〈홍길동전〉은 행복한 결말을 보인다.
④ 홍길동은 창작 영웅이라 할 수 있다.

11 유영은 현실에서 이미 죽은 사람들과 교감하는 환상 체험을 하며, 기존 몽유록의 단순한 꿈 구성과 차별된다.
②·③ 모두 기존 몽유록에 가까운 설명이다.
④ 운영은 비극적인 결말을 맞이하므로, 결혼 후 평온한 삶을 누렸다는 설명은 적절하지 않다.

12 제시문은 〈배비장전〉의 핵심 줄거리로, 위선을 일삼던 주인공이 기생에게 유혹당해 사회적 망신을 당하는 남성 훼절담이다.

10 〈홍길동전〉이 다른 영웅소설과 구별되는 특징으로 가장 적절한 것은?

① 여주인공을 중심으로 내용이 전개된다.
② 비극적인 결말을 보인다.
③ 조력자의 도움 없이 스스로 고난을 극복한다.
④ 실존했던 역사적 인물을 다룬다.

11 〈운영전〉의 구성 방식에 대한 설명으로 옳은 것은?

① 유영은 현실에서 환영 체험을 한다.
② 꿈에서 깨어나 현실로 돌아오는 과정이 없다.
③ 꿈속 인물과 현실 인물이 동일하다.
④ 운영은 결혼 후 평온한 삶을 누린다.

12 다음 설명에 해당하는 세태소설 작품은?

> 여색을 멀리하겠다던 남성이 기생에게 유혹당해 뒤주에 갇히고 망신을 당하는 이야기이다.

① 〈장끼전〉
② 〈배비장전〉
③ 〈숙향전〉
④ 〈주생전〉

정답 10 ③ 11 ① 12 ②

주관식 문제

01 다음 내용에서 괄호 안에 들어갈 말을 순서대로 쓰시오.

> 조선 시대 (㉠)들은 문학은 도를 실현해야 한다는 (㉡)에 입각하여 소설을 배격하였다.

01 정답
㉠ 유학자
㉡ 재도론

해설
조선을 지배했던 유학자들의 관점에서 문학은 도덕적, 교육적 목적의 성취를 위한 한 가지 방법이었다. 이러한 관점을 재도론이라 하는데 이러한 입장에서 문학은 '도'를 위해 존재하는 것이었다.

02 다음 설명에 해당하는 개념어를 네 글자로 쓰시오.

> 소설 옹호론의 입장에서는 허구 속에도 착한 사람에게는 복이 오고 악한 사람에게는 재앙이 내린다는 교훈을 찾을 수 있다고 했다.

02 정답
복선화음

해설
'사필귀정'과 함께 허구의 도덕적 효과를 가리키는 말로 '복선화음(福善禍淫)'이라 한다.

03 정답
유학자들은 허구를 사실과 진실의 왜곡으로 보았으며, 역사적 사실을 기반으로 한 소설조차 왜곡의 가능성이 크다며 소설을 배격했다.

03 조선 후기 유학자들이 소설을 배격한 이유를 '허구성'과 관련하여 서술하시오.

04 정답
㉠ 방각본
㉡ 상업화
해설
방각본 소설은 도시의 민간 출판업자가 목판으로 찍어낸 소설을 의미하며, 이로 인해 '작가-유통-독자'라는 현대적인 유통구조가 조선 후기부터 형성됨으로써 대중화와 상업화가 이루어졌다.

04 다음 내용에서 괄호 안에 들어갈 말을 순서대로 쓰시오.

19세기에는 민간 출판업자에 의해 (㉠) 소설이 출판됨으로써 소설의 대중화와 (㉡)이(가) 이루어졌다.

05 정답
6전
해설
활자본 소설은 서양식 활판 인쇄기 도입 이후 등장했다. 당시 쌀 2되 가격 정도 되는 6전소설로 불리며, 소설의 대중적 확산에 큰 기여를 했다.

05 다음 내용에서 괄호 안에 들어갈 말을 쓰시오.

활자본 소설은 주로 금속활자 등을 이용해 인쇄되었으며, 값이 저렴하여 '( )소설'이라 불릴 정도로 전국 유통이 가능했다.

06 활자본 소설의 등장으로 조선 후기 소설 문화에 어떤 변화가 생겼는지 서술하시오.

06 **정답**
활자본 소설은 서양식 인쇄 기술을 도입하여 대량 생산과 전국 유통을 가능하게 했고, 값이 저렴하여 대중적 보급이 확대되었다. 이로써 이전의 낭독 중심 독서 문화는 묵독 중심으로 바뀌었다.

07 조선 후기 여성 영웅이 등장하는 대표적 영웅소설을 두 편 쓰시오.

07 **정답**
〈박씨전〉, 〈숙향전〉
해설
두 작품 모두 여성 주인공의 지혜와 용기를 중심으로 전개되며, 조선 후기 여성 영웅소설의 대표 사례이다.

08 다음 내용에서 괄호 안에 들어갈 말을 순서대로 쓰시오.

〈배비장전〉의 근원 설화로 알려진 두 가지는 (㉠)와(과) (㉡)(이)다.

08 **정답**
㉠ 발치설화
㉡ 미궤설화
해설
〈배비장전〉의 주요 모티프는 이 두 설화에서 유래하며, 여색과 위선에 대한 풍자를 전한다.

09 **정답**
〈배비장전〉

해설
제시된 특징은 조선 후기 세태소설 가운데 남성 훼절담 유형의 대표작인 〈배비장전〉에 해당한다. 기생 애랑이 주인공 배비장을 치밀하게 유혹해 결국 금욕을 내세운 배비장의 위선을 폭로하며 조롱하는 내용이다. 이는 당시 유교적 이상을 내세우던 사대부 계층의 허위 의식을 비판하고, 통속적 흥미와 풍자를 통해 대중의 공감을 이끌어낸다.

09 다음 특징에 해당하는 대표적인 작품명을 쓰시오.

- 기생이 주인공 남성을 유혹해 금욕적 절개를 깨뜨린다.
- 유혹의 전체 과정을 기지와 계략으로 흥미롭게 묘사한다.
- 폭로와 망신의 장면을 통해 사회적 위선을 풍자한다.
- 남성 중심의 유교 윤리를 희화화한다.

10 **정답**
〈배비장전〉에서는 여색을 멀리한다며 도덕군자를 자처하던 배비장이 기생 애랑의 유혹에 빠져 허망하게 망신당하는 장면이 나온다. 이는 유교적 금욕을 내세우는 지배층 남성의 위선을 조롱함으로써 현실의 위계질서와 도덕적 이중성을 풍자한 것이다.

10 세태소설이 조선 후기 현실을 풍자하는 방식에 대해 〈배비장전〉의 구체적인 장면을 예로 들어 설명하시오.

제3장 공연예술과 문학

01 다음 중 판소리에 대한 설명으로 옳지 <u>않은</u> 것은?

① 판소리가 국문학 장르로 여겨질 수 있는 것은 '발림' 때문이다.
② 판소리에 대한 기록 중 가장 오래된 것은 〈만화본춘향가〉이다.
③ 20세기에 들어서면서 창극으로 변화되기도 했다.
④ 판소리의 전성기는 19세기라 할 수 있다.

> 01 발림은 너름새라고도 하는데, 이는 소리꾼의 간단한 몸동작을 말한다. 따라서 발림 때문에 국문학 장르로 여겨지는 것은 아니다. 판소리가 국문학 장르로 여겨지는 데 가장 결정적인 요소는 판소리 사설이다.

02 다음 중 가사와 선율이 함께 남은 판소리 작품이 <u>아닌</u> 것은?

① 〈춘향가〉
② 〈심청가〉
③ 〈흥보가〉
④ 〈변강쇠가〉

> 02 고종 때 신재효는 그 당시 퍼져있던 판소리 12마당 중 6마당을 정리했는데, 그중 〈변강쇠가〉는 선율이 유실되었고 〈춘향가〉, 〈심청가〉, 〈흥보가〉, 〈수궁가〉, 〈적벽가〉만 가사와 선율이 모두 남아있다.

03 다음 중 판소리 공연이 이루어지기 위해 필요한 3요소가 <u>아닌</u> 것은?

① 소리광대
② 고수
③ 아니리
④ 청중

> 03 보통 판소리 구성의 3요소로는 소리광대, 고수, 청중을 꼽는다. 아니리는 판소리 사설의 줄거리를 말하듯이 풀어내는 부분으로, 소리광대의 표현수단 중 하나이다.

정답 01 ① 02 ④ 03 ③

04 판소리는 계층문학적인 특성을 지녔다. 이것은 구비 전승되는 과정에서 여러 시대, 여러 계층의 문화 및 언어가 누적되었다는 것을 의미한다.
① 판소리는 '더늠'과 같이 부분적 독자성을 지니는 부분이 있어서 전체적 유기성이 강조되지 않는다.
② 판소리는 운문과 산문이 혼합된 형태를 지닌다.
④ 판소리는 양반 계층도 적극적으로 향유했으므로 서민만의 문학이 아니라 국민문학적 성격을 지닌다.

05 이해조는 판소리계 소설을 현대적 감각으로 살려 신소설 작품들을 썼는데, 〈옥중화〉는 〈춘향전〉을 개작한 것이고, 〈강상련〉은 〈심청가〉를, 〈연의각〉은 〈흥부전〉을 개작한 신소설이다. 그러나 〈화용도〉는 〈적벽가〉의 판소리계 소설 제목으로, 현대적으로 변용된 게 아니다.

06 민속극은 고려나 조선 전기만 해도 궁중에서 연행되었으나 조선 후기에 이르러 민간에서 공연하게 되었다. 그러면서 상층 문화와는 거의 단절되고 하층 문화의 특징을 갖게 되었다.

04 다음 중 판소리의 특징에 해당하는 것은?
① 판소리의 한 작품은 부분 간의 유기성이 긴밀하게 나타난다.
② 음악적 요소가 강한 운문 위주로 구성되어 있다.
③ 여러 시대 및 계층의 문화가 누적되어 나타난다.
④ 서민 고유의 향유문화이다.

05 판소리계 소설을 현대적으로 재탄생시킨 작품이 아닌 것은?
① 〈화용도〉
② 〈옥중화〉
③ 〈강상련〉
④ 〈연의각〉

06 다음 중 민속극에 대한 설명으로 옳지 않은 것은?
① 고정된 대본이 없다는 점에서 구비문학적 성격이 강하다.
② 민속극은 궁중에서 연행되면서 상층의 문화적 특성을 보여주는 것으로 남게 되었다.
③ 무당의 굿놀이, 가면극, 인형극 등이 이에 해당한다.
④ 고대 제천의식에서 비롯된 것으로 보인다.

정답 04 ③ 05 ① 06 ②

07 다음 민속극 중 종류가 다른 하나는?

① 〈영감놀이〉
② 〈관노가면극〉
③ 〈봉산탈춤〉
④ 〈덧뵈기〉

07 민속극은 무당의 굿놀이, 가면극, 인형극으로 나눌 수 있다. 〈영감놀이〉는 무당의 굿놀이이다.
②·③·④ 모두 가면극에 속한다.

08 다음 중 인형극의 다른 이름이 아닌 것은?

① 박첨지놀이
② 홍동지놀이
③ 덜미
④ 오광대놀이

08 인형극은 주요 등장인물인 박첨지와 홍동지의 이름을 따서 '박첨지놀이' 혹은 '홍동지놀이'라고도 불린다. 또한 인형극을 할 때 인형의 목덜미를 잡고 논다는 것 때문에 '덜미'라고도 한다. 그러나 오광대놀이는 가면극을 낙동강 서쪽지역에서 부르는 이름이다.

09 다음 설명에 해당하는 가면극의 종류는?

- 상업의 발달과 더불어 발전했다.
- 성균관 소속 노비들에 의해 발달하였다.
- 봉산탈출, 강령탈춤, 은율탈춤 등이 이에 속한다.

① 마을굿놀이 계통 가면극
② 북청사자놀이
③ 본산대놀이 계통 가면극
④ 꼭두각시놀음

09 본산대놀이 계통 가면극은 애오개, 사직골 등의 산대놀이를 이르는 말로, 성균관 소속 노비들인 반인에 의해 가면희와 연희가 재창조된 것이다. 이러한 본산대 놀이패들이 지방으로 순회공연을 다니며 각 지방에 퍼뜨린 가면극을 통칭한다.
① 마을굿놀이 계통 가면극은 마을굿에서 유래한 것으로, 주민이나 관노가 주술적인 의미로 행한 가면극에서 유래한다. 강릉단오제의 관노가면극 등이 해당된다.
② 북청사자놀이는 기타 계통 가면극으로 분류되며, 함경남도 북청군에서 전승되어 한국전쟁 때 월남한 연희자들에 의해 남한에서 복원되었다.
④ 꼭두각시놀음은 다른 말로 인형극으로, 서산 박첨지놀이, 장연 꼭두각시극 등이 해당된다.

정답 07 ① 08 ④ 09 ③

10 북청사자놀음은 사자탈을 쓰고 집집마다 돌아다니며 놀던 가면극의 하나이다.

10 북청사자놀이에 대한 설명으로 옳지 않은 것은?

① 인형극에 해당하는 작품이다.
② 함경남도 북청군에서 전승되었던 것이었으나 현재는 서울을 중심으로 행해진다.
③ 음력 정월 14일 밤에 행해진다.
④ 벽사진경의 풍습 중 하나이다.

주관식 문제

01 가면극의 '과장'과 현대극의 '막'의 공통점과 차이점에 대해 서술하시오.

01 **정답**
둘 다 극의 흐름을 결정한다는 점은 같으나, 과장은 인물의 등장과 퇴장을 구분지어 주는 개념인 반면 현대극의 막은 일관성있는 사건의 흐름을 구분짓는다.

02 판소리 공연을 구성하는 3요소를 쓰시오.

02 **정답**
소리광대(창자), 고수, 청중

해설
판소리가 이루어지기 위해서는 창자, 고수 그리고 청중이 어우러져야 한다. 창자는 판소리 사설을 창과 아니리, 발림 등으로 전달하고, 고수는 북으로 장단을 맞춰주고 추임새를 통해 창자의 흥취를 돋운다. 청중 역시 추임새를 넣으며 창자와 소통하고 판을 생동감 있게 만든다.

정답 10 ①

제4장 조선 후기의 한문학

01 다음 중 고증학의 영향으로 형성된 문학적 경향으로 가장 적절한 것은?

① 풍자와 해학 중심
② 유교 교화 중심
③ 사실성과 문헌 근거 중시
④ 감성 표현의 자유 강조

01 고증학은 객관적, 실증적 학문 방법을 바탕으로 문헌 중심의 정확한 문체를 형성했다.
① · ④ 박지원, 김삿갓 등 감성 계열에 해당하는 설명이다.
② 유학적 문풍에 해당하는 설명이다.

02 조선 후기 실학자의 문학 태도로 가장 적절한 것은?

① 문학은 현실 개선과 문제 고찰의 수단이다.
② 문학은 감정 해소의 도구이다.
③ 문학은 도학적 수양을 위한 수단이다.
④ 문학은 형식미를 추구해야 한다.

02 실학자들은 문학을 사회 비판, 정책 제안, 민생 고찰의 도구로 보았다.
② 감성 중심 표현주의에 해당한다.
③ 성리학 중심 문학의 태도이다.
④ 실학보다는 문체 중심 이론에 가깝다.

03 정조가 문체반정을 단행한 주된 이유는?

① 문학의 실용성 강화를 위해서
② 지나치게 감성적이고 파격적인 문체를 비판하기 위해서
③ 악부체 문학의 폐해를 방지하기 위해서
④ 민요적 표현 사용을 금지하기 위해서

03 정조는 박지원, 이덕무 등 북학파 문인들의 파격적이고 감성적인 문체가 유학의 정통성과 형식미에 어긋난다고 판단하여 문체반정을 단행하였다.
① 실학문학의 방향이다.
③ · ④ 정조의 비판 이유와 무관하다.

정답 01 ③ 02 ① 03 ②

04 조선풍의 한시는 유가 문체의 형식성과 교화 중심 경향에서 벗어나 감성, 개성, 토착적 정서를 중시하였다.
②·③·④는 모두 조선풍 한시의 핵심 특징이다.

04 다음 중 '조선풍의 한시'에 대한 설명으로 옳지 않은 것은?

① 정제된 유가 문체를 지향한다.
② 민속적 소재를 적극 활용한다.
③ 감성적, 개성적 표현을 강조한다.
④ 중국 시풍과 구별되는 표현을 담는다.

05 민요의 구비성과 생활 정서는 조선 후기 한시에 감정 표현의 진솔함과 자연스러움을 부여하였다.
①·② 고문 중심 경향을 갖는다.
④ 실학 문체에 가깝다.

05 민요와의 교섭이 한시에 끼친 영향으로 가장 적절한 것은?

① 한문 고전의 직역 시풍 유행
② 형식적 엄격함의 강화
③ 감정 표현의 자연스러움 증가
④ 실학적 논변 중심의 문체 강화

06 조선풍 한시는 형식보다 정서, 감성, 개성 표현에 중점을 두었다.

06 조선풍의 한시에서 중시한 요소가 아닌 것은?

① 내용과 감성
② 개성의 표현
③ 자연 친화적 정서
④ 형식의 정통성

정답 04 ① 05 ③ 06 ④

07 명나라의 공안파와 곤유파가 조선 문인에게 끼친 공통적 영향은?

① 고전 문체 강화
② 유교 경전 해석법 전파
③ 감성적 표현과 자아 성찰 강화
④ 서사문학 양식 정착

08 다음 중 조선 후기 문학 유파와 그 경향이 옳게 연결된 것은?

① 실학 – 감성 중심의 자유시풍
② 고증학 – 문헌 기반의 실증적 문체
③ 공안파 – 고증 중심의 서간문
④ 삼당파 – 고문 형식 재현

09 『열하일기』에 포함된 풍자적 단편소설의 제목으로 옳은 것은?

① 호질
② 간서치
③ 흠영
④ 목민심서

---

07 두 파 모두 감정과 자아 표현을 중시하였으며, 조선 문단의 시풍 변화에 기여했다.

08 고증학은 문헌과 사실을 중시하는 실증적 문체 형성에 기여했다.
① 실학이 조선 후기 때 나타난 유파인 것은 맞으나, 실학은 감성 중심보다는 현실 개혁의 의지와 민중의 삶에 대한 관심이 더 두드러진다.
③ 공안파는 명나라의 시풍 중 하나로, 개성적·감성적 문학을 지향하였다. 조선 후기 문단에 영향을 끼친 것은 맞으나 조선의 문학 유파는 아니다.
④ 삼당파는 조선 전기 때 나타난 시풍으로, 당시(唐詩)풍의 작품들을 주로 써낸 것이 특징이다.

09 박지원의 〈호질〉은 양반들의 위선과 허위를 풍자적으로 드러내는 단편소설로, 『열하일기』에 수록되어 있다.
② 〈간서치〉는 이덕무의 자전적 수필이며, 『청장관전서』에 수록되었다.
③ 『흠영』은 유만주의 생활 한문산문집이다.
④ 『목민심서』는 정약용의 지방 행정 개혁론서로, 소설이 아니다.

정답 07 ③ 08 ② 09 ①

10 김삿갓(김병연)은 조선 후기 방랑 시인으로, 양반 사회의 위선과 모순을 풍자적으로 표현한 시를 많이 남겼다.
① 도학파의 문학적 성격이다.
② 형식과 유학적 사상을 중시하는 경향으로, 김삿갓과는 거리가 있다.
④ 강희안 작품의 특징이다.

10 다음 중 김삿갓의 시문 특징으로 가장 적절한 것은?
① 유교적 교훈성과 절의 강조
② 정제된 문체로 도학 사상 반영
③ 서민적 감성 및 자유로운 풍자
④ 회화와 시의 융합적 표현

11 『흠영』은 유만주의 한문산문집으로, 민중의 일상과 감정을 생생하게 담고 있으며 민요적 어조와 생활 감성이 특징이다.

11 다음 중 『흠영』의 주요 특징으로 가장 적절한 것은?
① 외교 문서와 시문을 모은 문집
② 법제 개혁안과 정치 이론
③ 자연 풍경과 은일적 정서
④ 생활 체험과 민중 감성

12 〈간서치〉는 이덕무가 자신의 독서광적인 성향을 회고하며 쓴 자전적 수필로, 『청장관전서』에 수록되었다.
① 정약용 계열의 실학적 저작에서 주로 나타나는 성격이다.
② 여행기적 성격은 『열하일기』 등의 작품에서 주로 찾아볼 수 있다.
④ 〈간서치〉는 수필이므로 그림 해설서로 보기 힘들다.

12 다음 중 〈간서치〉의 성격으로 가장 적절한 것은?
① 법률 개혁론
② 여행기
③ 자전적 수필
④ 풍속화 설명서

정답 10 ③ 11 ④ 12 ③

13 다음 중 민요적 운율과 생활 감정을 표현한 시인으로 가장 적절한 인물은?

① 성해응
② 박지원
③ 정학유
④ 김정희

13 정학유는 비록 문집은 남기지 않았으나, 그의 시는 후대에 인용되며 민요적 운율과 생활 감정을 잘 담아낸 한시로 평가된다.
① 성해응은 학술 중심 고문체 문장을 남긴 인물이다.
② 박지원은 산문과 풍자소설 중심의 문학 활동을 했다.
④ 김정희는 예술성과 고전적 문체를 중시한 시풍을 가졌다.

14 다음 특징에 해당하는 인물은 누구인가?

- 방랑 시인으로 활동하였다.
- 해학적이고 풍자적인 시풍을 보였다.
- 관습적 시형식에서 탈피하였다.

① 정약용
② 김삿갓
③ 이덕무
④ 성해응

14 김삿갓(김병연)은 전국을 떠돌며 해학과 풍자를 담은 시를 남긴 인물로, 유교적 형식에 얽매이지 않고 자유로운 표현을 즐겼다.

주관식 문제

01 다음 내용에서 괄호 안에 들어갈 말을 순서대로 쓰시오.

조선 후기에 형성된 '조선풍의 한시'는 민속적 소재와 (㉠) 정서, 그리고 (㉡) 표현을 통해 중국 시풍과 다른 토착적 문학 양식을 창출하였다.

01 정답
㉠ 자연 친화적
㉡ 개성적
해설
조선풍 한시는 자연, 민속, 개성을 바탕으로 형식보다 정서를 중시하였다.

정답 13 ③ 14 ②

02 **정답**
사실, 비판, 실천 등

해설
조선 후기 실학자들에 의해 문학은 현실성과 실용성을 중시하는 방향으로 흘러갔다. 이들은 여러 글을 통해 현실 풍속과 제도 등의 문제점을 지적하고 유교적 이상 국가를 구상했다. 이들에게 중요한 것은 감정이 아니라 사실·비판·실천이었고, 문학을 통해서도 이러한 생각을 담아내었다.

02 다음 내용에서 괄호 안에 들어가기에 적절한 말을 두 개 이상 쓰시오.

> 조선 후기에 실학이 대두하면서 정약용, 박지원 등의 실학자들은 문학을 통해 백성들의 삶을 개선하고자 했다. 이에 따라 문학에서도 감정보다는 (   )을(를) 중시했다.

03 **정답**
『열하일기』는 박지원이 청나라 사행 중 쓴 기행문으로, 문물과 사회 풍속에 대한 관찰과 비판을 담았다. 풍자 소설 〈호질〉, 〈양반전〉이 포함되어 있으며, 계몽과 현실 비판 정신이 돋보인다.

03 조선 후기 박지원의 『열하일기』에 대해 간단히 설명하고, 『열하일기』에 수록된 작품 2개와 그 특징도 함께 서술하시오.

제 7 편

근·현대 문학

제1장	근·현대 문학사의 이해
제2장	개화기와 1910년대 문학
제3장	1920년대 문학
제4장	1930년대 문학
제5장	1940년대 전반기 문학
제6장	해방 공간과 1950년대 문학
제7장	1960~1970년대 문학
제8장	1980~1990년대 문학
실전예상문제	

| 단원 개요 |

근·현대 문학은 개화기 문학에서 출발하여 20세기 문학으로 이어지는 한국문학의 발전기를 본격적으로 다룬다. 이 시기 문학은 시대 변화에 따라 다양한 경향과 사조를 보여주며, 현실 인식과 예술적 실험을 통해 영역을 확장해 나갔다. 개화기, 1920~1930년대, 1940년대 전반기, 해방 공간, 1950~1990년대에 이르기까지 각 시대별 특성과 문학적 흐름을 이해하는 것이 핵심이다. 근·현대 문학사는 한국문학의 현대적 정체성을 형성해 나간 과정을 보여준다.

| 출제 경향 및 수험 대책 |

근·현대 문학은 시대별 주요 특징과 문학 경향을 구체적으로 구분해 이해하는 것이 중요하다. 개화기 시가와 소설, 1920~1930년대 동인지 운동, 신경향파와 카프문학, 1940년대 저항·순수·친일문학 구분 등이 주요 출제 포인트가 된다. 해방 이후 분단문학, 산업화 시대 문학, 대중화와 미디어 시대 문학까지 시대 흐름과 대표 작가·작품을 함께 정리해야 한다. 문학사적 흐름과 사회 변동을 연결해 체계적으로 학습할 필요가 있다.

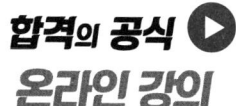 

보다 깊이 있는 학습을 원하는 수험생들을 위한
시대에듀의 동영상 강의가 준비되어 있습니다.
www.sdedu.co.kr ➔ 회원가입(로그인) ➔ 강의 살펴보기

제 1 장   근·현대 문학사의 이해

제1절   근대 문학의 개념과 등장 배경

1 근대 문학의 개념

근대 문학이란 전통적 사회 체제가 해체되고 자본주의 질서와 국민국가 이념이 등장하는 시점에서 새로운 주체 의식과 현실 인식, 그리고 형식 실험의 필요 속에서 형성된 문학을 말한다. 전통 문학이 공동체적 가치와 봉건 질서 속에서 형성되었다면, 근대 문학은 개인의 자각과 현실에 대한 문제 의식, 사회 제도 및 이념에 대한 비판적 태도를 바탕으로 발전하였다. 또한 문학의 언어도 기존의 한문이나 정형화된 형식에서 벗어나, 구어체 문장과 다양한 문체 실험을 통해 변화하였다.

2 근대 문학의 형성 조건

근대 문학은 단절이 아니라 점진적 이행과 연속의 과정을 통해 형성되었다. 그 형성과정에는 다양한 정치, 사회, 문화적 조건이 복합적으로 작용하였다.

(1) 사상적 배경

  ① **개화사상**
    서구 문물과 사상을 수용하면서 자주적 근대화와 민권 의식이 형성되었으며, 이는 계몽주의적 문학 태도로 이어졌다.
  ② **민족주의**
    외세 침탈에 대한 저항 속에서 민족 정체성과 민족 주체를 강조하는 문학이 출현하였다.
  ③ **실학사상과 전통적 유교 윤리의 계몽성**
    현실 개선과 민중 계몽에 대한 관심은 실용적 문학 형식으로 이어졌다.

(2) 사회적 배경

  ① 서구 열강의 침입과 강화도 조약(1876) 이후 근대적 국가 체제 도입이 가속화되었고, 교육 제도 및 인쇄술의 발달, 신문과 잡지의 보급이 새로운 문학 형식의 기반이 되었다.
  ② 계몽주의적 국민교육의 확산은 『독립신문』(1896), 『황성신문』(1898), 『제국신문』(1898) 등을 통해 언론 문학을 발전시켰고, 이는 신소설과 신체시의 등장을 견인하였다.

(3) 문화적 배경
① 서양문학의 번역과 소개, 신문학 담론의 전개, 신문 및 잡지의 문학란 개설 등은 문학에 대한 새로운 인식과 창작 태도를 형성하였다.
② 전통적인 판소리, 한문학, 구비문학 등과의 상호 작용을 통해 문체와 내용 면에서 새로운 문학으로의 전환이 촉진되었다.

3 근대 문학의 특징

(1) 주체의 자각
개인의 삶과 내면 세계, 주체적 판단과 감정을 중심으로 한 문학이 등장한다.

(2) 현실 인식과 비판
사회적 모순, 제도적 문제, 민족적 위기 등을 문학의 주제로 삼는다.

(3) 형식의 실험
구어체, 서양극 형식, 서사 중심의 서구식 소설 구조 등 새로운 형식이 도입된다.

(4) 계몽성과 민중 계도
초기 근대 문학은 독립, 문명 개화, 민권 의식 고취 등 교육적 기능을 중시하였다.

4 근대 문학의 전개 방향

근대 문학은 초기 계몽주의적 문학에서 출발하여, 점차 사실주의적 경향과 낭만주의적 문학, 이후 프로문학과 모더니즘 문학으로 확장되었다. 이는 한국문학이 시대적 현실과 함께 호흡하며 다양한 사조와 양식을 실험하고 발전해 나간 역사임을 보여준다.

제2절 근·현대 문학의 기점과 시대 구분

근·현대 문학은 구비문학과 한문 중심의 전통문학에서 벗어나, 신문, 잡지, 소설, 시 등 인쇄 매체를 통해 수용자와 작가가 구분되는 근대적인 문학 체계의 정착과 함께 시작된다. 이 문학의 출현 시점과 시대 구분은 문학사 기술에 따라 약간의 차이가 있으나, 일반적으로 다음과 같은 흐름으로 구분된다.

1 근대 문학의 기점 논의

(1) 개화기 문학(1894년 갑오개혁 전후~1910년대 초)
  ① 시기적 기준
    ㉠ 1894년 갑오개혁은 제도 개편과 근대적 언론 제도의 시작점이 되었다.
    ㉡ 『한성순보』, 『독립신문』, 『대한매일신보』 등 신문이 창간되었고, 신소설이 출현하였다.
  ② 문학적 특징
    ㉠ 개화사상과 계몽주의가 반영되었다.
    ㉡ 민중 계몽과 근대적 이념 전달을 위한 문학을 창작하였다.
    ㉢ 한글 신문, 국한문혼용체 등 국문 사용이 본격화되었다.

(2) 신소설의 출현
  ① 최초의 신소설로는 1906년 연재를 시작한 이인직의 「혈의 누」를 들 수 있다.
  ② 전통 한문소설과 구별되는 작가 의식, 현실 비판성, 근대적 주체의 등장이 강조되었다.

(3) 근대시의 출발점 논의
  ① 1908년 최남선이 주축이 되어 창간된 문예지 『창조』에는 최남선이 창작한 「해에게서 소년에게」가 실려 있는데, 이 작품은 고전 시가에서 현대의 자유시로 나아가는 과정에서 나타난 시가 형태로 '신체시'라고 불린다.
  ② 이후 전통시가 양식에서 벗어난 산문시, 자유시 등 새로운 형식의 실험이 시작되었다.

2 시대 구분의 일반적 기준

(1) 시대 구분의 관점
문학사의 시대 구분은 단순한 연대 구분이 아니라, 문학 형식, 주체, 이념, 수용자 구조의 변화를 중심으로 이루어진다.

(2) 대표적인 시대 구분 예시

개화기 문학 (1894~1910)	개화사상, 계몽적 이념, 신소설, 창가 등장
1910년대 문학	식민지 시대의 서막, 계몽문학 쇠퇴, 민족주의 시문학(신체시, 창조시)
1920년대 문학	문예 동인지 중심의 순수문학과 사회주의 리얼리즘 문학(KAPF)의 양분화
1930년대 문학	모더니즘 문학의 도입, 시조 부흥 운동, 리얼리즘 문학의 심화
1940년대 문학	• 일제 말기 검열 강화 → 친일문학과 저항문학의 양극화 • 해방 이후 민족문학과 이념문학(좌우 갈등)의 혼재
1950~1960년대 문학	전쟁의 참상과 분단 현실 반영, 참여시와 전후소설 중심
1970~1980년대 문학	산업화·민주화 속 현실 비판 문학, 민중문학의 성장
1990년대 이후 문학	개인 서사 확대, 디지털 문학, 장르문학의 부상

3 문학사 구분 시 유의점

(1) 사건 중심 구분의 한계

단절적 시각보다는 문학 내부의 연속성과 변이의 흐름을 중시할 필요가 있다.

(2) 동시적 다중성 고려

하나의 시대에도 다양한 문학 흐름이 병존하는 경우가 많다.
예 1920년대에는 낭만주의, 사실주의, 사회주의 문학이 공존하였다.

제3절 문학사의 연속성

근·현대 문학은 새로운 매체와 제도, 주체의 등장과 함께 출현했지만, 완전히 단절된 전통이 아니라 과거 문학과의 연속적인 흐름 속에서 형성되었다. 조선 후기의 문학적 성취, 서민문학과 현실 인식의 확산, 한글의 확대 사용 등은 근대 문학 형성의 기반이 되었다.

1 언어 및 문체의 연속성

(1) 한글 문체의 확산
① 조선 후기부터 한글 사용의 보편화가 진행되었으며, 여성과 서민의 글쓰기가 확대되었다.
② 이 흐름이 개화기 이후의 국문 운동 및 한글 신문 출현으로 연결되었다.

(2) 운문 형식의 계승
① 향가와 시조, 가사 등 전통운문은 형식・정서・주제 면에서 근대시에 영향을 미쳤다.
② 창가, 신체시, 자유시 등으로 발전하면서 전통의 현대적 변형이 시도되었다.

2 내용 및 주제의 연속성

(1) 현실 인식과 비판정신의 지속
판소리계 소설, 애정・세태소설 등에서 보이던 현실 비판은 신소설, 사회소설로 이어졌다.

(2) 자아 성찰과 감성 표현의 흐름
조선 후기의 개성적 한시, 자전적 수필 등은 근대적 자아의식과 감정의 표현으로 발전하였다.

3 매체의 변화 속 문학 수용의 지속성과 전환

(1) 문학 매체의 전환
① 이전까지는 필사본 중심이었던 것이 개화기 이후 신문, 잡지, 단행본 중심의 출판 매체로 전환되었다.
② 이는 문학의 대중화, 작가와 독자 간 분리, 문학의 전문화를 촉진하였다.

(2) 수용자 의식의 변화
① 독자의 계층이 확대되고, 문학이 계몽과 오락의 기능을 함께 수행하였다.
② 문학의 수용 방식 또한 공감과 비판 중심으로 다원화되었다.

4 전통과 근대의 상호 작용

(1) 계승과 변용
근대 문학은 전통문학의 형식·정서·주제를 계승하면서도, 이를 새로운 언어와 이념, 제도 속에서 변용한다.

(2) 이질성과 연속성의 병존
① 신소설은 구조상 전통소설과 유사하지만, 작가의식과 계몽의식은 근대적 신체시와 비슷하다.
② 창가도 외형은 서구적이지만, 내용은 애국심·효·가정 중심의 유교 윤리를 담는 경우가 많았다.

제 2 장 | 개화기와 1910년대 문학

제1절 이 시기 문학의 전반적 특징 (중요)

1 개화기와 1910년대의 시기 구분

한국사에서 개화기의 시작 시점에 대해서는 학자마다 견해 차이가 있으나, 일반적으로 다음과 같은 시대 구분을 따른다.

(1) 개화기
강화도 조약(1876) 또는 갑오개혁(1894)부터 1910년 한일합방 직전까지를 의미한다.

(2) 1910년대 문학
한일합방부터 1919년 3·1 운동 전후까지를 의미한다.

즉 개화기는 외세 침략의 본격화 및 개화 운동이 일어난 시기이고, 1910년대는 일제의 식민 지배가 본격화된 시기이다.
개화기는 전통 문학에서 근대 문학으로 이행하는 과도기로서, 문학의 형식·내용·주제 등 여러 면에서 변화가 일어났다.

2 전반적 특징

(1) 개화기 문학
① 최초의 신소설 작품으로 평가되는 이인직의 「혈의 누」가 1906년 『만세보』에 연재되었고, 1907년에 단행본으로 출간되었다.
② 최초의 신체시 작품인 최남선의 「해에게서 소년에게」가 1908년 발표되었다.
③ 창가와 계몽가사가 유행하였다.
④ 한문체에서 점차 국한문체로 전환되었다.
⑤ 문명 개화, 교육, 여성 해방, 민족 의식 고취 등이 주요 주제였다.
⑥ 연극 분야에서 창극, 신극이 출현하였다. 창극은 판소리와 서양의 연극이 결합된 형태의 극을 말하며 '협률사', '원각사'와 같은 극장에서 공연되었다. 신극은 근대극에 더욱 가까워진 형태로 창극과는

달리 대사가 산문 형태를 보인다.

※ 협률사 : 1902년 세워진 국내 최초의 옥내 극장으로, 이후 1908년에 '원각사'로 이름을 바꾸며 재개관되었다.

(2) 1910년대 문학
① 근대소설의 출현
㉠ 최초의 근대 장편소설인 이광수의 「무정」(1917)이 발표되었다.
㉡ 최초의 근대 단편소설인 김동인의 「약한 자의 슬픔」(1919)이 『창조』 제1호에 발표되었다.
② 한국 최초의 문학 동인지 『창조』(1919)가 발표되었다.
③ 주요한의 「불놀이」, 김억의 「봄」, 「봄은 간다」, 한용운의 「심」 등 자유시가 등장하였다.
④ 순한글 작품들이 점차 확산되었다.
⑤ 민족 계몽, 자아 각성, 근대적 인간상 탐구 등을 주요 주제로 삼았다.
⑥ 신파극이 도입되었다. 신파극이란 일본에서 서양 연극의 영향을 받아 만들어진 통속극을 말하는데, 주로 가정비극을 다룬 멜로물이 인기를 끌었다. 조중환의 「장한몽」, 이해조의 「봉선화」, 고전소설 「장화홍련전」, 「사씨남정기」 등이 공연되었다.

제2절 개화기 시가

1 개화기 시가

(1) 개화기 시가의 특징
① **계몽적, 교육적 성격을 지님**
민중들에게 서구 문물 및 근대 문명을 소개하고 새로운 근대사상을 전파하여 국민을 계몽시키려는 목적을 지녔다.
② **국문(한글) 사용의 확대**
한문 중심이던 전통시가에서 벗어나 점차 한글 사용의 비중이 높아졌다.
③ **사회적 변화를 반영한 주제**
자주 독립과 문명 개화를 역설하고 반외세·반봉건 의식을 고취시키려 했다. 또한 현실 비판과 풍자를 통해 사회를 개혁하고자 하였고, 애국 혹은 우국충정을 주제로 삼았다.
④ **형식의 자유화**
일본을 통해 서구문학을 접하게 되면서 그 영향으로 점차 시의 형식이 자유로워졌다. 그 과정에서 서로 다른 장르끼리의 상호 침투가 일어나 민요와 가사, 가사와 시조, 시조와 민요 등 형식이 혼합된 시가가 창작되었다. 이로 인해 형식은 더욱 파괴되고 산문화를 지향하게 되었으며, 연 구분 방식이 적용되었고 기계적 율격에서 벗어나게 된다.

(2) 개화기 시가의 유형

① 개화 가사

ㄱ. 전통적 가사 및 시조의 형식을 유지하면서도 일부 변형된 율격(4·4조의 2행 대구 형식에 후렴구)을 사용하며, 근대의식이 담긴 주제를 나타내었다.
ㄴ. 한말우국경시가(韓末憂國警詩歌), 사회등가사(事會燈歌辭), 우국가사 등으로 불린다.
ㄷ. 직설적인 어투이며, 전문 문필인이 아닌 사람도 작자가 될 수 있었다. 따라서 신문 지면에 발표할 때에도 작자의 이름이 표시되지 않는 경우가 많았다.
ㄹ. 신문 사회면 기사와 함께 실리는 경우가 많았다.
ㅁ. 형식이 자유로운 편이어서 상당히 많은 사람이 창작에 참여하였고, 그 작품 수도 많았다.
ㅂ. 분류 및 대표 작품

분류	주된 내용	주요 작품	
우국경세가류	일제의 침략 및 친일 세력 비판	작자 미상, 「매국경축가」	'나라 팔아먹은 것'을 '경축'한다는 반어법을 사용하여 비판함
애국가류	신문명과 신교육 도입, 자주 독립과 부국 강병	이중원, 「동심가」	민족이 일치단결하여 문명개화를 이뤄내자는 내용
		김철영, 「애국가」	전통 가사의 형식을 바탕으로 독립에 대한 의지와 애국 정신을 드러냄
의병가류	국권 상실 후의 의병활동 예찬	신태식, 「신의관 창의가」	1910년대의 의병 활동을 회고함

② 창가

ㄱ. 가창용으로 서양 선율에 가사를 붙인 노래이다.
ㄴ. 찬송가, 학교 음악, 계몽 목적이 결합된 장르로, 음악적 요소가 강하다.
ㄷ. 7·5조, 8·5조, 6·6조 등 새로운 율격을 탐색하였다.
ㄹ. 대표 작품

최남선, 「경부철도가」	• 최초의 7·5조 창가 • 철도라는 신문명을 소재로, 문명의 이기에 대한 동경과 민중 계몽의 의지가 드러남
최남선, 「한양가」	서울을 찬양하고 애국 사상을 고취함
최남선, 「대한조선」	대한 소년들의 이상과 기개를 나타냄
최남선, 「세계일주가」	세계의 역사와 지리를 노래한 장편 창가
새문안교회 교인들, 「황제탄신경축가」	새문안교회 교인들이 고종 황제의 생일을 경축하기 위해 1896년에 지음
작자 미상, 「권학가」	소년들에게 면학을 권유하는 내용

③ 신체시 중요

ㄱ. 전통시가의 정형적 율격에서 벗어나 자유시로 넘어가는 과도기적 형태로, 시각적 배열, 음수율과 음보율 등의 실험적 요소가 도입된 점에서 새로운 시도였다.

㉡ 장르 자체는 통일된 정형성이 없으나 각 작품마다 그 자체에만 해당하는 정형성이 있다. 모든 연의 행수를 같게 하거나, 각 연의 1행들끼리 동일한 음수율을 갖는 등을 예로 들 수 있다.
㉢ 내용적인 면에서 개화의식, 자주독립과 민족정신, 신교육, 남녀평등 사상 등을 담고 있다.
㉣ 창가의 정형성에서 완전히 벗어나지 못했다는 점과 시대 상황에 지나치게 역점을 두어 자가의 각성 및 탐구가 미흡하다는 점은 한계이다.
㉤ 대표 작품

최남선, 「해에게서 소년에게」	• 1908년 『소년』 창간호에 실린 작품으로, 최초의 신체시로 공식 인정됨 • 바다를 의인화하여 새로운 문명개화와 소년의 기상을 예찬함
최남선, 「구작삼편」	• 제목은 '옛날에 쓴 세 작품을 묶었다'는 의미임 • 개화, 계몽사상을 고취함
최남선, 「꽃두고」	• 꽃을 통해 얻는 정신적·교훈적 의미를 노래함 • 새로운 문명에 대한 동경을 나타냄

④ **언문풍월과 4행시**

언문풍월과 4행시는 20세기 초반에 새로운 정형을 모색하는 시인들에 의해 창작되며 인기를 끌다가 1918년 이후로는 자유시 운동에 밀려 소멸되었다.

㉠ 언문풍월

ⓐ 언문풍월은 우리말을 이용해 한시처럼 글자 수와 운을 맞추어 짓는 시로, 조선 후기 판소리 작품 혹은 김삿갓의 시에서도 다음과 같이 그 모습을 찾아볼 수 있었다. 그러다가 1900년대에 들어 계몽운동을 고취하는 시 형식 중 하나로 부상하게 되었다.

> 사면 기둥 붉었타
> 석양 행객 시장타
> 네 절 인심 고약타

ⓑ 한시의 절구체 운율을 따라 한 행이 5자 혹은 7자가 되게 했다. 또한 한 연을 4행으로 하되, 1, 2, 4행의 끝에 같은 운이 오도록 했다.

㉡ 4행시

4행시는 언문풍월과 마찬가지로 네 행 구성의 시로, 한 행의 글자 수를 5자 혹은 7자로 엄격하게 제한하지 않는 대신 주로 4·4조, 6·5조 등 일정한 음수율을 지키는 경향이 있다.

㉢ 대표 작품

종류	대표 작품	특징
언문풍월	이종린, 오상준 등 편저, 『언문풍월』	형식상 언문풍월로 볼 수 있는 작품들을 모은 언문풍월 작품집
4행시	이광수, 「말듣거라」·「새아이」·「내소원」	4행시 작품으로, 이광수의 실험작

(3) 개화기 시가의 의의
① 전통시가에서 근현대적 시가로 넘어가는 과도기 역할을 했다.
② 한국 근대 문학의 출발점이 되었다.
③ 민중 계몽을 목적으로 하였으므로, 민중들의 의식에도 영향을 미쳤다.
④ 자유시 등장의 기반을 마련했다.

2 1910년대 : 자유시 중요

(1) 자유시의 정의
형식이 고정되어 있는 정형시의 상대적 개념으로, 전통적인 리듬에서 벗어나 자유로운 리듬으로 표현된 시를 말한다.

(2) 자유시가 지어진 까닭
이전에 비해 보다 복잡해진 시대 및 근대 정신을 반영하는데 정형화된 형식을 따르는 것이 적절하지 않았기 때문이다. 또한 가창을 염두에 두고 음악성을 강조하여 시를 짓는 데에서 벗어나게 되었기 때문이다.

(3) 자유시의 운율
그렇다고 해서 자유시에 운율이 없는 것은 아니다. 자유시에도 내재율이 존재한다고 본다.

(4) 한국 최초의 자유시
1919년 『창조』지에 발표된 주요한의 「불놀이」를 최초의 자유시로 보는 견해가 오랫동안 유지되어 왔으나 이 견해는 다소 협의적이며, 1918년 발표된 김억과 한용운의 작품들 또한 자유시로 평가되고 있다. 예를 들어 1918년 11월 『태서문예신보』에 실린 김억의 「봄」, 「봄은 간다」나 1918년 9월 『유심』 제1호에 실린 한용운의 「심」은 자유시의 모습을 갖추었다고 평가된다.

(5) 작품 예시
① **주요한, 「불놀이」**
4월 초파일에 대동강에서 하는 불놀이를 보며 젊은 시인이 죽은 애인을 그리워하고 고민하는 내용을 표현하였다. 5연 35행으로 이루어진 작품의 첫 부분은 다음과 같이 시작한다.

> 아아, 날이 저문다. 서편 하늘에 외로운 강물 우에, 스러져가는 분홍빛 놀…… 아아, 해가 저물면 날마다, 살구나무 그늘에 혼자 우는 밤이 또 오건마는, 오늘은 사월이라 팔일날, 큰길을 물밀어 가는 사람 소리는 듣기만 하여도 흥성스러운 것을 왜 나만 혼자 가슴에 눈물을 참을 수 없는고?
>
> 아아, 춤을 춘다. 춤을 춘다. 시뻘건 불덩이가, 춤을 춘다. 잠잠한 성문 우에서 내려다보니, 물냄새, 모래 냄새, 밤을 깨물고 하늘을 깨무는 횃불이 그래도 무엇이 부족하여 제 몸까지 물고 뜯을 때, 혼자서 어두운 가슴 품은 젊은 사람은 과거의 퍼런 꿈을 찬 강물 우에 내어던지나 무정한 물결이 그 그림자를 멈출 리가 있으랴?
> (후략)

② **김억, 「봄은 간다」**

봄밤에 느끼는 애상적 정서를 표현한 작품으로, 일본 제국주의 통치하에서 표현의 자유를 빼앗긴 식민지 지식인의 비애를 그린 것으로 평가되기도 한다. 7연 14행으로 이루어진 이 작품의 첫 부분은 다음과 같이 시작한다.

> 밤이도다.
> 봄이다.
>
> 밤만도 애달픈데
> 봄만도 생각인데
>
> 날은 빠르다.
> 봄은 간다.
>
> 깊은 생각은 아득이는데
> 저 바람에 새가 슬피 운다.
>
> 검은 내 떠돈다
> 종소리 빗긴다.
>
> 말도 없는 밤의 설움
> 소리없는 봄의 가슴
>
> 꽃은 떨어진다.
> 님은 탄식한다.

제3절　개화기 소설

1　개화기 소설 : 19세기 말~한일합방 이전

(1) 시대적 배경

19세기 말에서 한일합방 이전까지의 시기는 개화기로 구분되는데, 외세의 침략에 맞서는 한편 봉건체제가 붕괴되고 서구 문물이 유입되어 사회적 변화가 활발하게 이루어진 시기였다. 한마디로 근대적 사회로 나아가는 과도기의 시대였는데, 소설 역시 이러한 시대적 요구를 반영하여 고전소설로부터의 변모를 꾀하였다.

(2) 특징

① 이 시기의 전달매체는 주로 신문, 잡지, 단행본이었다.
② 서술방법적인 면에서 전기물, 역사물처럼 사실기록에 치중한 것과 흔히 신소설로 불린 것으로 나눠 볼 수 있다.
③ 박은식, 장지연, 신채호, 유원표 등과 같이 유학파 지식인들은 소설을 통해 국권 회복 운동을 도모하고자 했다. 이들에 의해『을지문덕』,『강감찬전』,『이순신전』,『연개소문전』등 과거에 나라를 구한 영웅들의 행적을 '전기' 형식으로 펴내는 작업이 이루어졌다. 이러한 작업을 통해 구국의 영웅을 다시 불러오고자 하는 바람을 나타냈다.
④ 이인직, 이해조, 안국선, 최찬식 등과 같은 근대 지향형 지식인들은 흥미성과 대중성을 중시하며 문학적 접근을 시도했다.
⑤ 역사 전기물 소설 작가들은 현토체 및 국한문혼용체, 문어체를 주로 사용한 반면 신소설 작가들은 순국문으로 작품을 썼다.
⑥ 개화기 신문에 연재된 신문소설들은 몇몇 작품을 제외하고는 모두 작가가 누군지 밝히지 않았다. 이것은 사회 현실에 대한 비판이 담긴 작품이 많았기 때문인데, 이로 보아 아직 기자와 작가, 언론정신과 작가정신의 구분이 분명하지 않았음을 알 수 있다.
⑦ 이 시기의 작품들은 매체 면에서는 신문소설이, 소재 면에서는 가정소설, 관념소설이 주를 이루었다.

(3) 작품 경향 및 대표 작가와 작품

① **역사·전기물 소설**

영웅의 이야기를 통해 혼란한 시대를 진정시킬 영웅의 탄생을 바라는 마음을 담은 작품들이 지어졌다.
　예 신채호가 역술한「이태리건국삼걸전」(1907), 장지연의「애국부인전」(1907), 이해조의「화성돈전」(1908) 등
　　신채호의『을지문덕』(1908), 우기선의『강감찬전』(1908), 박은식의『연개소문전』(1908) 등의 창작 전기

② **몽유록계 소설**

이 시기의 몽유록은 기존의 몽유록과 달리 현실에 대한 서술자의 불만을 말할 상대를 만나기 위한 장치로 꿈을 사용하였다.

예 유원표의 「몽견제갈량」(1908), 신채호의 「지구성미래몽」(1909), 안국선의 「금수회의록」(1908) 등

※ 「금수회의록」은 몽유록계 소설인 동시에 연설체 소설에 해당된다.

③ **대화체 소설**

현실을 비판하기 위해 등장인물들이 대화를 나누는 구조를 지닌 작품들이 창작되었다.

예 작자 미상의 「소경과 앉은뱅이 문답」(1905), 「거부오해」(1906) 등

④ **토론체 및 연설체 소설**

대화체 소설만으로는 표현하기 어려웠던 사상들을 나타내기 위해 토론체 및 연설체로 된 소설이 창작되었다.

예 토론체 작품 : 이해조의 「자유종」(1910) 등
   연설체 작품 : 안국선의 「금수회의록」(1908) 등

⑤ **신소설** 중요

㉠ 내용상의 특징

신소설은 기존의 전통적 양식을 직접적으로 계승하면서도 자주독립, 신교육, 평등사상, 여권 존중, 자유결혼, 새로운 문화에 대한 동경과 같은 근대의식을 담아냈다.

㉡ 형식상의 특징

시작 부분이 고전소설과 달리 자유로운 장면 묘사로 이루어지고, 구체적인 시공간을 설정했으며, 언문일치 문체에 접근하였고, 일부 작품에서는 역순행적 구성이 도입되기도 했다.

㉢ 한계

권선징악적인 전통적 주제에서 여전히 벗어나지 못하는 모습을 보이기도 했고, 우연성의 남발과 작위적 전개로 개연성이 부족했으며, 인물의 성격과 심리가 평면적이고 섬세하게 다루어지지 않았다. 또한 묘사가 추상적인 데 머물렀고, 특히 1910년 이후로 발표된 신소설에서는 시대성은 급격히 줄고 통속성을 띠게 되었다. 이러한 점에서 이전의 고전소설들과 별반 다를 바가 없다는 한계점이 지적되기도 한다.

㉣ 대표적 작품

작품명	작가		특징
이인직	「혈의 누」		• 청일전쟁을 배경으로 한 10년 동안의 이야기로, 최초의 신소설 작품임 • 신교육사상, 자유연애, 자주독립 등을 주제로 함
	「귀의 성」		양반 계급의 부패상을 폭로하고 처첩 간의 갈등으로 인한 가정의 비극을 그림
	「치악산」		• 계모와 며느리의 갈등을 통해 신구 간의 갈등을 그림 • 상편은 이인직이, 하편은 김교제가 지었다.
	「은세계」		• 미국에 유학 중인 주인공들을 통해 국민의 권리, 자주독립 등을 주제로 함 • 최초로 원각사에서 상연된 연극의 원작임
이해조	「구마검」		'구마검'은 '귀신 쫓는 칼'이라는 뜻으로, 미신 타파를 목적으로 함
	「빈상설」		첩으로 인해 패가망신하는 가정 문제를 다룸
최찬식	「추월색」		남녀 주인공의 파란만장한 일생을 다룬 소설로, 신소설이 통속화된 모습을 보여줌

(4) 개화기 소설의 의의와 한계

① **의의**

개화기 소설은 고전소설에서 근대소설로의 이행기 소설로 근대적 주제의식을 담아내었으며, 표현 방법에서 이전과는 다른 양상을 보여주었다.

② **한계**

㉠ 구소설의 한계점이었던 우연성이 여전히 나타난다.
㉡ 새 것은 선이고 옛 것은 악이라는 이분법적 도덕관념을 보여준다.
㉢ 일본을 개화의 표본으로 상정하고 있다는 점에서 문제의식이 한정적이다.
㉣ 인물 묘사나 성격 창조가 평면적이다.
㉤ 관념적인 서술이 과다하다.

2 1910년대 소설(1910~1919)

(1) 시대적 배경

1910년대는 1910년 한일합방조약 체결로 인해 일제 강점기가 본격적으로 시작된 시기이다. 이 시기에 일본은 '근대적 토지제도의 확립'이라는 구호를 내세우며 '토지 조사 사업(1912~1918)'을 벌였고, 이를 통해 자본주의적 소유 체제를 확립하고자 했다. 우리나라는 봉건 사회에서 자본주의 사회로의 이행을 '강제'로 이루게 된 것이다. 이를 위해 일본은 '무단 통치'를 하며 우리나라의 민중들을 탄압하였다.

(2) 특징

① 계몽주의적 가치관에서 벗어나 식민지 현실 인식과 민족적 주체성 문제로 관심이 이동하였다.
② 이전의 번역투 문어체에서 벗어나, 현실적 회화체와 근대적 문장 구성을 도입하려는 노력이 본격화 되었다.
③ 사건보다는 인물 심리와 내적 갈등이 더 중요한 표현대상이 되었다.

(3) 대표 작가와 작품

① **이광수의 「무정」(1917)**

한국 근대소설의 출발점으로 평가되는 작품으로, 구어체 서술, 개인의 심리 묘사, 개인과 사회의 갈등 등 근대소설적 특징을 지녔다. 그러나 신소설과 마찬가지로 여전히 계몽주의에서 벗어나지 못 했다는 한계를 갖는다.

② 이 외에도 식민지 시대 지식인의 모습을 그린 현상윤의 「핍박」(1917), 양건식의 「슬픈 모순」(1918) 등이 있다.

(4) 1910년대 소설의 의의와 한계

1910년대 소설은 근대소설이 본격적으로 출발된 시기이며 본격적인 정착을 위한 준비 단계로 평가된다. 개화기 소설의 교훈적·계몽적인 면에서는 어느 정도 벗어났으나 완전히 벗어나지는 못했고, 문학적 완성도도 여전히 미흡한 편이었다.

제4절 최남선의 문학

1 육당 최남선(1890~1957)의 생애 및 활동

(1) 서울에서 태어나 경성학당에서 수학 후 1904년 대한제국 황실 유학생으로 선발되어 일본에 건너갔다.

(2) 1906년 와세다대학 고등사범부 역사지리과에 입학, 대한유학생회에서 발간하는 『대한유학생회보』의 편집인으로 활동하였다. 유학생 대표로 활동하던 중 동맹 휴학 사건으로 퇴학당했다.

(3) 1906년 겨울 귀국 후, 1908년 11월 한국 최초의 잡지 『소년』을 출판하고 최초의 신체시 「해에게서 소년에게」를 창작했다. 이후에도 『붉은 저고리』(1912), 『아이들 보이』(1913), 『청춘』(1914) 등의 잡지를 발행하였다.

(4) 조선어사전 편찬 기획 및 조선의 문화와 역사를 연구하는 계명구락부 활동에 참여했고, 조선사편수회 위원으로 활동했다.

(5) 1919년 3·1 운동 당시 민족 대표 33인으로 참가하여 「독립선언서」를 쓰고 낭독했다가 체포되어 3년가량 복역하였다.

(6) 1926년 근대 최초의 창작 시조집 『백팔번뇌』를 간행하였다.

(7) 1930년대 이후 조선총독부 기관지에 참여하고, 일본 신도의 보급과 전쟁 동원을 독려하는 등 적극적인 친일 활동을 전개했다.

(8) 1949년 반민족행위특별조사위원회(반민특위)에 체포되었으나, 병보석 신청 및 이승만 정권의 반민특위 해산으로 실질적 처벌은 이루어지지 않았다.

(9) 출옥 이후에도 언론을 통한 기고활동 등을 지속하다가 1957년 10월 10일 사망하였다.

2 최남선의 문학적 업적 및 의의 (중요)

(1) 근대 문학의 선구자
한국문학이 전통적 고전 문학에서 근대 문학으로 이행하는 데 기여했다.

(2) 신체시 확립
1908년 「해에게서 소년에게」를 발표하여 전통적인 고전시가에서 벗어나 '**신체시**'라는 근대적 문학 양식을 도입했다. 신체시는 서구적 리듬에 민족의식이 담긴 내용을 접목시킨 것이었다. 신체시의 등장으로 시의 대중화, 문학의 시대적 기능성을 확립하게 되었다.

(3) 최초의 국문 잡지 『소년』(1908) 창간 (중요)
서양 문물을 소개하고 세계 각국의 지식을 번역한 글을 실음으로써 민족을 자각시키고 근대적 세계관 확립에 기여했다.

(4) 문학 동인으로서의 활동
카프의 계급주의 문학에 대항해 민족정신, 전통양식을 중시하는 문학시파를 결성했다. 국민문학파는 주로 시조 부흥 운동과 역사소설 창작에 힘을 쏟았다. 시조 부흥 운동과 관련하여 이들은 초장과 종장만 있는 시조(양장시조)나 초장·중장·종장 중 하나가 반복되어 네 장으로 구성된 시조(사장시조)를 짓는 정도에 머물렀으나 이후 이병기, 이은상 등에 의해 시조는 현대에도 명맥을 이어갈 수 있게 되었다.

3 한계

(1) 1930년대 이후 친일 행적을 보였다.

(2) 계몽적 목적에 집중한 나머지 문학적 세련미와 예술성 면에서 비판을 받기도 했다.

4 대표 작품 : 「해(海)에게서 소년에게」(1908)

(1) 내용

처………르썩, 처………르썩, 척, 쏴………아.
따린다, 부순다, 무너 바린다.
태산 같은 높은 뫼, 집채 같은 바윗돌이나.
요것이 무어야, 요게 무어야.
나의 큰 힘 아나냐, 모르나냐, 호통까지 하면서
따린다, 부순다, 무너 바린다.
처………르썩, 처………르썩, 척, 튜르릉, 콱.

처………르썩, 처………르썩, 척, 쏴………아.
내게는, 아모 것, 두려움 없어,
육상에서, 아모런, 힘과 권을 부리던 자라도,
내 앞에 와서는 꼼짝 못하고,
아모리 큰 물건도 내게는 행세하지 못하네.
내게는 내게는 나의 앞에는
처………르썩, 처………르썩, 척, 튜르릉, 콱.

처……르썩, 처………르썩, 척,쏴……… 아.
나에게 절하지, 아니한 자가,
지금까지 있거던 통기하고 나서 보아라.
진시황, 나팔륜, 너희들이냐.
누구 누구 누구냐 너희 역시 내게는 굽히도다.
나허구 겨룰 이 있건 오나라.
처………르썩, 처………르썩, 척, 튜르릉, 콱.

처………르썩, 처………르썩, 척, 쏴………아.
조고만 산 모를 의지하거나,
좁쌀 같은 작은 섬, 손벽 만한 땅을 가지고
고 속에 있어서 영악한 체를,
부리면서, 나 혼자 거룩하다 하난 자,
이리 좀 오나라, 나를 보아라.
처………르썩, 처………르썩, 척, 튜르릉, 콱.

처………르썩, 처………르썩, 척, 쏴………아.
나의 짝될 이는 하나 있도다,
크고 길고, 넓게 뒤덮은 바 저 푸른 하늘.
저것이 우리와 틀림이 없어,
적은 시비, 적은 쌈, 온갖 모든 더러운 것 없도다.

> 조 따위 세상에 조 사람처럼,
> 처………ㄹ썩, 처………ㄹ썩, 척, 튜르릉, 꽉.
>
> 처………ㄹ썩, 처………ㄹ썩, 척, 쏴………아.
> 저 세상 저 사람 모두 미우나,
> 그 중에서 똑 하나 사랑하는 일이 있으니,
> 담 크고 순정한 소년배들이,
> 재롱처럼, 귀엽게 나의 품에 와서 안김이로다.
> 오나라, 소년배, 입 맞춰 주마.
> 처………ㄹ썩, 처………ㄹ썩, 척, 튜르릉, 꽉.

(2) 특징

① 1908년 11월 『소년』 창간호에 발표되었다.
② 6연으로 구성되어 있고, 각 연은 7행으로 이루어져 있다.
③ 바다를 의인화했다.
④ 의성어와 의태어를 활용하여 바다의 박진감 넘치는 움직임을 묘사함으로써 리듬감과 음향적 효과를 강화했다.
⑤ 서구 및 일본 근대 문명에 대한 호의적 시선을 담고 있으며, 소년을 통해 새 시대 건설에 대한 희망을 표출한다.
⑥ 정형시에서 벗어나기는 했으나 각 연마다 음수율이나 같은 구절의 반복 등 정형에 가까운 경향이 있다. 또한 문장 전체가 구어체는 아니나, 일부 어휘나 문장 구조에서 전통 문어체를 탈피하려는 경향이 드러난다. 따라서 고전시가에서 자유시로 나아가는 과도기에 있는 신체시 작품으로 볼 수 있다.

제5절 이광수의 문학

1 춘원 이광수(1892~1950)의 생애 및 활동

(1) 평안북도 정주에서 태어나 어린 시절 부모를 콜레라로 잃고 동학에 입도하여 활동하다가 이후 개신교로 전향했다. 동학 입도는 그가 민중의식에 눈을 뜨게 된 배경 중 하나였다.

(2) 일본으로 유학 가 와세다대학 고등예과에서 철학과로 진학하여 공부했다. 일본에서 공부하는 동안 잠시 귀국하여 정주 오산학교에서 교원으로 일하기도 했다.

(3) 1917년 1월 1일부터 5월 14일까지 『매일신보』에 장편소설 「무정」을 연재했다. 이 작품은 한국 최초의 근대 장편소설로 평가된다.

(4) 1919년 일본에서 조선청년독립단에 가담해 「2・8 독립선언서」를 작성하고 상하이 임시정부로 넘어가 임시정부에서 일하며 『독립신문』 발간을 위해 일했다.

(5) 이후 교사 및 언론인으로 활동하여 동아일보 편집국장, 조선일보 부사장 등의 직위를 역임하는 한편 「재생」(1924), 「마의태자」(1927), 「단종애사」(1928), 「혁명가의 아내」(1930), 「이순신」(1931), 「흙」(1932) 등의 작품을 발표했다. 이광수는 문학 작품뿐만 아니라 「민족적 경륜」, 「민족개조론」 등의 글도 발표하였다.

(6) 1938년 수양동우회 사건의 예심을 받던 중 전향하였다. 이후 친일어용단체인 조선문인협회 회장이 되었고, 황민화운동, 창씨개명 및 학병 권유를 지지하였으며, 각종 기고문과 강연을 통해 일본의 전쟁을 정당화하는 등 친일 활동에 적극 가담하였다.

(7) 해방 후에도 교사 생활을 이어가며 『도산 안창호』, 『꿈』, 『나의 고백』 등을 출간하였다.

(8) 1949년 반민족행위특별조사반민위(반민특위)에 체포되어 수감되었으나 병보석으로 풀려났고, 이후 정치적 상황과 반민특위 해체 등으로 인해 실질적 처벌 없이 불기소 처분되었다.

(9) 1950년 한국전쟁 때 납북되었다가 같은 해 10월 25일 사망하였다.

2 이광수의 문학적 특징 및 의의

(1) 한국 최초의 근대 장편소설인 「무정」을 창작하여 개인의 내면 심리, 서구적 합리주의, 계몽주의적 가치관, 인물 간의 갈등 등이 결합된 근대 문학의 특징을 보여주었다.

(2) 문학을 통해 민족을 각성시키고자 하는 계몽주의적 문학의 성격이 강하다.

(3) 문학은 사회적 책임을 지닌 도덕적 수단이 되어야 하며, 민족과 사회의 진보에 기여해야 한다고 보았다.

(4) 근대 문학의 출발점이자, 계몽기에서 본격적 심리소설로 넘어가는 교량 역할을 했다.

3 한계

(1) 1938년 수양동우회 사건 이후 전향하여 친일단체에 참여하고 친일문학을 발표하는 등 친일 행보를 이어갔다.

(2) 작가의 사상이 작품 내에 과도하게 개입되어 문학성보다 계몽성에 치중되었다.

4 대표 작품 : 「무정」(1917) 중요

(1) **내용**

> 경성학교 영어교사 이형식은 신여성 선형의 영어교습을 맡게 되며 둘 사이에 정이 싹튼다. 한편 이형식의 정혼자였던 영채는 아버지를 구하기 위해 기생이 되고, 이후의 고초를 겪으며 형식을 찾아온다. 그러나 학교 관계자에게 모욕당한 뒤 형식을 떠나려다 신여성 병욱을 만나 계몽의 길로 눈뜬다. 영채는 일본 유학을 결심하고, 선형과 약혼한 형식 역시 미국 유학길에 오른다. 기차 안에서 영채와 형식이 우연히 재회하며, 새로운 세계의 보급에 협력하기로 다짐한다.

(2) **발표 시기 및 방법**

1917년 1월 1일부터 6월 14일까지 『매일신보』에 126회에 걸쳐 연재된 후, 1918년 단행본으로 간행되었다.

(3) 특징

① 신소설에 비해 심리 묘사가 섬세하게 이루어졌다.
② 계몽주의, 개화사상, 교육의 중요성, 신여성 담론이 주요하게 다뤄진다.
③ 신문 연재소설답게 다음 회가 궁금해지는 서스펜스 구조이다.
④ 서술자의 개입을 통한 작가의 사상 제시가 강한 편이다.
⑤ 작가의 가치관이 서술자를 통해 직접 개입되는 서술 방식으로 인해 교훈성이 강조된다.
⑥ 낡은 체제에서 새 질서로 나아가고자 하는 과도기적 인간인 이형식과 근대적 세계관과 전통적 세계관 사이에서 갈등하는 인물인 영채를 통해 전통과 근대의 대립에서 벗어나 새로운 세계의 질서로 나아가고자 하는 작가의 사상이 드러난다. 그러나 전통 여성(영채)과 신여성(병욱)의 대비는 시대 인식과 더불어 작가의 한계를 보여주는 것이기도 하다.

(4) 문학사적 의의 및 한계

① **의의**
  ㉠ 한국 최초의 근대적 장편소설로서 이후 소설의 발전을 이끌었다.
  ㉡ 심리 묘사, 서사 구조, 인물 등에서 근대소설의 형식을 갖추었다.
② **한계**
  ㉠ 계몽성이 강한 점과 기차 안에서 영채와 형식이 우연히 재회하는 것과 같은 우연의 남발은 전근대적 요소라 할 수 있다.
  ㉡ 영채의 희생적 서사 등을 통해 작가의 성차별적 여성관이 나타난다고 보는 시각도 있다.

제 3 장 | 1920년대 문학

제1절 이 시기 문학의 전반적 특징 중요

1920년대는 1919년 3·1 운동을 계기로 민족의식이 고조되자, 일제가 무단통치를 포기하고 문화통치로 전환한 시기이다. 이에 따라 언론·출판·문학 활동이 일정 부분 허용되었고, 한국의 근·현대 문학이 본격적으로 형성되기 시작했다. 이전 시기처럼 계몽성만을 강조하던 경향에서 벗어나 문학적 형식과 예술성이 발전하고, 사회 현실을 직시하는 작품들이 대거 등장하게 되었다.

1 시문학의 전반적 특징

(1) 낭만주의, 상징주의, 감상주의 시의 유행

3·1 운동의 실패 이후 좌절감이 커지면서, 감상적·허무주의적 정서가 강한 시들이 등장했다. 이와 함께 김억, 주요한 등은 서구 상징주의 시의 영향을 받아 정서적이고 이미지 중심의 시를 창작하였다. 이들은 『창조』, 『폐허』 등의 동인지를 통해 작품을 발표하였다.

(2) 경향시와 사회주의 계열 시의 등장

1925년 일본 유학생 출신 작가들을 중심으로 카프(KAPF, 조선프롤레타리아예술가동맹)가 결성되었다. 이들은 사회주의 리얼리즘 이론을 수용하여 계급의식을 표현하는 시, 즉 경향시를 창작하며 문학의 사회적 기능을 강조하였다. 대표 시인으로 박영희, 이상화, 김기진 등이 있다.

(3) 민족주의 문학의 시조 부흥 운동

카프에 대항해 최남선, 주요한, 이은상, 이병기 등을 중심으로 국민문학파가 형성되었다. 이들은 카프 문학에 대항해 민요와 시조의 형식을 계승하고, 민족 정서를 고양하는 시를 창작하였다. 최남선, 이병기, 이광수, 주요한 등이 주로 활동했다.

(4) 민요시 운동

기존 자유시 형식은 외래에 빚진 것이며 낭만주의는 퇴폐적 성격을 지녔다고 보고 민중의 문학인 민요에서 조선만의 예술적 독창성을 찾고자 하는 민요시 운동이 일어났다. 이들은 민요적인 가락을 현대시에 적용해 보고자 했다. 그러나 민요적인 율격에 지나치게 얽매였다는 비판의 대상이 되기도 했고, 현실 문제에 눈 감았다는 점에서 한계점이 있다고 평가되기도 한다. 주요한, 김억, 홍사용 등에 의해 주도되었는데, 특히 김소월은 민요의 형식을 그대로 따르기보다 다양하게 변용시킴으로서 새로운 시 형식을 만들어냄으로써 민요의 정형성을 극복한 작가로 여겨진다.

2 소설문학의 전반적 특징

(1) 근대적 문체의 정착
이 시기 소설에서는 시제를 분명히 나타내는 문장 어미가 보편화되었으며, 삼인칭 '그'의 사용을 통해 현대적 서술 방식이 자리 잡기 시작했다.

(2) 사실주의 및 자연주의적 인식의 수용
이 시기의 작품들은 작가들이 문학의 자율성을 인정하고 현실과 인간의 삶을 있는 그대로 그리려는 경향을 보였다는 점에서 개화기 문학의 계몽성과 구분된다. 주요 작가로는 염상섭, 현진건 등이 있다.

(3) 서사 기법의 발전
어휘 선택의 정교화, 인물 심리의 객관적 묘사, 플롯의 긴밀한 구성 등 작가들의 소설 구성 능력이 비약적으로 향상되었다. 특히 발단·전개·위기·절정·결말 구조의 서사가 정착되었다.

(4) 사회 비판 의식의 강화
식민지 현실에 대한 비판 의식이 두드러지게 표현되었고, 빈부 격차, 여성 억압, 식민 체제의 모순 등이 소설의 중심 주제가 되었다. 대표 작품으로 염상섭의 「표본실의 청개구리」, 현진건의 「운수 좋은 날」 등이 있다.

3 기타 문학 활동

(1) 근대극의 발전
1920년대에는 '극예술협회', '토월회' 등 단체가 중심이 되어 기존 신파극에서 벗어난 근대적 연극을 시도하면서 근대적 희곡 창작이 본격화되었다.

(2) 문학 내부의 이념 논쟁
1920년대 말에는 계급 투쟁과 이념 실천을 강조한 프로문학(경향문학)과, 이에 반대하며 문학의 자율성과 민족 정신, 전통 양식의 중요성을 중시한 민족주의 문학 간의 논쟁이 격화되었다. 김기진, 박영희 등은 프로문학 진영을 대표했고, 이에 맞서 김동인, 염상섭 등은 문학의 자율성과 순수성을 강조했다. 이러한 두 문학 이념의 대립 속에서 중도적 입장을 취한 '절충주의 문학론'이 제기되기도 하였는데, 양주동, 염상섭 등이 이를 대표하는 인물로 꼽힌다.

(3) 민족 신문과 동인지의 활성화

『동아일보』, 『조선일보』 같은 민족계 신문이 문예란을 마련하여 많은 작가들이 작품을 발표할 수 있었고, 『창조』, 『폐허』, 『백조』 등 동인지의 발간이 활발히 이루어지며 문학의 다양성과 실험성이 확대되었다.

제2절 서구문학과의 교섭, 동인지 문학 중요

1920년대는 '동인지의 시대'라 불릴 만큼 다양한 동인지가 활발히 발행되었다. 지역이나 학교, 문학적 성향이 비슷한 문인들이 모여 동인지를 발행하고, 이를 자신들의 문학 세계를 드러내는 중요한 매개체로 삼았다.

동인지명	최초 발행 시기	주요 활동 인물
『창조』	1919년	김동인, 주요한, 전영택 등
『폐허』	1920년	염상섭, 오상순, 황석우, 남궁벽, 김억 등
『장미촌』	1921년	황석우, 변영로, 박종화, 박영희 등
『백조』	1922년	홍사용, 이상화, 박영희, 박종화, 나도향, 현진건 등
『금성』	1923년	유춘섭, 양주동, 손진태 등
『영대』	1924년	김소월, 김동인, 김억, 이광수, 주요한 등

이들 동인지는 단순한 창작 발표의 장을 넘어, 서구문학 이론의 수용, 신사조 소개, 문학 담론 형성 등 문학적 실험과 담론을 이끄는 중심이 되었다. 예를 들어 『창조』는 리얼리즘을 중심으로 활동하였고, 『폐허』는 감상주의, 상징주의, 낭만주의를 주로 다루었으며, 『백조』 역시 낭만파 문학을 이끌었다.

동인지 발간으로 인해 많은 문인들이 작품 발표의 기회를 가질 수 있었고, 외국문학과 서구문학 이론이 적극적으로 소개되면서 한국문학의 형식과 내용이 한층 다양화되었다.

다만 동인지 중심의 발표는 지면이 한정되고 연재 지속성이 불확실했기 때문에, 1920년대 소설은 장편보다는 단편 중심으로 전개되었다. 그러나 이러한 한계는 오히려 염상섭, 현진건, 나도향 등의 작품을 중심으로 단편소설의 미학적 완성도를 끌어올리는 계기가 되었다.

제3절 신경향파와 카프문학 운동

1 신경향파

(1) 신경향파의 개념

1920년대 중반에 접어들면서, 1920년대 초반의 낭만주의적 문학 경향을 비판하며 사회주의 경향성이 짙은 작품들이 창작되었다. 이처럼 1923~1927년경 활발하게 전개된 사회주의적 경향이 있는 새로운 문학을 신경향파 문학, 혹은 경향문학이라 한다. 신경향파 문인들은 빈부 격차, 노동 착취, 계급 갈등 등 당시의 식민지 현실과 사회 구조적 모순을 반영한 문학 작품들을 통해 사회변혁을 이루고자 했다.

(2) 신경향파의 특징

① 주된 내용은 다음과 같다.
  ㉠ 빈궁을 소재로 삼는다.
  ㉡ 노동자, 소작인, 매춘부 등 하층 계급의 인간들이 주인공으로 등장한다.
  ㉢ 빈궁에 대한 반항의식을 보여준다.
  ㉣ 방화 혹은 살인 등 개인적인 폭력으로 끝을 맺는다.
② 식민지 현실 및 기존의 낭만주의적, 감상적 문학을 비판하였다.
③ 직설적·사실적 묘사에 초점을 맞췄다.
④ 현실 고발, 계몽이 그 목적이었다.
⑤ 주로 단편소설과 시의 형태를 사용하였다.
⑥ 허무적·절망적·개인적 성격을 갖는다.

(3) 신경향파의 쇠퇴 요인

① 1925년 '조선프롤레타리아예술가동맹(KAPF)' 결성 이후 카프문학에 흡수되었다.
② 일제의 검열과 탄압 및 내부의 이념적 갈등으로 인해 해체되거나 변화했다.

2 카프(KAPF)

(1) 카프의 개념

카프는 'Korea Artista Proleta Federatio(조선프롤레타리아예술가동맹)'의 줄임말로, 1925년 결성되어 1935년 해체된 사회주의 문학 단체이다.

(2) 카프의 형성과 전개 과정

카프 이전에 '염군사'라는 사회주의 문화 단체와 '파스큘라'라는 문학 단체가 있었다. 파스큘라는 동경 유학파 출신이었던 김기진, 박영희 등이 1923년 만든 단체였는데, 염군사와 파스큘라 두 단체가 통합하여 만들어진 것이 카프였다. 이들은 주로 기관지인 『문예운동』 등을 통해 작품을 발표했다.

이들은 문학을 통해 사회주의 혁명을 실현하고자 했으나 '문예'를 중시하는 사람들과 '운동'을 중시하는 사람들 간의 입장 차이가 좁혀지지 않았고, 내용 형식 논쟁, 목적 의식 논쟁, 아나키즘 논쟁, 예술대중화 논쟁 등 해산될 때까지 갈등이 이어졌다.

카프가 처음에 제시한 강령은 두 차례에 걸쳐 변화하는데, 이를 카프의 방향전환이라 한다. 카프 결성 후 1년가량 지난 1926년 말 발표한 강령은 "우리는 단결로써 여명기에 있는 무산 계급 문화 수립을 기함"이었다.

그러다가 1927년 카프는 1차 방향전환을 하여, 마르크스주의에 바탕을 두고 '무기로서의 예술'을 해야 한다는 입장을 분명히 한다. 이에 따라 자연발생적인 문학이 아닌 '목적의식적인 문학'을 강조하였다. 1930년 전후에 이루어진 2차 방향 전환에서 카프는 '예술운동의 볼셰비키화'를 주장하였다. 이는 예술가가 노동 계급의 선두에 서서 마르크스-레닌주의에 따라 행동해야 한다는 것을 의미하며, 문학 활동을 넘어 정치적 실천을 강조하는 노선으로 전환된 것이다.

1931년 일본이 제국주의를 본격화하며 사상 탄압을 강화하자, 카프 조직원들도 대규모로 검거되어 조직 해산을 강요받았다. 결국 1935년 카프는 해산계를 제출하고 공식적으로 해체되었다.

(3) 카프문학의 특징 중요

① 노동자 및 농민 계급 중심의 문학이다.
② 문학을 사회주의 혁명 실현의 수단으로 봤다.
③ 사실주의적 기법을 중시하였다.
④ 현실을 고발하고 민중을 계몽하려 하였다.
⑤ 대표 작가로는 박영희, 임화, 김기진 등이 있다.

(4) 카프문학에 대한 비판

문학의 예술성보다 이념성을 우선시하여 예술의 자율성을 훼손했다는 비판적 시각이 존재한다.

제4절 시조 부흥 운동

1 개념

시조 부흥 운동은 고전 운문의 한 장르인 시조를 현대적으로 계승하여 이를 국민문학의 기반으로 정립하고자 한 창작 운동이다. 이 운동은 주로 국민문학파에 의해 주도되었으며, 전통시가의 현대적 계승과 민족문학의 회복을 목표로 하였다.

2 배경

(1) 1920년대에 카프문학의 확산에 대한 반작용으로, 국민문학파를 중심으로 국민문학 운동이 제기되었다. 최남선, 이광수 등은 시조를 국민문학의 중심 장르로 보고 시조 부흥론을 주장하였다.

(2) 신체시를 지나 자유시가 문단의 주류로 자리 잡고, 외래 문학 양식의 유입이 가속화되면서 전통시가의 위축이 발생하였다. 이에 대한 반발로 시조 등 전통시가를 보존·계승하려는 움직임이 생겨났다.

3 전개 과정

(1) 전기
  ① 대표 인물로는 최남선, 이광수, 정인보 등이 있다.
  ② 양장시조(중장이 생략된 시조), 사장시조(초장 혹은 종장이 한 장 더 있는 시조) 등이 시도되었으며, 전통 시조 형식을 크게 벗어나지 않는 범위 내에서 창작되었다.
  ③ 대표 작품으로는 최남선이 펴낸 한국 최초의 현대 시조집 『백팔번뇌』, 정인보의 「자모사」 등이 있다.

(2) 후기
  ① 이병기, 이은상 등이 주도하여 현대 시조의 구체적인 형식과 내용을 확립하였다.
  ② 이 시기에 시조의 민족문학적 의의가 더욱 강조되었으며, 현대 문학 장르로서의 가능성이 모색되었다.
  ③ 대표 작품으로는 이병기의 「난초」, 이은상의 「조국강산」 등이 있으며, 이들은 현대적 감성과 민족 전통의 조화를 이룬 시조로 평가된다.

4 시조 부흥기 시조의 특징

(1) 전통 시조의 형식을 유지하거나 부분적으로 변형하여 현대적 감각을 접목하였다.

(2) 기존의 교훈 중심에서 벗어나, 현대인의 정서와 현실을 반영한 내용이 담겼다.

(3) 정제된 언어와 서정적 감정, 민족 전통의 계승이 중시되었다.

(4) 학교 교육과 신문·문예지를 통한 시조 발표가 활발히 이루어졌다.

(5) 시조는 노래로 부르기 위한 악곡 중심의 양식이 아니라, 문학적 시 형식으로서의 가치가 강조되었다.

5 시조 부흥 운동의 의의

(1) 전통 운문 장르인 시조를 현대적 정서에 맞게 계승함으로써 고전문학의 현대화를 시도하였다.

(2) 외래 사조의 유입과 식민지 상황 속에서도 민족문학을 보존하고 민족 정체성을 강화하는 데 기여하였다.

(3) 오늘날까지 이어지는 현대 시조라는 장르의 토대를 마련하였다.

(4) 이후 박목월, 조지훈, 유치환 등 후기 서정시 계열 작가들의 시조 창작으로 이어지며, 현대 서정시의 한 갈래로 발전하는 데 기여하였다.

6 시조 부흥 운동의 한계

(1) 전통 형식을 고수하려는 경향이 강해 창작의 다양성이 다소 제한되었다.

(2) 당대 사회 문제나 현실에 대한 비판적 대응이 부족하였으며, 형식미에 치중한 점이 한계로 지적된다.

제5절 주요 작가와 작품

1 주요 시인 및 작품

(1) 이상화 〈중요〉
① 『백조』, 『개벽』 등에서 활동하였다.
② 낭만주의적 경향과 상징적 서정시를 주로 창작하였다.
③ 경향파적인 양상을 드러내는 작품도 창작하였으며, 김기진, 박영희 등과 함께 1923년에는 파스큘라, 1925년에는 카프 창립 회원으로 활동하기도 하였다.
④ 그의 대표작 중 하나인 「빼앗긴 들에도 봄은 오는가」는 『개벽』이 폐간되는 계기가 되었다.
⑤ 대표작으로는 시 「나의 침실로」(1923)・「빼앗긴 들에도 봄은 오는가」(1926) 등이 있다.

(2) 김소월 〈중요〉
① 『영대』, 『개벽』 등에서 활동하였다.
② 향토성과 서정성이 강한 시를 창작하였다.
③ '한'의 정서를 표현한 대표적인 작가이다.
④ 민요조와 전통 율격을 잘 살렸다.
⑤ 대표작으로는 시 「엄마야 누나야」(1922)・「초혼」(1925)・「진달래꽃」(1922)・「산유화」(1925) 등이 있다.

(3) 한용운 〈중요〉
① 독립운동가, 승려, 시인으로 활동하였다.
② 3・1 운동 민족대표 33인 중 한 명이다.
③ 옥중에서 『조선 독립의 서』를 집필하며 독립 의지를 강하게 드러내었다.
④ 산문시 형태의 저항시를 주로 창작하였다.
⑤ 불교 개혁 운동을 전개하였다.
⑥ 대표작으로는 시집 『님의 침묵』(1926), 소설 『흑풍』(1935)・『죽음』(1924) 등이 있다.

(4) 김동환
① 최초의 현대적 장편 서사시인 「국경의 밤」(1925)을 창작하였다.
② 국경 지대인 자신의 고향(함경북도 경성군)의 북방적 정서, 억세고 강한 낭만성, 향토성이 두드러지는 언어로 시를 창작했다.
③ 종합지 『삼천리』, 『삼천리문학』을 발간하였다.
④ 반민특위 조사 당시 스스로 자수하여 자신의 친일 활동을 진술하였다.
⑤ 6・25 전쟁 중 납북되었고, 북한에서 사망하였다.

(5) 김창술

① 문학 활동 및 생애 정보가 부족하다.
② 개인의 가난을 사회 현실과 연결한 리얼리즘 시를 주로 창작하였다.
③ 대표작으로는 시 「촛불」(1925) 등이 있다.

(6) 임화

① 카프의 대표적 시인으로 활동하였다.
② 단편 서사시적 성격의 시를 창작하였다.
③ 그의 작품은 서정성과 계급성을 모두 갖춘 시로 평가받는다.
④ 대표작으로는 시 「우리 오빠와 화로」(1929)・「네거리의 순이」(1929) 등이 있다.

(7) 박팔양

① 자연시, 경향시 등 다양한 장르의 시를 창작하였다.
② 고통스러운 일상의 내면을 표현하였다.
③ 대표작으로는 시 「밤차」(1927) 등이 있다.

(8) 이병기 중요

① 현대 시조 정립의 선구자이다.
② 시조의 형식과 정서를 강조하였다.
③ 대표작으로는 1930년대에 발표한 「난초」, 「별」 등이 있다.

(9) 이은상

① 전통 시조 형식을 계승하였다.
② 민족, 윤리, 역사적 소재를 사용하였다.
③ 대표작으로는 「가고파」, 「성불사의 밤」 등이 있다.

2 주요 소설가 및 작품

(1) 김동인

① 1919년 동인지 『창조』를 통해 문단에 등장하였다.
② 간결하고 현대적인 문체로 사실주의 소설을 창작하였다.
③ 예술지상주의적 성향을 보인다.
④ 3인칭 대명사 '그녀'를 처음으로 작품에 사용하였다.

⑤ 말년에는 친일 행적에 대한 논란이 있다.
⑥ 대표작으로는 소설「약한 자의 슬픔」(1919)·「배따라기」(1921)·「감자」(1925) 등이 있다.

(2) 염상섭 중요
① 1920년 『폐허』 동인으로 활동하였다.
② 자연주의 및 사실주의의 선구자이다.
③ 중산층의 이중성을 비판하는 작품을 창작하였다.
④ 대표작으로는 자연주의 소설의 시작점으로 보기도 하는 소설「표본실의 청개구리」(1921)·「만세전」(1924)·『삼대』(1931) 등이 있다.

(3) 나도향
① 『백조』 동인으로 활동하였다.
② 사실주의적 경향의 소설을 창작하였다.
③ 향년 24세의 나이로 요절하였다.
④ 대표작으로는 소설「물레방아」(1925)·「벙어리 삼룡이」(1925) 등이 있다.

(4) 현진건 중요
① 『백조』 등에서 활동하였다.
② 한국 근대 단편소설의 선구자이다.
③ 사실주의 문학을 개척하였다.
④ 식민지 조선 현실을 섬세하게 묘사하였다.
⑤ 대표작으로는 소설「빈처」(1921)·「운수 좋은 날」(1924) 등이 있다.

(5) 최서해
① 간도 체험을 바탕으로 궁핍한 현실을 적나라하게 형상화하였다.
② 대표작으로는 소설「탈출기」(1925)·「기아와 살육」(1925)·「홍염」(1927) 등이 있다.

(6) 조명희
① 지식인의 궁핍한 삶과 농민의 현실을 형상화하였다.
② 대표작으로는 소설「낙동강」(1927) 등이 있다.

(7) 박영희
① 이론가이자 소설가로 활동하였다.
② 주인공의 심리 및 분위기 묘사가 치밀하다.

③ 김기진 등과 함께 1923년 파스큘라, 1925년 카프 결성에 참여하였다.
④ 대표작으로는 소설 「사냥개」(1925) 등이 있다.

(8) 이기영 중요
① 카프 작가로, 식민지 체제하 농민들의 고통과 문제를 형상화하였다.
② 대표작으로는 소설 「가난한 사람들」(1925) · 『민촌』(1927) · 『고향』(1933) 등이 있다.

(9) 송영
① 사회주의 예술단체인 염군사를 조직하였다.
② 소설과 희곡 등 다양한 장르에서 활약하였다.
③ 카프 결성에 주도적으로 참여하였다.
④ 대표작으로는 소설 「용광로」(1926) 등이 있다.

(10) 김기진
① 평론가이자 시인, 소설가로 활동하였다.
② 파스큘라를 조직하였고, 이후 카프의 지도자 역할을 수행하였다.
③ 관념성이 강한 시를 창작하였다.
④ 대표작으로는 소설 「붉은 쥐」(1924) 등이 있다.

(11) 한설야
① 농촌과 노동 현장을 주제로 계급 의식을 강조하였다.
② 월북 후 초기 북한 문단을 주도하였다.
③ 대표작으로는 소설 「그날 밤」(1925) · 「동경」(1925) · 「홍수」(1928) 등이 있다.

3 주요 극·수필 작가 및 작품

(1) 주요 극작가 및 작품
① 김영팔
  ㉠ 극예술협회 창립 멤버로 활동하였다.
  ㉡ 배우, 방송인으로도 활동하며 다방면의 창작 활동을 하였다.
  ㉢ 대표작으로는 희곡 「싸움」(1926) · 「부음」(1927) 등이 있다.

② 윤백남
　㉠ 신파극단인 '민중극단'을 조직했고, 극예술협회 창립 멤버로 활동했다.
　㉡ 연극, 영화, 소설 등 다양한 문학 및 문학 관련 분야에서 활동하며 한국 최초의 극영화「월하의 맹서」(1923)의 각본과 감독을 맡아 촬영하기도 했다.
　㉢ 연극 전용 극장 설립에 기여했다.
　㉣ 대표작으로는 희곡「운명」(1918)・「국경」(1918) 등이 있다.

③ 김우진
　㉠ 극예술연구회 창립 멤버로 활동하였다.
　㉡ 윤심덕과의 연애사가 유명하며, 28세에 요절하였다.
　㉢ 기성 윤리에 대해 비판하고, 독일 표현주의 방식을 도입하여 전위적인 실험극을 쓰기도 하였다.
　㉣ 대표적으로는「난파」(1926)・「산돼지」(1926) 등이 있다.

(2) 주요 수필 작가 및 작품

1920년대 중반에 들어 '수필'이라는 명칭이 본격적으로 사용되기 시작했는데, 1920년대에는 최남선과 이광수의 기행수필이 주로 쓰였다. 대표 작품에는 다음과 같은 것들이 있다.

① **이광수,「금강산유기」(1924)**
　1921년, 1923년 두 번에 걸쳐 금강산을 여행한 후, 이를 바탕으로 작성한 기행문이다.

② **최남선,「심춘순례」(1926)・「백두산 근참기」(1927)**
　민족주의적 관점에서 우리 국토의 아름다움을 기록한 기행수필이다.

제 4 장 | 1930년대 문학

제1절　이 시기 문학의 전반적 특징

1 시대적 배경

(1) 일제의 통치 방식이 문화통치에서 민족 말살 정책으로 바뀌며 각종 검열과 탄압이 심화되었다.

(2) 세계 대공황의 여파로 빈부 격차가 심화되고 농촌과 노동자 계층이 몰락하게 되었다.

(3) 도시화, 소비 중심의 생활 방식, 개인주의 등 근대적 가치관이 일반 대중의 삶과 의식 속에 스며들었다.

2 1930년대 문학의 전반적 특징 중요

(1) **카프문학의 해체와 순수문학의 대두**
　① 일제의 탄압으로 1935년 카프가 강제로 해산되면서 사회주의 리얼리즘이 점차 쇠퇴하게 되었다. 이에 따라 작가들은 정치 이념보다 **문학의 예술성과 전통을 강조하는** 방향으로 선회하였다.
　② 정지용, 김영랑, 박용철 등이 대표적이다.

(2) **다양한 문예사조들의 수용**
　일본 유학을 다녀온 지식인들을 통해 서양의 학문과 이론, 모더니즘과 같은 문예사조들이 번역과 해석을 거쳐 국내에 유입되었다. 특히 모더니즘은 이후 문학의 중심이 되었다.

(3) **모더니즘 문학 시도**
　① 모더니즘은 문학 전반에 나타난 새로운 시도로, 시에서는 도시 문명의 화려함과 폐해를 동시에 조명하고, 시어의 가공과 결합, 새로운 리듬 형성 등의 모습으로 나타났다. 소설에서는 인간의 내면 심리와 현실 세태를 중심으로 전개되었다.
　② 시에서는 김기림, 정지용, 김광균 등이, 소설에서는 이상, 박태원, 김유정 등이 대표적이다.

(4) 자본주의적 사회 구조의 부조리 고발
① 자본주의의 모순과 불평등한 사회 구조의 문제점을 비판적으로 성찰하였다.
② 이기영, 이무영, 김남천 등이 대표적이다.

(5) 역사 장편 소설의 창작
① 현실 비판이 어려운 시대적 상황에서 역사소설을 통해 우회적으로 민족의식을 표현하고자 시도했다.
② 박종화의 「금삼의 피」, 현진건의 「무영탑」, 김동인의 「운현궁의 봄」 등이 대표적이다.

(6) 가족사 소설의 창작
① 1930년대 장편소설이 대중화되는 흐름 속에서, 역사 장편소설과 함께 몇 대에 걸친 가족 구성원들의 이야기를 담은 가족사 소설도 장편으로 창작되기 시작했다.
② 염상섭, 채만식 등은 몇 대에 걸친 가족사를 통해 시대의 흐름을 사실적으로 반영한 가족사 소설을 창작하였다.

제2절 다양한 문학 유파의 등장과 전개

1930년대에는 문학의 경향이 이념보다는 형식 실험, 정서 탐구 등으로 다원화되었다. 1920년대에 동인지를 매개로 함께 활동했던 작가들은 1930년대에 이르러 각기 성향에 따라 다양한 유파를 형성해 나갔다. 이 시기 등장한 대표적 문학 유파는 다음과 같다.

1 시문학파 중요

(1) 관련 동인지 및 결성
1930년 창간된 시 전문 잡지 『시문학』을 중심으로 모여 순수시 운동을 주도했다.

(2) 주요 작가
박용철, 김영랑, 정지용, 정인보, 변영로, 신석정, 이하윤 등이 있다.

(3) 특징
① 문학에서 정치성과 사상성을 배제한 순수 서정시를 지향하였다.
② 내용에 치우쳤던 카프문학과 달리 내용과 형식의 유기적 조화를 통해 진정한 의미의 자유시를 써냈다.

③ 은유와 심상 및 언어의 조탁을 위해 의식적 노력을 기울였다.
④ 문학사적 의의보다 문학 자체의 예술성과 표현력을 중시한 작품 창작을 지향하였다.
⑤ 외국문학 작품을 원작 그대로 옮겨보려는 노력을 통해 번역문학에 대한 인식 수준을 높였다.

(4) 대표 작품

박용철의 「떠나가는 배」, 김영랑의 「모란이 피기까지는」, 정지용의 「향수」, 변영로의 「논개」, 신석정의 「선물」 등이 있다.

2 생명파

(1) 관련 동인지 및 결성

1936년 발간된 문예 잡지 『시인부락』 동인들이 중심이 되었다.

(2) 주요 작가

서정주, 오장환, 김동리(소설가) 등이 있었다. 그 외 유치환, 윤곤강, 신석초 등은 동인은 아니지만 작품의 경향이 유사해서 생명파로 불린다.

(3) 특징

① 인간의 정신적, 생명적 요소를 중시하여 생명의 강렬한 충동과 삶의 의미, 고뇌 등을 추구하였다.
② 시문학파의 유미주의, 모더니즘파의 감각적 기교 중시가 인생 문제를 멀리한다고 비판했다.

(4) 대표 작품

서정주의 「문둥이」·「화사」, 함형수의 「해바라기의 비명」, 오장환의 「성벽」, 유치환의 「깃발」 등이 있다.

3 전원파

(1) 관련 동인지 및 결성

중일전쟁의 발발(1937)로 일본의 탄압이 더 고도화되자 현실을 벗어나 전원을 이상 세계로 삼고자 하는 문학 경향이 나타나게 되었다.

(2) 주요 작가
김동명, 신석정, 김상용 등이 있다.

(3) 특징
절망적인 사회 현실 속에서 일제에 대한 협력을 거부하고 전원을 이상 세계로 설정하여 관조적이고 자연 친화적인 태도를 추구하였다.

(4) 대표 작품
김동명의 「파초」, 신석정의 「그 먼 나라를 알으십니까」, 김상용의 「남으로 창을 내겠소」 등이 있다.

이밖에 문학 유파로서의 명칭은 없으나 문단 내 모임 혹은 특정 경향을 띠는 유파가 있었다.

4 구인회 중요

(1) 관련 동인지 및 결성
1933년 8월, 9명의 작가가 모여 결성하였다. 이후 회원 수는 구성원의 변화가 있었음에도 불구하고 '9인'을 유지하며 '구인회'라는 명칭을 지속하였다. 기관지 『시와 소설』을 발행하였다.

(2) 주요 작가
① 이종명, 김유영, 이효석, 이무영, 유치진, 이태준, 조용만, 김기림, 정지용으로 출발했다.
② 이후 이종명, 김유영, 이효석, 유치진, 조용만이 탈퇴하고, 박태원, 이상, 박팔양, 김유정, 김환태가 가입하였다.

(3) 특징
① 경향주의 문학에 반대하여 순수 예술을 옹호하였다.
② 근대 문학을 현대 문학으로 전환 및 발전시켰다고 평가된다.

(4) 대표 작품
박태원의 「소설가 구보씨의 일일」, 이상의 「오감도」, 김기림의 「바다와 나비」 등이 있다.

5 농촌현실파

(1) 주요 작가
김유정, 이효석, 채만식, 이무영 등이 있다.

(2) 특징
① 현실을 사실적으로 묘사하였다.
② 풍자와 인간미를 강조하였다.

(3) 대표 작품
김유정의 「동백꽃」·「만무방」, 이효석의 「메밀꽃 필 무렵」, 채만식의 「논 이야기」, 이무영의 「제1과 제1장」 등이 있다.

6 역사소설파

(1) 주요 작가
현진건, 이광수, 박종화 등이 있다.

(2) 특징
민족정신과 현실인식을 강조하는 작품을 주로 창작하였다.

(3) 대표 작품
현진건의 「무영탑」, 이광수의 「단종애사」·「이순신」 등이 있다.

7 여성 작가

(1) 주요 작가
박화성, 나혜석, 강경애, 백신애, 최정희, 김말봉, 장덕조 등이 있다.

(2) 특징
여성의 자아 찾기로부터 시작하여 사회 제도 및 구조에 대한 비판으로 나아갔다.

(3) 대표 작품

박화성의 소설 「백화」(우리나라 여성이 쓴 최초의 장편소설), 「추석전야」, 「고향 없는 사람들」, 나혜석의 소설 「경희」, 수필 「이혼 고백서」 등이 있다.

제3절 모더니즘 문학과 리얼리즘 문학 중요

1930년대는 식민지 체제가 심화되고 자본주의적 근대화가 진행되던 시기로 문학의 양상도 다층적으로 전개되었으며, 다양한 문예사조가 병존하였다. 이 시기 문단은 크게 현실 참여의식을 강하게 표방한 리얼리즘 계열과, 언어 실험과 형식미를 강조한 모더니즘 계열로 나뉘어 각기 다른 경향을 보였다.

1 모더니즘 문학의 전개

(1) 모더니즘 문학은 도시화와 기계문명, 개인소외, 정신문화의 위기 등 근대적 문제의식 속에서 발생하였다.

(2) 시적 형식과 언어에 대한 실험, 자의식의 강조, 감각적 이미지의 활용이 특징이다.

(3) 대표적인 작가 및 작품으로는 김기림(「바다와 나비」), 이상(「오감도」, 「거울」, 「건축무한육면각체」), 정지용(「유리창」, 「백록담」, 「고향」) 등이 있다.

2 리얼리즘 문학의 전개

(1) 1930년대의 리얼리즘 문학은 사회 현실을 직접적으로 반영하고 계급 모순, 민중의 고통을 드러내는 경향을 보인다.

(2) 1920년대 후반의 신경향파 문학이 해체되고, 그 뒤를 이어 카프(KAPF) 중심의 프롤레타리아 문학이 문단의 주요 흐름을 주도하였다.

(3) 그러나 1935년 카프 해산 이후 리얼리즘 문학은 정치성과 예술성의 조화를 모색하는 방향으로 나아갔다.

(4) 이 시기의 리얼리즘 작가들은 빈곤, 억압, 도시 하층민의 삶 등을 사실적으로 묘사하면서도 주인공의 의식 변화나 삶의 태도를 통해 극복의 가능성을 암시하였다.

(5) 대표적인 작가 및 작품으로는 이기영(「고향」), 조명희(「낙동강」), 염상섭(「삼대」), 이태준(「달밤」, 「복덕방」), 채만식(「레디메이드 인생」), 박태원(「천변풍경」: 모더니즘과 리얼리즘 양면을 아우름) 등이 있으며, 이들은 단편소설을 중심으로 사회적 발언을 강화하였다.

(6) 한편 임화, 김남천 등에 의해 세태소설에 대한 비판적 논의가 이루어졌다. 세태소설은 특정 시기의 풍속이나 세태의 한 단면, 인간 군상을 묘사하는 것을 목적으로 하는 소설 양식이다. 임화와 김남천은 이러한 세태소설을 미적 형식을 포기하고 사상의 결핍을 보여준다며 지양해야 할 것으로 평가했다. 그러나 박태원의 『천변풍경』은 청계천변 주변의 하층민들의 삶을 입체적으로 묘사하고 있으며, 채만식의 『탁류』는 군산을 배경으로 당시의 금전숭배 풍조가 사람들의 삶을 어떻게 변화시키는지를 보여준다. 이러한 점에서 세태소설의 문학적 가능성과 가치를 알 수 있다.

3 모더니즘과 리얼리즘의 문단 내 위치와 상호 관련성

(1) 1930년대 문단에서는 모더니즘과 리얼리즘이 상호 대립적인 문예 경향으로 인식되었으나, 실제로는 상호 자극 속에 문학의 미학적 지평을 넓히는 데 기여하였다.

(2) 특히 일부 작가들은 두 경향을 절충하여 사실성과 실험성을 함께 추구하기도 하였다.

(3) 대표적으로 이태준은 리얼리즘의 전통을 따르면서도 문체의 세련됨과 서정적 분위기를 가미하여 미학적 완성도를 추구하였다. 그의 단편 「달밤」은 사회적 모순을 다루면서도 내면 심리를 섬세하게 묘사하며 형식적 실험에 대한 시도가 엿보인다.

(4) 또한 박태원은 「소설가 구보씨의 일일」에서 리얼리즘을 바탕으로 도시인의 심리와 일상을 세밀하게 포착하면서도, 시점 전환, 내면 독백, 의식의 흐름 등 실험적 서술 기법을 활용하여 모더니즘적 요소를 융합하였다.

(5) 이 시기의 문학은 문학 내부의 미학적 실험과 외부 세계 인식 사이의 긴장 속에서 다양한 양상을 보였으며, 이는 해방기 문학의 성립과 한국 현대 문학의 다양성을 가능케 한 기반이 되었다.

제4절　주요 시인과 작품 중요

1930년대는 한국 현대시의 형식과 미학이 본격적으로 정립된 시기로, 시인들은 현실 인식과 예술적 이상 사이의 갈등과 조화를 모색하며 다양한 시 형식을 실험하고 자신만의 시 세계를 구축하였다. 이 시기의 시문학은 모더니즘과 리얼리즘이라는 두 축을 중심으로 시적 감수성과 형식 실험이 공존하였으며, 이후 현대시의 미학적 기반을 형성하는 데 중요한 역할을 하였다. 대표적인 시인과 그 특징 및 주요 작품은 다음과 같다.

1　김기림

(1) 과학적 합리성과 감각적 이미지를 결합하여 시의 현대성과 지성적 감각을 추구하였다.

(2) 시의 이론적 토대를 정립하고, 한국 모더니즘 시론의 기틀을 마련하였다.

(3) 대표작으로는 「바다와 나비」, 「기상도」, 「오전의 시론」 등이 있다.

2　이상

(1) 초현실주의적 상상력과 실험적 언어로 내면의식과 사회 병리를 형상화하였다.

(2) 구문, 배열, 시점 등을 해체한 파격적 형식으로 기존 시 문법을 전복하였다.

(3) 시, 소설, 수필 등에서 다양하게 활약했는데, 시의 대표작으로는 「오감도」, 「거울」, 「건축무한육면각체」 등이 있다.

3　정지용

(1) 섬세한 언어와 회화적 이미지로 서정적 모더니즘 시풍을 완성하였다.

(2) 정제된 시어와 감각적 표현을 통해 풍부한 서정성과 상상력을 구현했다.

(3) 대표작으로는 「유리창」, 「백록담」, 「고향」 등이 있다.

4 이용악

(1) 민족 현실과 민중의 고통을 서정적 언어로 표현한 민중시인이다. 한국 전쟁 중 월북하여 북한에서 사망했다.

(2) 리얼리즘 시의 대표자로서, 현실 참여적 색채가 짙은 시 세계를 구축했다.

(3) 대표작으로는 「낡은 집」, 「풀벌레 소리 가득 차 있었다」 등이 있다.

5 백석

(1) 평안도 방언과 향토적 정서를 바탕으로 현실 감각과 서정을 조화롭게 결합하였다.

(2) 서민의 삶과 정서를 따뜻한 시선으로 포착하여 독창적 언어미학을 구현했다.

(3) 대표작으로는 「여승」, 「나와 나타샤와 흰 당나귀」, 「남신의주 유동 박시봉방」 등이 있다.

6 신석정

(1) 자연 친화적 서정시를 통해 이상향을 꿈꾸는 시 세계를 전개하였다.

(2) 향토성과 이상주의가 결합된 시적 정서를 보여준다.

(3) 대표작으로는 「들길에 서서」, 「아직 촛불을 켤 때가 아닙니다」 등이 있다.

7 김영랑

(1) 감정의 절제와 언어의 정결함을 통해 순수 서정시의 미학을 추구하였다.

(2) 감정의 과잉이 없는 고요하고 정제된 시 세계를 구현하였다.

(3) 대표작으로는 「돌담에 속삭이는 햇발」, 「모란이 피기까지는」, 「오월」 등이 있다.

이처럼 1930년대 시문학은 모더니즘과 리얼리즘의 양축 위에서 다양한 시적 감수성과 형식 실험이 공존하였으며, 이후 해방기 시문학과 현대시의 발전에 중요한 토대를 제공하였다.

제5절 주요 소설가와 작품 (중요)

1930년대의 소설문학은 리얼리즘과 모더니즘 양상이 병존하면서 다양한 주제의식을 드러낸다. 식민지 현실 속에서 사회적 모순과 민중의 삶을 사실적으로 묘사하는 동시에, 인간 내면의 심리와 감성을 실험적으로 탐색한 작품들도 창작되었다. 다음은 대표 작가들과 주요 작품의 성격이다.

1 이기영

(1) 카프 창립에 주도적 역할을 하였고, 이후 월북하였다.

(2) 대표작

① **『고향』(1936)**
『조선일보』에 1933~1934년에 걸쳐 발표된 작품으로, 단행본은 1936년에 출간되었다. 농촌의 몰락과 식민지 수탈 구조를 고발하며, 노동자와 농민의 계급적 연대를 그리는 사회주의 리얼리즘의 대표작이다.

② **『두만강』(1954~1961)**
해방 후 북한에서 1954년부터 1961년에 걸쳐 발표한 대하 장편소설로, 19세기 말에서 1930년대 초까지의 사회 변화와 의병들의 투쟁을 그려내었다.

2 염상섭

(1) 1921년에 발표한 「표본실의 청개구리」는 한국 최초의 자연주의 소설이라는 평을 받았다.

(2) 대표작

① 『삼대』(1931)

세대 간 갈등, 봉건적 가치관과 신문화의 충돌을 중심으로 근대화 과정 속 한국 사회의 모순을 파헤쳤다. 한국 현대 최초의 가정소설 작품으로, 단행본은 1947년에 출판되었다.

② 『무화과』(1932)

『삼대』의 후속작으로, 이후 『백구』까지 더해 『삼대』, 『무화과』, 『백구』의 3부작이 완성되었다.

③ 기타

이 외에도 「만세전」(1924), 「두 파산」(1949) 등의 대표 작품이 있다.

3 이태준

(1) 고학 생활과 월북 뒤 숙청 등 평탄하지 않은 삶을 살았으나, 당대 '시에는 정지용, 문장에는 이태준'이라는 말이 있을 정도로 단편소설로 인정받았다. 군더더기 없이 깔끔한 문장으로도 유명하다.

(2) 대표작

① 「달밤」(1933)

불우한 청년과 지식인의 만남을 통해 인간애와 동정심을 섬세하게 형상화하였다.

② 「복덕방」(1937)

복덕방에 모이는 세 노인을 중심으로 전통 가치의 몰락과 물질주의적 변화 속 소외감을 겪는 서민의 삶을 사실적으로 보여준다.

③ 「가마귀」(1936)

『조광(朝光)』에 발표한 단편소설로, 눈 덮인 겨울 풍경과 까마귀 울음소리를 감각적으로 묘사하여 우울한 분위기를 자아낸다. 이를 바탕으로 죽음에 대한 공포와 존재의 공허함, 사회로부터의 소외감을 상징적으로 드러낸다.

④ 기타

이 외에도 「해방전후」(1946), 『문장강화』(1940. 문장에 대해 강의하듯 쓴 이야기), 「돌다리」(1943) 등의 작품이 있다.

4 박태원

(1) 이상, 정지용 등과 더불어 1930년대 모더니즘의 대표적 작가이다. 모험적이고 실험적인 경향의 작품을 썼다. 이태준과 함께 월북한 후 건강 악화로 「갑오농민전쟁」을 부인과 공동 저작하던 중 사망했다.

(2) 대표작

① **「소설가 구보 씨의 일일」(1938)**
1934년 연재되었으며, 단행본 출간은 1938년이다. 하루 동안의 도시 산책을 통해 도시인의 심리와 일상을 포착한다. 내면 독백, 시점 전환, 의식의 흐름 기법 등을 활용하여 실험적 소설 기법의 정점을 보여주는 작품이다.

② **『천변풍경』(1938)**
1938년은 단행본 출간 연도로, 1936년 『조광』에 처음 연재되었다. 청계천 인근 주민들의 일상사를 삽화 형식으로 다루는 작품으로 리얼리즘의 대표적 작품으로 평가받는다.

③ **「방란장 주인」(1936)**
5,558자를 단 한 문장으로 쓴 소설로, 1930년대 예술인의 좌절감을 나타내었다. 친구였던 '이상'을 모델로 주인공을 구상했다는 견해가 있다.

5 이상

(1) 조선총독부에서 건축기사로 일하며 시, 소설, 수필 등에 걸쳐 모더니즘적이며 초현실주의적인 경향의 작품들을 써 내었다. 그의 난해한 작품들이 신문에 게재되면 당대 독자들의 항의를 받기도 했으나 수많은 연구를 통해 한국문학사에서 손꼽히는 천재 작가로 평가되고 있다.

(2) 대표작

① **『12월 12일』(1930)**
고향을 떠났다가 돌아왔으나 불행한 운명에서 벗어날 수 없었던 주인공에 관한 이야기이다. 그의 다른 작품들과 달리 사실주의적인 구성을 취하고 있다.

② **「날개」(1936)**
분열된 자아와 무력감, 현실 도피적 상상 세계를 실험적 언어로 표현하였다. 주인공의 방황과 의식의 단절은 근대적 인간의 내면을 예민하게 포착한다.

③ **기타**
이 외에도 시 작품으로 「이상한 가역반응」(1931)·「오감도」(1934, 「조감도」라고도 함)·「건축무한 육면각체」(1932), 수필 「산촌여정」(1935) 등이 있다.

6 김유정

(1) 1935년에 등단해서 1937년에 폐결핵으로 요절할 때까지 주로 농촌을 소재로 한 소설들을 통해 인정받았다. 농촌 사회의 비참함과 암울함이 드러나는 작품들과 해학적인 작품이 공존한다.

(2) 대표작

① **「동백꽃」(1936), 「봄봄」(1935)**
농촌의 일상과 서민의 소박한 정서를 해학적으로 묘사하였다. 가난과 애환 속에서도 유머를 잃지 않는 인물상을 통해 인간미를 드러낸다.

② **「만무방」(1935)**
수탈당하는 농민의 암울하고 아이러니한 상황을 그려내었다.

③ **「금 따는 콩밭」(1935)**
금광 열풍이 불던 시대를 배경으로 농민의 허망한 희망과 좌절을 그려냈다.

7 이효석

(1) 평창 출신으로 향토색 짙은 작품을 통해 한국의 대표적인 단편소설 작가로 인정받았으나 개인적 삶은 서구적, 도시적인 삶을 즐겼다.

(2) 대표작 : 「메밀꽃 필 무렵」(1936)
자연 풍경과 인간 감정이 조화를 이루는 미학적 구성으로 문학적 완성도가 높다.

제6절　극문학과 수필문학

1930년대는 한국문학이 장르적으로 다양화되고 내적 성숙을 이룬 시기였다. 1920년대에 시작된 근대극 운동은 1930년대에 이르러 **극예술연구회**를 통해 활성화되었고, 이에 따라 사실주의극이 본격적으로 자리 잡기 시작했다. 수필문학 역시 이 시기를 거치며 근대적으로 양식화되었다.

1 극문학의 전개

1930년대의 극문학은 사회적 문제의식과 **사실주의적 경향**이 강화되면서, 이전 시대보다 현실을 반영하는 비판적 성격이 강하게 나타났다.

(1) 사실주의 희곡의 등장
1931년 극예술연구회가 발족되어 창작 기반과 공연 체계를 확립하는 데 기여하였다. 다만 재원 고갈, 일제의 조직적 탄압 등으로 인해 1930년대 후반기부터는 활동이 위축되었다.

(2) 대중극의 확산
1920년대에 들어온 대중극은 점차 사회적 기반을 확대해 신파극을 이어받은 통속극이 활발히 공연되며 대중의 주목을 받았다. 통속극은 감정 과잉, 무리한 갈등 구조 및 해결 등의 특징을 가졌으며, 주인공은 사회 구조에 저항하기보다는 이를 숙명적으로 받아들이는 경향을 보였다. 통속극 작가로는 임선규(「사랑에 속고 돈에 울고」), 이서구(「어머니의 힘」), 김춘광(「검사와 여선생」) 등이 있다.

(3) 대표적 극작가와 작품
① **유치진**
「토막」, 「버드나무 선 동리 풍경」, 「빈민가」, 「소」 등의 작품을 통해 식민지 농촌 현실을 날카롭게 묘사하는 경향파적 작품들을 창작했다.

② **함세덕**
「산허구리」, 「동승」 등의 작품을 통해 전통적인 가치의 해체와 가족·사회 구조의 균열을 사실적으로 그리며, 인물들의 내면 심리를 섬세하게 묘사해 내었다. 특히 현실에 대한 비판적 인식과 휴머니즘적 시선이 그의 희곡 전반에 드러난다.

③ **채만식**
소설가인 동시에 희곡 작가로서 30여 편에 이르는 작품을 써 냈으나 공연 무대로 연결되지는 못했다. 그럼에도 그는 극문학적 실험을 지속하였다. 「인텔리와 빈대떡」, 「부촌」, 「당랑의 전설」, 「제향날」 등의 작품이 있다.

④ 이무영

「모는 자와 쫓기는 자」, 「팔각정 있는 집」, 「톨스토이」, 「무료치병술」 등을 통해 도시문명을 비판하고 농촌과 노동을 중시하며 식민지 수탈에 대한 항거 및 사회주의 사상을 표출했다.

⑤ 임선규

「유정 무정」, 「사랑에 속고 돈에 울고」, 「유랑 삼천리」 등의 작품을 통해 한국적 멜로드라마의 모범을 확립하였다. 자연스러운 일상적 회화체 사용에 능하였다. 친일인명사전에 등록되었고, 1948년 월북 후 사망하였다.

⑥ 이서구

「파계」, 「동백꽃」, 「어머니의 힘」 등을 통해 민중의 삶이 짙게 투영된 멜로드라마를 써 내었다.

⑦ 송영

「일체 면회를 거절하라」, 「신임 이사장」 등의 작품을 통해 일제 치하의 궁핍한 현실과 돈을 중시하는 사람들의 모습을 담아냈다. 송영의 경우 1930년대 전반기에는 사실주의 희곡을 썼으나 식민지 탄압이 거세지자 생계를 위해 대중극 작가로 돌아섰고, 1940년대에는 친일극을 창작하여 친일인명사전에 등재되었다. 광복 후 월북했다.

(4) 극단 활동과 공연 문화

극예술연구회(1931)는 유치진, 홍해성, 김진섭 등이 중심이 되어 창립한 극단으로, 근대극 양식 정립과 전문 공연 활동을 주도하였다.

2 수필문학의 성숙

수필은 1930년대에 들어 문인의 사유와 정서를 표현하는 독립적 문학 장르로 자리 잡았다. 이 시기 수필은 관념적 에세이에서 벗어나 현실 인식과 개인적 감성을 담는 경험 중심의 서정적 수필로 변모하였다.

(1) 문학 수필의 정착

산문체 수필은 일상적 체험, 여행, 독서, 인생관 등의 소재를 중심으로 간결하면서도 서정적인 문장으로 독자의 공감을 이끌었다.

(2) 대표 수필가와 작품

① 이태준

수필뿐 아니라 『문장강화』를 통해 문장론 확립에도 기여했다. 「파초」 등의 수필에서는 정교하고 유려한 문체로 자연과 감정을 조화롭게 그려냈다.

② **이양하**

『신록 예찬』 등에서 서정적이고 철학적인 성찰을 담은 수필을 남겼으며, 자연과 인생에 대한 통찰을 철학적 언어로 풀어냈다.

③ **김진섭**

수필문학의 선구자로 불리며, 「매화찬」, 「백설부」 등 일상과 사색을 경쾌하면서도 깊이 있게 풀어내는 수필로 독자층을 확보하였다.

(3) 문학사적 의의

1930년대의 수필문학은 개인의 정서와 사유를 진솔하게 표현하며 근대적 자아의 정립에 기여하였고, 이후 한국문학의 산문 장르 형성에 중요한 기반을 마련하였다. 이로써 산문문학의 한 장르로서 수필의 위상을 확립하였다.

제5장 1940년대 전반기 문학

제1절 이 시기 문학의 전반적 특징

1940년대는 현대 문학의 암흑기였다. 1930년대 이후로 중일전쟁과 태평양전쟁 등이 이어지면서 일본은 악랄한 식민지 정책인 민족 말살 정책을 추진해 왔는데, 물질적 수탈뿐만 아니라 내선일체라는 명분을 내세워 한국어 사용을 금지하고 일본식 이름으로 창씨개명할 것을 강요했다. 심지어 학생들마저도 강제 징병했으며, 신사참배 강요로 정신적인 자유도 통제하려 했다. 1941년에 이르러서는 그나마 남아있던 『조선일보』, 『동아일보』를 강제로 정간시키고, 문예잡지들도 자진 폐간시켜 작품을 발표할 곳조차 없게 만들었다. 뿐만 아니라 작가들에게 일제의 침략전쟁을 미화하는 문학 작품의 생산을 강요하였다. 그 결과 문인들도 변절을 하고 친일문학의 길로 돌아서거나, 일제에 저항하는 작품을 쓰다가 옥에서 생을 마감하거나 절필을 선택하는 등 고통스러운 시간을 견뎌야 했다.

제2절 저항문학, 순수문학, 친일문학

1 저항문학

(1) 개념

저항문학이란 폭압적인 정치권력이나 외국의 지배에 저항하는 것을 주제로 삼은 문학을 말한다. 제2차 세계 대전 중 독일에 대한 프랑스 작가들의 저항운동을 레지스탕스 문학이라 부른 것에서 비롯되었다. '레지스탕스'는 '저항'을 뜻하는 프랑스어로, 우리나라의 경우 일제 강점기에 일제의 식민통치에 저항했던 문학을 가리킨다.

(2) 주요 특징

① 처음에는 저항을 했으나 나중에 친일 협력의 길로 들어선 작가들이 있다. 최남선은 3·1 운동에서 독립선언서를 작성하기도 했으나 1920년대 중반 이후 친일의 길로 들어섰고, 이광수 역시 한때 대한민국 임시정부에서 활동하기도 했으나 중일전쟁 이후 일제에 적극 협력했다.

② 1919년 3·1 운동 이전까지의 저항문학은 국민주의, 민족주의를 바탕으로 하는 것이었으나 1919년 이후에는 사회주의, 페미니즘 등을 기반으로 한 저항문학이 이루어졌다. 그러다가 1937년 중일전쟁 이후 일제가 이전과는 비교할 수 없을 정도로 적극적으로 친일적 성격의 문학을 요구하기 시작했다. 뿐만 아니라 조선어 사용을 금지하여 한국문학 자체가 사라질 위기에 처했다. 이에 따라 작가들이 침묵하는 것만으로도 저항의 의미를 지니게 되었다.

③ 일제 강점기 말이라 할 수 있는 1940년대에 들어 문인들의 저항은 다음과 같은 방식으로 나타났다.

침묵	일제의 요구에 따라 글을 쓰지 않고 침묵하는 것만으로도 저항이 되는 시기였다. 이 시기에 침묵한 작가들에는 염상섭, 이화화, 한용운 등이 있다. 이들은 일제의 검열로 창작 의욕이 저하되거나 개인적인 사정 혹은 저항의 의미로 더 이상의 문학 활동을 중단했다.
우회적 표현	일제에 대한 정면 비판을 피하면서 검열을 피하기 위해 작품 내에서 상징, 은유, 민속적 이미지 등을 활용해 식민 체제를 비판했다.
역사와 전통의 재발견	전통 신화, 무속, 역사 소재를 사용해 민족 정체성을 상기시키고자 했다.
탈정치적 서정	일제의 억압이 배경으로 깔려 있으나 개인적 고뇌 혹은 인간 중심적인 정서를 다루었다.

(3) 대표적 작가 및 작품

① 저항문학의 대표적 작가들에는 **심훈, 한용운, 이상화, 윤동주, 이육사, 현진건, 한설야, 김사량** 등이 있다.

② 이 중 심훈, 현진건, 이상화, 한용운은 주로 1940년 이전에 활동한 작가들이다.

㉠ 심훈(1901~1936)

시 「그날이 오면」과 소설 『상록수』를 통해 민족 독립에 대한 열망과 계몽 사상을 강하게 드러냈다. 그는 독립운동에 참여했을 뿐만 아니라 문학을 통해 항일 정신을 실천하고자 했다. 그의 작품은 직설적이고 강한 감정 표현으로 농민을 계몽하고 민족의 자각을 촉구함으로써 독자들의 저항 정신을 고취시켰다.

㉡ 현진건(1900~1943)

소설 「운수 좋은 날」, 「술 권하는 사회」 등을 통해 일제 강점기 하층민의 삶과 지식인의 절망을 직시하여 사실적으로 형상화했다. 현진건 역시 삶의 부조리와 인간 내면의 좌절을 통해 우회적인 저항을 한 작가라 할 수 있다.

㉢ 이상화(1901~1943)

시 「빼앗긴 들에도 봄은 오는가」를 통해 '봄'이라는 자연적 이미지를 사용해 민족의 상실감과 희망을 우회적으로 표현함으로써 저항 정신을 드러냈다. 그는 1930년대 이후 절필하여 침묵으로 저항한 시인에 해당한다.

㉣ 한용운(1879~1944)

승려이자 일제 강점기의 대표적인 저항문학가로, 그의 시집 『님의 침묵』에는 고도의 상징과 은유 등 다양한 표현기법으로 항일정신을 표현한 시들이 실려 있다. 그는 3·1 운동 참여, 종교 개혁 등 문학 외적인 영역에서도 활발히 저항운동을 했다. 1940년대에 들어서는 침묵을 통해 일제에 항거하다가 광복을 바로 눈앞에 두고 서거했다.

③ 한설야와 김사량은 둘 다 일제 강점기 후반기와 해방기에 활동한 저항문학 작가들로, 해방 후에는 좌익 활동에 참여했다가 월북 혹은 납북되어 북한에서 생을 마감했다는 점에서 공통적인 모습을 보인다. 한설야는 소설 「황혼」(1936) 등을 통해 노동자와 민중의 계급 현실을 사실적으로 묘사함으로써 식민지 체제의 문제점을 드러냈고, 김사량은 일본 유학생활 중 일본어로 문학 활동을 시작하여 일본 사회 내에서 조선인이 겪는 불평등과 언어 및 정체성 문제를 고발하는 작품을 통해 식민지 시대 조선인의 고뇌와 억압의 모습을 형상화했다.
④ 일제 말 그 누구보다 적극적으로 저항문학 활동을 한 작가에는 윤동주와 이육사가 있다. 이들은 방식은 달랐지만 시를 통해 일제에 저항했다는 공통점이 있다. 이들에 대해서는 다음 절에서 보다 자세히 살펴보겠다.

2 순수문학

(1) 개념

1940년대는 일본의 전시 체제가 극대화된 시기로 검열이 강화되고, 국민총동원령, 창씨개명, 조선어 금지, 친일문학 강요 등으로 문학 활동 자체가 위협받은 시기이다. 이러한 상황에서 정치적 이념이나 사회 현실을 비판하는 작품 활동은 이루어지기 힘들었다. 이에 따라 작가들은 인간의 내면, 언어 실험, 예술적 형식 등에 집중하여 예술성과 언어의 순수성 자체를 추구하는 순수문학 활동을 펴 나갔다. 이것은 현실 도피의 문학이라고 비판받을 여지도 있으나 내면적 저항, 인간성 회복의 시도를 함으로써 문학의 자율성을 추구했다고 볼 수도 있다. 이들의 작품 활동은 이후 해방 공간 문학 활동의 밑바탕이 되었다.

(2) 주요 특징

① **현실 참여 회피 혹은 우회**
일제의 검열과 통제로 인해 직접적인 사회 비판이 어려워지자 작가들은 정치, 사회 문제 대신 인간의 내면, 감성, 언어 표현에 집중했다. 이것은 현실 도피라기보다 문학의 본질을 지킴으로써 최소한의 저항을 한 것이라 평가된다.

② **형식적 실험과 언어미 강조**
시에서는 상징주의, 이미지즘, 모더니즘 경향이 강했다. 김기림, 김광균 등의 시인들로 대표되는데 이들은 감각적 표현, 비유와 상징, 추상적 이미지 등을 통해 언어의 예술성을 탐구했다.

③ **자연과 고향에 대한 회귀**
당대 사회 현실이 아니라 자연, 고향, 일상의 모습 등을 시적 대상으로 삼았다. 정지용, 백석 등이 대표적인데, 이들의 시선은 빼앗긴 조국에 대한 우의적 표현으로 해석될 수 있다.

④ **문학의 자율성과 정서성 추구**
문학이 외부의 이념에 종속되지 않도록 문학 자체의 독립성과 심미적 가치를 중시했다. 이것은 문학을 삶의 도구가 아니라 예술로 보는 시각이다.

(3) 대표적 작가 및 작품 중요

다음은 대표적인 순수문학 작가들 중 1940년대에 작품을 발표하고 활동한 사람들이다.
① 김기림은 1940년대 초 「겨울의 노래」, 「소곡」 등을 발표하였고, 『태양의 풍속』(1939), 『바다와 나비』 (1946) 등의 시집을 발표하기도 하였다. 그의 시는 이미지 중심의 모더니즘 경향을 띤다. 또한 그는 해방 후인 1947년 『시론』을 통해 시의 이론적 토대를 정립하였고, 한국 모더니즘 시론의 기틀을 마련하기도 하였다.
② 정지용은 1941년 『백록담』이라는 제목의 두 번째 시집을 펴냈는데, 여기에는 서정성과 언어미를 중시하는 경향이 강한 시들이 실려 있다. 특히 그는 상실의 정서를 통해 간접적으로 시대 현실을 담았다고 평가된다. 다만 그는 1941년에 발표한 「이토」라는 시로 인해 친일 논란에 서기도 했다는 점이 한계로 언급된다.
③ 백석은 「흰 바람벽이 있어」, 「남신의주 유동 박시봉방」, 「북방에서 – 정현웅에게」 등 토속적 언어와 고향의 정서를 담은 시들을 발표했다. 그는 토속어와 방언을 시에 적극 활용하여 고향과 인간관계에 대한 회고적 서정을 표현해 냈다.
④ 조지훈은 「봉황수(鳳凰愁)」, 「향문(香紋)」 등 전통적 정서와 고전미를 현대적으로 재해석한 시를 써 냈다.
⑤ 박용철은 1938년에 사망했으나 1939년과 1940년에 그의 유작을 모은 시집 『박용철 전집』이 발간되었다. 그는 현실을 반영하면서도 서정적인 시들을 남겼다.
⑥ 김광균은 도시적 감수성을 감각적으로 표현했다. 1938년도에 「와사등」뿐만 아니라 1940년에 「추일서정」, 1941년에 「설야」 등을 발표했다.
⑦ **청록파** 중요
박목월·조지훈·박두진 3명의 시인을 지칭하는 유파이다. 이들은 모두 1939년 창간된 문예 종합지 『문장』을 통해 등단하였고, 1946년 발간된 『청록집』을 통하여 '청록파'라는 명칭을 얻었다. 주로 우리 문화와 전통 및 자연 친화적인 작품 활동을 했다. 1930년대 말에 결성되었으나 본격적인 활동과 대표작은 1940년대에 나타났다.
  ㉠ 특징
    ⓐ 모더니즘을 거부하고 자연 친화적 시 세계를 펼쳐 나갔다.
    ⓑ 전통적 정서와 민족적 이미지를 중시했다.
  ㉡ 주요 작가 및 작품
    조지훈의 「고풍의상」, 박목월의 「청노루」, 박두진의 「묘지송」 등이 있다.

3 친일문학

(1) 친일문학의 개념 및 친일문학 단체

일제 강점기 초기에는 일제에 저항했던 작가들도 1930년대에 들어서면서 현실과 타협하거나 일제의 강압에 못 이겨 친일의 길로 들어서는 경우들이 생겨났다. 이처럼 일제 강점기에 일제의 침략전쟁이나 식민지 정책을 찬양하거나 고무시키는 문학 작품을 친일문학이라 한다. 친일문학 작품들은 일본 국민으로서의 자각과 긍지 및 감사를 나타내며 일본어로 창작하기를 권하기도 했다.

친일문학 활동은 보통 조선총독부가 주체가 된 여러 단체를 중심으로 이루어졌으나 개인이 주도를 하는 경우나 단체를 이루지 않고 개인적으로 활동한 경우도 있었다. 대표적인 친일문학 단체에는 다음과 같은 것들이 있다.

조선문인협회	• 1939년에 설립되었다. • 최초의 조직적 친일문학 단체이다. • 일제의 문화통치를 강화하고 문학을 통해 전쟁 협력을 유도하기 위해 조선총독부의 조종으로 만들어졌다. • 이광수, 김동환, 김억, 정인섭, 유진오, 이태준, 주요한 등이 이에 해당한다.
조선문인보국회	• 1943년에 조선문인협회를 비롯하여 여러 문인 단체를 통합하여 설립되었다. • 가장 대표적인 친일문학 단체이다. • 전쟁 지원을 목적으로 조직된 단체로, '문인이 나라를 위해 보국하자'는 취지로 만들어졌다. • 유진오, 이광수, 유치진, 박영희 등이 이에 해당한다.

이 외에 문학 단체에 소속되지 않거나 소속되었더라도 소극적으로만 참여했던 사람들 중에 개인적으로 친일문학을 하는 경우가 있었다. 정비석, 김소운, 노천명 등이 이에 해당하는데, 이들은 언론에 글을 발표하거나 강연 등을 통해 자발적이고 개인적으로 친일문학 활동을 했다.

(2) 주요 활동

① **전쟁 문예작품 창작** : 황군(일본군)의 승리를 기원하거나 전쟁의 당위성을 미화하는 작품을 창작하였다.
② **위문문학 발표** : 전장에 있는 군인을 격려하는 시, 산문, 수필 등을 발표하였다.
③ **강연회 및 발표회 개최** : 친일 강연, 일제 찬양 시 낭송회 등을 개최하였다.
④ **기관지 및 선전물 출간** : 조선총독부의 후원을 받아 문예지·기념집 등을 발간하였다.

(3) 대표적 작가 및 작품

작가	친일문학 작품 및 활동
서정주	• 「오장 마쓰이 송가」 : 가미카제 특공대원으로 전사한 조선인 청년 '마쓰이 히데오(본명 인재웅)'를 찬양하는 내용 • 「항공일에」 : 일본의 항공일을 기념하여 전쟁 참여를 독려하는 내용 등이 수록됨
노천명	• 「부인근로대」 : 군복을 제작하는 여성들의 노고를 찬양하며, 전쟁 지원을 독려하는 내용 • 「님의 부르심을 받들고서」 : 일본의 선전포고를 미화하고, 대동아 건설을 위한 전쟁 참여를 촉구하는 내용

모윤숙	• 「지원병에게」: 일본 육군에 지원하는 조선 청년들을 "이 땅의 광명"으로 찬양하며, 그들의 전쟁 참여를 독려하는 내용 • 「아가야 너는 – 해군기념일을 맞이하여」: 어부의 아들에게 해군 지원병이 될 것을 권유하며, 대동아 건설의 사명을 강조하는 내용
김동인	• 「태평양송」: 태평양 전쟁을 찬양하며, 일본이 태평양의 주도권을 가졌음을 주장하는 내용 • 「일장기 물결 – 학병 보내는 세기의 감격」: 일장기를 상징하며 학도병 참여를 독려하는 내용 등
유진오	• 「병역은 곧 힘이다」: 조선 청년들의 일본군 지원을 독려하는 사설 • 『할아버지의 쇳조각』: 조선인들이 금속 공출에 적극 참여해야 함을 강조하는 소설

제3절 이육사와 윤동주의 문학

이육사와 윤동주는 일제가 끝날 때까지 저항 정신을 잃지 않고 시를 통해 민족의 고통과 자유의지를 표현하고자 한 저항시인들이다. 두 사람 모두 감옥에서 생을 마감하면서 자신의 문학과 삶이 일치된 모습을 보여주었다는 점에서 저항 정신의 상징으로 여겨지는 인물들이다.

1 이육사의 문학 중요

(1) 생애

1904	안동에서 퇴계 이황의 14대손으로 태어났다. 본명은 이원록이다.
1925	잠시 베이징에서 문과 수업을 들으며 유학생활을 하기도 했다.
1927	• 1927년에는 형제들과 함께 의열단에 가입하여 활동하다가 투옥생활을 했다. • 이때 수감번호가 264번이었는데, 그 음을 따서 '이육사'라는 호를 지었다고 한다.
1930	• 1930년 『조선일보』에 「말[馬]」이라는 시를 발표하며 문단활동을 시작했다. 이후 중외일보 대구지국에서 기자생활을 하다가 1931년 8월에는 조선일보에 입사한다. • 이후 언론 및 동인지에 글을 발표하는 한편 무장 독립운동을 지속하였다.
1944	중국, 대구, 경성부를 오가며 활동하던 중 체포돼 1944년 1월 16일 베이징 주재 일본 총영사관 감옥에서 41세의 나이로 사망했다.

(2) 이육사 문학의 특징

① **저항 정신을 상징적·비유적으로 나타냄**
   직접적인 표현보다는 고난과 저항 그리고 희망을 나타내는 상징적이며 비유적인 언어를 사용해 민족의 상황과 나아갈 바를 더욱 강렬하게 드러냄으로써 독자들의 공감을 이끌어낸다.

② **강인한 민족정신과 의지가 드러남**
   시적 자아의 강인한 결기와 민족적 사명이 드러난다.

③ **민족사를 서사화함**
시 「광야」에서처럼 고대에서 현대로 이어지는 민족 서사를 강조한다.
④ **자연 이미지를 활용함**
겨울, 광야, 절벽, 눈, 꽃, 무지개 등 자연 이미지를 활용하여 민족의 현실과 의지를 드러낸다.

(3) 주요 작품

① **「청포도」(1939)**

> 내 고장 칠월은 / 청포도가 익어 가는 시절 //
> 이 마을 전설이 주저리주저리 열리고 / 먼 데 하늘이 꿈꾸려 알알이 들어와 박혀 //
> 하늘 밑 푸른 바다가 가슴을 열고 / 흰 돛단배가 곱게 밀려서 오면 //
> 내가 바라는 손님은 고달픈 몸으로 / 청포(靑袍)를 입고 찾아온다고 했으니 //
> 내 그를 맞아 이 포도를 따 먹으면 / 두 손은 함뿍 적셔도 좋으련 //
> 아이야 우리 식탁엔 은쟁반에 / 하이얀 모시 수건을 마련해 두렴

㉠ 이역의 땅에서 조국의 해방을 기다리며 내면의 정결한 준비를 하겠다는 것을 상징적으로 표현한 작품이다.
㉡ 청포도, 청포, 푸른 바다, 하늘의 푸른빛과 은쟁반, '하이얀' 수건의 흰빛이 색채 대비를 이룸으로써 맑고 밝음, 청신함을 느낄 수 있다.
㉢ 강한 저항 정신과 고결한 민족의식이 드러난다.

② **「절정」(1940)**

> 매운 계절의 채찍에 갈겨 / 마침내 북방으로 휩쓸려 오다. //
> 하늘도 그만 지쳐 끝난 고원 / 서릿발 칼날진 그 위에 서다. //
> 어디다 무릎을 꿇어야 하나 / 한 발 재겨 디딜 곳조차 없다. //
> 이러매 눈 감아 생각해 볼밖에 / 겨울은 강철로 된 무지갠가 보다.

㉠ 일제 강점기를 상징하는 '매운 계절의 채찍'으로 인해 수평적 한계인 북방의, 수직적 한계인 고원으로 가게 된 상황이 나타나 있다. 이를 통해 시대의 아픔을 절절하게 표현하였다.
㉡ '겨울'을 '강철로 된 무지개'라는 역설적 표현으로 나타냄으로써 겨울로 상징되는 민족의 혹독한 현실이 자유를 위한 시련이라는 의미를 내포하게 된다. 즉 암울한 현실에서도 희망을 잃지 않는 민족의 힘과 의지를 보여주는 작품이다.

③ 「광야」(1945)

> 까마득한 날에 / 하늘이 처음 열리고 / 어데 닭 우는 소리 들렸으랴 //
> 모든 산맥들이 / 바다를 연모해 휘달릴 때도 / 차마 이곳을 범하던 못하였으리라 //
> 끊임없는 광음을 / 부지런한 계절이 피어선 지고 / 큰 강물이 비로소 길을 열었다 //
> 지금 눈 내리고 / 매화 향기 홀로 아득하니 / 내 여기 가난한 노래의 씨를 뿌려라 //
> 다시 천고의 뒤에 / 백마 타고 오는 초인이 있어 / 이 광야에서 목 놓아 부르게 하리라

㉠ 민족사의 기원을 서사적으로 풀어내며 초인을 통한 광복을 예언하는 내용이다.
㉡ 이육사가 죽기 전 썼으나 공식적인 발표는 그의 사후 1945년 12월 17일 그의 동생에 의해 이루어졌다.
㉢ 반드시 광복이 이루어질 것이라는 확고한 믿음을 바탕으로 부정적 현실을 헤쳐 나가는 강인한 의지가 엿보이는 작품이다.

2 윤동주의 문학 중요

(1) 생애

1917	북간도 명동촌(현재 중국 지린성 룽징시, 본적은 평안북도 용천)에서 태어났다.
1931	용정의 은진중학교에 입학하면서부터 시 창작을 시작했다.
1938	연희전문학교(지금의 연세대) 문과 입학 후 본격적인 문학 활동을 시작했다.
1942	일본으로 유학을 갔고, 도쿄 릿쿄대학에서 교토 도시샤대학으로 전학하였다.
1943	1943년 7월, 독립운동 혐의로 일본 경찰에 체포되어 후쿠오카 형무소에 수감되었다.
1945	2월 16일 후쿠오카 형무소에서 향년 27세 나이로 사망했다. ※ 사인이 일본의 약물 실험이라는 의혹이 있다.
1948	친구 정병욱의 보관본을 통해 유고 시집 『하늘과 바람과 별과 시』가 출간되었다.

(2) 윤동주 문학의 특징

① **슬픔과 자아 성찰**
그의 시는 슬픔을 현실 대응 방식으로 삼는다. 이는 그가 인식한 현실이 일제 강점기라는, 민족적으로 아픈 상황이기 때문이다. 따라서 그가 느끼는 슬픔은 우리 민족이 느끼는 감정이 된다. 또한 그는 슬프고 비극적인 현실에서 벗어나기 위해 자아 성찰을 하는데 이에 따라 그의 시는 자신의 존재와 부끄러움, 민족적 무기력에 대한 고뇌와 참회가 중심 주제를 이루게 된다.

② **기독교적 세계관**
그의 시에는 죄의식, 자기희생, 구원의 의지가 깃들어 있는데, 이는 기독교적 윤리 의식과도 연결된다.

③ **동시 쓰기 및 순수 추구**
그의 시는 '순수'라는 민족적인 정서와 동심의 밝은 세계를 하나로 연결한다.
④ **자연과 우주 이미지**
하늘, 바람, 별, 십자가, 그림자 등 우주적 상징어를 통해 자기 존재와 세계를 연결한다.
⑤ **쉽고 맑은 말로 깊은 상징과 정서를 담음**
감성적이면서도 철학적 사유를 담은 표현을 통해 부정적 현실을 극복하고자 하는 의지를 담아낸다.

(3) **주요 작품**
① 「서시」(1941)

> 죽는 날까지 하늘을 우러러 / 한 점 부끄럼이 없기를, / 잎새에 이는 바람에도 /
> 나는 괴로워했다. / 별을 노래하는 마음으로 / 모든 죽어가는 것을 사랑해야지. /
> 그리고 나한테 주어진 길을 / 걸어가야겠다. //
> 오늘 밤에도 별이 바람에 스치운다.

㉠ 암울한 시대 상황에서도 양심을 지키며 현실에 타협하지 않는 순결한 삶을 살겠다는 의지를 드러낸다.
㉡ 기도문과 같은 진실한 어조로 자기 존재의 맑음에 대한 소망을 나타내고 있다.
㉢ 이 시에서 '하늘'은 윤리적 판단의 절대적 기준을 상징하는 것으로, 이 작품은 윤동주 문학 전체의 윤리적 기반을 상징하는 작품이라 할 수 있다.

② 「자화상」(1939)

> 산모퉁이를 돌아 논가 외딴 우물을 홀로 찾아가선 / 가만히 들여다봅니다. //
> 우물 속에는 달이 밝고 구름이 흐르고 하늘이 / 펼치고 파아란 바람이 불고 가을이 있습니다. //
> 그리고 한 사나이가 있습니다. / 어쩐지 그 사나이가 미워져 돌아갑니다. //
> 돌아가다 생각하니 그 사나이가 가엾어집니다. / 도로 가 들여다보니 사나이는 그대로 있습니다. //
> 다시 그 사나이가 미워져 돌아갑니다. / 돌아가다 생각하니 그 사나이가 그리워집니다. //
> 우물 속에는 달이 밝고 구름이 흐르고 하늘이 펼치고 파아란 바람이 불고 가을이 있고 추억처럼
> 사나이가 있습니다.

㉠ 독백체를 통해 내면을 들여다보는 자기 고백, 자기 부끄러움의 응시를 보여준다.
㉡ 우물을 찾아갈 때마다 자아 성찰은 강화되고, 시적 화자의 감정은 '미움, 가엾음, 그리움'의 순으로 그 변화가 일어난다. 이것은 현실과 시적 화자의 갈등과 부조화를 나타내는데, 그 밑바탕에는 부정적인 현실 인식이 깔려 있다.
㉢ 윤동주 시 세계의 특징이라 할 수 있는 자기 응시, 내적 성찰의 자세를 잘 보여주는 작품이다.

③ 「십자가」(1941)

> 쫓아오던 햇빛인데, / 지금 교회당 꼭대기 / 십자가에 걸리었습니다. //
> 첨탑이 저렇게도 높은데, / 어떻게 올라갈 수 있을까요. //
> 종소리도 들려오지 않는데 / 휘파람이나 불며 서성거리다가, //
> 괴로웠던 사나이, / 행복한 예수 그리스도에게처럼 / 십자가가 허락된다면 //
> 모가지를 드리우고 / 꽃처럼 피어나는 피를 / 어두워 가는 하늘 밑에 / 조용히 흘리겠습니다.

㉠ 일제 말기의 어두운 현실을 자기희생으로 극복하고자 하는 순교자적인 자세가 형상화되어 있다.
㉡ 이 작품의 '십자가'는 종교적 의미라기보다 시적 화자의 지향하는 바, 삶의 지표를 상징한다.
㉢ 윤동주의 기독교적 세계관과 시인으로서의 소명의식이 잘 담긴 작품이다.

제6장 | 해방 공간과 1950년대 문학

제1절 이 시기 문학의 전반적 특징 〈중요〉

1 이념에 따른 문단의 분열

8·15 해방 직후의 사회 혼란과 맞물려 문단은 좌우 이념에 따라 급격히 분열되었다.

이념적 성향	단체 이름	문학적 경향	대표적 작가
좌익	조선문학가동맹(문맹)	사회주의 리얼리즘 문학	이기영, 김남천, 한설야 등
우익	전조선문필가협회	자유주의적·민족주의적 문학	김동리, 조지훈, 박목월, 서정주 등

2 식민지 체험과 귀향의식

일제하에서의 절박한 삶의 체험과 고향을 잃은 자들의 귀향의식을 주제로 한 작품들이 생겨났다.

3 참여문학과 순수문학의 형성

6·25 전쟁 후 현실참여적인 문학과 전통지향적인 순수문학의 두 흐름이 태동하며 형성되기 시작하였다.

4 전쟁문학 및 실존주의

6·25를 겪으며 전쟁의 경험 및 전후의 사회 현실을 토대로 한 전쟁 문학 작품들이 생겨났으며 전쟁을 겪으며 서구의 실존주의 영향을 강하게 받은 작품들이 생겨났다.

5 발표 공간 확대

(1) 해방 직후~6·25 이전

해방 이후 각종 문예지와 동인지가 속속 창간되며 문학 활동이 활기를 띠었다. 대표적인 문예지로는 『백민』(1945), 『신천지』(1946), 『문예』(1949) 등이 있으며, 이들 매체는 신구 작가들의 작품 발표 공간이자 이념 논쟁의 장이 되었다.

(2) 6·25 이후 1950년대

① 『사상계』(1953), 『현대문학』(1955), 『문학예술』(1954)을 비롯하여 『자유문학』(1956) 등 다양한 문예지들이 간행되어 작품을 발표할 수 있는 지면이 확보되었다. 또한 1957년에는 '한국시인협회'가 결성되어 기관지 『현대시』도 간행되었다.

② 전쟁으로 인해 파괴된 사회 체제 및 제도가 정비되면서 1955년 전후로는 각 신문사의 신춘문예 제도가 부활하여 신진 작가들의 활발한 등단 기회가 마련되었다. 신춘문예 제도는 1925년 시작된 이래 김동리, 정비석, 김유정, 계용묵, 백석, 서정주 등 수많은 작가를 배출해왔다. 1955년 이후에도 신동엽, 하근찬 등을 비롯하여 수많은 작가들이 각 신문사의 신춘문예를 통해 배출되었다.

제2절 분단과 전쟁문학

광복 이후 한반도는 급격한 정치적 혼란과 남북의 이념 대립 속에서 분단을 겪었고, 1950년 6·25 전쟁은 그 분단을 현실화한 민족적 비극이었다. 식민지 해방과 분단, 전쟁을 모두 겪은 작가들은 해방의 기쁨, 분단의 불안, 전쟁의 고통과 폐허, 그리고 전후의 상처까지 깊이 응시하며 시대의 실상을 언어로 형상화하였다. 이 시기 작품들의 주된 특징은 다음과 같다.

1 시

(1) 전쟁 체험의 형상화

전쟁의 비극적인 경험을 내면화하되 개인적 차원이 아니라 보편적 차원으로 끌어올림으로써 시대에 대한 적극적인 대응 방식을 모색했다. 유치환의 「보병과 더불어」, 구상의 「초토의 시」 등이 이에 해당한다.

(2) 모더니즘적 경향

1951년 피난지 부산에서 박인환, 조향, 김경린, 이봉래, 김차영, 김규동 등은 '후반기' 동인을 결성하여 모더니즘 계열의 시작 활동을 추구한다. 이들은 현대 도시 문명의 메커니즘을 감각적 이미지, 실험적 형태, 이국적 정서를 통해 표현했다. 김경린의 「국제 열차는 타자기처럼」, 박인환의 「목마와 숙녀」, 이봉래의 「침묵」, 김규동의 「나비와 광장」 등이 이에 해당한다.

(3) 주지주의적 경향

사회 현상에 대해 비판적으로 대응하려는 주지적 성향과 형이상학적·존재론적인 인식을 통해 전후의 허무 의식으로부터 벗어나려는 의지를 표현하기도 했다. 김춘수의 「꽃을 위한 서시」, 김현승의 「생명의 날」·「눈물」 등이 이에 해당한다.

(4) 전통적 서정시

삶의 본질에 대한 사색과 소생의 의지를 언어로 표현하거나 전통적인 정서와 한의 가락과 결합된 순수 서정을 표현하였다. 이형기의 「낙화」, 박남수의 「새」, 정한모의 「가을에」, 박재삼의 「울음이 타는 가을 강」, 이동주의 「강강술래」 등이 이에 해당한다.

2 소설

(1) 체험적 리얼리즘

전쟁은 더 이상 상징적 배경이 아니라 작가들이 직접 목격하고 경험한 구체적인 현실이었다. 작가들은 전선과 후방의 현실, 전투와 피난, 가족의 이산, 죽음과 파괴 등을 소재로 전쟁의 실상을 날것 그대로 담아내었고 민족의 현실을 자각하여 나아갈 방향을 모색하기도 하였다.
오상원의 「유예」, 선우휘의 「불꽃」, 이범선의 「오발탄」, 손창섭의 「잉여 인간」·「비 오는 날」, 황순원의 「너와 나만의 시간」·「학」, 안수길의 「제3인간형」, 하근찬의 「수난이대」 등은 인간 존재의 불안과 부조리를 사실적으로 형상화하였다

(2) 허무주의와 실존주의적 경향

전쟁의 체험은 기존의 도덕이나 신념 체계에 대한 회의를 불러왔고, 작가들은 **허무와 실존의 문제**를 문학적 주제로 삼아 인간 존재의 불안, 고립, 무의미함을 형상화했다.

3 희곡

1950년 4월에 의욕적으로 개관되었던 국립극장은 6·25 전쟁으로 좌절되었으나, 젊은 연극인들을 중심으로 1956년 '제작극회'가 조직되면서 근대극에서 현대극으로의 변화를 추구하게 되었다. 차범석, 박현숙, 김경옥 등의 신진 작가가 등장하여 유치진(「원술랑」, 「장벽」 등) 등의 기성작가와는 다른 방식으로 전란의 상처와 그

에 대응하는 모습을 묘사하였다. 그러나 공연이 많이 이루어지지는 못했고, 한계에 부딪히면서 활동이 위축되었다.

4 수필

일반적으로 한국 현대 수필이란 1950년대 이후의 수필을 가리킨다. 1950년대에는 수많은 수필가들에 의해 다양한 제재의 수필작품이 발표되거나 수필집이 출간되어 양적 확장을 이루게 된다. 이희승의 「딸깍발이」, 조지훈의 「지조론」과 같은 수필이 대표적이다.

제3절 주요 작가와 작품 종요

해방 이후부터 1950년대에 이르는 시기는 한국 현대 문학의 이념적 분열과 전쟁의 참극, 그리고 전후 사회의 정신적 황폐함 속에서 문학이 인간의 존재와 사회 구조를 어떻게 응시할 것인가를 진지하게 모색한 시기였다. 이 시기의 주요 작가들은 시대의 상흔을 고유한 문체와 언어로 형상화하며, 한국문학의 내면적 깊이를 확장시켰다.

1 시문학의 주요 작가와 작품

작가	작품명	특징
김종길	「성탄제」	성탄절 전야, 내리는 눈을 보며 어릴 적 아버지의 헌신적 사랑을 떠올리는 아들의 회상을 통해 전후의 황폐한 삶 속에서도 인간애의 회복 가능성을 노래함
김수영	「폭포」	잠지 않는 고매한 정신을 폭포에 빗대어 노래함
박봉우	「휴전선」	분단된 조국의 현실을 예리한 눈으로 관찰하고 형상화함
송욱	「유혹」	• 풍자적 성향이 강함 • 전후의 혼란한 사회 세태와 모순된 현실을 비판하고 풍자함
박재삼	「밤바다에서」	자연과 전통에 대한 향수를 바탕으로 정한의 정서를 현대적으로 계승함
김남조	「목숨」	• 전쟁 이후의 사랑, 존재, 신앙, 고통에 대한 고백적 성찰을 전개하였음 • 절제된 언어 속에서 실존적 고뇌를 표현하며 여성 서정시의 지평을 넓힘
김종삼	「돌각담」	비극적인 현실 인식과 자신의 삶 대한 주체적인 탐구의 모습을 보임
박인환	「목마와 숙녀」	광복 후의 혼란과 전쟁 후의 폐허가 된 상황을 토대로 도시적 감성의 서정시를 창작함
구상	「초토의 시」 (15편의 연작시)	현실 고발을 주조로 하는 작품들을 발표함

2 소설문학의 주요 작가와 작품 (중요)

작가	작품명	특징
황순원	「카인의 후예」	남북의 이념 대립이 빚어낸 비극을 담은 대표적인 분단소설
손창섭	「비 오는 날」, 「잉여인간」, 「혈서」, 「미해결의 장」	• 전후 도시인의 소외, 허무, 인간성 상실을 날카롭게 그려내며 '전후 리얼리즘'을 대표하는 작가로 평가됨 • 간결하고 냉소적인 문체로 실존적 불안을 형상화함
하근찬	「수난이대」, 「흰 종이수염」	• 전쟁이 남긴 육체적 상처와 침묵하는 가족 관계를 상징적으로 묘사함 • 절제된 문체 속에서 전쟁의 폭력성과 인간의 회복 가능성을 동시에 보여줌
오상원	「유예」, 「증언」	전후의 불안정한 삶과 혼란, 인간 내면의 윤리적 갈등을 밀도 있게 그려냄
이범선	「오발탄」	• 가난, 책임, 무기력에 놓인 소시민의 비극을 묘사하며 전후 사회의 병리적 현실을 응시함 • 구조적 리얼리즘과 심리적 묘사가 절묘하게 결합됨
장용학	「요한 시집」	• 실존주의와 허무주의적 세계관을 초현실적 서사로 풀어냄 • 독자적인 문체와 형이상학적 성찰로 문학사에서 독특한 위치를 점함
정한숙	「애정지대」, 「황진이」	전후 한국 사회를 바탕으로 한 다양한 기법과 주제의 작품들을 써 냄
선우휘	「불꽃」	• 이념의 허위성과 인간성의 회복 문제를 형상화하며 전쟁과 분단의 현실을 분석적으로 다룸 • 문체는 비교적 전통적이나 주제의식은 현대적임
유주현	「장씨일가」	• 퇴역 군인 가족의 삶을 통해 타락한 상류층의 삶을 그림 • 비교적 민중적인 시각에서 전쟁 이후의 현실을 묘사함

제 7 장 | 1960~1970년대 문학

제1절 이 시기 문학의 전반적 특징

1960~1970년대는 한국 현대 문학이 산업화·도시화·분단의 고착화·군사정권 등장 등 복합적인 사회 변동과 직면한 시기였다. 문학은 이러한 시대의 모순을 비판하고 극복하려는 움직임 속에서 현실 참여와 문학적 자각의 흐름을 중심으로 전개되었다. 이 시기의 문학은 주제와 형식 모두에서 확장과 실험을 통해 이후 한국문학의 근간을 형성하였다.

1 현실인식의 심화

(1) 1960년 4·19 혁명과 1961년 5·16 군사정변은 문학계에 큰 충격을 주었다. 4·19 혁명은 청년 세대의 정치적 각성과 현실 참여 의식을 반영한 문학을 촉발했고, 5·16 이후 권위주의 체제가 강화되자 문학은 현실의 모순과 부조리에 대한 비판적 응시와 윤리적 성찰로 나아갔다.

(2) 1970년대는 박정희 정권의 유신체제가 등장하면서 정치적 탄압과 언론 검열이 심화되었다. 이에 따라 문학은 더욱 은유적, 상징적 표현을 통해 저항적 목소리를 유지하였으며, 일부는 민중문학, 리얼리즘 문학으로 결집되어 사회적 기능을 강조하였다.

2 사회 참여의 확대

(1) 이 시기의 문학은 이전 세대의 내면 중심적 서정에서 벗어나, 분단 체제의 고착화와 민족의 분열을 극복하려는 노력이 본격화되었다. 또한 분단 현실을 직시하고 이를 극복하려는 서사와 서정이 다양하게 나타났다.

(2) 특히 1970년대 들어 민중의 삶을 통하여 분단과 억압의 구조를 고발하고, 진정한 민족문학의 방향을 모색하려는 흐름이 강해졌다. 이러한 참여적 문학은 후속 세대의 민중문학 운동으로 이어지는 기반이 되었다.

(3) 1960~70년대는 한국 사회가 급격한 산업화·도시화·이농화를 겪은 시기이기도 하다. 이에 따라 문학은 노동자, 도시빈민, 농촌 이탈자의 삶을 통해 산업화의 이면에 놓인 인간의 소외와 고통을 조명하였다.

3 문학 형식의 실험

이 시기에는 문학적 형식 또한 변화하였다. 전통 서정이나 고전적 구성에서 벗어나 의식의 흐름, 상징, 다성성, 실험적 서사 기법이 사용되었고, 이는 모더니즘 문학의 전개와도 맞닿는다.

4 새로운 세대의 등단과 문단의 다양화

(1) 1960년대에 들어 김승옥, 최인훈, 이청준, 김지하 등 새로운 감수성과 문제의식을 지닌 작가들이 등장하였다. 이들은 실존적 불안, 언어 실험, 이념 비판 등 각기 다양한 방법을 통해 문학의 경계를 넓혔다.

(2) 1970년대에는 '현실 참여'와 '언어 실험' 사이에서 다양한 문학적 흐름이 병존하였다. 이는 이후 문학이 순수문학과 참여문학, 민중문학 등으로 갈라지는 전조가 되었다.

(3) 1966년 『창작과 비평』이 창간되면서 참여문학을 활성화시키는 데 기여했다.

5 순수참여논쟁 (중요)

(1) 순수참여논쟁이란 문학이 문학 이외의 다른 목적을 갖는 것을 불순하다고 보는 '순수문학'과 문학의 사회적·역사적 기능과 역할을 중시하며 문학의 사회현실 참여를 중시하는 '참여문학' 사이의 논쟁을 가리킨다.

(2) 1963년 김우종이 『동아일보』에 「파산의 순수문학」이라는 글을 게재하며 순수문학과의 이별을 선언하면서 시작되었다.

(3) 순수문학을 옹호하는 쪽에는 이형기, 김상일, 곽종원, 선우휘 등이 있었고 참여문학을 옹호하는 쪽에는 최인훈, 조동일, 이호철, 김수영 등이 있었다.

(4) 특히 1968년 김수영과 이어령이 『조선일보』에 실은 글을 통해 벌인 논쟁이 유명하다. 이어령은 「오늘의 한국문화를 위협하는 것」이라는 기고문을 통해 참여문학은 '문화를 정치활동의 예속물로 만드는 것'이라 비판했는데, 이에 대해 김수영은 '모든 살아있는 문화는 본질적으로 불온한 것'이라는 주장을 펼쳤다.

제2절　분단 극복 문학

1960~1970년대는 분단 체제가 고착화된 가운데, 민족 내부의 분열과 전쟁의 상처를 문학적으로 극복하고자 하는 시도가 본격화된 시기였다. 이 시기의 분단문학은 단순한 이념 대립을 넘어서, 분단이 인간의 삶과 공동체에 미친 구체적인 상처와 고통을 성찰하려는 방향으로 나아갔다. 특히 이 시기의 작가들은 이산가족, 전쟁의 트라우마, 이념의 허위성 등을 다루며, 분단 극복의 문학적 가능성을 탐색하였다.

1 시

(1) 전반적 특징

분단 극복의 시문학은 민족 분단의 비극을 성찰하고 통일을 염원하는 방향으로 전개되었다. 직접적 통일 지향 시뿐 아니라 분단 이후 민중의 삶을 통해 통일을 암시하는 시적 흐름도 함께 등장했다.

(2) 대표적 시인과 작품 중요

시인	작품명	특징
신동엽	「금강」	• 장편 서사시, 분단극복 문학의 선구적 작품 • 동학 농민 운동을 소재로 삼아 이를 4·19 혁명과 연결하여 분단시대의 모순과 부조리를 고발하고, 이를 극복하고자 하는 의지를 보여줌
	「봄은」	우리 민족의 분단 상황을 '겨울', 통일을 '봄'으로 상징하여 통일에 대한 염원을 노래함
박봉우	「나비와 철조망」	'나비'와 '철조망'이라는 대립적 이미지를 활용하여 분단의 아픔과 극복의 열망을 형상화함

(3) 문학사적 의의

① 1960~70년대 분단 극복 시는 이데올로기적 대립을 넘어 민족 공동체 회복의 가능성을 모색했다.
② 민중 중심의 통일 인식과 역사·현실에 대한 성찰을 기반으로 하여, 이후 1980년대 민중시의 토대를 마련했다.

2 소설문학

(1) 전반적 특징

분단 극복의 소설은 6·25 전쟁의 상처와 남북 분단의 고착화 속에서 전쟁의 비극과 이산가족의 아픔, 민족 분열의 비인간성을 고발하거나, 분단 극복과 통일의 가능성을 탐색하였다.

직접적 통일 서사뿐 아니라, 전쟁 이후의 인간 삶과 윤리, 민족적 정체성 회복에 대한 고찰이 특징적으로 나타난다.

(2) 대표적 소설가와 작품 중요

작가	작품명	특징
최인훈	「광장」	이념의 대립 속 제3의 길을 모색하며 분단의 본질을 성찰함
이호철	「소시민」	고향상실과 분단의 형성, 이기주의적인 생활상 등 한국전쟁으로 인한 우리 사회의 혼란을 그려냄
박경리	「시장과 전장」	한국전쟁을 객관적으로 조명함으로써 전후 한국 사회에서의 휴머니즘 회복을 추구함
윤흥길	「장마」	어린이의 시점을 통해 이념 갈등과 가족 간 분열·화해를 섬세하게 묘사함
이청준	「소문의 벽」	전쟁의 트라우마와 언어 단절을 통해 분단의 정신적 상처를 형상화함
이병주	「지리산」	지리산 유격대 중심으로 전쟁과 분단 현실을 인간 중심 시각으로 조명한 대하소설
김원일	「어둠의 혼」	전쟁의 상처를 극복해 나가는 자세를 어린이의 시각을 통해 그려냄

(3) 문학사적 의의

① 1960~70년대 분단 극복 소설은 전쟁 경험 세대의 고통을 문학으로 승화하며, 이념보다 인간 중심의 서사를 통해 통일을 사유했다.
② 직접적 통일 서사에서 간접적 고발과 인간 내면 성찰로 전개되며, 이후 1980년대 민족 서사 및 민중 서사 중심의 분단문학으로 발전하는 디딤돌이 되었다.

3 희곡

(1) 전반적 특징

① 희곡에서는 전쟁과 분단의 직접적 체험을 무대 위에 재현함으로써 이념 갈등과 인간의 고통을 극적으로 드러냈다.
② 그러나 이념보다는 인간성과 윤리, 가족 해체, 공동체의 상실에 초점을 맞추었다.

(2) 대표 작가 및 작품

작가	작품명	특징
차범석	「불모지」	전후 사회의 모순을 세대 간의 갈등을 통해 드러냄 ※ 1957년 발표되었으나 1960년대에도 활발하게 공연되었고, 1960년 희곡집 『껍질이 째지는 아픔 없이는』에 수록되어 있다.
	「산불」	6·25 전쟁에 의해 희생당했으나 인간의 삶과 사랑을 지키고자 하는 주인공의 모습을 나타냄

(3) 문학사적 의의
희곡은 무대라는 집단적 공간을 통해 분단의 실상을 시각적·상징적으로 형상화하며 관객에게 강한 정서적 공감을 유도하였다.

제3절 산업화 시대와 문학

1960~1970년대는 한국 사회가 본격적인 산업화·도시화의 길로 접어든 시기로, 급속한 경제 성장 이면에는 노동자·농민·도시빈민 등 사회적 약자의 고통과 소외, 인간성의 붕괴가 자리했다. 문학은 이 같은 현실을 비판적으로 성찰하며, 산업화가 초래한 인간 조건의 변화와 계급 문제를 전면적으로 다루기 시작했다. 특히 문학은 도시화와 이농화, 공동체 해체, 인간 소외 등의 문제를 조명하며, 사회 구조에 대한 비판과 대안적 상상력을 동시에 모색하였다.

1 시

(1) 전반적 특징
① 농촌 해체, 도시 빈민 문제, 노동 현실을 직시하는 시가 증가하고 민중적 감수성과 현실 참여 의식이 강화되었다.
② 산업화로 인한 경제 성장의 화려한 면보다 산업화에서 소외된 사람들이 주로 시적 대상이 되었다.

(2) 대표적 시인 및 작품

시인	작품명	특징
신경림	「농무」	• 농촌 공동체의 해체와 농민의 소외를 현실적으로 형상화함 • 대표적 현실 참여 시
김광규	「상행」	서울로 올라오는 상행 열차 안에서 바라본 1970년대의 부정적 풍경을 반어적으로 노래함
이시영	「공사장 끝에」	산업화·도시화로 인해 보금자리를 잃게 될 위기에 처한 사람들의 이야기를 노래함
정희성	「저문 강에 삽을 씻고」	산업화 시기에 소외당한 노동자의 고단한 삶을 노래함
김광섭	「성북동 비둘기」	산업화·도시화 과정에서 파괴되는 자연과 인간성이 상실되는 현대인의 모습에 대한 안타까운 심정을 노래함

2 소설

(1) 전반적 특징

① 도시로 이주한 노동자, 해체된 농촌, 계층 양극화를 주요 소재로 삼았다.
② 노동 현장과 도시 빈민의 삶을 중심으로 산업화의 모순과 소외를 리얼리즘적 방식으로 드러내었다.
③ 구조적 문제에 대한 인식과 고발이 뚜렷하게 나타났다.

(2) 대표적 작가 및 작품 중요

작가	작품명	특징
조세희	「난장이가 쏘아올린 작은 공」	산업화의 그늘 속 빈곤층과 철거민의 삶을 리얼하게 묘사한 대표적인 사회고발 소설
황석영	「객지」	도시 건설 노동자의 삶과 유랑의 현실을 통해 산업화의 인간 소외를 형상화함
	「삼포 가는 길」	산업화로 인한 고향 상실, 일터 유랑, 인간관계 단절을 통해 산업화 시대의 인간 소외를 서정적으로 형상화함

3 문학사적 의의

(1) 산업화 시대의 문학은 국가 중심의 성장 이면에 가려진 민중과 하층민의 현실을 문학적으로 드러낸 계기가 되었다.

(2) 장르를 불문하고 소외, 억압, 공동체 해체에 대한 비판과 인간 회복에 대한 염원이 주요 테마로 자리 잡았다.

(3) 이 시기의 문학은 1980년대 민중문학으로의 이행을 준비하는 토양이 되었다.

제4절 주요 문학적 경향의 흐름

1 시대적 배경

정치적으로 4·19 혁명, 5·16 군사정변을 거쳐 유신체제로 접어들게 된 반면, 경제적으로는 고도의 경제성장과 산업화가 이루어졌다. 분단이 고착화되고, 전쟁의 상흔은 지속적으로 이어졌으며, 이데올로기 갈등이 심화되었다. 한편 농촌 해체와 도시화가 진행되었고, 빈부 격차 및 노동 착취 문제가 대두되는 등 이 시기는 사회 전반의 급격한 변화가 일어났다. 이러한 상황은 문학의 주제, 형식, 태도에 직접적인 영향을 끼쳤다.

2 문학의 주요 경향

(1) 1960년대

① 시

  ㉠ 참여시

  1960년 4.19혁명의 영향으로 사회현실 비판과 사회 개혁을 강조하는 시들이 발표되었다. **김수영**의 「푸른 하늘을」, 신동엽의 「껍데기는 가라」를 비롯하여 신경림의 「원격지」 등은 대표적인 참여시로 평가된다.

  ㉡ 모더니즘 시

  이 시기에는 모더니즘이 새로운 전성기를 맞으며 기존 문학적 전통에서 벗어나 현대적 시각과 언어 실험, 다양한 시적 표현 등을 추구하는 시들이 창작되었다. 대표적으로 **김춘수**의 「샤갈의 마을에 내리는 눈」·「처용단장」, 정현종의 「여름과 겨울의 노래」 등이 있다.

  ㉢ 전통 서정시

  서정주의 「신라초」·「동천」, 박목월의 「청담」·「경상도의 가랑잎」 유치환의 「미루나무와 단풍」, 고은의 「문의마을에 가서」 등이 있다.

  ㉣ 시조 부흥

  시조 전문지인 『시조문학』이 창간되고 한국시조작가협회가 결성되면서 시조 부흥이 일어났다. 당대 자유시의 난해한 모더니즘 경향의 시들에 대한 반동으로 전통적 서정 세계를 본받아 고유의 미감을 유지하면서도 새로운 서정과 형식을 모색하고자 했다. 대표적 작가 및 작품에는 김제현의 「동토」, 이상범의 「빙하사」 등이 있다.

② 소설

  ㉠ 리얼리즘 경향

  4·19 혁명과 5·16 군사정변을 경험하며 작가들의 정치·사회에 대한 각성 및 비판의식이 강해지면서 사회 부조리와 비인간화, 소외 현상에 대한 비판적 의식을 형상화한 작품들이 주류를 이루게 되었다.

대표적으로 **최인훈의**「광장」, 남정현의「분지」, 이호철의「소시민」·「판문점」·「서울은 만원이다」, 전광용의「꺼삐딴 리」등이 이러한 경향을 지닌 작품에 해당한다.

  ⓒ 모더니즘 경향
   새로운 감수성과 지식인의 치열한 고뇌를 통해 세련된 언어와 심리 묘사를 보여주는 작가들이 등장하였다. **김승옥의**「생명연습」·「무진기행」·「서울, 1964년 겨울」, 이청준의「병신과 머저리」·「매잡이」, 최인호의「견습환자」, 홍성원의「폭군」등이 이에 해당한다.

  ⓒ 민족의 수난사
   전쟁으로 인한 민족적 고통과 정신적 충격을 형상화한 작품들이 다수 발표되었다. 안수길의「북간도」, 김정한의「수라도」, 유주현의「조선총독부」, 황순원의「나무들 비탈에 서다」, 박경리의「시장과 전장」등이 이에 해당한다.

  ⓔ 전통적 서정주의
   문학의 예술적 형상화 및 문체의 우수성으로 문학의 질적 심화에 기여한 순수 소설들이 발표되었다. 김동리의「등신불」, 오영수의「은냇골 이야기」, 강신재의「파도」등이 이에 해당한다.

③ **희곡 및 기타**
 이 시기의 희곡은 사회적 현실에 대한 인식과 현실 참여적인 의식을 지닌 작품들이 많아 리얼리즘 경향을 띠면서 서구의 표현 기법을 다양하게 활용하여 발전하였다. 이근삼의「국물 있사옵니다」, 천승세의「만선」등이 이에 해당한다.

(2) 1970년대

① **시**

  ㉠ 민중시 **중요**
   1960년대 참여시의 계보를 이어 정치 사회에 대한 비판적 인식을 담은 시들이 창작되었다. 특히 1969년 등단하여 1970년대에 본격적으로 활동한 김지하는 시를 통한 사회 참여를 강력하게 실천하였다.
   김지하의「오적」·「타는 목마름으로」, 신경림의「농무」, 김남주의「진혼가」「잿더미」, 정희성의「저문 강에 삽을 씻고」, 이성부의「벼」등이 이 시기의 대표적 작품에 해당한다.

  ㉡ 모더니즘시
   1970년대의 모더니즘 시인들은 급격한 산업화로 인해 훼손되어 가는 인간의 삶에 주목하여 인간 소외에 주목하고 인간의 진정한 삶을 회복하려는 노력에 관심을 기울였다.
   김광규의「어린 게의 죽음」·「묘비명」, 황동규의「기항지」, 김춘수의「부다페스트에서의 소녀의 죽음」, 정현종의「사물의 꿈」, 김명인의「동두천」, 강은교의「빈자일기」등이 이에 해당한다.

  ㉢ 전통시
   사회참여로부터 자유로운 태도로 자연현상을 노래하는 등 전통적 순수 서정의 세계를 노래한 시인들이 있었다. 조정권의「벼랑끝」·「저녁비」, 나태주의「대숲 아래서」등이 이에 해당한다.

② **소설**
  ㉠ 농촌의 현실 고발
    산업화 및 도시화로 인해 파괴되어 가는 농촌현실을 담아낸 작품들이 발표되었다. 이문구의 연작소설인 「관촌수필」·「우리동네」, 송기숙의 「자랏골의 비가」, 김춘복의 「쌈짓골」 등이 이에 해당한다.
  ㉡ 산업화 시대 노동자의 삶
    급속한 도시화와 산업화로 인해 도시 노동자로 살아가는 사람들의 피폐한 삶을 묘사하는 작품들이 창작되었다. 조세희의 「난쟁이가 쏘아 올린 작은 공」, 윤흥길의 「아홉 켤레의 구두로 남은 사내」, 황석영의 「객지」·「삼포가는 길」 등이 이에 해당한다
  ㉢ 분단 현실
    분단시대를 살아온 작가 자신의 체험 또는 객관적 관점에서 분단의 현실을 해석한 작품들이 창작되었다. 이병주의 『지리산』, 김원일의 「노을」, 홍성원의 「6·25」, 윤흥길의 「장마」, 전상국의 「아베의 가족」, 오정희의 「중국인 거리」 등이 이에 해당한다.
  ㉣ 역사소설
    시대가 급격하게 변동하는 속에서 역사적 단절감을 느끼게 됨에 따라 회복 욕구의 발로로 인해 역사 소설도 다수 발표되었다. 유현종의 「들불」, 서기원의 『조선백자 마리아상』 등이 있다.

③ **희곡 및 기타**
  ㉠ 1973년 공연법이 개정되면서 소극장이 증가하게 되자 극단 및 극작가 수효가 증가하여 다양한 작품들이 다수 창작되었다. 기성 작가였던 오영진, 차범석, 이근삼, 오태석뿐만 아니라 신인작가 이강백, 윤시덕 등이 다수의 작품을 발표했고, 소설가 최인훈, 황석영 등도 희곡을 발표하였다. 이강백의 「파수꾼」, 오태석의 「춘풍의 처」, 이근삼의 「유랑극단」 등이 있다.
  ㉡ 대표적 수필가로는 장준하, 함석헌, 피천득 등이 있다. 특히 피천득의 「수필」은 수필문학의 본질과 특성을 수필 형식으로 보여주는 작품이다.

3 문학사적 의의

(1) 1960년대는 분단과 전쟁의 기억, 민주화 열망 속에 문학의 비판 의식이 형성되었고, 1970년대는 유신체제와 산업화의 이면에 대한 민중적 감수성과 고발이 강화된 시기이다.

(2) 이 시기의 문학은 이후 1980년대 민중문학, 통일문학의 전개를 위한 기반이 되었으며, 현실 참여와 미학적 실험의 병존이라는 이중 경향을 통해 한국 현대 문학의 다양성을 보여주었다.

제8장 1980~1990년대 문학

제1절 이 시기 문학의 전반적 특징

1 1980년대 문학의 전반적 특징

(1) 정치적 변화의 영향
신군부 세력에 의해 억압이 이루어지던 시기에는 문학을 통해 저항하려는 의식이 표출되었으며, 해금 조치 이후에는 그동안 억압되어 있던 정치적 상상력들이 분출되었다.

(2) 노동문학·민중문학의 발전
노동문학은 단순히 노동자를 대상으로 한 것이 아니라, 노동자가 창작과 수용의 주체로 등장하면서 기존 문학관을 해체하고 '주체 논쟁'을 촉발하였다. 이 과정에서 집단 창작 형식인 '집체작'도 활발히 이루어졌다.

(3) 탈장르와 형식 해체
기존 질서에 대한 부정과 저항의식은 형식 해체라는 양식으로 표현되었으며, 장르 간 경계가 허물어지는 탈장르적 시도가 활발히 이루어졌다.

(4) 표현의 자유 신장
해금 조치 이후 본격적인 민족문학과 분단 극복 문학으로 나아갈 수 있는 계기가 마련되었으며, 폐간되었던 『창작과 비평』, 『문학과 지성』 등이 복간되고 다양한 잡지 및 도서 출판 활동이 재개되었다.

(5) 신진 작가군의 대거 등장과 문학 세대 교체
곽재구, 황지우, 기형도, 최승자, 이문열, 양귀자, 윤후명 등 신진 작가들이 두드러진 활동을 보이면서 문학계는 양적·질적 성장을 모두 이루게 되었다.

(6) 문단의 재편성
기존의 문인협회, 시인협회 등 보수 노선과 달리 민족문학작가회의, 한국민족예술인총연합(민예총) 등의 진보적 단체가 출범하면서 문단의 이원화 혹은 양극화 현상이 전개되었다.

2 1990년대 문학의 전반적 특징

(1) 다양성과 형식 실험
이전 시기와 달리 다양한 주제와 형식을 실험하는 작품들이 등장하였다. 자연, 생명, 환경, 여성, 소수자 문제, 다문화 사회 등의 다양한 주제가 다루어졌다.

(2) 개인 내면의 탐색 및 탈정치화 경향
1990년대는 사회주의 국가의 몰락으로 사회 전반에 걸쳐 이데올로기적인 대립 구도가 무너지고 탈정치화가 가속되었던 시대였다. 이에 따라 작가들도 이념 문제에서 벗어나 개인에 몰두하게 되었다. 즉 1990년대는 역사나 시대에 대한 거대 담론이 아니라 개인의 일상적 삶이나 감정과 같은 미시 담론의 시대였다. 자아 성찰적 요소가 강조되는 작품들이 증가하였으며, 자기 내면을 탐색하는 서사 양식이 문학의 주류를 이루었다.

(3) 문학의 대중화
문학과 대중문화가 융합되면서 팝 문학, 대중소설 등 새로운 하위 장르가 등장하였다. 이를 통해 문학의 대중적 접근성과 독자층이 확대되었다.

제2절 정치·사회 변동과 문학

1980~1990년대는 정치·사회적으로 민주화, 자유화, 대중화 등의 변화가 활발하게 진행된 시기이며, 이러한 변화는 문학의 내용과 형식, 발표 경로 등 다양한 측면에 지대한 영향을 미쳤다.

1 1980년대

(1) 민주화 운동과 민중문학
1980년 광주 민주화 운동을 계기로 독재 및 권위주의에 대한 반발, 민주화에 대한 민중의 열망이 고조되었으며, 이는 문학적으로 민중문학의 성장으로 나타났다. 문학은 억압적 현실에 저항하고, 민중의 삶과 의식을 대변하는 도구로 기능하였다.

(2) 언론 통제와 무크지의 등장 〈중요〉

1980년 신군부에 의한 언론통폐합 조치로 인해 1970년대 문학을 주도하던 주요 문예지가 폐간되었다. 이에 따라 자유롭게 작품을 발표할 수 있는 새로운 매체로서, 책과 잡지의 성격을 아우르는 '무크지'가 주목받게 되었다. 무크지는 검열에서 벗어나기 위해 비정기적으로 간행되곤 했다.

1980년 3월 창간된 『실천문학』은 "민중의 최전선에서 새 시대의 문학 운동을 실천하는 부정기 간행물(MOOK)"을 표방하며 시작되었으며, 이후 『우리 시대의 문학』, 『언어의 세계』, 『삶의 문학』, 『여성문학』, 『노동문학』 등 다양한 무크지가 창간되어 1980년대 초·중반 한국문학의 발표 통로로 기능하였다.

(3) 사회적 갈등과 문학의 주제 확대

이 시기에는 독재 권력 대 민주화 세력, 자본가 대 노동자, 반공주의 대 통일 지향, 남성 중심주의 대 양성 평등 등 사회 각 분야에서 갈등이 첨예하게 대두되었다. 문학은 이러한 혼란과 분열의 현실을 주제로 형상화하며, 다양한 사회적 주제를 다룬 작품들이 등장하였다.

(4) 금지 작가 복권과 문학 지형 확장

1988~1989년, 납북 및 월북 문인에 대한 금지 조치가 해제되면서 백석, 임화, 이태준, 박태원, 한설야, 이기영 등 분단 이후 오랫동안 금기시되었던 작가들의 작품이 다시 소개되었다. 이로써 문학사의 복원과 재해석이 활발히 이루어지는 계기가 마련되었다.

2 1990년대

(1) 표현의 자유와 문학 탄압

1990년대에 접어들며 문학은 정치적 담론에서 벗어나 개인의 내면 탐색과 자기 성찰로 중심을 옮기게 되었다. 그러나 표현의 자유에 대한 정치권의 통제는 여전히 존재하였고, 장정일, 마광수 등이 음란문서 제조 혐의로 구속되었으며, 박노해, 황석영, 조정래, 김하기 등은 국가보안법 위반 혐의로 법적 갈등을 겪었다.

(2) IMF 경제위기와 문학 시장의 위축

1998년 IMF 경제위기의 여파로 인해 문학 독자층이 급감하고, 시와 소설 시장이 크게 위축되었다. 이로 인해 출판계 전반이 침체되었고, 문학은 새로운 독자와 플랫폼을 모색해야 하는 상황에 직면하였다.

(3) 영상 매체 확산과 문학의 대응

IMF 경제 위기에서 예상보다 빨리 벗어나게 되면서 경제 상황이 점차 회복되었으나, 영상매체의 급속한 확산은 문학계에 또 다른 위기를 안겨주었다. 이에 따라 문학은 위기감을 인식하고, 새로운 돌파구를 찾기 위한 실험과 장르 융합 등 다양한 시도를 전개하였다.

제3절 문학의 대중화와 대하소설

1980~1990년대에는 다양한 장르와 주제를 지닌 문학 작품들이 대거 등장하며, 문학은 문단의 평가를 중심으로 했던 경향에서 벗어나 대중의 소비와 반응에 민감하게 반응하기 시작하였다.

이 시기에는 문학성과 대중성을 동시에 추구하는 작품들이 활발히 발표되었으며, 때로는 상업적 성공을 염두에 둔, 순수하지 않은 문학도 함께 등장하였다. 출판사들은 광고, 신문, 방송 등 다양한 매체를 통해 작품을 적극적으로 홍보하였고, 이는 대중문학의 본격적인 성장을 견인하였다.

또한 이 시기에는 역사적 사건이나 실존 인물을 바탕으로 한 장편 대하소설의 출간이 활발하게 이루어졌다. 기존에는 문학잡지에 연재한 후 출간하는 형식이 일반적이었지만, 점차 출판사 주도로 바로 전집 형태로 기획 출간되는 방식이 확산되었다. 대표적인 대하소설로는 다음과 같은 작품들이 있다.

작가	작품명	내용
김성한	『7년 전쟁』	임진왜란을 소재로 한 역사소설
	『고려태조 왕건』	고려의 태조 왕건의 생애
김주영	『객주』	구한말 보부상들의 삶을 다룬 대하소설
박경리	『토지』	구한말부터 광복기까지를 배경으로 한, 최 참판 일가 중심 서사
김석범	『화산도』	제주 4·3 사건을 다룸
이문열	『변경』	해방 후 경제성장기의 한 가족 이야기
	『삼국지』	『삼국지연의』의 평역본
이은성	『동의보감』	허준의 생애를 서사화
황석영	『장길산』	조선 숙종 대의 실존 인물인 장길산의 삶과 저항을 그림
최명희	『혼불』(미완성)	일제 강점기, 여성과 민족의 이야기
조정래	『태백산맥』	광복부터 여순 사건과 휴전기까지의, 전라도 벌교를 배경으로 한 현대사 서사

제4절 미디어와 문학

1980년대 말부터 1990년대에 이르기까지 TV, 신문, 잡지 등 다양한 매체가 급속히 발전하며 대중문화의 영향력이 크게 확대되었다.

영상 미디어의 부상으로 문학이 설 자리를 잃을 것이라는 '문학의 죽음' 담론도 제기되었으나, 오히려 미디어를 통해 문학 작품이 보다 넓은 대중에게 노출되며 새로운 발전의 계기를 마련하기도 했다.

이 시기의 문학은 당대의 정치적 억압과 사회적 갈등을 주요 주제로 삼았고, 작가들은 사회의 모순과 불합리를 비판하는 작품을 발표하였다. 이 과정에서 문학은 사회 변화의 도구로서 역할을 수행하였다.

대표적으로 황석영의 『장길산』은 TV 드라마화되어 대중적으로 널리 알려졌으며, 이문열의 『젊은 날의 초상』, 박완서의 『그 사람을 다시 만나는 일』, 한강의 『채식주의자』, 김영하의 『오직 두 사람』 등은 매체 환경 속에서 변화하는 인간의 심리와 정체성을 문학적으로 탐색한 작품들이다.

제5절 주요 문학적 경향의 흐름

1 1980년대 주요 문학적 경향

(1) 시

1980년대는 '시의 시대'라 불릴 만큼 시 창작이 활발히 이루어진 시기였다. 주요 시의 경향은 다음과 같다.

① **전통적 감수성의 시**

전통적 순수 서정시보다는 인간 존재와 삶의 본질을 성찰하며 시적으로 형상화한 작품들이 주를 이루었다.

최두석의 「김통정」·「대꽃」, 안도현의 「낙동강」·「서울로 가는 전봉준」, 정일근의 「바다가 보이는 교실」 등 현실의식과 서정성을 조화롭게 드러낸 시가 발표되었고, 농촌생활을 바탕으로 한 서정시를 쓴 김용택의 「섬진강」도 존재 성찰적 경향을 드러냈다.

이성복의 「남해 금산」, 황지우의 「새들도 세상을 뜨는구나」·「겨울-나무로부터 봄-나무에로」, 최승자의 「이 시대의 사랑」·「삼십 세」 등은 존재의 불안, 고독, 자아 탐색을 시적으로 형상화하며 인간 내면에 대한 성찰을 심화하였다. 이들은 서정성과 실험성을 동시에 갖춘 시적 개성을 보여주었으며, 감성적 모더니즘과 내면 탐구의 깊이를 갖춘 시 세계를 구축하였다.

천상병은 물질주의적 현실에 대한 거부감과 삶의 순수한 본질을 노래한 시인으로, 「귀천」·「소릉조」와 같은 작품을 통해 죽음과 존재, 해탈의 세계를 맑고 투명한 언어로 형상화하였다. 이는 현실 참여와 실험성이 강한 시 흐름과는 결을 달리하면서도 1980년대 시의 다양성을 보여준 중요한 목소리로 평가된다.

한편 1980년대 후반에는 도종환의 『접시꽃 당신』, 서정윤의 『홀로서기』와 같은 시집들이 베스트셀러로 부상하면서 대중적 인기를 얻기도 했다.

② **민중시와 노동자시**

민중시는 1980년대의 억압된 상황을 고발하고 비판하는 저항시로 『시와 경제』, 『오월시』 등의 동인 활동을 중심으로 전개되었다. 채광석의 「애국가」·「검은 장갑」, 김정환의 「해방 서시」, 김남주의 「진혼가」, 김사인의 「지상의 방 한 칸」, 백무산의 「만국의 노동자여」 등이 대표적인 작품이다.

한편 1984년에는 노동자 시인 박노해가 시집 『노동의 새벽』을 발표하며 기성 문단이 아닌 현장 노동자 출신 시인들이 등장하였고, 박영근, 김기홍, 최명자 등이 활동했다.

③ **전통 해체의 실험시**

1980년대에는 기존의 시 형식을 해체하고 언어의 구조면에서 실험적 시도를 한 시인들도 등장하였다. 이들은 사회의 모순과 억압에 대한 저항의식을 시적 실험을 통해 표현하였다. 이들의 시는 표현시, 형태시 또는 반시라고도 한다. 황지우의 「무등」, 박남철의 「독자놈 길들이기」, 장정일의 「햄버거에 대한 명상」 등이 대표적이며 이외에도 최승자, 김혜순, 박덕규, 남진우, 이승하 등은 상상력의 자유와 감성적 탐색을 통해 기존의 시 미학을 확장하였다.

특히 기형도는 일상의 이면에 숨은 고독과 불안을 섬세한 감성으로 형상화한 시인으로, 감성적 모더니즘과 실존적 성찰을 결합한 독특한 시 세계를 구축하였다. 대표 시집 『입 속의 검은 잎』을 통해 시대의 불안과 개인의 상실감을 표현하며 1980년대 현대시의 새로운 가능성을 보여주었다. 그는 실험성과 내면성을 아우르며, 기존의 시 형식을 넘어서는 언어적 실험과 감각적 이미지로 1980년대 시의 흐름 안에서 중요한 위치를 차지한다.

(2) 소설

1980년대 초기는 정치·사회적으로 억압된 분위기 속에 문학이 다소 위축되었으나, 중기 이후 표현의 자유가 확대되면서 다양한 주제와 형식을 탐색하는 소설들이 활발히 창작되었다.

① **소재의 확대**
  ㉠ 작가들은 시대 현실을 넘어서 다양한 문화, 역사, 신화 등으로 소재를 확장하였다.
  ㉡ 이문열의 『금시조』, 『칼레파 타 칼라』, 윤후명의 『둔황의 사랑』, 한승원의 『불의 딸』, 전상국의 『우상의 눈물』 등이 그 예이다.

② **실험적 기법의 탐색**
  ㉠ 모더니즘과 포스트모더니즘 기법을 활용하여 비선형적 서사, 언어 해체, 메타픽션 등의 기법을 실험한 작품들이 발표되었다.
  ㉡ 대표작으로 이인성의 『낯선 시간 속으로』·『한없이 낮은 숨결』, 최수철의 『고래 뱃속에서』, 박인홍의 『벽 앞의 어둠』 등이 있다.

③ **사회 현실 비판**
  ㉠ 민주화 운동과 반공 이데올로기 등 당대 사회의 모순을 비판한 작품들이 활발히 창작되었다.
  ㉡ 임철우의 「봄날」, 정도상의 「십오방 이야기」, 윤흥길의 『완장』, 고원정의 『거인의 잠』, 양현석의 『태양은 묘지 위에 붉게 타오르고』 등이 있다.

④ **노동문학**
  ㉠ 노동자의 현실을 형상화하고 계급의식을 드러낸 작품들도 발표되었다.
  ㉡ 김남일의 「파도」, 정도상의 「새벽기차」, 방현석의 「새벽출정」, 유순하의 『생성』 등이 대표적이다.

⑤ **분단소설**
  ㉠ 6·25 전쟁의 후유증과 이데올로기 갈등을 극복하려는 시도가 분단소설을 통해 이루어졌다.
  ㉡ 조정래의 『유형의 땅』, 문순태의 『철쭉제』, 김원일의 『미망』, 박완서의 『그해 겨울은 따뜻했네』, 임철우의 『아버지의 땅』, 이문열의 『영웅시대』 등이 있다.

⑥ 일상성과 소시민적 삶의 탐구
  ㉠ 개인의 일상과 주변 현실을 섬세하게 그려낸 작품들도 주목받았다.
  ㉡ 양귀자의 『원미동 사람들』, 박영한의 『왕룽일가』 등이 대표적이다.

(3) 희곡

1980년대 희곡은 창작 기반과 발표 지면이 부족했으나, 실험극과 민족극 운동을 중심으로 새로운 극 양식이 모색되었다.
  ① 역사극
    ㉠ 역사적 사건과 인물을 통해 현대의 문제를 성찰하고자 한 작품들이 발표되었다.
    ㉡ 김상열의 『언챙이 곡마단』, 이현화의 『불가불가』, 차범석의 『꿈 하늘』 등이 있다.
  ② 민족극 운동
    ㉠ 마당극과 마당굿 형식을 계승하여 무대와 관객의 경계를 허물고 민중의 삶을 주제로 한 극이 창작되었다.
    ㉡ 정복근의 『검은 새』, 『지킴이』, 『실비명』, 오태석의 『자전거』, 이강백의 『칠산리』 등이 있다.

2 1990년대 주요 문학적 경향

(1) 시
  ① 생태주의
    ㉠ 군사 정권의 통치하에 은폐되어 온 환경 파괴와 생태계 위기가 보도되기 시작하면서 환경에 대한 관심이 증가하였고, 환경오염 및 파괴를 인간 욕망과 연결하여 경고하고 치유를 모색하는 시들이 발표되었다.
    ㉡ 고진하의 「굴뚝의 정신」, 나희덕의 「배추의 마음」 등의 작품이 해당한다.
  ② 여성주의
    ㉠ 여성 억압 문제를 통해 인간 존재 전체의 문제를 사유하고 문명의 폭력성을 고발한 시들이 등장하였다.
    ㉡ 시집으로 최승자의 『내 무덤 푸르고』, 김혜순의 『불쌍한 사랑 기계』, 최영미의 『서른, 잔치는 끝났다』 등이 이에 속한다.
  ③ 포스트모더니즘 시
    ㉠ 상업주의의 팽배, 일상적 생활과 감정을 중시하는 미시 담론에 대한 관심 고조 등으로 인해 포스트모더니즘 경향을 지닌 시들이 등장했다. 이러한 경향의 작가들은 권력의 해체, 시 쓰기에 대한 성찰을 보이는 메타시, 죽음의 문제에 대한 천착, 육체의 본질과 의미에 대해 탐구하는 '몸'의 시학 등을 보여주었다.
    ㉡ 김언희의 「탈수중」, 남진우의 「죽은 자를 위한 기도」, 이승훈의 「이승훈 씨를 찾아간 이승훈 씨」, 정진규의 「몸시」, 유하의 「바람부는 날에는 압구정동에 가야 한다」 등이 있다.

(2) 소설
  ① 후일담 소설
    ㉠ 1980년대 사회운동의 좌절 이후의 개인적 방황과 정체성 위기를 다룬 소설이 발표되었다.
    ㉡ 공지영의 『고등어』, 「인간에 대한 예의」, 최윤의 『저기 소리 없이 한 점 꽃잎이 지고』, 김형경의 『새들은 제 이름을 부르며 운다』 등이 대표적이다.
  ② 생태적 상상력
    ㉠ 환경 파괴와 생태 위기를 철학적 문제로 접근한 작품들이 등장하였다.
    ㉡ 대표적인 작품으로는 한정희의 『불타는 폐선』 등이 있다.
  ③ 일상성 탐색 및 환상적 상상력
    ㉠ 작가의 개인적 체험과 신변 소재, 여행기적 서사 등이 부각되며 일상성과 내면 탐색이 문학적 중심이 되었다.
    ㉡ 신경숙의 『외딴 방』, 은희경의 『새의 선물』·「타인에게 말걸기」, 윤대녕의 『대설주의보』, 김영하의 『나는 나를 파괴할 권리가 있다』·「거울에 대한 명상」 등이 있다.
  ④ 인터넷 소설
    ㉠ 1990년대 중반 이후 인터넷의 확산과 함께 인터넷을 통해 연재 형식으로 발표되는 대중적 소설이 등장하였다. 새로운 서사 방식과 독자 소통이 특징이다.
    ㉡ 대표적으로 이우혁의 『퇴마록』 등이 있다.
  ⑤ 페미니즘 소설
    ㉠ 1980년대와 달리 1990년대에는 여성 작가들이 대대적으로 등장하였는데 특히 여성의 억압과 성차별, 정체성 문제를 중심으로 서사화한 작품들이 증가하였다.
    ㉡ 공지영의 『무소의 뿔처럼 혼자서 가라』, 양귀자의 『나는 소망한다 내게 금지된 것을』, 공선옥의 『피어라 수선화』, 김형경의 『담배 피우는 여자』, 차현숙의 「나비의 꿈」 등이 있다.

(3) 희곡
1990년대 희곡은 사회문제의 반영에서 더 나아가 다양한 계층과 개인의 삶을 섬세하게 조명하는 방향으로 확장되었다.
  ① 사회 현실 반영
    획일적이고 억압된 현대 사회에서 살아가는 인간들의 소외된 모습을 그린 이강백의 『북어대가리』가 있다.
  ② 여성 작가의 등장과 여성극
    정복근의 『덕혜옹주』, 『나, 김수임』, 김윤미의 『메디아 환타지』, 『결혼한 여자와 결혼 안 한 여자』 등은 여성 심리를 섬세하게 표현하였으며, 여성 모노드라마 형식도 등장하였다.
  ③ 서민극
    ㉠ 사회적 약자나 노년층 등 주변인의 삶을 소재로 한 작품들이 발표되었다.
    ㉡ 이근삼의 『막차 탄 동기동창』, 『이성계의 부동산』, 김태수의 『해가 지면 달이 뜨고』 등이 있다.

④ 예술가를 소재로 한 극
  ㉠ 예술가의 삶과 고뇌를 그린 작품들이 등장하였다.
  ㉡ 최현묵의 『상화와 상화』(이상화), 『끽다거』(한용운), 김의경의 『길 떠나는 가족』(이중섭), 이상현의 『사로잡힌 영혼』(장승업) 등이 있다.

⑤ 연극적 실험
  ㉠ 사실주의 극에서 벗어나 놀이와 상상력이 가미된 실험극이 다수 발표되었다.
  ㉡ 김광림의 『달라진 저승』, 조광화의 『철안 붓다』, 장진의 『택시 드리벌』, 김명화의 『새들은 횡단보도로 건너지 않는다』 등이 있다.

⑥ 중견 극작가의 활동
  ㉠ 오태석(극단 목화), 이강백, 이윤택(연희단 패거리) 등은 극단을 기반으로 활발한 창작 활동을 이어갔다.
  ㉡ 대표작으로 오태석의 『운상각』, 이강백의 『물거품』, 『수전노, 변함없는』, 이윤택의 『웃다, 북치다, 죽다』, 『문제적 인간 - 연산』, 『어머니』 등이 있다.

⑦ 새로운 세대의 등장
  ㉠ 신진 작가들이 참신한 형식과 주제로 활동하였다.
  ㉡ 이만희의 『그것은 목탁구멍 속의 작은 어둠이었습니다』, 『돼지와 오토바이』, 『피고지고 피고지고』, 정우숙의 『소망의 자리』, 오은희의 『아바돈을 위한 조곡』, 조광화의 『장마』, 김정숙의 『꿈꾸는 기차』 등이 있다.

제1장 근·현대 문학사의 이해

01 다음 중 근대 문학의 정의로 가장 적절한 것은?

① 한문을 기반으로 한 조선 후기의 서정적 문학
② 새로운 주체, 현실, 형식을 바탕으로 형성된 문학
③ 구비 전승을 통해 전해지는 민중 중심의 문학
④ 정형적인 운율을 지닌 민요문학

02 다음 중 한국 근대 문학의 직접적인 형성 조건으로 보기 어려운 것은?

① 개화사상의 확산
② 민족주의의 대두
③ 산업혁명과 계급투쟁의 심화
④ 실학과 유교적 도덕정신의 계승

03 다음 중 근대 문학의 언어적 변화로 가장 적절한 것은?

① 사대부 한문시가의 부흥
② 정형적 율격 강조
③ 구어체 문장과 문체 실험
④ 전통 구비문학의 강화

---

01 근대 문학은 전통사회 해체 후 등장한 새로운 주체, 현실, 형식의 문학이다.
①·③·④는 모두 전통문학에 해당하는 설명이다.

02 산업혁명과 계급투쟁은 유럽 중심 역사로, 한국 근대 문학 형성과는 직접적인 관련이 없다. 다만 계급투쟁은 1920~1930년대 신경향파 및 카프를 통해 한국문학에서 중요하게 다루어졌다. 나머지 선지는 실제 한국 근대 문학의 형성 조건이 맞다.

03 근대 문학에서는 구어체와 자유로운 문체 실험이 강조되었다.
①·②·④는 모두 전통문학의 특징이다.

정답 01 ② 02 ③ 03 ③

04 다음 중 개화기 문학의 대표적 특징이 아닌 것은?

① 민중 계몽
② 국한문혼용체 사용
③ 계몽주의 반영
④ 낭만주의 감성 중심

04 개화기 문학은 계몽적 목적이 뚜렷했으며, 낭만주의는 1920년대 일부 문학에서 나타난다.

05 다음 중 최초의 신소설로 평가되는 작품은?

① 『금오신화』
② 「혈의 누」
③ 「구운몽」
④ 「자유종」

05 이인직의 「혈의 누」는 신소설의 출발점으로 평가된다.
① · ③ 고전소설에 해당한다.
④ 「자유종」은 1910년 작품으로, 1906년부터 연재를 시작한 「혈의 누」보다 이후의 작품이다.

06 다음 중 신체시의 출발점으로 자주 언급되는 작품은?

① 최남선, 「해에게서 소년에게」
② 이육사, 「광야」
③ 홍사용, 「나는 왕이로소이다」
④ 이육사, 「꽃」

06 최남선의 「해에게서 소년에게」는 1908년에 발표된 작품으로, 근대시의 출발점으로 평가된다.
② · ④ 이육사의 「광야」는 1945년에 「꽃」과 함께 발표되었다.
③ 홍사용의 「나는 왕이로소이다」는 1923년 발표된 작품이다.

정답 04 ④ 05 ② 06 ①

07 근대 문학은 계몽주의에서 사실주의, 낭만주의, 모더니즘 등으로 다양하게 전개되었다.

07 근대 문학의 전개 방향에 대한 설명으로 가장 적절한 것은?

① 구비문학으로의 회귀를 보인다.
② 낭만주의, 계몽주의, 신체시 순으로 전개되었다.
③ 계몽문학에서 사실주의, 낭만주의, 모더니즘 등으로 확산되었다.
④ 현실 비판에서 점차 서정성 중심으로 퇴보하였다.

08 문학사의 시대 구분의 기준은 단순히 연대가 아니라 형식, 수용자, 주체 등의 변화가 중심이 된다.

08 다음 중 문학사의 시대 구분에 관한 설명으로 가장 적절한 것은?

① 단순히 연도 기준으로 구분한다.
② 문학의 내부 형식과 주체성 변화에 주목한다.
③ 사건 중심으로 명확히 구분한다.
④ 문학사의 시대 구분은 사실상 불가능하다.

09 근대 문학은 판소리 등 전통문학과의 단절이 아닌 상호 작용 속에서 형성되었다. 게다가 판소리는 현대에도 명맥이 이어지고 있는 장르이다.

09 다음 중 근대 문학의 형성에 영향을 미친 문화적 배경이 아닌 것은?

① 신문 및 잡지의 문학란 개설
② 서양문학 번역과 소개
③ 판소리와의 완전한 단절
④ 신문학 담론 전개

정답 07 ③ 08 ② 09 ③

10 다음 중 조선 후기 문학의 성취가 근대 문학 형성에 끼친 영향으로 가장 적절한 것은?

① 현실 인식과 자아 표현의 흐름
② 한문 사용의 강화
③ 문체의 경직화
④ 외국문학 수용의 기반이 됨

11 다음 중 '문학 매체의 전환'과 관련이 없는 설명은?

① 신문과 잡지의 보급
② 단행본의 출판 증가
③ 작가와 독자 구분의 모호화
④ 문학의 대중화

12 다음 중 '문학 수용의 다원화' 현상과 관련된 것은?

① 정해진 향유층만의 특권적 문학
② 공동체 중심의 서사 전달
③ 공감과 비판 중심의 독자 반응
④ 사대부 중심의 시가 향유

10 조선 후기 문학에서 보여준 비판적 사고와 평민 의식의 성장은 근대 문학의 현실 인식과 자아 표현의 흐름에 큰 영향을 끼쳤다.

11 근대 이후 작가와 독자는 서로 분리되었고, 문학은 전문화되었다.

12 근대 이후 문학 독자의 계층이 더욱 확대되었고, 문학은 계몽과 오락의 기능을 함께 수행하게 되었다. 이에 따라 문학의 수용자들의 의식 또한 공감, 비판 등 다양한 방식으로 변화되었다.

정답 10 ① 11 ③ 12 ③

주관식 문제

01 다음 중 근대 문학의 특징에 해당되는 항목을 모두 고르시오.

> ㄱ. 주체적 감정 표현 중심
> ㄴ. 형식 실험 및 구어체 활용
> ㄷ. 왕조 중심의 도덕성 강조
> ㄹ. 사회 제도에 대한 비판
> ㅁ. 민중 향유 중심의 구비성

01 정답
ㄱ, ㄴ, ㄹ
해설
근대 문학은 주체 자각, 현실 비판, 형식 실험이 핵심이다.
ㄷ은 전통문학, ㅁ은 구비문학의 특징이다.

02 다음 내용에서 괄호 안에 들어갈 말을 순서대로 쓰시오.

> 개화기 문학은 서구 문물과 사상을 수용한 (㉠) 성격을 가지며, (㉡) 사용의 본격화가 이루어진 시기였다.

02 정답
㉠ 계몽주의
㉡ 국문
해설
개화기 문학은 서구의 사상(개화사상)을 받아들이고 국민 계몽에 초점을 맞췄으며, 국한문혼용체를 통해 국문 사용이 확산되었다.

03 조선 후기 문학이 근대 문학 형성에 끼친 영향에 대해 서술하시오.

03 **정답**
조선 후기에는 한글 문체가 확산되었고, 서민문학과 자아 표현 중심의 문학이 나타났다. 이러한 흐름이 근대 문학의 주체성·현실 인식·문체 실험의 기반이 되었다.

제2장 개화기와 1910년대 문학

01 다음 중 개화기의 시작 시기로 가장 널리 인정되는 역사적 사건은?
① 갑신정변
② 강화도 조약 체결
③ 을사늑약 체결
④ 독립협회 결성

01 개화기의 시작 시점은 1876년 강화도 조약, 1894년 갑오개혁 등 학자마다 견해가 다르다. 그러나 제시된 선지 중에서는 1876년 강화도 조약이 개화기 개시의 대표적 사건으로 가장 적절하다.

02 다음 중 최초의 신소설로 평가되는 작품은?
①「무정」
②「금수회의록」
③「혈의 누」
④「애국부인전」

02 「혈의 누」는 이인직이 1906년 『만세보』에 연재하고 1907년에 단행본으로 출간한 작품으로, 한국 최초의 신소설로 평가된다.
①「무정」은 최초의 근대 장편소설로 여겨지는 작품이다.
②「금수회의록」은 개화기 때의 연설체 소설이다.
④「애국부인전」은 개화기 때의 역사·전기물 소설이다.

03 다음 중 개화기 문학의 주요 주제와 가장 거리가 먼 것은?
① 자아 탐구
② 여성 해방
③ 문명 개화
④ 민족 의식 고취

03 자아 탐구는 1910년대 문학의 주요 주제로, 개화기 문학은 주로 계몽과 민족 의식 고취 등에 집중하였다.

정답 01 ② 02 ③ 03 ①

04 다음 중 최초의 신체시로 인정받는 작품은?
   ① 「꽃두고」
   ② 「해에게서 소년에게」
   ③ 「불놀이」
   ④ 「경부철도가」

04 최남선의 「해에게서 소년에게」는 1908년 『소년』 창간호에 발표된 작품으로, 최초의 신체시로 공식적으로 인정받는다.

05 다음 중 창가의 특징으로 가장 적절한 것은?
   ① 절구체 운율을 따름
   ② 서양 선율에 가사를 붙여 부름
   ③ 4·4조나 6·5조의 음수율 사용
   ④ 정형시와 동일한 형식 유지

05 창가는 서양식 가창용 선율에 가사를 붙여 부르는 노래로, 찬송가와 계몽적 목적이 결합된 장르이다. 7·5조, 8·5조, 6·6조 등의 새로운 율격을 사용했다.

06 다음 중 개화기 가사의 특징으로 적절하지 않은 것은?
   ① 민중 계몽적 내용
   ② 직설적 표현 사용
   ③ 잦은 한문 고사 사용
   ④ 다수의 작자 미상 작품

06 개화기 가사는 직설적 어조를 사용하고 작자의 실명 기재를 기피하는 특성이 있다. 한문 고사를 자주 사용하는 것은 전통가사의 특징이다.

정답 04 ② 05 ② 06 ③

07 1910년대는 계몽 중심에서 벗어나 인물의 심리와 내면 갈등을 본격적으로 다룬 시기이다.

07 다음 중 1910년대 소설의 주요 변화 양상으로 가장 적절한 것은?

① 사건 중심의 구성 강조
② 운문체 서사 강조
③ 인물의 내면 심리 강조
④ 고전 서사 양식 유지

08 『창조』는 1919년 창간된 최초의 순수문학 동인지이다.
① 『매일신보』는 1910년 8월에 창간되었으나, 문학 동인지가 아닌 신문이었다.
② 『소년』은 1908년에 창간되었다.
③ 『독립신문』은 1896년 4월 7일 창간되었다.

08 다음 중 1910년대에 창간된 문학 동인지는?

① 『매일신보』
② 『소년』
③ 『독립신문』
④ 『창조』

09 자유시는 전통 율격에서 벗어나 자유로운 구성과 내재율 중심의 표현을 지닌다.

09 다음 중 자유시에 대한 설명으로 가장 적절한 것은?

① 시조의 변형체이다.
② 형식과 리듬이 고정되어 있다.
③ 전통 운문에서 벗어난 새로운 시형이다.
④ 18세기에 등장하였다.

정답 07 ③ 08 ④ 09 ③

10 다음 중 신소설과 근대소설의 차이로 가장 적절하지 <u>않은</u> 것은?
   ① 신소설에 비해 근대소설은 인물의 내면을 중시한다.
   ② 신소설은 구체적 시공간을 설정한다.
   ③ 근대소설은 심리 묘사를 강조한다.
   ④ 신소설은 비약과 우연성이 적다.

10 신소설은 우연성과 작위적 전개가 많아 근대소설보다 문학성이 떨어진다.
   ①·③ 신소설은 사건 중심이었고, 이에 비해 근대소설은 인물 및 인물의 심리가 중심이다.
   ② 구체적 시공간을 설정한다는 점은 신소설과 근대소설의 공통점이라 할 수 있다.

11 이광수의 소설 「무정」에서 영채의 삶이 상징하는 것은?
   ① 신여성의 독립성
   ② 전통 여성의 희생적 삶
   ③ 계급 간 대립
   ④ 관료제의 모순

11 이광수의 소설 「무정」의 주인공 중 한 명인 영채는 전통적인 여성상으로, 희생과 수난을 감내하는 시대적 전환기의 여성으로 그려진다.

12 다음 중 개화기 소설의 한계로 보기 <u>어려운</u> 것은?
   ① 계몽성 중심
   ② 인물 성격 창조의 입체성 부족
   ③ 인물의 내면 탐구
   ④ 사건 전개의 우연성

12 인물의 내면 탐구는 이후 근대 문학, 특히 모더니즘 계열의 문학에서 강조되는 특징이다.

정답 10 ④ 11 ② 12 ③

13 다음 특징에 해당하는 시가의 유형은?

- 전통 율격에서 벗어났으나 자유시는 아니다.
- 일정한 시각적 배열과 음수율을 실험하였다.
- 근대시로 이행하는 과도기 형태를 보인다.

① 창가
② 신체시
③ 언문풍월
④ 개화가사

14 다음 특징에 해당하는 문학적 시기는?

- 자유시의 본격 등장
- 자아 각성과 민족 문제 탐구
- 구어체 서술 방식 시도

① 개화기
② 조선 후기
③ 1910년대
④ 해방기

15 다음 중 최남선이 최초로 창간한 국문 잡지는?

① 『매일신보』
② 『청춘』
③ 『소년』
④ 『붉은 저고리』

---

13 신체시는 자유시로 이행하는 중간 단계의 실험적 시가 형태이다.
① 창가는 새로운 율격을 보이기는 했으나 시각적 배열을 하지는 않았다.
③ 언문풍월은 한시의 절구체를 모방하였으므로 전통 율격에서 벗어났다고 보기 어렵다.
④ 개화가사는 내용적인 면에서 근대의식이 담겼다 하더라도 형식은 전통적인 가사 형식에서 크게 벗어나지 않았다.

14 1910년대는 자유시와 근대소설, 그리고 민족문제와 근대적 자아 탐색이 본격화된 시기이다.

15 『소년』은 최남선이 1908년 창간한 국문 잡지로, 근대 문학의 출발점으로 평가된다.
① 『매일신보』는 1910년 창간된 총독부 기관지이다.
②·④ 『청춘』과 『붉은 저고리』도 최남선이 발간한 것은 맞지만, 둘 다 『소년』보다 늦은 시기에 나왔다.

정답 13 ② 14 ③ 15 ③

16 최남선의 「해에게서 소년에게」는 어떤 문학 양식에 속하는가?

① 창가
② 신체시
③ 자유시
④ 개화기 가사

17 다음 중 「해에게서 소년에게」의 특징으로 보기 어려운 것은?

① 의성어와 의태어 사용
② 서양 문명 비판
③ 바다의 의인화
④ 반복되는 구절의 활용

18 「해에게서 소년에게」에서 묘사되는 바다의 상징으로 적절한 것은?

① 과거 봉건 질서
② 전통적인 종교관
③ 무정부 상태의 혼란
④ 압도적인 자연의 위력과 새 시대의 가능성

19 최남선의 문학적 업적에 대한 설명으로 가장 적절하지 않은 것은?

① 문학 동인지 『창조』 창간
② 신체시 형식 확립
③ 근대 문학 이행에 기여
④ 잡지 『소년』 창간

---

16 「해에게서 소년에게」는 음수율과 반복구절 실험을 한 신체시이다. 창가, 개화기 가사는 신체시와 마찬가지로 개화기 시가에 속하지만 창가는 음악적 가창 중심 장르이고, 개화기 가사는 내용적으로 개화사상을 담고 있으나 형식적으로는 전통 가사 형식을 계승하였으므로 7·5조의 음수율을 지닌 「해에게서 소년에게」와는 다르다.

17 이 작품은 서양 문명에 우호적이며, 바다를 의인화하고 반복 구절과 의성어로 리듬감을 강조하였다. 따라서 ②는 적절하지 않다.

18 「해에게서 소년에게」는 압도적인 힘을 지닌 바다를 의인화하여 나타낸 시로, 바다는 긍정적인 이미지를 지닌 새로운 문명을 의미한다. 과거의 것들을 고집하면서 문명 개화를 거부하는 사람들을 비판하고 소년과 함께 새로운 시대를 맞이하는 모습을 담고 있다. 이때 바다는 새로운 문명, 새 시대의 희망 등 새롭고 긍정적인 이미지를 지닌 것이므로 ①과 ②에 언급된 '과거', '전통'은 바다의 상징이라 할 수 없다. 또한 ③의 '무정부 상태의 혼란'은 부정적 이미지이므로 긍정적인 이미지를 지닌 바다와는 거리가 멀다.

19 『창조』는 김동인, 주요한 등이 창간한 동인지로, 최남선은 발간에 참여하지 않았다. ②·③·④는 모두 최남선과 관련이 깊다.

정답 16 ② 17 ② 18 ④ 19 ①

20 한국 최초의 근대 장편소설로 꼽히는 이광수의 「무정」은 1917년 『매일신보』에 연재되었다.
① 『독립신문』은 이광수의 독립운동 관련 활동지였다.
② 『소년』은 1908년 최남선이 창간한 잡지이다.
④ 『창조』는 김동인 등이 창간한 문학 동인지이다.

20 이광수가 한국 최초의 근대 장편소설을 발표한 매체는?

① 『독립신문』
② 『소년』
③ 『매일신보』
④ 『창조』

21 이광수 문학은 계몽주의와 사회적 목적성에 기반했으며, 순수 서정성을 강조하기 보다는 목적 지향적이었다.

21 이광수 문학의 대표적 특징으로 보기 어려운 것은?

① 순수 서정성 강조
② 계몽주의 지향
③ 심리 묘사 강화
④ 근대적 인물 갈등 묘사

22 「무정」은 근대 장편소설로서 심리와 사회 구조를 반영한 최초의 작품이다.
① 일반적으로 최초의 신소설은 이인직의 「혈의 누」로 꼽힌다. 「무정」은 주로 한국 최초의 장편 근대소설로 분류된다.
③ 「무정」은 근대소설로서 남녀 간의 애정문제 및 심리가 구체적으로 그려지는 등 전통 서사에서 벗어난 모습을 보인다.
④ 「무정」은 흔히 사실주의와 낭만주의가 섞인 것으로 본다. 「무정」이후에 등장한 현진건의 「운수 좋은 날」, 김동인의 「감자」, 채만식의 「탁류」 같은 작품이 사실주의의 전형을 보여준다고 할 수 있다.

22 다음 중 「무정」의 문학사적 의의로 가장 적절한 것은?

① 최초의 신소설 작품으로 분류된다.
② 근대 장편소설의 형식 확립에 기여하였다.
③ 전통 서사 형식을 모방하였다.
④ 사실주의 소설의 절정기 작품이다.

정답 20 ③ 21 ① 22 ②

주관식 문제

01 다음 내용에서 괄호 안에 들어갈 말을 순서대로 쓰시오.

> 최초의 근대 장편소설은 (㉠)의 「무정」이며, (㉡)년에 발표되었다.

01 정답
㉠ 이광수
㉡ 1917

해설
「무정」은 이광수가 1917년 1월 1일부터 6월 14일까지 총 126회에 걸쳐 『매일신보』에 연재한 작품으로, 한국 근대소설의 출발점으로 평가된다.

02 1919년에 창간된 최초의 문학 동인지 제목을 쓰시오.

02 정답
『창조』

해설
『창조』는 김동인, 주요한 등이 창간한 동인지로, 자유시와 근대 단편소설의 발표 무대가 되었다.

03 다음 내용에서 괄호 안에 들어갈 말을 순서대로 쓰시오.

> 개화기 시가의 형식 중 언문풍월은 한시 (㉠)체의 운율을 모방하여 (㉡)자 혹은 7자로, 한 연은 (㉢)행으로 구성되었다. 또한 같은 운을 반복하는 형식을 지녔다.

03 정답
㉠ 절구
㉡ 5
㉢ 4

해설
언문풍월은 절구체를 모방하여 형식적 실험을 시도한 대표적 정형시 형태이다. 한시의 절구체는 4구로 이루어져 있다.

04 개화기 소설이 지닌 의의와 한계를 각각 2가지 이상 서술하시오.

04 **정답**
개화기 소설은 전통소설에서 근대소설로 이행하는 중간 단계로서, 계몽주의적 내용으로 민중의식과 민족의식을 고취하였고, 근대적 시공간과 현실 문제를 작품 속에 반영하였다는 의의를 지닌다. 그러나 우연성과 작위적 전개 등 고전소설의 특징을 탈피하지 못한 경우가 많았고, 인물의 성격이 평면적이고 서술 방식이 관념적인 경우가 많아 문학성은 다소 부족하였다는 점을 한계라 할 수 있다.

05 1910년대 자유시의 등장 배경과 대표 작품을 서술하시오.

05 **정답**
1910년대는 일제 식민지 체제와 근대화가 본격화된 시기로, 기존의 정형시로는 복잡한 현실을 표현하기 어려워졌다. 이에 따라 형식에 얽매이지 않고 자유로운 구성으로 현실과 감정을 표현하는 자유시가 등장하였다. 대표 작품으로는 주요한의 「불놀이」, 김억의 「봄」, 한용운의 「심」 등이 있다.

06 다음 내용에서 괄호 안에 들어갈 말을 순서대로 쓰시오.

> 최남선은 (㉠)년에 창간된 잡지 (㉡)에 한국 신체시의 효시라 할 수 있는 (㉢)을(를) 발표하였다.

06 **정답**
㉠ 1908
㉡ 『소년』
㉢ 「해에게서 소년에게」

해설
「해에게서 소년에게」는 1908년 『소년』 창간호에 실린 신체시의 효시이다.

07 최남선의 「해에게서 소년에게」의 형식적 특징과 내용적 의미를 서술하시오.

07 **정답**
최남선의 「해에게서 소년에게」는 정형시에서 벗어난 과도기적 시가로서 신체시에 속한다. 의성어·의태어·반복 구절 등을 통해 리듬감을 높였다. 바다는 의인화되어 압도적인 힘을 지닌 존재로 묘사되며, 소년은 새로운 시대를 열어갈 주체로 제시된다. 이는 근대적 주체 형성에 대한 열망을 표현한 작품이다.

08 다음 내용에서 괄호 안에 들어갈 말을 순서대로 쓰시오.

이광수의 문학은 (㉠)주의적 성격이 강하며, 문학을 통한 (㉡) 개조를 추구했다.

08 **정답**
㉠ 계몽
㉡ 민족
해설
이광수는 문학을 민족계몽의 수단으로 보며 현실 변화를 지향했다.

제3장 1920년대 문학

01 시조는 사라진 것이 아니라 국민문학파에 의해 오히려 부흥 운동이 일어났다. 나머지는 모두 1920년대 시 문학의 특징에 대한 설명으로 적합하다.

01 다음 중 1920년대 소설문학의 특징으로 옳지 <u>않은</u> 것은?

① 감상적·허무주의적 정서가 강한 시가 창작되었다.
② 사회주의 리얼리즘을 반영한 경향시가 등장하였다.
③ 민족주의 계열 시가 쇠퇴하고 시조는 사라졌다.
④ 동인지 『창조』, 『폐허』 등을 통해 새로운 시가 발표되었다.

02 카프(KAPF, 조선프롤레타리아예술가동맹)는 사회주의 계열 작가들이 중심이 되어 결성한 단체로, 경향시와 리얼리즘 소설 창작을 주도하였다.

02 1925년 결성되어 사회주의 리얼리즘 문학을 이끈 단체는?

① 극예술협회
② 창조파
③ 국민문학파
④ 카프

03 이 시기 소설은 현실과 인간의 삶을 있는 그대로 그리려는 경향을 보이며, 인물의 심리 묘사와 치밀한 구성 등이 발전하였다.

03 다음 중 1920년대 소설의 특징으로 가장 적절한 것은?

① 교훈성과 우연성이 강한 구소설의 영향을 받음
② 일인칭 시점만을 사용하는 서술 기법 사용
③ 심리 묘사와 사실적인 구성의 강화
④ 전기체 문장과 고문체 어투의 복귀

정답 01 ③ 02 ④ 03 ③

04 다음 중 1920년대 문학 내부의 이념 논쟁에서 대립한 두 문학 진영이 옳게 연결된 것은?

① 서정시파 – 자연주의파
② 낭만주의파 – 상징주의파
③ 국민문학파 – 창작파
④ 프로문학(경향문학) – 민족주의 문학

04 1920년대 말에는 계급문학을 주장한 프로문학 진영과 문학에 있어 민족정신이나 전통 양식의 중요성을 강조한 민족주의 진영 간 논쟁이 심화되었다.

05 다음 중 『창조』 동인지와 관련이 없는 인물은?

① 김동인
② 주요한
③ 전영택
④ 김소월

05 김소월은 『영대』 동인지 중심 인물로, 『창조』와는 관계가 적다.
①·②·③은 모두 『창조』를 창간하고 그를 기반으로 활동한 인물들이다.

06 다음 중 1920년대 단편소설 중심 문학 활동의 배경으로 옳지 않은 것은?

① 소설 기법의 미학적 발전
② 신문 연재 공간의 부족
③ 연재 지속의 불확실성
④ 동인지 중심의 발표 공간

06 소설 기법의 미학적 발전은 동인지 중심의 단편소설 발전의 결과이다. 이러한 원인에는 신문 연재, 동인지 중심 발표로 인한 공간 부족, 연재의 불확실성 등이 있다.

정답 04 ④ 05 ④ 06 ①

07 신경향파는 사회 구조의 모순을 드러내고 현실을 고발하는 데 초점을 맞추었기 때문에 사실적이고 직설적인 묘사를 특징으로 한다.
①·③·④는 모두 낭만주의 문학 또는 순수문학의 특징에 가깝다.

08 신경향파 문학은 현실 비판과 고발에 효과적인 단편소설과 시를 중심으로 전개되었다.
①·②·④는 해당 시기나 문학 계열과는 맞지 않으며, 신경향파의 형식적 특징과 거리가 멀다.

09 카프문학의 2차 방향 전환은 예술운동의 볼셰비키화로, 문학가가 정치 실천의 주체로 나서야 한다는 점이 강조되었다.
①·③ 카프문학과 반대되는 예술 중심적 시각이다.
④ 민족주의 계열 문학의 특징이다.

정답 07 ② 08 ③ 09 ②

---

07 다음 중 신경향파 문학의 표현 방식으로 가장 적절한 것은?

① 상징적이고 우화적인 묘사
② 사실적이고 직설적인 묘사
③ 낭만주의적 감성 중심 묘사
④ 서정적이고 관조적인 묘사

08 다음 중 신경향파 문학의 주된 문학 형태로 가장 적절한 것은?

① 장편소설과 희곡
② 서정시와 수필
③ 단편소설과 시
④ 판소리계 소설과 민요

09 다음 중 카프문학의 2차 방향 전환에 대한 설명으로 가장 적절한 것은?

① 낭만주의를 기반으로 문학의 예술성을 강조했다.
② 문학가가 노동 계급 선두에 서서 정치 실천을 해야 한다고 보았다.
③ 자연주의에 입각하여 현실을 관조적으로 바라보았다.
④ 민족주의 문학으로의 전환을 통해 계몽 활동을 지향했다.

10 카프문학과 신경향파 문학의 공통점으로 가장 적절한 것은?

① 식민지 현실과 계급 갈등을 주요 소재로 삼았다.
② 문학을 민족 전통 보존의 수단으로 보았다.
③ 계몽보다는 개인 감정의 표현을 중시하였다.
④ 순수 예술 지향을 문학의 최고 목표로 삼았다.

10 두 문학은 모두 식민지 사회의 불평등과 계급 문제를 주된 문제의식으로 다뤘다.
② 민족주의 문학 계열의 입장이다.
③·④ 순수문학 계열의 입장이다.

11 다음 중 카프문학에 대한 비판으로 가장 적절한 것은?

① 예술성과 대중성을 동시에 추구했다.
② 문학의 이념성을 약화시켰다.
③ 문학을 낭만적으로 이상화하였다.
④ 문학의 자율성을 훼손했다.

11 카프문학은 사회주의 혁명을 목표로 문학을 활용하면서, 이념성을 지나치게 강조한 나머지 예술로서의 자율성을 훼손하였다는 비판을 받았다.
①·② 사실과 반대되는 평가이다.
③ 낭만주의 문학에 대한 특징이다.

12 다음 중 시조 부흥 운동의 전개 배경으로 적절하지 않은 것은?

① 외래 문학 양식의 유입
② 자유시의 유행으로 인한 전통시가의 위축
③ 순수문학의 확산에 따른 감성 중심 문학에 대한 반발
④ 카프문학에 대한 반작용

12 시조 부흥은 외래 문학 양식의 유입, 자유시 등장으로 인한 전통시가의 위축, 카프문학 확산 등에 대한 대응으로 시작되었으며, 감성 중심의 순수문학에 대한 반발은 시조 부흥 운동의 주요 원인이 아니었다.
①·②·④는 모두 시조 부흥 운동의 직접적 계기였다.

정답 10 ① 11 ④ 12 ③

13 임화는 카프문학의 대표 인물로, 시조 부흥 운동과는 관련이 없다.
① 최남선은 국민문학론과 시조 부흥을 주장했다.
②·④ 이병기와 이은상은 현대 시조의 형식과 내용을 정립한 인물들이다.

13 다음 중 시조 부흥 운동의 대표적 인물로 보기 어려운 것은?
① 최남선
② 이병기
③ 임화
④ 이은상

14 양장시조와 사장시조처럼 고시조 형식을 토대로 하되 약간의 형식 변화를 준 시도를 했다.
② 판소리, 민요 등의 장르에 더 가까운 설명이다.
③ 시조 부흥 운동은 자유시의 유행에 따른 전통시가의 위축에 대응하기 위해 시작된 운동으로, 전통 시조 형식에서 크게 벗어나지 않았기 때문에 자유시 형식을 완전히 수용한 것과는 거리가 멀다.
④ 산문시의 요소를 도입한 것 또한 시조 부흥 운동과는 거리가 멀다.

14 시조 부흥 운동의 초기 창작 형태로 나타난 시조의 특징은 무엇인가?
① 고시조 형식을 기반으로 약간의 변형을 가하였다.
② 민요체를 빌려 대중성과 오락성을 추구하였다.
③ 자유시의 형식을 완전히 수용하였다.
④ 산문시의 요소를 도입하여 형식을 파괴하였다.

15 시조 부흥 운동은 형식과 민족 전통을 중시한 나머지 당대의 사회 문제를 다루는 데에는 소극적이었다.
① 오히려 시조 형식을 고수한 경향이 문제였다.
② 오히려 시조 창작자들의 활발한 참여가 있었다.
④ 오히려 현대 시조의 정립을 통해 문학 장르로 자리매김했다.

15 다음 중 시조 부흥 운동의 한계로 가장 적절한 것은?
① 지나친 자유시 수용으로 시조가 해체되었다.
② 창작자 부재로 운동이 중단되었다.
③ 사회 현실에 대한 비판 의식이 부족했다.
④ 시조가 문학 장르로 인정받지 못했다.

정답 13 ③ 14 ① 15 ③

16 다음 특징에 가장 잘 부합하는 시 창작자는 누구인가?

> - 현대 시조 형식을 확립하였다.
> - 시조의 문학적 형식을 강조하였다.
> - 대표작으로 「난초」, 「별」 등이 있다.

① 정지용
② 이은상
③ 박영희
④ 이병기

17 다음 중 신경향파 작가로만 옳게 고른 것은?

① 최서해, 조명희, 박영희
② 이기영, 박세영, 임화
③ 송영, 김기진, 김소월
④ 나도향, 김동인, 현진건

18 『백조』 동인과 그 활동에 대한 설명이 옳게 연결된 것은?

① 나도향 – 시조 부흥 운동 주도
② 이상화 – 낭만주의 작품과 경향시 창작
③ 김기진 – 사실주의적 농민소설 창작
④ 염상섭 – 향토성과 민요조 시 창작

---

16 이병기는 시조 형식의 정제와 현대적 변용을 통해 현대 시조의 문학적 기반을 마련했다.
① 정지용은 순수시 작가에 해당된다.
② 이은상도 시조 작가는 맞지만, 그의 대표 작품으로는 「조국강산」, 「가고파」 등이 있다.
③ 박영희는 카프 계열의 인물이다.

17 ② 해당 인물들은 카프 계열 작가들이다.
③ 송영과 김기진은 신경향파 및 카프 계열, 김소월은 순수 서정 계열의 시인이다.
④ 해당 인물들은 동인지 중심의 초기 사실주의 작가들이다.

18 이상화는 『백조』 동인으로, 낭만주의적 작품과 함께 경향시를 창작한 대표적인 시인이다.
① 나도향은 사실주의 작가로, 시조 부흥과 무관하다. 시조 부흥 운동을 주도한 것은 최남선 등의 국민문학파이다.
③ 김기진은 카프 이론가이자 시인으로, 농민소설 창작보다는 평론과 관념적 시 창작에 더 집중했다. 또한 농민소설은 이기영의 영역에 더 가깝다.
④ 염상섭은 시인이 아니라 사실주의적 경향의 대표적인 소설가이다.

정답 16 ④ 17 ① 18 ②

19 다음 중 김소월에 대한 설명으로 가장 적절하지 <u>않은</u> 것은?

① 향토성과 서정성이 강한 시를 썼다.
② 전통적 율격과 민요조를 활용하였다.
③ 「진달래꽃」은 그의 대표 서사시 작품이다.
④ 『개벽』, 『영대』 등에서 활동하였다.

20 다음 특징에 해당하는 작가는 누구인가?

- 간도 체험을 바탕으로 궁핍한 현실을 형상화하였다.
- 「탈출기」, 「기아와 살육」, 「홍염」 등의 작품을 발표하였다.
- 신경향파 문학을 대표하는 작가이다.

① 이기영
② 최서해
③ 조명희
④ 박영희

주관식 문제

01 다음 특징에 해당하는 문학 계열을 쓰시오.

- 계급 투쟁을 중심으로 문학을 해석하였다.
- 사회주의 리얼리즘 이론을 수용하였다.
- KAPF를 결성하여 조직적인 문학 활동을 전개하였다.

---

19 「진달래꽃」은 김소월의 대표작이지만, 사건 중심으로 서사를 이끄는 서사시가 아니라 정서와 감정을 중심으로 노래한 서정시이다.
김소월은 전통적인 율격을 바탕으로 민요조를 활용하여 향토성·서정성·'한'의 정서를 표현한 대표적인 서정 시인이다. 또한 『개벽』, 『영대』 등의 잡지에서 활발하게 활동하였다.

20 최서해는 간도 체험을 바탕으로 한 신경향파 작가로, 「탈출기」 등의 작품을 통해 사회 현실을 적나라하게 그려냈다.

01 **정답**
프로문학(경향문학)
해설
열거된 특징들은 사회주의 계열 문학의 대표적 성격으로, 프로문학이 이에 해당된다.

정답 19 ③ 20 ②

02 1920년대 문학 내부의 이념 논쟁에서 대립한 두 입장에 대해 서술하시오.

02 정답
1920년대 문학에서는 프로문학과 민족주의 문학이 대립하였다. 김기진, 박영희 등은 프로문학 진영에서 문학의 계급성과 현실 참여를 강조하였고, 김동인, 염상섭 등은 민족주의 문학 진영에서 전통 계승과 문학의 자율성을 중시하였다. 이러한 대립은 문학의 방향성과 사회 인식을 둘러싼 중요한 논쟁이었다.

03 다음 특징을 지닌 동인지의 제목을 쓰시오.

- 1922년에 창간되었다.
- 낭만주의 시를 포함하였다.
- 이상화, 박종화, 홍사용 등이 활동하였다.

03 정답
『백조』

해설
『백조』는 감상주의, 낭만주의 계열을 포괄하며, 당대 대표 작가들이 참여한 동인지이다.

04 1920년대 문학에서 동인지 활동이 문학에 미친 영향에 대해 서술하시오.

04 정답
1920년대는 동인지 중심의 창작 활동이 활발히 전개되면서 많은 작가들이 작품을 발표할 기회를 얻었고, 외국 문학과 이론도 수용되었다. 하지만 지면의 한계와 연재의 불확실성 때문에 주로 단편소설 중심의 문학이 형성되었으며, 이는 오히려 단편소설의 미학적 완성도를 높이는 계기가 되었다.

05

정답
박영희, 김기진, 임화

해설
카프의 대표 작가는 박영희, 김기진, 임화 등이 있으며, 이들은 『문예운동』 등을 통해 작품 활동을 전개하였다.

06

정답
신경향파

해설
신경향파 문학은 계급 갈등과 현실 고발, 계몽, 빈궁 등의 소재를 주로 하였고, 그 주인공들도 대부분 노동자, 소작인, 매춘부 등의 하층 계급이었다.

07

정답
신경향파 문학의 내용적 특징은 빈부 격차, 계급 갈등 등 식민지 사회의 모순을 고발한다는 것과, 하층민의 삶과 반항의식을 다룬다는 것이다. 형식적 특징으로는 직설적·사실적인 묘사를 통해 현실을 그대로 드러낸다는 것, 주로 단편소설과 시의 형태로 나타났다는 것을 들 수 있다.

---

05 카프문학의 대표 작가를 세 명 이상 쓰시오.

06 다음의 특징을 공통적으로 지닌 문학 사조의 명칭을 쓰시오.

- 계급 갈등을 주요 소재로 삼았다.
- 사회 구조적 모순을 폭로하였다.
- 하층민이 주인공으로 등장하였다.
- 살인, 방화와 같은 우발적인 폭력으로 끝나는 경우가 많았다.

07 신경향파 문학의 내용적, 형식적 특징을 각각 두 가지 이상 서술하시오.

08 시조 부흥 운동의 의의와 한계를 각각 두 가지 이상 서술하시오.

08 **정답**
시조 부흥 운동은 시조를 현대 감각에 맞게 계승하여 현대 시조라는 장르의 기반을 마련하였고, 민족 정체성 강화에 기여하였다. 반면 전통 형식을 지나치게 고수하여 창작의 다양성이 부족했고, 당대 사회 현실에 대한 비판 의식이 약했다는 한계가 있다.

09 다음 내용에서 괄호 안에 들어갈 말을 순서대로 쓰시오.

김동인은 동인지 (㉠)을(를) 통해 등단하였고, 「감자」 등 (㉡) 경향의 소설을 발표했다.

09 **정답**
㉠ 『창조』
㉡ 사실주의
해설
김동인은 1919년 동인지 『창조』를 통해 등단하였으며, 대표적인 사실주의 소설로는 「감자」가 있다.

제4장 1930년대 문학

01 다음 중 1930년대 문학의 전개 양상으로 가장 적절한 것은?

① 순수문학이 쇠퇴하고 사회주의 문학이 중심이 되었다.
② 사회 현실을 직접 고발하는 문학이 탄압으로 사라졌다.
③ 카프 해산 이후 문학의 예술성과 전통성이 강조되었다.
④ 민요나 판소리 등 구비문학 중심의 문학 형식이 되살아났다.

02 1930년대에 유입된 문예사조로, 도시 문명을 형상화하고 파편적 언어와 리듬을 실험한 경향은?

① 모더니즘
② 계몽주의
③ 사실주의
④ 낭만주의

03 다음 중 1930년대 모더니즘의 대표 작가가 아닌 인물은?

① 이상
② 김기림
③ 김광균
④ 김소월

---

01 카프가 1935년 강제 해산된 이후 정치 이념보다 문학적 자율성과 예술성, 언어 감각을 강조한 순수문학이 부상하였다.
① 1930년대의 순수문학은 쇠퇴하지 않았고, 오히려 부상하였다.
② 현실 고발 문학이 완전히 사라진 것은 아니며, 풍자나 역사소설 등의 우회적 방식으로 현실 비판이 계속되었다.
④ 구비문학 중심이 아니라 문예지 중심의 근대 문학이 전개되었다.

02 모더니즘은 1930년대에 본격 수용된 문예사조로, 도시 문명에 대한 인식, 파편적 이미지, 의식의 흐름, 언어 실험 등이 핵심 특징이다.
② 계몽주의는 개화기~1910년대에 주로 나타났다.
③·④ 낭만주의는 개인의 감정과 이상을 중시하나, 도시성·언어 실험 중심의 모더니즘과는 구별된다. 사실주의 역시 언어 실험이라는 특징과는 거리가 멀다.

03 김소월은 1920년대 후반 활동한 대표적인 전통 서정 시인으로, 모더니즘 경향과는 거리가 있다.

정답 01 ③ 02 ① 03 ④

04 다음 중 1930년대 소설의 특징으로 가장 적절하지 <u>않은</u> 것은?

① 농촌 현실을 사실적으로 고발하였다.
② 역사소설을 통해 민족의식을 표현했다.
③ 순수문학의 형식이 쇠퇴하였다.
④ 가족사 중심의 장편소설이 등장하였다.

04 1930년대는 순수문학의 형식이 오히려 강화된 시기이다. 특히 카프 해산 이후 사회주의 리얼리즘의 쇠퇴로 인해 문학의 형식성과 예술성에 주목하는 흐름이 활발했다.

05 다음 중 1930년대 문학 유파 중 시문학파에 대한 설명으로 옳은 것은?

① 토속어의 적극적인 사용을 강조했다.
② 사회주의 이념을 강조한 사실주의 문학이다.
③ 정치성을 배제하고 순수한 서정시를 지향하였다.
④ 전원적 이상향보다는 도시적 세태를 형상화했다.

05 정치성을 배제하고 순수 서정시를 지향한 것은 시문학파의 핵심 태도이다.
① 시문학파에서 언어의 조탁을 중시한 것은 맞으나, 토속어의 사용을 강조했다는 것은 사실과 다르다.
② 카프문학에 더 가까운 설명이다.
④ 모더니즘 계열 문학의 특징이다.

06 다음 중 청록파 문학의 주요 특징으로 옳지 <u>않은</u> 것은?

① 도시 문명을 찬양하며 실험적 언어를 구사했다.
② 민족적 정서와 이미지를 중시하였다.
③ 자연 친화적 시 세계를 지향하였다.
④ 전통적 정서와 자연의 조화를 중요하게 여겼다.

06 도시 문명을 찬양하고 실험적인 언어를 구사한 것은 모더니즘 시의 특징이다. 청록파는 자연 중심의 서정과 민족 정서를 중시하였다.

정답 04 ③ 05 ③ 06 ①

07 도시화·기계문명·개인의 소외 등을 감각적 이미지로 표현한 것은 모더니즘 문학의 핵심 특징이다.
① · ③ 리얼리즘 문학의 특징에 해당된다.
② 풍자문학에 대한 설명에 더 가깝다.

08 현실에 대한 비판보다 형식적인 실험 및 내면 탐구에 집중한 것은 모더니즘 문학에 대한 설명이다. 리얼리즘 문학은 사회 현실의 재현과 비판을 중심으로 발전하였다.

09 이태준은 리얼리즘을 바탕으로 문체의 세련미와 형식적 실험을 더한 작가이다.

07 1930년대 모더니즘 문학의 특징으로 가장 적절한 것은?
① 계급 모순과 사회 구조 비판
② 서사적 개연성과 풍자 중심의 구성
③ 농민층의 현실을 직접 반영한 서사
④ 도시화와 기계문명에 대한 감각적 대응

08 1930년대 리얼리즘 문학에 대한 설명으로 가장 적절하지 <u>않은</u> 것은?
① 현실 비판보다 형식적 실험과 내면 탐구에 집중하였다.
② 대표적인 작가로는 이기영, 염상섭, 채만식 등이 있다.
③ 민중의 고통과 사회 구조적 모순을 반영하였다.
④ 정치성과 예술성의 조화를 모색하는 경향을 보였다.

09 다음 중 「달밤」이라는 단편소설로 모더니즘과 리얼리즘을 절충한 작가는?
① 이광수
② 이태준
③ 김기림
④ 채만식

정답 07 ④ 08 ① 09 ②

10 1930년대 문학에서 모더니즘과 리얼리즘의 관계에 대한 설명으로 가장 적절한 것은?

① 양쪽은 완전히 독립적으로 전개되는 양상을 보였다.
② 상호 대립적이면서도 자극을 주며 문학적 지평을 확장하였다.
③ 모더니즘은 리얼리즘보다 훨씬 더 넓은 대중적 기반을 갖추고 있었다.
④ 리얼리즘은 언어 실험을 통해 문학의 내면성을 강화하였다.

10 두 경향은 이론적으로는 대립했지만, 문학적으로는 상호 영향을 주고받으며 발전하였다.

11 다음 작품 중 김영랑의 대표작이 아닌 것은?

① 「모란이 피기까지는」
② 「돌담에 속삭이는 햇발」
③ 「나와 나타샤와 흰 당나귀」
④ 「오월」

11 「나와 나타샤와 흰 당나귀」는 백석의 대표작이다.
①·②·④는 모두 김영랑의 작품에 해당한다. 김영랑은 감정의 절제와 정결한 언어를 사용하였고, 순수 서정시를 추구한 것이 특징이다.

정답 10 ② 11 ③

12 이상은 초현실주의적 상상력과 실험적 언어를 활용하여 내면과 사회 병리를 형상화하였다.
① 김기림은 과학성과 감각적 이미지의 결합을 추구하였다. 전통 율격과 향토성이 강한 것은 김소월 작품의 특징이다.
③ 백석은 향토적 이미지와 정서를 많이 사용하였다. 감정의 절제와 정제된 순수 서정이 드러나는 것은 김영랑 작품의 특징이다.
④ 김영랑은 감정 절제의 순수 서정시를 지향하였다. 방언을 많이 활용하고 민중의 현실을 반영한 것은 백석 작품의 특징이다.

13 박태원은 「소설가 구보씨의 일일」에서 의식의 흐름, 시점 전환, 내면 독백 등 모더니즘 기법을 통해 도시인의 내면을 그렸다.
② 이상의 작품에 대한 설명이다.
③ 이효석의 작품에 대한 설명이다.
④ 김유정의 작품에 대한 설명이다.

12 다음 중 시인과 그의 시적 특징이 옳게 연결된 것은?

① 김기림 – 전통적 율격과 향토적 소재의 결합
② 이상 – 실험적 언어와 초현실적 상상력
③ 백석 – 감정의 절제와 정제된 순수 서정
④ 김영랑 – 방언 활용과 민중 현실 반영

13 다음 중 작가와 그 주요 문학적 특징이 옳게 연결된 것은?

① 박태원 – 내면 독백과 시점 전환 기법을 활용한 모더니즘 소설 창작
② 김유정 – 도시인의 고독한 내면을 실험적으로 표현
③ 염상섭 – 자연 속 고독을 서정적으로 형상화
④ 이상 – 농촌 서민의 일상을 해학적으로 표현

정답 12 ② 13 ①

14 다음 설명에 해당하는 작품의 작가는 누구인가?

> • 봉건적 가치관과 신문화의 충돌을 주제로 했다.
> • 가족 3세대의 갈등 구조를 통해 사회 모순을 드러내었다.
> • 이 작품을 통해 리얼리즘의 깊이를 보여주었다.

① 이기영
② 염상섭
③ 이태준
④ 김유정

15 다음 중 도시인의 내면 심리와 일상을 실험적으로 묘사한 박태원의 소설은?

① 「고향」
② 「삼대」
③ 「소설가 구보씨의 일일」
④ 「메밀꽃 필 무렵」

16 다음 중 자연 배경과 인간 정서를 서정적으로 결합한 소설은?

① 「봄봄」
② 「달밤」
③ 「메밀꽃 필 무렵」
④ 「날개」

---

14 제시된 내용은 염상섭의 「삼대」에 대한 특징이다. 염상섭은 「삼대」를 통해 근대화 과정에서 나타나는 세대 간 갈등과 가치관 변화, 사회 구조의 모순을 사실적으로 형상화하였다.
① 이기영은 농촌 계급 문제를 주된 주제로 삼았다.
③ 이태준은 도회지 서민의 삶을 주로 다뤘다.
④ 김유정은 농촌 해학소설을 주로 창작하였다.

15 「소설가 구보씨의 일일」은 박태원의 대표적인 모더니즘 소설로, 내면 독백, 시점 전환, 의식의 흐름 등의 실험적 기법이 돋보인다.
① 농민 계급 문제를 다룬 리얼리즘 소설로, 이기영의 작품이다.
② 가족과 세대 문제를 다룬 사회소설로, 염상섭의 작품이다.
④ 이효석의 서정적 자연소설이다.

16 「메밀꽃 필 무렵」은 이효석의 대표작으로, 봉평의 자연 풍경과 주인공의 감정이 어우러진 서정적 분위기로 평가받는다.
① 김유정이 창작한 유머 중심의 농촌 해학소설이다. 서정성보다는 익살스러운 인물 간의 갈등이 더 두드러진다.
② 이태준이 창작한 도시 서민소설로, 인간애를 그려내었다.
④ 이상이 창작한 모더니즘 소설로, 주체의 분열과 내면적 불안에 초점을 뒀다.

정답 14 ② 15 ③ 16 ③

17 1931년 발족한 극예술연구회는 서구 근대극 도입과 창작을 통해 근대극 형식 정착에 기여하였다. 한편 대중극은 사실주의가 아니라 통속극 중심으로 공연되었고, 감정 과잉과 비현실적 해결 등은 사실주의 극문학이 아니라 통속극의 특징이다.

17 1930년대 한국 극문학의 전개에 대한 설명으로 가장 적절한 것은?

① 초기에는 전통 판소리극이 중심이었고, 이후 민속극으로 발전하였다.
② 대중극은 사실주의적 현실 비판을 기반으로 극예술연구회에서 주도되었다.
③ 사실주의 극문학은 감정 과잉과 비현실적 해결을 통해 통속성을 강화하였다.
④ 극예술연구회는 서구 근대극의 번역 및 창작 활동을 통해 사실주의 극의 기초를 마련하였다.

18 유치진은 극예술연구회를 이끌며, 「토막」, 「버드나무 선 동리 풍경」, 「빈민가」, 「소」 등의 작품을 통해 식민지 농촌의 빈곤과 현실을 다룬 사실주의 희곡을 창작했다.
① 채만식도 희곡을 썼지만, 주로 소설로 더 유명하다.
③ 이무영도 「팔각정이 있는 집」이라는 제목의 희곡을 쓰긴 했지만, 주로 소설을 썼다.
④ 송영은 사회주의 예술단체인 염군사를 조직한 카프 계열 희곡가로, 「일체 면회를 거절하라」, 「신임 이사장」, 「호신술」 등을 썼다.

18 다음 중 「소」, 「토막」, 「빈민가」 등의 작품을 통해 식민지 농촌 현실을 묘사한 극작가는 누구인가?

① 채만식
② 유치진
③ 이무영
④ 송영

19 현실 인식과 정서 표현을 중심으로 발전한 것은 1930년대 수필의 주요 특징으로, 문인의 개인적 사유와 정서, 현실 인식을 바탕으로 한 문학적 산문이 확립되었다.

19 다음 중 1930년대 수필문학의 특징으로 가장 적절한 것은?

① 관념적 주제에서 벗어나 현실 인식과 정서 표현을 중심으로 발전하였다.
② 일본의 수필문학을 모방하여 일기체 형식을 취했다.
③ 대중을 대상으로 한 연설문 형식인 경우가 많았다.
④ 신파극과 결합되어 공연되었기 때문에 극적인 표현을 중시하였다.

정답 17 ④ 18 ② 19 ①

주관식 문제

01 1930년대 문학의 시대적 배경과 대표적인 문학적 경향 2가지를 서술하시오.

01 정답
1930년대는 일제의 민족 말살 정책과 세계 대공황의 여파로 사회 불안과 검열이 심화된 시기이다. 문학적 경향으로는 카프 해산 이후 순수문학이 대두되었고, 모더니즘 문학이 시와 소설에서 실험적으로 전개되는 모습을 보였다.

02 다음 중 생명파 시의 특징에 해당하는 것을 두 개 고르시오.

ㄱ. 생의 본질과 고뇌를 탐구
ㄴ. 도시적 이미지와 실험성 중시
ㄷ. 유미주의와 모더니즘 비판
ㄹ. 자연과 전통 정서 강조
ㅁ. 시조의 정형성 회복 지향

02 정답
ㄱ, ㄷ

해설
생명파는 인간 존재와 삶의 본질을 강조하며 유미주의, 모더니즘의 한계를 비판했다.
ㄴ은 모더니즘의 특징에 더 가깝고, ㄹ은 청록파, ㅁ은 시조 부흥 관련 특징이다.

03 정답
ㄱ, ㄴ, ㄹ

해설
ㄱ의 이상, ㄴ의 박태원, ㄹ의 김기림은 구인회 멤버이다.
ㄷ은 청록파(박두진), ㅁ은 농촌현실파(이효석)에 해당되는 작품이다.

03 다음 중 구인회 출신 작가의 작품으로 옳은 것을 모두 고르시오.

ㄱ. 「오감도」
ㄴ. 「소설가 구보씨의 일일」
ㄷ. 「묘지송」
ㄹ. 「바다와 나비」
ㅁ. 「메밀꽃 필 무렵」

04 정답
시문학파는 순수 서정시를 지향하며 형식과 언어를 중시했다. 대표 작가 및 작품으로는 김영랑의 「모란이 피기까지는」, 정지용의 「향수」 등이 있다.
생명파는 기교나 감각적인 것을 중시하는 경향에 반대해 정신적, 생명적 요소를 중시하였다. 대표 작가 및 작품에는 서정주의 「문둥이」, 함형수의 「해바라기의 비명」 등이 있다.

04 1930년대의 대표적인 문학 유파 중 두 개를 골라, 각 유파의 특징과 대표 작가 및 작품을 서술하시오.

05 다음 내용에서 괄호 안에 들어갈 말을 순서대로 쓰시오.

> 1930년대 리얼리즘 문학은 (㉠) 해체 이후 카프문학이 중심이 되었고, 이후 1935년 카프가 해산된 이후에는 (㉡)와(과) (㉢)의 조화를 모색하였다.

05 **정답**
㉠ 신경향파
㉡ 정치성
㉢ 예술성

해설
신경향파 해체 이후 카프문학이 중심이 되었으며, 해산 이후엔 예술성과 현실성 혹은 정치성을 균형 있게 추구하였다.

06 정지용의 시적 특징과 대표작을 각각 2개 이상 서술하시오.

06 **정답**
정지용은 섬세한 언어와 회화적 이미지로 서정적 모더니즘 시풍을 형성하였으며, 시어의 정제와 감각적 표현에서 뛰어났다. 대표작으로는 「유리창」, 「백록담」, 「고향」 등이 있다.

07 「소설가 구보씨의 일일」의 형식적 특징과 문학사적 의의를 설명하시오.

07 **정답**
「소설가 구보씨의 일일」은 하루 동안 도시를 거니는 주인공의 의식과 정서를 따라가는 구성으로, 내면 독백, 시점 전환, 의식의 흐름 기법 등 실험적 기법을 활용한다. 이 작품은 도시인의 삶을 섬세하게 묘사하여 한국 모더니즘 소설의 대표작으로 평가된다.

08 **정답**
   ㉠ 극예술연구회
   ㉡ 근대극

   해설
   극예술연구회는 서구극 번역 및 창작, 무대 구현 등을 통해 한국 근대극의 기반을 마련하였다.

08 다음 내용에서 괄호 안에 들어갈 말을 순서대로 쓰시오.

> 1931년 창립된 (㉠)은(는) 유치진 등이 참여한 단체로, (㉡) 양식의 정착과 전문 공연 활동에 기여하였다.

09 **정답**
   두 사람 모두 사실주의 극작가로 현실 문제에 천착했으나, 유치진은 농촌 현실과 사회 구조 묘사에 초점을 맞췄고, 함세덕은 전통 가치의 해체와 인간 내면의 갈등을 보다 섬세하게 표현하였다.

09 함세덕과 유치진의 희곡 세계의 공통점과 차이점을 서술하시오.

제5장 1940년대 전반기 문학

01 다음 중 1940년대 전반기 문학의 전반적 특징으로 가장 적절한 것은?

① 자유로운 언론 활동과 표현이 허용되어 창작 활동이 활발했다.
② 한국어 사용과 문예 활동이 형식적으로는 장려되었다.
③ 작가들에게 일제 침략전쟁을 미화하는 문학을 강요하였다.
④ 문인들이 친일을 거부하고 모두 해외로 망명하였다.

> **01** 1940년대는 일제가 문학을 전쟁 선전 도구로 활용한 시기로, 작가들에게 침략전쟁을 미화하는 글을 쓰도록 강요했다. 1940년대는 문학의 암흑기라 할 정도로 창작활동이 침체되었고, 한국어 사용도 금지되었다. 또한 망명을 한 작가들도 있었으나 친일문학의 길로 들어선 작가들도 있었다.

02 다음 중 저항문학의 정의로 가장 적절한 것은?

① 개인의 감정을 중심으로 자연을 묘사한 문학
② 외세나 권력에 저항하며 민족적 의식을 드러낸 문학
③ 일본과의 협력을 미화한 문학
④ 식민 체제에 순응하는 문학

> **02** 저항문학은 일제와 같은 외세의 지배나 억압에 저항하는 정신을 담은 문학으로, 민족정신과 현실비판이 중심이다.

03 1940년대 문인들이 택한 저항 방식으로 보기 <u>어려운</u> 것은?

① 침묵
② 전통 소재 활용
③ 정면 항일 구호 사용
④ 우회적 상징과 은유 활용

> **03** 일제 말기에는 검열이 심해져 정면으로 항일 구호를 외치는 문학은 거의 존재하지 않았으며, 은유·상징·침묵·전통 소재 활용 등이 저항의 주요 방식이었다.

정답 01 ③ 02 ② 03 ③

04 다음 중 '침묵'을 통해 저항을 실천한 작가로 적절하지 않은 인물은?

① 염상섭
② 이상화
③ 한용운
④ 정비석

05 1940년대에 「남신의주 유동 박시봉방」, 「흰 바람벽이 있어」 등의 순수문학 작품을 주로 발표한 시인은?

① 한용운
② 윤동주
③ 백석
④ 심훈

06 한설야와 김사량의 공통점으로 가장 적절한 설명은?

① 둘 다 절필 후 침묵으로 저항한 작가이다.
② 일제의 요청으로 창씨개명을 찬양하였다.
③ 해방 후 좌익 활동에 참여하였으며, 월북 혹은 납북되었다.
④ 일제 말기부터 친일문학 활동만을 하였다.

04 정비석은 1940년대 후반 친일 협력 성향으로 알려진 작가이므로 침묵 저항의 대표 인물로 보기 어렵다.

05 제시된 「남신의주 유동 박시봉방」, 「흰 바람벽이 있어」는 모두 1940년 대에 발표된 백석의 순수문학적 경향의 대표작이다. 백석은 토속성이 강한 시어와 민중들의 삶의 모습을 담은 시를 통해 사라져가는 우리의 언어와 민족 공동체의 정서를 담아 내었다.

06 한설야와 김사량은 해방 후 좌익 계열에 참여했다가, 이후 북한에 납북 되거나 월북했다. 두 사람 모두 저항 적 성격의 작품을 남겼다.

정답 04 ④ 05 ③ 06 ③

07 다음 중 1940년대 순수문학의 전반적인 성격에 해당하지 않는 것은?

① 인간 내면에 대한 탐구
② 무장 독립운동에 대한 서사
③ 언어 실험과 예술성 강조
④ 현실 참여 대신 문학의 자율성 추구

07 순수문학은 무장 저항이나 직접적 현실 참여 대신, 예술성과 자율성 중심의 내면 탐구와 형식 실험을 지향했다.

08 다음 중 1940년대 순수문학의 주요 경향으로 적절한 것은?

① 민족 전통과 고전미에 대한 현대적 재해석
② 사회주의 이념을 바탕으로 한 계급 투쟁
③ 노동자와 민중의 삶을 사실적으로 묘사
④ 일본 제국에 대한 찬양을 문학적으로 형상화

08 순수문학은 전통의 현대적 계승과 심미적 표현에 집중하였다. 이에 해당하는 대표적인 작가로는 조지훈 등이 있다.

09 다음 중 『시론』을 통해 한국 모더니즘 시론의 기틀을 정립한 시인은 누구인가?

① 이상
② 김영랑
③ 김기림
④ 백석

09 김기림은 『시론』(1947)을 통해 시의 이론적 기초를 확립하고, 한국 모더니즘 시론의 기틀을 마련하였으며, 감각적 이미지와 합리성의 결합을 추구한 대표적인 모더니즘 시인이다.

10 다음 중 김기림의 시에 대한 설명으로 옳지 않은 것은?

① 이미지 중심의 모더니즘 경향이 강하다.
② 『태양의 풍속』, 『바다와 나비』 등의 시집을 펴내었다.
③ 감각적 언어와 추상적 이미지가 특징이다.
④ 주로 해방 후에 활동을 시작하였다.

10 김기림은 1930년대부터 활동을 시작하였으며, 1940년대에도 지속적으로 시를 발표했다. 해방 후 작품 활동을 시작한 것은 아니다.

정답 07 ② 08 ① 09 ③ 10 ④

11 다음 설명에 해당하는 인물은 누구인가?

> 『백록담』을 간행한 시인으로, 상징성과 서정미가 뛰어난 작품을 많이 창작했다.

① 정지용
② 백석
③ 김광균
④ 조지훈

11 정지용은 1941년 『백록담』을 간행했으며, 형식미와 서정성, 언어 실험성을 겸비한 시인이다.

12 정지용의 시 세계에 대한 설명으로 가장 적절한 것은?

① 현실 고발을 직설적으로 표현하였다.
② 조선어 금지에 항의하는 선동적 시를 썼다.
③ 언어의 음악성과 상실의 정서를 표현하였다.
④ 일본어 시로 활동을 전개하였다.

12 정지용은 언어의 서정미와 조형미에 집중했으며, 그의 시에는 상실의 정서와 간접적인 시대 인식이 담겨 있다.

13 1940년대 순수문학의 가치로 가장 적절한 설명은?

① 일제 찬양을 통한 생존 전략
② 문학의 독립성과 예술성을 지키려는 시도
③ 혁명문학으로서의 민중 계몽
④ 무장 투쟁을 주제로 한 역사 서사

13 순수문학은 현실을 직접 비판하지 못하는 상황에서도 문학의 본질적 자율성, 내면 탐구, 언어 실험을 통해 저항의 또 다른 가능성을 제시했다.

14 다음 중 김광균의 시 특징으로 가장 적절한 것은?

① 향토적 정서를 바탕으로 한 고전미
② 도시적 감수성을 감각적으로 표현
③ 해방 후 사회비판 시 창작
④ 한국전쟁을 소재로 한 역사 서사시

14 김광균은 「와사등」, 「추일서정」 등에서 도시적, 감각적 이미지를 중심으로 모더니즘 시를 구현하였다.

정답 11 ① 12 ③ 13 ② 14 ②

15 다음 중 친일문학 활동과 관련이 없는 작가는?

① 노천명
② 정비석
③ 서정주
④ 윤동주

15 윤동주는 항일 저항 시인으로, 그의 시에는 일제에 대한 비판과 저항 정신이 담겨 있다. 나머지 세 명은 친일문학 활동에 참여했다.

16 다음 중 조선문인보국회에 대한 설명으로 가장 적절한 것은?

① 1939년에 창립되었다.
② 조선어 문학 창작을 장려하였다.
③ '문인이 나라를 위해 보국하자'는 취지로 결성되었다.
④ 친일문학 활동이 없었던 단체이다.

16 조선문인보국회는 1943년에 창립되어 '문인이 나라를 위해 보국하자'는 취지로 전쟁 문예 창작을 독려한 친일문학 단체였다.
① 1939년에 만들어진 친일단체는 조선문인협회이다.
② 친일문학 단체인 조선문인보국회가 조선어 문학 창작을 독려했다고 보기는 어렵다.
④ 조선문인보국회는 대표적인 친일문학 단체이다.

17 다음 중 이육사의 문학적 특징으로 옳지 않은 것은?

① 민족사의 서사화를 통해 민족의 정체성을 강조한다.
② 상징적·비유적 언어로 저항 의지를 표현한다.
③ 자연 이미지를 통해 민족 현실과 의지를 나타낸다.
④ 감성적 고백과 기독교적 구원 의식을 드러낸다.

17 이육사는 상징적 비유, 강인한 결기, 민족의 서사와 자연 이미지 등을 통해 저항 정신을 표현하였다. 감성적 고백, 기독교적 구원 의식은 모두 윤동주의 문학 특징이다.

18 이육사의 시 「절정」에서 '겨울은 강철로 된 무지개'라는 표현이 나타내는 의미로 가장 적절한 것은?

① 절망의 현실을 회피하려는 욕망
② 강철처럼 차가운 시대 속의 공허함
③ 겨울이 끝나면 곧 봄이 올 것이라는 순환성
④ 혹독한 현실 속에서도 희망을 잃지 않는 의지

18 겨울은 암울한 현실, 무지개는 희망을 의미하는 역설적 표현이다. 이는 현실을 극복하려는 의지를 상징한다.

정답 15 ④ 16 ③ 17 ④ 18 ④

19 다음 중 윤동주의 「서시」에 담긴 시인의 태도로 가장 적절한 것은?

① 외부 세계에 대한 분노
② 역사의식과 투쟁의지
③ 어려움 속에서도 양심을 지키려는 태도
④ 자본주의 문명 비판

19 「서시」는 한 점 부끄럼 없이 살고자 하는 자기 고백으로, 자아 성찰과 윤리적 의지가 강하게 드러난다.

20 다음 중 이육사와 윤동주의 공통점이 <u>아닌</u> 것은?

① 일제 강점기 저항정신을 시로 표현했다.
② 감옥에서 생을 마감하였다.
③ 동시를 창작했다.
④ 삶과 문학의 일치를 보여주는 저항시인으로 평가받는다.

20 동시 창작은 윤동주에만 해당되는 특징이다. 이육사는 상징적 저항시를 창작하기는 했지만, 동시 작품을 창작한 적은 없다.

21 다음 중 윤동주의 시 세계를 가장 잘 설명하는 핵심 개념은?

① 자아 성찰과 내면 응시
② 자연예찬과 목가적 낭만
③ 영웅적 민족주의
④ 기교 중심의 언어 실험

21 윤동주의 시는 일제 강점기 현실에서 느끼는 부끄러움과 고뇌를 바탕으로, 자신의 내면을 성찰하고 윤리적 자아를 지키려는 태도가 특징이다. 특히 「자화상」, 「서시」 등에서 이러한 '자아 성찰'은 핵심 주제로 드러난다.

정답 19 ③ 20 ③ 21 ①

주관식 문제

01 다음 내용에서 괄호 안에 들어갈 말을 순서대로 쓰시오.

> 이육사의 시 (㉠)은(는) 민족의 혹독한 현실을 (㉡)(으)로 상징하였는데, 그것이 '강철로 된 무지개'라고 함으로써 암울한 현실에서도 희망을 잃지 않고 있음을 보여준다.

01 **정답**
㉠ 「절정」
㉡ 겨울

해설
이육사의 시 「절정」에 대한 설명이다. '겨울은 강철로 된 무지갠가 보다'라는 구절은 역설적 표현을 통해 시대의 아픔과 더불어 민족의 힘과 의지를 보여준다.

02 1940년대 전반기 문인들의 대표적인 저항 방식을 세 가지 이상 서술하시오.

02 **정답**
당시 문인들의 대표적인 저항 방식은 다음과 같다.
- 침묵 : 글을 쓰지 않는 것으로 저항 의지를 표현하였다.
- 우회적 표현 : 상징과 은유, 민속 이미지로 식민 통치를 비판하였다.
- 역사·전통의 재발견 : 민족 정체성을 상기시키기 위한 전통 소재를 활용하였다.
- 탈정치적 서정 : 일제의 억압을 배경으로 하나, 개인적 고뇌 혹은 인간 중심적인 정서를 다루었다.

03

정답
㉠ 백석
㉡ 향토적

해설
백석의 시는 전통 어휘, 방언, 풍속 등 향토적 이미지가 풍부하다.

03 다음 내용에서 괄호 안에 들어갈 말을 순서대로 쓰시오.

> 「흰 바람벽이 있어」, 「남신의주 유동 박시봉방」 등을 쓴 (㉠)은(는) 고향의 정서를 담은 시에서 토속어와 방언을 적극적으로 사용하였다. 이로 인해 그의 시에는 (㉡) 이미지가 풍부하게 되었다.

04

정답
『하늘과 바람과 별과 시』

해설
윤동주의 친구 정병욱이 보관하고 있던 원고를 바탕으로, 해방 이후 윤동주의 유고 시집인 『하늘과 바람과 별과 시』가 출간되었다.

04 다음 내용에서 괄호 안에 들어갈 시집의 제목을 쓰시오.

> 윤동주의 유고 시집 ( )은(는) 그의 친구 정병욱이 보관한 시 원고를 통해 1948년에 출간되었다.

05

정답
공통점으로는 둘 다 저항시를 통해 일제 강점기 민족의 아픔을 표현했다는 점과 감옥에서 생을 마감하며 삶과 문학의 일치를 보여주었다는 것이다. 그러나 이육사는 상징적 언어를 통해 집단적 민족의지를 표현한 반면, 윤동주는 윤리적 자아성찰을 통해 내면적 저항을 표현했다는 차이점이 있다.

05 이육사와 윤동주의 문학적 공통점과 차이점을 서술하시오.

제6장 해방 공간과 1950년대 문학

01 해방 직후 문단의 이념적 상황에 대한 설명으로 옳은 것은?

① 좌익 문인들은 민족주의를 주장하며 문학의 순수성을 강조하였다.
② 우익 문인들은 조선문학가동맹을 결성하여 사회주의 리얼리즘을 전개하였다.
③ 문단은 좌우 진영의 이념적 갈등에 휘말려 창작의 자율성을 위협받았다.
④ 좌우 문인들은 연합하여 분단을 주제로 공동 창작 활동을 펼쳤다.

01 해방 직후 문단 상황의 핵심을 잘 나타낸다. 이념 분열로 문학은 정치 논쟁의 장이 되었으며 창작의 자율성은 위협받았다.
①·② 좌우 진영의 설명이 서로 뒤바뀌었다.
④ 실제 사실과는 다른 설명이다.

02 다음 중 해방 직후 창간된 문예지로 옳지 <u>않은</u> 것은?

① 『백민』
② 『신천지』
③ 『문예』
④ 『현대문학』

02 『백민』(1945), 『신천지』(1946), 『문예』(1949) 모두 해방 직후 창간된 문예지라 할 수 있으나, 『현대문학』은 1955년에 창간되어 해방 직후 문예지로 보기 어렵다.

03 6·25 전쟁기 문학의 가장 두드러진 경향은 무엇인가?

① 계몽주의적 의식 고취
② 체험적 리얼리즘 강화
③ 서구 낭만주의 수용
④ 판타지적 세계 구축

03 이 시기의 작가들은 '전쟁'이라는 현실을 직접 목격하고 경험하였으며, 이를 바탕으로 전투·피난·이산 등 실질적 경험을 리얼리즘 형식의 작품으로 표현하였다. 이는 전쟁기 문학의 가장 큰 특징이다.

정답 01 ③ 02 ④ 03 ②

04 「오발탄」은 전쟁으로 인해 붕괴된 인간성과 공동체, 고립된 개인의 모습을 보여준다. 이를 통해 구조적 리얼리즘과 전쟁으로 인한 내면의 실존적 고뇌가 함께 작용하는 작품이라고 할 수 있다.

04 「오발탄」에서 가장 두드러지게 나타나는 문학적 경향은?

① 낭만주의적 자아 고양
② 리얼리즘과 실존주의의 결합
③ 민중의 영웅적 서사 강조
④ 역사소설적 시간 구성

05 공동체의 윤리 회복은 오히려 전통 서정이나 민족 회복 문학의 방향성과 맞는다. 실존주의 문학은 인간의 소외와 고립, 죽음과 부조리 등을 중점적으로 다룬다.

05 다음 중 전후문학의 실존주의적 특성과 가장 거리가 먼 것은?

① 공동체의 윤리 회복
② 이념 체계에 대한 회의
③ 인간 존재의 고독
④ 무의미한 삶의 묘사

06 전후문학에서는 무기력, 소외, 허무에 빠진 도시 소시민이 자주 등장한다.
①·② 1920~30년대 계몽·이념 문학에 가까운 설명이다.
④ 일부 기독교 시에 한정되는 설명이다.

06 전후문학에서 자주 나타나는 인물 유형으로 가장 적절한 것은?

① 민족 독립운동의 지도자
② 사회주의 혁명가
③ 고립되고 무기력한 도시 소시민
④ 종교적 신념을 실천하는 순교자

정답 04 ② 05 ① 06 ③

07 김수영의 「폭포」와 관련된 설명으로 가장 적절한 것은?

① 순수 서정시의 전통을 고수한 작품들이다.
② 참여의식과 언어 실험을 결합한 시로 평가된다.
③ 민요적 형식으로 공동체 정서를 드러냈다.
④ 전통적 한문산문체의 복원 시도였다.

07 언급된 김수영의 시는 1950년대 후반, 시문학에서 새로운 시적 언어를 실험하고 사회에 대한 비판 의식을 표현한 대표작이다.
① 순수 서정시의 전통을 고수한 시인으로는 서정주, 박목월, 유치환, 박두진 등을 들 수 있다. 김수영은 산문적인 리듬, 비속어 및 일상어의 과감한 사용, 파격적인 이미지 등 김수영 특유의 시적 언어와 형식으로 시를 써 내었다.
③ 민요적 형식을 지닌 시를 쓴 것은 김소월이 대표적이며, 공동체 정서를 지키고자 생각을 담아낸 것은 백석의 시에 해당되는 설명이다.
④ 김수영의 시는 완전한 자유시로, 한문산문체의 복원과는 전혀 상관이 없다.

08 손창섭의 「비 오는 날」, 「잉여 인간」 등의 작품에 공통적으로 나타나는 주제는?

① 계급 투쟁과 민중 혁명
② 자아의 초월과 구원
③ 인간의 실존적 불안과 소외
④ 공동체의 회복과 이상적 사회 건설

08 손창섭은 전후 도시인의 무력감, 소외, 인간성 붕괴를 차가운 문체로 표현했다.

09 다음 중 1950년대에 발표된 작가와 작품의 제목을 잘못 연결한 것은?

① 손창섭 – 「비 오는 날」
② 오상원 – 「유예」
③ 장용학 – 「오발탄」
④ 선우휘 – 「불꽃」

09 「오발탄」은 1959년 발표된 이범선의 작품이다. 장용학은 실존주의와 허무주의를 초현실적 서사로 풀어낸 작가로, 1950년대 작품으로는 「요한 시집」이 있다.

정답 07 ② 08 ③ 09 ③

10 다음 중 『백민』, 『신천지』, 『문예』가 공통적으로 수행한 역할은?

① 해방기 문단의 창작과 이념 논쟁의 공간이 되었다.
② 기성 작가 중심의 순수문학만을 수록하였다.
③ 신춘문예 당선자의 작품을 단행본으로 출판하였다.
④ 민속자료와 방언 정리에 집중하였다.

11 전후문학에서 가장 강조된 서사 전략으로 옳은 것은?

① 초월적 종교 중심의 구성
② 인간 존재의 부조리 파악과 실존적 내면 탐색
③ 사건 중심의 직선적 플롯 강조
④ 집단 영웅 서사의 서사시적 전개

12 다음 설명에 해당하는 시인은 누구인가?

> 전쟁 체험을 바탕으로 한 시에서 분단의 현실과 인간적 고통을 예리하게 묘사하였으며, 「휴전선」 등의 작품을 통해 분단 시기의 비극을 진지하게 형상화한 시인이다.

① 김수영
② 박봉우
③ 김광섭
④ 송욱

---

10 『백민』, 『신천지』, 『문예』와 같은 문예지는 해방 이후 창작 공간이자 이념 갈등이 표출되는 무대였다.
② 『백민』, 『신천지』, 『문예』에 수록된 작품은 순수문학에 한정되지 않았으며, 신·구 작가 모두의 작품 발표 공간이었다.
③·④ 발문에서 언급된 세 문예지와는 상관없는 설명이다.

11 전후문학은 한국전쟁의 상처를 인간 존재의 부조리한 측면과 연관 짓고 인물 내면의 분열, 상처, 고독을 탐색하는 데 집중했다. 나머지 선지는 모두 이 시기의 소설 서사 전략과는 거리가 있다.

12 박봉우는 전쟁과 분단의 직접적 체험을 바탕으로 시를 썼으며, 「휴전선」은 그 대표작이다.
① 김수영은 1960년대에 활동했으며, 참여시를 주로 창작했다.
③ 김광섭은 광복 후에는 계도적인 민족주의 문학론을 전개하다가, 후기에는 산업 사회의 모순을 다뤘다.
④ 송욱은 현대문명에 대한 비판적 사유가 두드러지는 작품을 창작했다.

정답 10 ① 11 ② 12 ②

13 다음 설명에 해당하는 작품은 무엇인가?

> 퇴역 군인 가족의 일상을 통해 상류층의 타락과 도덕적 해체를 묘사하며, 비교적 민중적 시각에서 전쟁 이후 사회를 비판한 작품이다.

① 「장씨일가」
② 「오발탄」
③ 「요한 시집」
④ 「카인의 후예」

13 「장씨일가」는 유주현이 쓴 작품으로, 사회 현실에 대한 민중적 관점과 도덕적 성찰이 반영된 전후소설이다.

주관식 문제

01 다음 내용에서 괄호 안에 들어갈 인물의 이름을 순서대로 쓰시오.

> (㉠)의 「오발탄」, (㉡)의 「비 오는 날」은 전후문학에서 인간의 실존적 고통과 고립을 사실적으로 형상화한 대표적인 작품이다.

01 **정답**
㉠ 이범선
㉡ 손창섭

해설
이범선은 「오발탄」에서 전후 사회의 병리성과 무력한 소시민의 삶을 다뤘고, 손창섭은 「비 오는 날」에서 실존적 고독과 고립을 통해 전후의 정신적 공허를 표현했다.

정답 13 ①

02
정답
장용학

해설
장용학은 추상적 관념과 복잡한 서사를 통해 독보적인 작품 세계를 구축했다.

02 다음 설명에 해당하는 소설가의 이름을 쓰시오.

> 「요한 시집」 등에서 초현실적이고 형이상학적인 사유를 독창적 문체로 표현했으며, 실존주의와 허무주의 세계관을 드러낸 작가이다.

03
정답
체험적 리얼리즘

해설
전쟁기의 문학은 직접적인 전투, 피난, 이산 등의 체험을 사실적으로 묘사한 '체험적 리얼리즘' 경향을 보였다.

03 6·25 전쟁기 문학에서 현실 체험을 바탕으로 인간의 고통을 구체적으로 형상화한 문학 경향을 쓰시오.

04
정답
아버지

해설
김종길의「성탄제」에서 아버지는 헌신과 사랑을 통해 인간애의 회복 가능성을 상징하는 존재로 등장한다.

04 김종길의「성탄제」에서 전쟁의 황폐함 속에서도 인간애의 가능성을 상징하는 인물을 쓰시오.

05 다음 설명에 해당하는 제도를 쓰시오.

> 1950년대 후반에 부활된 문학 제도로, 신인 작가 등용의 계기가 되었다.

05 **정답**
신춘문예 제도
해설
전쟁 이후 1955년 부활된 신춘문예 제도는 이후 신동엽, 하근찬, 김승옥 등 새로운 작가들이 문단에 등장하는 기반을 마련하였다.

06 해방 직후 문단에서 좌우 이념 대립은 문학 양상에 어떤 영향을 주었는지 서술하시오.

06 **정답**
해방 직후 문단은 좌익과 우익으로 급격히 분열되었으며, 좌익은 조선문학가동맹을 중심으로 사회주의 리얼리즘 문학을 전개하였고, 우익은 자유주의적 민족문학을 지향하였다. 이로 인해 문학은 창작의 자율성보다 정치적 입장과 이념 논쟁에 휘말리는 양상을 보였고, 작품의 주제나 형식도 이념에 따라 구분되는 경향이 강해졌다.

07 전후문학에서 '실존적 고뇌'가 주제로 부상하게 된 배경과 그 특징을 서술하시오.

07 **정답**
6·25 전쟁은 인간의 삶과 공동체를 파괴하며 개인에게 심각한 정신적 상처를 남겼다. 이로 인해 전후문학에서는 외적 현실보다 내면의 고통, 고립, 무의미에 대한 성찰이 중심이 되었다. 작가들은 인간 존재의 불안과 실존적 고뇌를 탐구하며, 이념 대립보다 인간의 본질에 집중하는 경향을 보였다.

제7장 1960~1970년대 문학

01 4·19 혁명은 청년 세대의 현실 참여 의식을 자극하며 문학의 현실 인식을 심화시켰다.

01 다음 중 1960년대 문학의 전반적 경향으로 가장 적절한 것은?
① 4·19 혁명을 통한 현실 인식의 심화
② 역사적 고전의 복원과 향가 연구 중심
③ 내면 심리 분석과 낭만주의의 강화
④ 자연 친화적 서정시의 집중

02 이 시기에는 순수문학 계열 작가들이 언어 실험을 통해 독자적인 예술적 지향을 추구하였다.

02 1960~1970년대 문단에서 '현실 참여'와 병존한 또 다른 문학적 흐름은?
① 통속적 연애문학
② 전통 한시의 부흥
③ 언어 실험 중심의 순수문학
④ 타 매체와의 적극적 결합

03 김승옥, 최인훈, 이청준, 김지하는 1960년대 등장한, 새로운 감수성과 문제의식을 가진 신세대 작가들이었다. 이들은 실존적 불안, 이념 비판, 언어 실험 등 각기 다양한 방법을 통해 문학의 영역을 확장하였다.

03 김승옥, 최인훈, 이청준, 김지하 등의 공통점으로 가장 적절한 설명은?
① 향토적 정서의 심화
② 시대 모순을 반영한 새로운 감수성의 표현
③ 분단문학의 대표 소설가
④ 참여문학적 경향

정답 01 ① 02 ③ 03 ②

04 1960~1970년대 문학이 이후 한국문학사에 미친 영향으로 가장 적절한 것은?

① 식민지 시대 문학 복원의 단초 제공
② 민속문학 위주의 학풍 창출
③ 민중문학, 순수문학, 참여문학으로의 분화 기반 형성
④ 연극의 상업화 경향 유발

05 다음 중 작가와 그 주요 문학적 특징이 옳게 연결된 것은?

① 최인훈 - 사실주의적 성향
② 신경림 - 상징과 풍자를 통한 정치 고발
③ 김지하 - 도시적 감수성과 언어 실험
④ 김승옥 - 민중 현실 중심의 시

06 다음 설명에 해당하는 인물은 누구인가?

> 1960~1970년대 분단 극복 시문학의 대표 시인으로, 「금강」과 「껍데기는 가라」를 통해 분단 현실을 상징화하고 민족 공동체 회복 의지를 강조하였다.

① 고은
② 정희성
③ 신동엽
④ 김남주

---

04 1970년대의 다양한 경향은 이후 한국문학을 참여문학, 순수문학, 민중문학, 통일문학 등으로 다양하게 전개해 나가는 기반이 되었다.

05 최인훈은 「광장」 등의 작품을 통해 사회 부조리와 비인간화, 소외 현상에 대한 비판적 의식을 사실적으로 형상화하였다.
② 신경림은 「농무」 등 민중 현실 중심의 시를 주로 창작했다.
③ 김지하는 「오적」 등 상징과 풍자를 통한 정치 고발적 성격의 작품을 주로 창작했다.
④ 김승옥은 「서울, 1964년 겨울」 등 도시적 감수성과 언어 실험의 작품들을 창작했다.

06 신동엽은 「금강」, 「껍데기는 가라」 등의 시를 통해 분단 상황을 상징적으로 형상화하고, 민족 공동체 회복을 염원하는 시 세계를 구축했다.
① 고은은 치유적 시선을 강조했다.
② 정희성은 민중의식을 서정적으로 형상화했다.
④ 김남주는 민중 시각의 비판성을 강조했다.

정답 04 ③ 05 ① 06 ③

07 1960~1970년대 분단문학의 특징으로 가장 적절하지 <u>않은</u> 것은?

① 이념 대립보다는 인간성과 공동체 회복에 집중하였다.
② 분단을 극복하고 민족의 재통합을 염원하였다.
③ 전쟁의 참상을 고발하거나 이산가족의 아픔을 조명하였다.
④ 민족주의보다는 산업화의 긍정적 성과에 집중하였다.

07 분단문학, 특히 분단 극복 문학은 이념을 넘어서 공동체 회복, 분단의 상처 치유, 통일 염원에 초점을 두었다. 산업화의 긍정적인 성과에 집중했다는 것은 분단 극복 문학과는 거리가 먼 설명이다. 또한 산업화 시기의 문학 작품들은 대부분 산업화의 긍정적인 면보다는 부정적 측면에 주목하였다.

08 분단문학을 통해 이념 갈등을 넘어서 인간 중심의 서사를 구축한 작품으로 보기 <u>어려운</u> 것은?

① 「광장」
② 「어둠의 혼」
③ 「무진기행」
④ 「장마」

08 「무진기행」은 김승옥의 작품으로, 산업화 이후 도시인의 내면 공허를 다룬 소설로 분단문학의 범주에는 포함되지 않는다. 나머지 선지는 모두 분단의 상처와 인간 중심 성찰을 다룬 작품들이다.

09 다음 특징에 가장 부합하는 작품은?

- 1960년대에 발표된 대표적 장편 서사시이다.
- 동학 농민 운동을 주요 소재로 삼았다.
- 시대를 초월한 우리 민중의 저항정신을 보여주었다.

① 「금강」
② 「국경의 밤」
③ 「봄은」
④ 「나비와 철조망」

09 1967년 발표된 신동엽의 「금강」은 4,800여 행으로 이루어진 장편 서사시로, 동학 운동과 4·19혁명을 연결하여 민중의 힘을 보여주는 작품이다. 분단 극복 문학의 선구적인 작품으로 평가된다.

정답 07 ④ 08 ③ 09 ①

10 1960~1970년대 분단 극복 문학의 문학사적 의의로 가장 적절한 것은?

① 분단의 고착화와 이념 정당화를 강화하였다.
② 전쟁의 직접적 체험을 회피하며 순수문학을 지향하였다.
③ 분단 현실에 순응적인 태도를 양산하였다.
④ 이념보다 인간 중심의 접근을 통해 통일 담론을 넓혔다.

10 분단 극복 문학은 이념 대립보다 인간 중심의 성찰을 통해 통일 가능성을 사유하고, 이후 민족·민중 서사의 발전에 기여했다.

11 다음 중 산업화 시대의 현실 참여 시로, 농촌 공동체 해체와 농민 소외 문제를 사실적으로 형상화한 작품은?

① 「저문 강에 삽을 씻고」
② 「오적」
③ 「농무」
④ 「진혼가」

11 신경림의 「농무」는 1973년 발표된 현실 참여 시로, 산업화·도시화로 인해 황폐해지는 농촌의 모습을 표현했다.
① 정희성의 「저문 강에 삽을 씻고」는 산업화 시대 노동자의 고단한 삶을 그려내었다.
② 김지하의 「오적」은 풍자적 고발을 엿볼 수 있는 작품이다.
④ 김남주의 「진혼가」는 유신시대의 폭력 앞에서 자신의 신념을 되돌아보며 의지를 다지는 작품이다.

12 다음 중 산업화 시대 소설의 공통된 특징으로 가장 적절하지 않은 것은?

① 산업화가 개인에게 미친 심리적 트라우마를 초현실주의로 형상화하였다.
② 구조적 모순에 대한 비판 의식을 담았다.
③ 도시 건설 노동자와 빈민의 삶을 조명하였다.
④ 이농과 계층 양극화 등의 사회 변화가 주요 소재로 등장하였다.

12 산업화 시대 소설은 리얼리즘적 방식으로 사회 구조와 인간 소외를 비판적으로 조명했다. 초현실주의적 접근은 이 시기 주요 경향이 아니다.

정답 10 ④ 11 ③ 12 ①

13 「삼포 가는 길」은 산업화로 인한 고향 상실, 일터 유랑, 인간관계의 단절을 통해 인간 소외 문제를 서정적으로 형상화한 작품이다.

14 산업화 문학은 산업화의 성과를 찬양하기보다는 그로 인한 고통과 소외, 공동체 붕괴를 비판적으로 조명하였다.

15 1971년에 발표된 황석영의 「객지」는 도시 건설 노동자의 유랑과 고단한 삶을 통해 산업화 시대의 인간 소외 문제를 다룬 작품이다.
① 「난장이가 쏘아올린 작은 공」은 1978년에 발표된 작품으로, 도시 재개발로 인해 삶의 터전에서 밀려나는 난장이 가족의 이야기를 담고 있다.
③ 「아홉 켤레의 구두로 남은 사내」는 1977년에 발표된 작품으로, 산업화 과정에서 지식인이 겪는 가난과 계급의 문제를 다룬다.
④ 「진혼가」는 1974년 발표된 시인 김남주의 시작품이다.

정답   13 ③   14 ③   15 ②

---

13 황석영의 「삼포 가는 길」에서 드러나는 산업화 시대의 주제는 무엇인가?

① 군사정권의 탄압과 이에 대한 저항
② 도시화의 성공과 안정
③ 경제 개발로 인한 고향 상실과 실향민의 아픔
④ 농업 근대화의 성과

14 산업화 시대 문학의 문학사적 의의로 가장 적절하지 않은 것은?

① 국가 중심의 경제 성장 이면을 비판하였다.
② 공동체 해체와 인간 회복을 주요 테마로 삼았다.
③ 산업화의 성과를 찬양하며 민중 의식을 고취시켰다.
④ 민중문학으로의 이행을 준비한 기반이 되었다.

15 다음 설명에 해당하는 작품으로 옳은 것은?

- 1971년에 발표되었다.
- 도시 건설 노동자의 삶과 유랑을 묘사하였다.
- 산업화로 인한 인간 소외를 사실적으로 형상화한 소설 작품이다.

① 「난장이가 쏘아올린 작은 공」
② 「객지」
③ 「아홉 켤레의 구두로 남은 사내」
④ 「진혼가」

16 1960~1970년대 문학의 흐름에 대한 설명으로 옳지 <u>않은</u> 것은?

① 분단의 고착화 속에서도 통일에 대한 내면적 성찰이 이루어졌다.
② 산업화의 긍정적인 측면을 중심으로 현실을 묘사하는 문학이 주를 이루었다.
③ 이념 대립보다는 인간 중심의 접근이 강화되었다.
④ 사회 구조에 대한 비판적 인식이 문학 경향에 영향을 미쳤다.

16 이 시기의 문학은 산업화의 이면, 즉 빈부 격차와 인간 소외 등 구조적 문제를 비판적으로 조명하였다. 산업화의 긍정적 면을 중심으로 한 문학은 주요 경향이 아니다.

17 1960~1970년대 문학의 문학사적 의의로 가장 적절하지 <u>않은</u> 것은?

① 산업화에 대한 비판적 대응과 민중적 감수성을 문학적으로 형상화하였다.
② 현실 참여와 예술 실험이라는 이중적 흐름이 공존하였다.
③ 본격적인 리얼리즘 계열의 문학이 후퇴하고 순수문학만이 강세를 보였다.
④ 이후 1980년대 민중문학 및 통일문학의 토대를 마련하였다.

17 이 시기에는 참여문학, 산업화 비판 문학, 분단문학 등 리얼리즘 계열의 문학이 활발하게 전개되었으며, 순수문학과 병존하였다.

18 다음 제시된 특징에 가장 많이 부합하는 문학적 경향은?

- 김지하, 김남주, 신경림 등의 시인이 활약하였다.
- 정치・사회 현실에 대한 비판 의식을 바탕으로 하였다.
- 민중, 노동자, 빈민 등의 현실을 주목하였다.

① 참여문학
② 순수문학
③ 분단문학
④ 후일담 문학

18 1960~1970년대 참여문학은 정치・사회 현실에 대한 비판적인 시각을 토대로 한 문학으로, 빈민, 노동자 등 민중의 삶에 관심을 가지는 경향을 가진다. 이 시기의 대표적인 시인으로는 1960년대에 주로 활동했던 김수영, 신동엽 등이 있었는데, 이러한 경향은 추후 1970년대의 김지하, 신경림, 김남주 등으로까지 이어진다.

정답 16 ② 17 ③ 18 ①

주관식 문제

01 1960~1970년대 문학에서 '사회 참여의 확대'가 어떤 배경과 방향으로 전개되었는지 서술하시오.

01 정답
4·19 혁명과 분단 고착화, 산업화에 따라 문학은 민중의 삶과 사회 구조의 모순을 고발하고, 민족문학의 방향을 모색하는 현실 참여 지향을 강화하였다.

02 다음 내용에서 괄호 안에 들어갈 말을 순서대로 쓰시오.

(㉠)은(는) 「장마」에서 (㉡)의 시점을 통해 가족 간의 분열과 화해를 섬세하게 묘사하였다.

02 정답
㉠ 윤흥길
㉡ 어린이

해설
윤흥길은 「장마」(1973)에서 어린이의 시점으로 분단의 비극과 가족 간의 갈등·화해를 다뤘다. 순수한 시선을 통해 이념 갈등의 허구성을 드러낸 것이 특징이다.

03 다음 내용에서 괄호 안에 들어갈 말을 순서대로 쓰시오.

(㉠) 시대 소설은 노동자와 빈민의 삶을 소재로 삼아 (㉠)의 구조적 문제를 드러냈으며, 이는 1980년대 (㉡)문학으로의 발전에 중요한 토양이 되었다.

03 정답
㉠ 산업화
㉡ 민중

해설
산업화 문학은 급속히 전개된 산업화의 구조적 모순과 계급 문제를 드러내며 이후 1980년대 민중문학으로의 이행을 준비하는 기반이 되었다.

04 조세희의 「난장이가 쏘아올린 작은 공」이 산업화 시대 소설로서 갖는 문학사적 의의를 서술하시오.

04 **정답**
「난장이가 쏘아올린 작은 공」은 산업화의 이면에서 고통 받는 철거민과 빈민층의 삶을 현실적으로 묘사함으로써, 구조적 모순과 계급 문제를 문학적으로 드러낸 대표적 사회고발 소설로 평가된다. 이를 통해 이후 1980년대 민중문학으로의 이행을 준비하는 문학적 기반을 형성하였다.

05 1960~1970년대 한국문학의 주요 경향을 3가지 이상 제시하시오.

05 **정답**
참여문학의 전개와 확대, 산업화에 대한 비판과 민중의 삶 조명, 분단 현실 성찰과 통일 염원, 순수문학의 지속과 언어 실험, 희곡과 수필 등 장르 다양화 및 매체 확대 등

제8장　1980~1990년대 문학

01 다음 중 1980년대 문학의 특징으로 가장 적절한 것은?

① 후기 산업사회의 개인 심리 탐색이 본격화되었다.
② 대중문화와 문학이 융합되어 팝 문학이 유행하였다.
③ 정치적 억압에 대한 저항 의식이 문학을 통해 표출되었다.
④ 해방 후 탈식민 담론 중심의 역사 재구성이 시도되었다.

01 1980년대 문학의 가장 핵심적인 특징 중 하나는 '정치적 억압에 대한 문학적 저항'이다.
① 1990년대 문학의 특징이다.
② 1990년대 문학의 대중화에 해당하는 설명이다.
④ 1980년대보다는 2000년대 이후의 흐름에 가깝다.

02 다음 중 1980년대 문학에서 나타난 형식상의 변화와 가장 관련 깊은 설명은?

① 팝 문학 등 하위 장르 출현
② 형식 해체와 탈장르적 시도
③ 후일담 소설의 유행
④ 대중성과 독자 친화성 강조

02 1980년대 문학의 주요 양상 중 하나는 형식 해체와 장르 간 경계의 붕괴(탈장르) 현상이다.
①·③·④는 모두 1980년대보다는 1990년대에 뚜렷하게 나타난 문학적 특징이다.

03 1990년대 문학에서 나타난 대표적 경향으로 볼 수 <u>없는</u> 것은?

① 자아 성찰적 서사 강조
② 사회적 이슈와 개인의 삶 형상화
③ 노동자 집단의 창작 참여
④ 후일담 소설의 유행

03 노동자 집단이 창작 및 수용의 주체가 된 것은 1980년대 민중문학 시기에 더 가까운 설명이다.
①·②·④는 모두 1990년대 문학에서 나타난 대표적 경향들이다.

정답　01 ③　02 ②　03 ③

04 다음 중 1980년대와 1990년대 문학의 공통점으로 가장 적절한 것은?

① 현실 참여 의식이 일정 정도 반영된 문학이 등장했다.
② 정치적 억압에 대한 집단적 저항을 문학적으로 형상화했다.
③ 모두 문단 내 주체 논쟁이 활발히 이루어졌다.
④ 탈정치적 흐름이 모든 장르에 우세하게 작용했다.

04 현실 참여 의식이 문학에 반영된 것은 1980, 1990년대 모두에 해당되는 설명이다. 1980년대는 집단적 현실 참여, 1990년대는 개인적 삶과 사회 이슈 반영이라는 형태로 현실 참여가 나타났다.
②·③ 1980년대 중심의 설명이다.
④ 1990년대의 탈정치화 현상이다.

05 1980년대 문학의 전개 양상과 가장 관련이 깊은 사건은?

① 5·18 광주 민주화 운동
② 6·15 남북 공동 선언
③ 10·26 박정희 대통령 사망
④ 4·19 혁명

05 1980년 5·18 광주 민주화 운동은 1980년대 문학의 민중문학적 전개와 직결되는 사건이다.
②·③ 각각 2000년, 1979년에 일어난 사건으로, 그 여파는 문학의 전개 양상보다는 정치 체제의 변화에 더 가깝다.
④ 1960년대의 상황에 더 적절한 설명이다.

06 1980년대 언론 통제 상황에서 문학계가 대응한 방식으로 가장 적절한 것은?

① 신문을 통한 문학 발표 활성화
② 민중서사와 고전서사 통합 시도
③ 문학잡지 중심의 전통 발표 체계 고수
④ 무크지를 통한 작품 발표 공간 확보

06 『실천문학』을 시작으로 다양한 무크지가 창간되어, 언론통폐합 이후의 발표 통로를 제공한 사실을 반영한다.
① 사실과 다른 설명이다.
② 해당 시기의 대표적 시도는 아니다.
③ 오히려 신군부의 언론통폐합 조치로 인해 주요 문예지가 폐간되면서 기존 작품 발표 체계가 무너졌다.

정답 04 ① 05 ① 06 ④

07 1988년 납북 및 월북 문인에 대한 해금 조치로 인해 다시 작품이 출판되기 시작한 작가들에는 정지용, 김기림, 이태준, 박태원, 임화, 이기영, 한설야, 김남천 등이 있다. 최인훈은 함경북도 출생이지만 한국전쟁 중 월남한 작가로 해금조치와는 상관이 없다.

07 다음 중 1980년대 말 납북 및 월북 문인에 대한 해금 조치 이후 다시 언급된 작가가 <u>아닌</u> 인물은?

① 백석
② 정지용
③ 이태준
④ 최인훈

08 ① 19세기 후반 이전의 방식에 대한 설명이다.
③ 사실과는 다른 설명이다.
④ 1980년대 초기 무크지 관련 서술에 해당한다.

08 1980~1990년대 문학의 전반적인 대중화 현상과 가장 관련 깊은 설명은?

① 작가 중심의 소규모 필사본 유통이 활성화되었다.
② 출판사 주도로 기획된 대중 친화적 문학이 다수 출간되었다.
③ 국정 교과서에 문학 작품이 실리며 문학이 대중화되었다.
④ 검열 회피를 위해 작품을 비정기 간행물로 발표하였다.

09 1980~1990년대에는 단편, 장편, 에세이, 만화 등 다양한 장르의 문학이 출판사 기획을 통해 대중적으로 확산되었다.
① 1980년대 초 무크지 중심의 설명이다.
② 시조를 한문으로 번역하여 기록하고자 하는 시도가 있었던 것은 조선 후기의 일이다.
③ 2000년대 이후에 더 알맞은 설명이다.

09 다음 중 1980~1990년대에 본격적으로 광고와 출판사 기획을 통해 대중에게 널리 알려진 문학의 경향으로 가장 적절한 것은?

① 무크지를 통한 민중문학 발표
② 번역 시조 문학의 유행
③ 다양한 영상 콘텐츠와의 결합
④ 다양한 장르문학의 대중적 유통

정답   07 ④   08 ②   09 ④

10 다음 중 박경리의 대하소설 『토지』에 대한 설명으로 가장 적절한 것은?

① 임진왜란 당시 전란 속 민중의 삶을 다룬 작품이다.
② 허준의 생애를 중심으로 한 전기소설이다.
③ 구한말부터 광복까지 최 참판 일가의 서사를 다룬 작품이다.
④ 삼국 시대를 배경으로 한 역사적 인물을 재구성하였다.

10 ① 김성한의 『7년 전쟁』에 대한 설명이다.
② 이은성의 『동의보감』에 대한 설명이다.
④ 이문열의 『삼국지』에 해당하는 설명이다.

11 다음 중 대하소설과 그 작가 및 내용이 옳게 연결된 것은?

	소설	작가	내용
①	『장길산』	윤흥길	조선 후기 민중들의 삶과 투쟁
②	『태백산맥』	조정래	해방 후 북한 체제 미화
③	『혼불』	최명희	일제 강점기 조선 여성과 민족의 삶
④	『고려태조 왕건』	김성한	삼국 통일기

11 ① 『장길산』은 황석영의 작품이다.
② 『태백산맥』은 여순 반란 사건부터 한국전쟁 휴전기까지의 현대사 서사작품으로, 북한 체제를 미화하는 내용은 나타나지 않는다.
④ 김성한이 지은 『고려태조 왕건』은 고려 건국기를 다룬 내용이다.

12 다음 설명에 해당하는 대하소설의 작품명은?

- 구한말부터 광복까지의 장대한 서사를 보여준다.
- 경남 하동 평사리 일대를 중심으로 전개된다.
- 여성 인물의 삶과 시대 변화의 교차를 보여준다.

① 『혼불』
② 『토지』
③ 『7년 전쟁』
④ 『태백산맥』

12 ① 『혼불』은 『토지』와 비슷한 시대를 바탕으로 하지만, 공간적 배경과 인물군이 서로 다르다.
③ 『7년 전쟁』은 김성한의 작품으로, 임진왜란을 소재로 한 역사소설이다.
④ 『태백산맥』은 광복 이후 갈등을 중심으로 한다.

정답 10 ③ 11 ③ 12 ②

13 1980년대 말부터 1990년대 문학이 미디어 환경과 맺은 관계에 대한 설명으로 가장 적절한 것은?
① 미디어의 발달로 문학 작품의 창작 활동이 중단되었다.
② 문학은 미디어에 대항하며 완전히 독자적인 영역을 구축하였다.
③ 문학은 미디어와 결합하여 사회 참여적 역할을 확대하였다.
④ 미디어 시대의 도래로 문학은 오직 소수 엘리트만의 전유물이 되었다.

13 문학이 미디어와 결합하여 사회 참여적인 역할이 확대되었다는 설명은 이 시기 문학이 TV, 잡지, 신문 등의 미디어를 통해 사회 비판과 대중 소통을 확장한 점을 잘 나타낸 설명이다.
① 문학 창작이 중단된 적은 없다.
② 미디어와의 결합 양상을 부정한 오답이다.
④ 사실과 반대되는 설명이다. 오히려 이를 통해 문학 작품이 보다 많은 대중에게 노출되었다.

14 다음 중 1980년대 '민중시'에 해당하지 않는 시인은?
① 김남주
② 정일근
③ 백무산
④ 김정환

14 정일근은 현실 인식을 바탕으로 한 서정시를 쓴 시인이다.

15 다음 중 실험적 시와 형식 해체 경향에 해당하는 시인으로 옳지 않은 것은?
① 김혜순
② 최승자
③ 이승하
④ 김용택

15 김용택은 농촌생활을 바탕으로 서정시를 쓴 시인이며, 나머지는 모두 실험적 시를 창작한 시인들이다.

정답 13 ③ 14 ② 15 ④

16 다음 중 1980년대 소설의 경향과 가장 거리가 먼 것은?

① 소재의 확대
② 순수 낭만적 사랑 이야기 강조
③ 실험적 기법의 탐색
④ 사회 현실 비판

16 1980년대의 소설은 소재의 확대, 실험적 기법, 사회 현실 비판, 노동자의 현실 형상화, 전쟁과 이데올로기의 갈등 극복, 일상의 포착 등의 특징을 갖는다. '순수 낭만적 사랑 이야기'는 1980년대 소설의 대표 경향에 해당되지 않는다.

17 다음 중 1990년대 후일담 소설에 대한 설명으로 가장 적절한 것은?

① 환경파괴 문제를 서사화한 소설
② 1980년대 사회운동 좌절 이후의 방황을 다룬 소설
③ 인터넷의 확산을 기반으로 한 인터넷 연재물
④ 전쟁의 후유증과 반공 이데올로기를 다룬 소설

17 후일담 소설은 사회운동 좌절 이후의 개인적 정체성과 내면을 조명한다.
① 생태문학에 해당되는 설명이다.
③ 인터넷 소설에 해당되는 설명이다.
④ 분단소설에 해당되는 설명이다.

18 다음 중 1990년대 희곡과 관련된 설명으로 가장 적절하지 않은 것은?

① 사실주의극 중심이었다.
② 여성 심리를 섬세하게 표현하고, 여성 모노드라마 형식을 시도하였다.
③ 예술가의 삶과 고뇌를 소재로 한 극이 발표되었다.
④ 사회적 약자의 삶도 중요한 소재가 되었다.

18 1990년대 희곡은 사실주의극에서 벗어나 다양한 실험극이 발표되기도 했다. 그 외에도 여성 심리를 섬세하게 묘사한 여성극, 예술가의 삶을 주제로 한 극, 노년층 등 사회적 약자의 삶을 소재로 한 서민극 등이 등장했다는 특징이 있다.

정답 16 ② 17 ② 18 ①

19 천상병은 『귀천』을 통해 맑고 투명한 언어로 존재의 본질과 해탈을 노래한 시인이다.

19 다음 중 『귀천』을 통해 물질주의적 현실을 거부하고 해탈의 세계를 노래한 시인은?

① 김정환
② 천상병
③ 황지우
④ 이성복

20 생태문학은 환경 문제를 깊은 인간적·사회적 문제로 연결하여 다룬다.

20 다음 특징을 공통으로 가지는 문학 장르는?

- 생태계 위기를 인간의 욕망과 연결하였다.
- 환경 파괴에 대한 철학적 질문을 유도하고, 치유를 시도한다.

① 후일담 소설
② 실험시
③ 생태문학
④ 여성극

주관식 문제

01 **정답**
㉠ 주체 논쟁
㉡ 집체작

해설
1980년대 민중문학은 주체성 논쟁을 촉발하였고, 집단 창작 형식인 '집체작'이 등장하였다.

01 다음 내용에서 괄호 안에 들어갈 말을 순서대로 쓰시오.

1980년대 문학에서는 기존 문학 관념을 해체하고, (㉠)을(를) 촉발하였으며, 집단 창작 형식인 (㉡)이(가) 활발히 창작되었다.

정답 19 ② 20 ③

02 1990년대 문학에서 나타난 탈정치화 경향과 그 대표적 양상을 서술하시오.

02 **정답**
1990년대 문학은 정치적 담론보다는 자아 성찰, 개인의 내면, 현실적 삶에 주목하였다. 이로 인해 후일담 소설, 대중문학, 자기서사 중심의 작품들이 등장하였다.

03 다음 내용에서 괄호 안에 들어갈 말을 순서대로 쓰시오.

> 1980년대 문학은 언론통폐합 이후 발표 공간의 위축 속에서 (㉠)을(를) 대안으로 활용하였다. (㉡)은(는) 그 대표적 창간 무크지이다.

03 **정답**
㉠ 무크지
㉡ 『실천문학』
해설
1980년 언론 통제 조치로 인해 무크지가 주 발표 수단이 되었으며, 『실천문학』은 그 시발점이었다.

04 **정답**
1980년대
해설
제시된 특징들은 모두 1980년대의 대표적 특징이다. 언론 통제와 민주화 운동, 민중문학의 성장 모두 이 시기에 해당한다.

04 다음 문학적 특징을 갖는 시기는 언제인지 쓰시오.

- 언론통폐합으로 기존 문예지가 폐간되었다.
- 무크지를 통한 문학을 발표하는 경향이 있었다.
- 민주화 운동을 반영하였다.
- 민중문학이 성장하였다.

05 **정답**
1980년대 문학은 광주 민주화 운동 이후 독재와 권위주의에 대한 저항 의식을 담아 민중문학으로 발전하였고, 다양한 사회적 갈등 구조를 문학적으로 형상화하였다. 또한 무크지를 중심으로 새로운 발표 공간을 확보하였다.

05 1980년대 문학이 사회 구조와 권력 문제에 대응한 방식을 2가지 이상 서술하시오.

06 다음 내용에서 괄호 안에 들어갈 작품의 제목을 순서대로 쓰시오.

> 김주영의 (㉠)은(는) 구한말 보부상들의 삶을 다룬 대하소설이며, 황석영의 (㉡)은(는) 조선 숙종 시대의 실존 인물 이야기를 중심으로 서사가 전개된다.

06 **정답**
㉠ 『객주』
㉡ 『장길산』
해설
『객주』는 보부상 서사, 『장길산』은 실존 의적 장길산의 일대기를 다룬 작품이다.

07 1980~1990년대 대하소설이 기존의 발표 방식과 어떻게 달랐는지 서술하고, 이 시기 대표적인 작품을 2개 이상 제시하시오.

07 **정답**
1980~1990년대 대하소설은 문학잡지 연재를 거치지 않고, 출판사 주도로 기획되어 전집 형태로 직접 출간되는 방식이 늘어났다. 대표작으로는 조정래의 『태백산맥』, 최명희의 『혼불』 등이 있다.

08 다음 내용에서 괄호 안에 들어갈 말을 순서대로 쓰시오.

> 1980~1990년대 문학은 (㉠)의 발달로 인해 위기를 맞았으나, (㉡)을(를) 통해 대중에게 널리 노출되며 오히려 새로운 발전의 계기를 마련하였다.

08 **정답**
㉠ 영상 미디어
㉡ 매체 결합
해설
영상 매체의 부상은 '문학의 죽음' 담론을 낳았지만, 실제로는 미디어와 결합하여 새로운 문학적 확산의 기회가 되었다.

09 정답
㉠ 언어적
㉡ 상상력

해설
언어의 구조와 시적 상상력의 해방이 실험시의 핵심이다.

09 다음 내용에서 괄호 안에 들어갈 말을 순서대로 쓰시오.

> 1980년대 실험시는 기존의 시 형식을 해체하고 (㉠) 실험과 (㉡)의 자유를 추구하였다.

10 정답
두 시 경향 모두 억압된 사회 현실에 대한 저항의식을 바탕으로 하지만, 민중시는 현실 고발을 중심으로 하며, 실험시는 언어와 형식의 해체를 통해 저항을 실천했다는 점에서 방식이 다르다.

10 1980년대 시문학에서 민중시와 실험시가 가지는 공통점과 차이점을 각각 서술하시오.

부록

최종모의고사

최종모의고사 제1회
최종모의고사 제2회
정답 및 해설

얼마나 많은 사람들이 책 한 권을 읽음으로써 인생에 새로운 전기를 맞이했던가.

- 헨리 데이비드 소로 -

보다 깊이 있는 학습을 원하는 수험생들을 위한
시대에듀의 동영상 강의가 준비되어 있습니다.
www.sdedu.co.kr → 회원가입(로그인) → 강의 살펴보기

제1회 최종모의고사 | 한국문학사

제한시간: 50분 | 시작 ___시 ___분 – 종료 ___시 ___분

> 정답 및 해설 455p

01 다음 중 고대 가요에 대한 설명으로 옳은 것은?

① 고대 가요는 주로 설화와 함께 전해진다.
② 고대 가요는 작가가 명확하게 밝혀져 있다.
③ 고대 가요는 주로 4음보의 정형률을 따른다.
④ 고대 가요는 리듬이 완전하게 복원되어 있다.

02 다음 중 4구체 향가 작품에 해당하는 것은?

① 〈혜성가〉
② 〈찬기파랑가〉
③ 〈헌화가〉
④ 〈안민가〉

03 다음 중 설화의 기능으로 옳지 않은 것은?

① 집단의 신앙과 가치 반영
② 영웅의 업적을 과장하여 전승
③ 호기심을 유발하는 이야기를 통한 교훈 전달
④ 문학적 상상력의 억제

04 다음 중 속악가사에 대한 설명으로 가장 적절한 것은?
① 속악가사는 고려 전기 궁중의 향악을 문자화한 것이다.
② 속악가사의 후렴구는 본래 있던 것으로, 이별의 감정을 강화한다.
③ 속악가사는 민요에서 유래해 궁중악으로 편입되었다.
④ 속악가사는 주로 4음보의 연속체 형식을 따른다.

05 속악가사인 〈가시리〉의 형식적 특징으로 옳지 않은 것은?
① 후렴구가 반복된다.
② 각 연이 분절된 형태이다.
③ 대부분 3음보로 구성된다.
④ 시조의 종장 형식과 동일한 결구를 취한다.

06 사설시조의 특징으로 가장 적절하지 않은 것은?
① 풍자와 해학이 중심을 이룬다.
② 종장의 첫 음보는 세 글자로 유지된다.
③ 중세적 이념을 풍자적으로 해체한다.
④ 시조 중 가장 짧은 형식을 취한다.

07 고려 후기에 설화문학이 약화된 사회적 배경으로 가장 적절한 것은?
① 유교적 합리주의의 확산
② 무신정권기의 군사적 혼란
③ 향가의 부흥 운동
④ 몽골과의 전쟁

08 조선 전기 문학의 양상을 설명한 내용으로 가장 적절하지 않은 것은?

① 성리학적 질서를 문학에 반영하고자 하였다.
② 시가문학은 궁중과 사대부 중심으로 형성되었다.
③ 불교적 정서가 중심이 되어 문학을 주도하였다.
④ 한문학은 관학 중심으로 학문성과 교양성이 중시되었다.

09 다음 중 훈민정음 창제의 문학사적 의의로 가장 적절한 것은?

① 순수한 한자문학 전통의 강화
② 한문학과 한글문학의 분리 고착
③ 국문문학의 표현력 확대
④ 불교적 언어 전통 계승

10 조선 전기 시가문학과 관련된 설명으로 옳은 것은?

① 가사는 여성 작자에 의해 주도되었으며, 궁중에서 유행하였다.
② 시조는 형식적 제약 없이 자유로운 운율을 사용하였다.
③ 악장은 왕의 업적을 찬양하는 내용이 많으며 궁중에서 불렸다.
④ 향가는 여전히 주요한 시가 장르로 전승되었다.

11 다음 중 타 소설 장르와 구분되는 전기소설의 서사 구조에 대한 설명으로 가장 적절한 것은?

① 인물의 성장 전체 과정을 다룸
② 청년기의 애정 결연에 집중함
③ 사건 중심의 복잡한 구성
④ 가정 내 일상생활 중심

12 다음 중 『해동가요』에 대한 설명으로 옳지 않은 것은?

① 김수장이 편찬하였다.
② 시조 883수를 수록하였다.
③ 악곡 해설이 포함된 악서의 성격을 지닌다.
④ 『청구영언』을 기반으로 확장되었다.

13 다음 중 민요의 형식적 특성으로 옳지 않은 것은?

① 4·4조의 4음보가 많다.
② 일정한 작시 규범에 따라야 한다.
③ 관용적 표현이 반복 사용된다.
④ 길이와 구조는 비교적 자유롭다.

14 다음 작품 중 조선 후기 세태소설에 해당하는 것은?

① 〈홍길동전〉
② 〈이춘풍전〉
③ 〈숙영낭자전〉
④ 〈사씨남정기〉

15 조선 후기 영웅소설의 특징으로 볼 수 없는 것은?

① 집단적 가치 중시
② 주인공의 비범한 출생과 성장
③ 백성의 고통을 대변하는 시가의 삽입
④ 행복한 결말

16 다음 중 '더늠'에 대한 설명으로 가장 적절한 것은?
  ① 고수가 즉흥적으로 넣는 추임새를 말한다.
  ② 창자가 운율화된 말로 줄거리를 설명하는 대목이다.
  ③ 소리광대가 기존의 창 위에 창의적으로 덧붙인 부분이다.
  ④ 청중이 판소리 공연 중에 참여하여 노래하는 부분이다.

17 다음 중 조선풍의 한시에 대한 설명으로 옳지 않은 것은?
  ① 민속적 소재와 정감 있는 언어가 두드러진다.
  ② 내용보다는 정제된 형식미를 우선시하였다.
  ③ 중국의 시풍과는 구별되는 토착성이 있다.
  ④ 자연 친화적 정서를 담고 있다.

18 다음 중 개화기 시가의 형식적 변화를 가장 잘 설명하고 있는 것은?
  ① 한시의 압축미 계승
  ② 시조의 삼단 구성 고수
  ③ 한층 강화된 음보율
  ④ 연 구분, 구어체 도입, 율격 실험

19 다음 중 『백조』 동인으로 활동한 인물에 해당하지 않는 것은?
  ① 이상화
  ② 박종화
  ③ 김기진
  ④ 현진건

20 다음 설명에 가장 부합하는 문학 사조는?

> 1930년대에 본격적으로 유입된 문예사조로, 도시 문명을 형상화하고 파편적 언어와 리듬을 실험하는 경향을 보인다.

① 모더니즘
② 계몽주의
③ 사실주의
④ 낭만주의

21 다음 중 저항문학 작가로 보기 어려운 인물은?

① 윤동주
② 이육사
③ 김기림
④ 심훈

22 다음 설명에 가장 부합하는 동인지는?

> 한국 최초의 문학 동인지로 김동인, 주요한, 전영택 등이 활동했다. 창간호에는 자유시의 효시로 인정되는 주요한의 「불놀이」가 실려 있다. 한국 현대 문학이 계몽주의에서 벗어나 사실주의 및 자연주의 문학으로 나아가는 데 공헌했다.

① 『폐허』
② 『창조』
③ 『백조』
④ 『영대』

23 다음 중 대하소설 『토지』에 대한 설명으로 옳은 것은?
① 임진왜란 당시 의병의 활약을 묘사하였다.
② 일제 강점기 여성 독립운동가의 일대기를 중심으로 한다.
③ 구한말부터 광복까지의 시대를 배경으로 전개되는 서사이다.
④ 삼국 통일 시기 장군들의 삶을 다룬 전기적 서사이다.

24 다음 중 분단문학으로 분류되기 어려운 작품은?
① 최인훈의 「광장」
② 윤흥길의 「장마」
③ 이청준의 「소문의 벽」
④ 김승옥의 「무진기행」

주관식 문제

01 문학사 서술의 현대적 관점에서 등장한, 문학과 역사 사이의 상호작용을 강조하는 두 개념어를 모두 쓰시오.

02 도학파의 정의와 그 문학적 특징을 서술하시오.

03 구전설화를 바탕으로 판소리 사설이 형성되고, 그것이 다시 소설로 정착된 문학 형식을 무엇이라 하는지 쓰시오.

04 다음 내용에서 괄호 안에 들어갈 작품의 제목을 쓰시오.

이상화의 시 작품 (　　)은(는) '봄'이라는 자연 이미지를 통해 민족의 상실과 희망을 상징적으로 표현하였다.

제2회 최종모의고사 | 한국문학사

제한시간: 50분 | 시작 ___시 ___분 – 종료 ___시 ___분

정답 및 해설 458p

01 문학사 서술의 전통적 방식에 대한 설명으로 가장 적절하지 않은 것은?

① 시대의 흐름을 연대기적으로 나열한다.
② 위대한 작가들의 업적 중심으로 구성한다.
③ 사회적 맥락보다 문학의 자율성만을 강조한다.
④ 문학을 역사적 사건의 종속 변수로 해석하는 경향이 있다.

02 다음 중 고대 가요의 일반적인 특징으로 볼 수 없는 것은?

① 집단적 창작과 구비 전승
② 특정한 작가와 창작 시기가 명확함
③ 배경설화를 동반한 경우가 많음
④ 한자로 번역되어 전해짐

03 다음 중 〈구지가〉에 대한 설명으로 옳지 않은 것은?

① 집단의식을 반영한 노래이다.
② 주술적 기능을 지닌 노래이다.
③ 신라의 건국신화와 연관된다.
④ 왕의 등장을 요청하는 내용이 담겨 있다.

04 다음 중 10구체 향가 작품만 옳게 고른 것은?

① 〈서동요〉, 〈헌화가〉
② 〈도솔가〉, 〈찬기파랑가〉
③ 〈안민가〉, 〈제망매가〉
④ 〈원왕생가〉, 〈처용가〉

05 삼국 시대의 문학 형성에 영향을 준 요소로 볼 수 없는 것은?

① 유교적 학문 체계
② 불교의 수용
③ 고대 민속 신앙
④ 성리학의 유입

06 다음 중 고려 시대 한문학 중 관각문학에 대한 설명으로 옳지 않은 것은?

① 관각문학은 문인들의 사적인 감성을 자유롭게 표현한 문학이다.
② 국자감이나 한림원에서 작성된 국가 공식 문서가 관각문학에 속한다.
③ 관각문학은 왕실과 국가를 찬양하는 성격이 강하다.
④ 정해진 형식과 격식을 중시하며 장중함을 갖춘 문학이다.

07 다음 중 이규보의 작품에 해당되지 않는 것은?

① 『백운소설』
② 〈국선생전〉
③ 〈죽존자전〉
④ 『동명왕편』

08 다음 중 이규보의 〈국선생전〉에 대한 설명으로 가장 적절한 것은?

① 돈을 의인화하여 인간의 탐욕을 풍자하였다.
② 술을 긍정적 인물로 의인화하여 찬양하였다.
③ 지팡이를 의인화하여 꿈속에서 대화한다.
④ 거북을 의인화하여 유교의 충절을 강조한다.

09 다음 중 전기소설 작품집인 『기재기이』에 수록되지 않은 작품은?

① 〈서재야회록〉
② 〈용궁부연록〉
③ 〈안빙몽유록〉
④ 〈최생우진기〉

10 다음 중 몽유록 소설에서 주로 사용되는 서술 구조는?

① 회귀 구조
② 환몽 구조
③ 영웅 구조
④ 순환 구조

11 다음 중 도학파 문인의 문학 태도로 가장 적절한 것은?

① 문학은 개성적 감정의 해방 수단이다.
② 문학은 이상 실현을 위한 예술이다.
③ 문학은 도의 구현을 위한 수단이다.
④ 문학은 유희와 감상의 공간이다.

12 다음 중 규방가사이면서 교훈가사에 해당하는 작품은?
   ① 〈수연가〉
   ② 〈김씨계녀사〉
   ③ 〈규수상사곡〉
   ④ 〈여자자탄가〉

13 다음 중 민요의 정치적 기능과 직접적인 관련이 있는 민요는?
   ① 〈상여소리〉
   ② 〈미나리요〉
   ③ 〈강강술래〉
   ④ 〈모내기노래〉

14 다음 중 영웅소설의 서사 구조로 가장 적절한 것은?
   ① 비범한 인물의 출생 → 시련 극복 → 사회적 성공
   ② 일상생활의 관찰 → 세속적 문제 해결 → 교훈
   ③ 현실 풍자의 도입 → 인물의 추락 → 교훈
   ④ 주인공의 도덕적 타락 → 자각과 회복

15 다음 중 가장 유력한 판소리의 발생 기원설로 여겨지는 것은?
   ① 독서성 기원설
   ② 강창 기원설
   ③ 광대소학지희 기원설
   ④ 서사무가 기원설

16 다음 중 민속극의 특징과 가장 거리가 먼 것은?
   ① 창작성이 강하고 공연마다 대사가 다르게 구성된다.
   ② 고정된 대본 없이 공연되며 민중의식이 반영된다.
   ③ 궁중행사 중심의 상층 연희문화로 정착하였다.
   ④ 언어, 음악, 무용이 결합된 종합예술적 성격을 지닌다.

17 다음 중 실학자 정약용의 문학적 특징으로 가장 적절한 것은?
   ① 감정 표현과 미적 형식에 집중하였다.
   ② 유교 경전의 재해석과 고문 부흥에 주력하였다.
   ③ 현실 문제 비판과 유교적 이상 국가 구상을 담았다.
   ④ 유민의 삶을 해학적으로 풍자하였다.

18 개화기와 1910년대 문학을 잇는 '문학사의 연속성'으로 가장 적절한 것은?
   ① 사대부 문학의 지속과 회귀
   ② 감각적 모더니즘의 도입
   ③ 자아 성찰의 흐름과 현실 참여
   ④ 전통문학의 독점적 지배

19 다음 중 시조 부흥 운동이 문학사적으로 갖는 의의로 보기 어려운 것은?
   ① 전통시가 형식의 현대적 계승
   ② 민족 정체성 강화
   ③ 현대 시조 장르의 토대 마련
   ④ 카프문학의 대중적 확산

20 다음 중 백석의 시 세계에 대한 설명으로 가장 적절한 것은?

① 초현실적 상상력과 문법 해체를 통해 내면을 형상화하였다.
② 도시 하층민의 삶을 풍자적으로 묘사하며 리얼리즘을 추구하였다.
③ 방언과 향토적 정서를 바탕으로 현실 감각과 서정을 조화시켰다.
④ 민속과 무속의 이미지를 활용하여 환상성을 구축하였다.

21 다음 중 윤동주의 문학적 특징으로 가장 적절한 설명은?

① 계몽적 문체와 농촌 계층의 현실을 고발함
② 기독교적 구원 의식과 자아 성찰을 보임
③ 자연을 찬양하는 낭만적 목가풍을 보임
④ 일본어 창작을 통해 식민지 현실을 긍정함

22 다음 중 1950년대 후반 시문학의 두 흐름으로 가장 적절한 것은?

① 낭만주의 시와 계몽적 시의 공존
② 참여시와 기독교 시의 양극화
③ 전통 서정시와 모더니즘 시의 양립
④ 사실주의 시와 실존주의 시의 대립

23 1960~70년대 문학의 전반적 경향으로 옳지 않은 것은?

① 현실 참여적 의식과 사회 구조 비판의식이 강화되었다.
② 분단의 고착화 속에서 통일을 염원하는 서사가 전개되었다.
③ 순수문학은 쇠퇴하고 참여문학만이 주류를 이루었다.
④ 산업화에 따른 인간 소외와 도시 빈민 문제 등이 조명되었다.

24 다음 중 1990년대 문학에서 본격적으로 나타난 경향으로 보기 어려운 것은?

① 개인의 내면과 자아 성찰에 대한 관심
② 영상 매체와의 결합을 통한 대중성 확보
③ 비정기 간행물의 등장
④ 후일담 소설의 유행

주관식 문제

01 다음 특징에 모두 해당하는 향가 작품의 제목을 쓰시오.

- 월명사가 창작하였다.
- 누이의 죽음을 애도하는 내용이다.
- 불교적 사상과 윤회 사상을 반영하였다.

02 다음 내용에서 괄호 안에 들어갈 창작·향유 계층을 순서대로 쓰시오.

조선 전기에는 (㉠) 중심의 악장과 (㉡) 중심의 시조·가사문학이 함께 전개되었다.

03 판소리계 소설의 대표적인 작품을 3편 이상 쓰시오.

04 1960~70년대 문학에서 '참여문학'이 형성된 정치적 사건을 두 가지 이상 쓰시오.

제1회 정답 및 해설 | 한국문학사

01	02	03	04	05	06	07	08	09	10	11	12
①	③	④	③	④	④	①	③	③	③	②	③
13	14	15	16	17	18	19	20	21	22	23	24
②	②	③	③	②	④	③	①	③	②	③	④

주관식 정답	
01	교차, 대화
02	도학파는 성리학을 삶의 기반으로 삼아, 도덕적 수양과 경세치용의 실천을 중시한 문인들로 구성된 집단이다. 이들은 시문이나 문학 작품보다 경전 해석에 중점을 두었고, 도학 중심의 글쓰기를 중시하였으며, 문학을 도덕 진리를 구현하는 도구로 여겼다는 특징을 갖는다.
03	판소리계 소설
04	「빼앗긴 들에도 봄은 오는가」

01 정답 ①
고대 가요는 대부분 설화와 함께 『삼국유사』나 『삼국사기』에 전해진다. 예를 들어 〈공무도하가〉는 배경설화가 함께 기록되어 있다. 반면, 고대 가요는 작가가 명확하지 않고, 시조처럼 4음보 정형률을 따르지 않으며, 구비 전승되다가 문자로 기록된 것이기 때문에 리듬 복원이 어렵다.

02 정답 ③
〈헌화가〉는 향가 4구체의 대표 작품이다. 나머지 선지는 10구체 향가에 속한다.

03 정답 ④
설화는 오히려 상상력을 자극하고 허구적 세계를 구성하는 문학 장르이다.

04 정답 ③
속악가사는 평민층의 민요나 속요를 고려 후기 권문세족이 궁중악으로 받아들인 것이다.

① 속악가사가 아닌 조선 초기 악장에 해당하는 설명이다.
② 속악가사의 후렴구는 이별 감정과 무관하게 후대에 추가된 것으로 보인다.
④ 가사의 형식에 대한 설명이다.

05 정답 ④
시조의 종장 형식과 동일한 결구를 갖는 것은 조선 시대 대표적 장르였던 가사 중 정격 가사에 대한 설명이다. 〈가시리〉는 고려 시대 대표적 장르인 속악가사로, 시조가 등장하기 이전에 있었던 것이고, 형식은 4연의 연장체, 매 연은 2행 3음보의 율격을 지닌다.

06 정답 ④
사설시조는 시조 중 가장 길고 파격적인 형식이다. 가장 짧은 시조는 평시조이다.

07 정답 ①
고려 후기에는 유교적 합리주의가 주가 되면서, 괴력난신의 설화는 점차 배척되었다.

08 정답 ③
조선 전기는 유교 중심 사회였고, 불교는 억제되었다. 시가 또한 유교적 교양을 바탕으로 사대부 계층이 주도하였다.

09 정답 ③
훈민정음의 창제로 국문 사용이 가능해져 국문 문학이 발달할 수 있었고, 표현력의 확장에 기여했다.

10 정답 ③
악장은 궁중에서 제작·연행되며 왕의 치적과 덕을 찬양하는 내용을 중심으로 구성되었다.
① 가사는 주로 남성 작자에 의해 주도되었다.
② 시조는 초·중·종장의 3행 구조, 3음보 또는 4음보 구성, 종장 첫 음보 3음절 등 형식적인 제약이 존재했다.
④ 향가는 신라 시대부터 고려 전기까지 창작된 것으로, 조선 전기에는 주요 시가 장르로 전승되고 있지 않았다.

11 정답 ②
전기소설은 주로 주인공의 청년기 시절의 애정 결연에 서사가 집중됨으로써 영웅소설이나 가정소설 등과 구분된다.

12 정답 ③
악서(악곡 해설 포함)는 『가곡원류』의 성격에 더 가깝다. 『해동가요』에도 시조와 악곡은 실려 있지만 이론 해설까지 포함하지는 않는다.

13 정답 ②
민요는 작시 규범이 엄격하지 않아 형식적 제약으로부터 비교적 자유롭게 불린다.
①·③·④ 모두 민요의 실제 특징이다.

14 정답 ②
〈이춘풍전〉은 몰락 양반의 일탈과 몰락 과정을 그린 대표적인 세태소설이다.
① 영웅소설에 해당된다.
③ 애정소설로 분류된다.
④ 가정소설로 분류된다.

15 정답 ③
시가 삽입을 통해 민중의 정서를 표현하는 특징은 판소리계 소설에서 주로 나타나므로, 이를 영웅소설의 특징으로 보긴 어렵다.
①·②·④의 집단의 가치 중시, 영웅의 비범한 출생과 성장, 행복한 결말 등은 모두 영웅소설의 주된 특징이다.

16 정답 ③
'더늠'은 숙련된 창자(소리광대)가 스승에게 배운 창 위에 자신만의 대목을 창의적으로 덧붙인 것으로, 후대 창자에게 전승된다. 이는 판소리의 예술성과 독창성이 드러나는 핵심 요소이다.

17 정답 ②
조선풍 한시는 감정과 내용 중심의 시풍으로, 정제된 형식보다는 토착적 정서와 개성 표현을 중시하였다.

18 정답 ④
개화기 시가는 전통시가의 정형성을 부분적으로 탈피하면서 연 구분과 구어체 도입 등 새로운 시 형식으로 진화해 갔다.

19 정답 ③
김기진은 『백조』가 아니라 파스큘라와 카프 계열에서 활동한 인물이다. 『백조』의 동인으로 활동한 인물은 이상화, 박종화, 홍사용, 나도향, 박영희, 현진건 등이다.

20 정답 ①
모더니즘은 전통과 단절하고 새로움을 추구하는 예술적 경향이다. 도시 문명을 형상화하며 비판적으로 성찰하고, 형식적으로는 언어 실험과 새로움을 추구하였으며 감정을 절제하고 회화성을 추구하였다.

21 정답 ③
김기림은 모더니즘 경향의 순수문학을 창작한 인물이며, 나머지 선지의 인물은 모두 저항문학 작가이다.

22 정답 ②
1919년에 창간된 『창조』는 한국 최초의 문학 동인지로 현대 문학 발전에 기여했다.
① 『폐허』는 1920년에 염상섭 등에 의해 창간되었다.
③ 『백조』는 1922년 창간되어 낭만주의 문학의 중심이 된 문예지로 홍사용, 이상화 등이 활동했다.
④ 『영대』는 1924년 창간된 문학 동인지로, 김소월 등이 활동했다.

23 정답 ③
『토지』는 박경리가 집필한 대하소설로, 구한말부터 광복기까지 한 가족과 주변 인물들의 삶을 통해 한국 근대사를 그렸다.

24 정답 ④
「무진기행」은 도시인의 내면과 산업화 시대의 감수성을 다룬 작품으로, 분단문학에 포함되지 않는다.

주관식 해설

01 정답
교차, 대화

해설
현대문학사 서술은 문학이 역사의 수동적 반영물이 아니라, 다양한 맥락과의 '교차' 및 현실에 대한 '대화'로 기능함을 강조한다.

02 정답
도학파는 성리학을 삶의 기반으로 삼아, 도덕적 수양과 경세치용의 실천을 중시한 문인들로 구성된 집단이다. 이들은 시문이나 문학 작품보다 경전 해석에 중점을 두었고, 도학 중심의 글쓰기를 중시하였으며, 문학을 도덕 진리를 구현하는 도구로 여겼다는 특징을 갖는다.

03 정답
판소리계 소설

해설
판소리 사설은 구전설화를 바탕으로 형성되어 연희되었고, 이후 판소리계 소설이라는 형태로 정착되며 근대 문학사에서 중요한 위치를 차지한다.

04 정답
「빼앗긴 들에도 봄은 오는가」

제2회 정답 및 해설 | 한국문학사

01	02	03	04	05	06	07	08	09	10	11	12
③	②	③	③	④	①	③	②	②	②	③	②
13	14	15	16	17	18	19	20	21	22	23	24
②	①	④	③	③	③	④	③	②	③	③	③

주관식 정답	
01	〈제망매가〉
02	㉠ 궁중 ㉡ 사대부
03	판소리계 소설에는 〈춘향전〉, 〈심청전〉, 〈토끼전〉, 〈화용도〉 등이 있다.
04	4·19 혁명, 5·16 군사정변 등

01 정답 ③
전통적인 문학사 서술은 문학을 시대 반영의 결과로 보아, 자율성보다는 사회적 기능에 초점을 두었다. 사회적 맥락보다 문학의 자율성을 강조한 것은 오히려 현대적 서술 방식에 가깝다.

02 정답 ②
고대 가요는 대부분 작자 미상이며, 구비 전승되었기 때문에 특정 작가나 창작 시기를 명확히 알기 어렵다.

03 정답 ③
〈구지가〉는 금관가야의 시조 김수로왕과 관련된 가야 건국신화와 연관된다. 구간들이 새로운 왕의 등장을 기원하며 부른 노래로, 집단의식과 주술적 성격이 강하다. 신라 건국신화와 관련된 신화는 〈구지가〉가 아닌 〈혁거세 신화〉이다.

04 정답 ③
① 모두 4구체 향가 작품이다.
② 각각 4구체, 10구체 향가 작품이다.
④ 각각 10구체, 8구체 향가 작품이다.

05 정답 ④
성리학은 고려 후기 이후부터 등장하는 사상으로, 삼국 시대에는 영향을 미치지 않았다.

06 정답 ①
문인들의 사적인 감성을 자유롭게 표현한 것은 귀족문학의 특징에 가깝다. 관각문학은 사적인 감성보다는 국가적 이념과 왕실의 권위를 강조하는 공적 문학이다.

07 정답 ③
〈죽존자전〉은 대나무를 의인화한 혜심의 가전 작품이다. 『백운소설』, 〈국선생전〉, 『동명왕편』은 모두 이규보의 작품이다.

08 정답 ②
〈국선생전〉은 술을 의인화하여 충성과 지혜를 갖춘 인물로 묘사하며, 술의 긍정적 역할을 보여 준다.
① 돈을 의인화하여 인간의 탐욕을 풍자한 작품은 임춘의 〈공방전〉이다.
③ 지팡이를 의인화하여 꿈속에서 대화를 나누는 전개 방식을 사용한 작품은 식영암의 〈정시자전〉이다.
④ 거북을 의인화하여 유교의 충절을 강조한 작품은 이규보의 〈청강사자현부전〉이다.

09 정답 ②
〈용궁부연록〉은 김시습의 전기소설 작품집인 『금오신화』의 수록 작품 중 하나이다.
- 『금오신화』 수록 작품 : 〈만복사저포기〉, 〈이생규장전〉, 〈취유부벽정기〉, 〈남염부주지〉, 〈용궁부연록〉
- 『기재기이』 수록 작품 : 〈안빙몽유록〉, 〈서재야회록〉, 〈최생우진기〉, 〈하생기우록〉

10 정답 ②
몽유록은 '현실 → 꿈 → 현실'의 순차적 구조를 지닌 환몽 구조(액자 구조)를 중심으로 구성된다.

11 정답 ③
도학파 문인은 문학을 성리학적 도덕의 전달 수단으로 간주한다.

12 정답 ②
〈김씨계녀사〉는 교훈가사 중에서도 딸에게 여자의 도리를 가르치는 계녀가류 작품에 해당된다.
① 생활 체험가사 중 송축류 가사 작품에 해당된다.
③ 서민가사 중 개방적 세계관을 가진 가사 작품에 해당된다. 작자 미상의 가사로 상사의 내용을 담고 있기 때문에 내용상 규방가사가 아닐 것으로 추정된다.
④ 생활 체험가사 중 탄식류 가사 작품에 해당한다.

13 정답 ②
〈미나리요〉는 정치적 메시지를 담은 민요로, 시대적 비판 기능을 수행한다.
① 장례의식요에 해당된다.
③ 유희요에 해당된다.
④ 노동요에 해당된다.

14 정답 ①
영웅소설은 주인공이 비범한 능력을 갖고 태어나 시련을 극복하고 영웅으로 성장하는 전형적 서사 구조를 가진다.
② 세태소설에서 주로 나타나는 구조이다.
③・④ 주로 판소리계 소설이나 현실 비판적 서사에서 나타나는 구조이다.

15 정답 ④
판소리는 구비 서사시라는 점에서 서사무가와 닮아 있으며, 실제로 남도의 세습무 가계에서 많은 명창이 나왔다. 이러한 점에서 서사무가 기원설이 가장 유력하게 받아들여진다.

16 정답 ③
민속극은 궁중의 행사에서 점차 민간으로 이동하며 하층 문화로 정착하였다. 따라서 상층 문화보다는 민중의식과 풍자, 현실 비판에 중점을 둔다.

17 정답 ③

정약용은 유배 중 『여유당전서』 등을 통해 현실 비판과 이상 사회에 대한 실학적 사유를 표현하였다. 또한 정약용은 실학자로서 경전을 재해석하거나 감정·형식적인 면에 집중하기보다는 실생활에 도움이 되는 내용을 책에 담고자 힘썼으며, 유민의 삶을 해학적으로 풍자한 것은 김삿갓의 특징에 더 가깝다.

18 정답 ③

조선 후기부터 형성된 자아 성찰과 현실 인식의 문학 전통이 근대 문학의 성격 형성에 큰 영향을 주었다.

19 정답 ④

카프문학은 시조 부흥 운동과 반대되는 계열이다. 시조 부흥 운동은 민족문학과 전통의 계승을 지향한다.

20 정답 ③

백석은 향토성과 방언을 통해 독창적인 서정시 세계를 구현하였다.
① 이상의 시 세계에 대한 설명으로 보는 것이 적절하다.
② 백석은 도시 하층민의 삶을 주요 소재로 삼지 않았으며, 풍자 또한 백석의 시 세계를 설명하는 것이라 할 수 없다. 도시 하층민의 삶을 풍자적으로 묘사하며 리얼리즘을 추구한 것은 채만식에 더 가까운 설명이다.
④ 백석의 시 작품에 민속과 무속의 이미지가 있는 것은 맞지만, 환상성을 추구했다는 것은 백석 시의 전반적 경향성에 대한 설명으로 적절하지 않다.

21 정답 ②

윤동주는 자신의 부끄러움과 죄의식, 구원의지를 주제로 기독교적 윤리의식을 시로 표현했다.
① 일제 강점기에 계몽적 태도로 농촌 계층의 현실을 고발하는 것은 시보다는 소설을 통해 주로 이루어졌고, 윤동주의 작품 세계와도 거리가 먼 설명이다.
③ 신석정의 시에 대한 설명에 더 적절하다.
④ 윤동주는 우리말을 이용해 시를 창작했으며, 일본에 의한 식민지 현실을 긍정하지도 않았다.

22 정답 ③

1950년대 후반 시문학은 유치환, 조지훈 등의 전통 서정시와 김수영, 박인환 등의 모더니즘 계열이 동시에 발전하였다.

23 정답 ③

1960~70년대에는 참여문학과 순수문학이 병존했다. 따라서 순수문학이 완전히 쇠퇴했다는 것은 틀린 설명이다.

24 정답 ③

비정기 간행물은 1980년대 초 검열을 피하기 위해 등장하였다.
①·②·④는 모두 1990년대 문학의 특징에 해당한다.

주관식 해설

01 정답
〈제망매가〉

해설
〈제망매가〉는 월명사가 누이의 죽음을 애도하며 불교적 세계관을 담아 지은 10구체 향가이다.

02 정답
㉠ 궁중
㉡ 사대부

해설
조선 전기 시가는 신분과 장소에 따라 궁중 악장과 사대부 시가로 구분되며 전개되었다.

03 정답
판소리계 소설에는 〈춘향전〉, 〈심청전〉, 〈토끼전〉, 〈화용도〉 등이 있다.

04 정답
4・19 혁명, 5・16 군사정변 등

해설
1960년에 일어난 4・19 혁명으로 자유에 대한 갈망을 강하게 인식하게 된 작가들은 부조리한 현실에 대해 강한 저항정신을 표출하고자 했다. 또한 5・16 군사정변으로 혁명의식이 좌절되는 경험을 하게 되면서 독재와 부당한 권력의 부조리를 고발하는 문학 활동을 펴 나가게 되었다.

지식에 대한 투자가 가장 이윤이 많이 남는 법이다.

– 벤자민 프랭클린 –

년도 전공심화과정인정시험 답안지(객관식)

컴퓨터용 사인펜만 사용

* 수험생은 수험번호와 응시과목 코드번호를 표기(마킹)한 후 일치여부를 반드시 확인할 것.

전공분야	
성 명	

수험번호

(1) 3 - □□□□ - □□□□ - □□□
(2) ①②●④

과목코드 / 응시과목

과목코드	응시과목	
	1 ①②③④	14 ①②③④
	2 ①②③④	15 ①②③④
	3 ①②③④	16 ①②③④
	4 ①②③④	17 ①②③④
	5 ①②③④	18 ①②③④
교시코드	6 ①②③④	19 ①②③④
①②③④	7 ①②③④	20 ①②③④
	8 ①②③④	21 ①②③④
	9 ①②③④	22 ①②③④
	10 ①②③④	23 ①②③④
	11 ①②③④	24 ①②③④
	12 ①②③④	
	13 ①②③④	

과목코드	응시과목	
	1 ①②③④	14 ①②③④
	2 ①②③④	15 ①②③④
	3 ①②③④	16 ①②③④
	4 ①②③④	17 ①②③④
	5 ①②③④	18 ①②③④
	6 ①②③④	19 ①②③④
	7 ①②③④	20 ①②③④
	8 ①②③④	21 ①②③④
	9 ①②③④	22 ①②③④
	10 ①②③④	23 ①②③④
	11 ①②③④	24 ①②③④
	12 ①②③④	
	13 ①②③④	

※ 감독관 확인란

(인)

관리번호	
(응시자수)	(연번)

답안지 작성시 유의사항

1. 답안지는 반드시 컴퓨터용 사인펜을 사용하여 다음 보기와 같이 표기할 것.
   보기 : 잘된표기: ● 잘못된 표기: ⊗ ◐ ◑ ○
2. 수험번호 (1)에는 아라비아 숫자로 쓰고, (2)에는 "●"와 같이 표기할 것.
3. 과목코드는 뒷면 "과목코드번호"를 보고 해당과목의 코드번호를 찾아 표기하고,
   응시과목란에는 응시과목명을 한글로 기재할 것.
4. 교시코드는 문제지 전면 의 교시를 해당란에 "●"와 같이 표기할 것.
5. 한번 표기한 답은 긁거나 수정액 및 스티커 등 어떠한 방법으로도 고쳐서는
   아니되고, 고친 문항은 "0"점 처리함.

[이 답안지는 마킹연습용 모의답안지입니다.]

년도 전공심화과정 인정시험 답안지(주관식)

전공분야

성명

수험번호

과목코드

교시코드 ① ② ③ ④

답안지 작성시 유의사항

1. ※란은 표기하지 말 것.
2. 수험번호 (2)란, 과목코드, 교시코드 표기는 반드시 컴퓨터용 싸인펜으로 표기할 것.
3. 교시코드는 문제지 전면 의 교시를 해당란에 컴퓨터용 싸인펜으로 표기할 것.
4. 답안은 반드시 흑·청색 볼펜 또는 만년필을 사용할 것. (연필 또는 적색 필기구 사용불가)
5. 답안을 수정할 때에는 두줄(=)을 긋고 수정할 것.
6. 답란이 부족하면 해당답란에 "뒷면기재"라고 쓰고 뒷면 '추가답란'에 문제번호를 기재한 후 답안을 작성할 것.
7. 기타 유의사항은 객관식 답안지의 유의사항과 동일함.

※ 감독관 확인란

[이 답안지는 마킹연습용 모의답안지입니다.]

★ 수험생은 수험번호와 응시과목 코드번호를 표기(마킹)한 후 일치여부를 반드시 확인할 것.

컴퓨터용 사인펜만 사용

년도 전공심화과정인정시험 답안지(객관식)

※ 수험생은 수험번호와 응시과목 코드번호를 표기(마킹)한 후 일치여부를 반드시 확인할 것.

전공분야	
성명	

3	수험번호							
(1)		—			—			
	①	①	①	①	①	①	①	①
	②	②	②	②	②	②	②	②
	③	③	③	③	③	③	③	③
	④	④	④	④	④	④	④	④
	⑤	⑤	⑤	⑤	⑤	⑤	⑤	⑤
	⑥	⑥	⑥	⑥	⑥	⑥	⑥	⑥
	⑦	⑦	⑦	⑦	⑦	⑦	⑦	⑦
	⑧	⑧	⑧	⑧	⑧	⑧	⑧	⑧
	⑨	⑨	⑨	⑨	⑨	⑨	⑨	⑨
	⓪	⓪	⓪	⓪	⓪	⓪	⓪	⓪
(2)	① ② ● ④							

※ 감독관 확인란

(인)

관리번호	
	(응시자수)

과목코드 / 교시코드 / 응시과목

(두 개의 답안지 표 - 과목코드, 교시코드, 응시과목 번호 1~24, 각 ① ② ③ ④)

답안지 작성시 유의사항

1. 답안지는 반드시 컴퓨터용 사인펜을 사용하여 다음 보기와 같이 표기할 것.
   보기) 잘된 표기: ●
   잘못된 표기: ⊘ ⊙ ◐ ○ ◍ ●
2. 수험번호 (1)에는 아라비아 숫자로 쓰고, (2)에는 "●"와 같이 표기할 것.
3. 과목코드는 뒷면 "과목코드번호"를 보고 해당과목의 코드번호를 찾아 표기하고, 응시과목란에는 응시과목명을 한글로 기재할 것.
4. 교시코드는 문제지 전면의 교시를 해당란에 "●"와 같이 표기할 것.
5. 한번 표기한 답은 긁거나 수정액 및 스티커 등 어떠한 방법으로도 고쳐서는 아니되고, 고친 문항은 "0"점 처리함.

[이 답안지는 마킹연습용 모의답안지입니다.]

년도 전공심화과정 인정시험 답안지(주관식)

★ 수험생은 수험번호와 응시과목 코드번호와 코드번호를 표기(마킹)한 후 일치여부를 반드시 확인할 것.

전공분야

성명

수험번호

3	—			—			—		
(1)	①								
(2)	②								
	●								
	④								

(수험번호 마킹란: ①~⑨, ⓪)

과목코드
①②③④⑤⑥⑦⑧⑨⓪ (4행)

교시코드
① ② ③ ④

번호	※1차 점수	※1차 채점	※1차확인	응시과목	※2차확인	※2차 채점	※2차 점수
1	⓪①②③④⑤ ⑥⑦⑧⑨⑩						⓪①②③④⑤ ⑥⑦⑧⑨⑩
2	⓪①②③④⑤ ⑥⑦⑧⑨⑩						⓪①②③④⑤ ⑥⑦⑧⑨⑩
3	⓪①②③④⑤ ⑥⑦⑧⑨⑩						⓪①②③④⑤ ⑥⑦⑧⑨⑩
4	⓪①②③④⑤ ⑥⑦⑧⑨⑩						⓪①②③④⑤ ⑥⑦⑧⑨⑩
5	⓪①②③④⑤ ⑥⑦⑧⑨⑩						⓪①②③④⑤ ⑥⑦⑧⑨⑩

답안지 작성시 유의사항

1. ※란은 표기하지 말 것.
2. 수험번호 (2)란, 과목코드, 교시코드 표기는 반드시 컴퓨터용 싸인펜으로 표기할 것.
3. 교시코드는 문제지 전면의 교시를 해당란에 컴퓨터용 싸인펜으로 표기할 것.
4. 답안은 반드시 흑·청색 볼펜 또는 만년필을 사용할 것. (연필 또는 적색 필기구 사용불가)
5. 답안을 수정할 때에는 두줄(=)을 긋고 수정할 것.
6. 답안란이 부족하면 해당답란에 "뒷면기재"라고 쓰고 뒷면 추가답란에 문제번호를 기재한 후 답안을 작성할 것.
7. 기타 유의사항은 객관식 답안지의 유의사항과 동일함.

※ 감독관 확인란

(인)

[이 답안지는 마킹연습용 모의답안지입니다.]

년도 학위취득종합시험 답안지(객관식)

컴퓨터용 사인펜만 사용

전공분야

성명

※ 수험생은 수험번호와 응시과목 코드번호를 표기(마킹)한 후 일치여부를 반드시 확인할 것.

수험년도일

전공분야

(1) 4 - - -
(2) ● ③

답안지 작성시 유의사항

1. 답안지는 반드시 컴퓨터용 사인펜을 사용하여 다음 [보기]와 같이 표기할 것.
   [보기] 잘된 표기: ● 잘못된 표기: ⊗ ⊙ ⊕ ◐ ○
2. 수험번호 (1)에는 아라비아 숫자로 쓰고, (2)에는 "●"와 같이 표기할 것.
3. 과목코드는 뒷면 "과목코드번호"를 보고 해당과목의 코드번호를 찾아 표기하고, 응시과목란에는 응시과목명을 한글로 기재할 것.
4. 교시코드는 문제지 전면 의 교시를 해당란에 "●"와 같이 표기할 것.
5. 한번 표기한 답은 긁거나 수정액 및 스티커 등 어떠한 방법으로도 고쳐지지 아니되고, 고친 문항은 "0"점 처리됨.

과목 코드	응시과목				
	1	① ② ③ ④	14	① ② ③ ④
	2	① ② ③ ④	15	① ② ③ ④
	3	① ② ③ ④	16	① ② ③ ④
	4	① ② ③ ④	17	① ② ③ ④
교시코드	5	① ② ③ ④	18	① ② ③ ④
① ② ③ ④	6	① ② ③ ④	19	① ② ③ ④
	7	① ② ③ ④	20	① ② ③ ④
	8	① ② ③ ④	21	① ② ③ ④
	9	① ② ③ ④	22	① ② ③ ④
	10	① ② ③ ④	23	① ② ③ ④
	11	① ② ③ ④	24	① ② ③ ④
	12	① ② ③ ④		
	13	① ② ③ ④		

과목 코드	응시과목				
	1	① ② ③ ④	14	① ② ③ ④
	2	① ② ③ ④	15	① ② ③ ④
	3	① ② ③ ④	16	① ② ③ ④
	4	① ② ③ ④	17	① ② ③ ④
	5	① ② ③ ④	18	① ② ③ ④
	6	① ② ③ ④	19	① ② ③ ④
	7	① ② ③ ④	20	① ② ③ ④
	8	① ② ③ ④	21	① ② ③ ④
	9	① ② ③ ④	22	① ② ③ ④
	10	① ② ③ ④	23	① ② ③ ④
	11	① ② ③ ④	24	① ② ③ ④
	12	① ② ③ ④		
	13	① ② ③ ④		

※ 감독관 확인란

관리번호
(응시자수)

(연번)

[이 답안지는 마킹연습용 모의답안지입니다.]

년도 학위취득 종합시험 답안지(주관식)

전공분야

성명

수험번호

답안지 작성시 유의사항

1. ※란은 표기하지 말 것.
2. 수험번호 (2)란, 과목코드, 교시코드 표기는 반드시 컴퓨터용 싸인펜으로 표기할 것.
3. 교시코드는 문제지 전면의 교시를 해당란에 컴퓨터용 싸인펜으로 표기할 것.
4. 답란은 반드시 흑·청색 볼펜 또는 만년필을 사용할 것.
   (연필 또는 적색 필기구 사용불가)
5. 답안을 수정할 때에는 두줄(=)을 긋고 수정할 것.
6. 답란이 부족하면 해당답란에 "뒷면기재"라고 쓰고 뒷면 '추가답란'에 문제번호를 기재한 후 답안을 작성할 것.
7. 기타 유의사항은 객관식 답안지의 유의사항과 동일함.

※ 감독관 확인란

(인)

[이 답안지는 마킹연습용 모의답안지입니다.]

참고문헌

〈도서 및 논문〉

- 권영민, 『한국현대문학사』 1·2, 민음사, 2009.
- 김염화, 「삼국시기 한문학의 발전양상에 대한 소고」, 『동방학술논단』 총제3기, 한국학술정보, 2007.
- 김윤식·김현, 『한국문학사』, 민음사, 2001.
- 김준오, 『한국현대시사』, 삼지원, 1998.
- 김현, 『한국문학의 위상』, 문학과지성사, 1983.
- 김흥규, 『문학의 이해와 감상』, 건국대학교출판부, 2002.
- 박용진, 「한국 창세신화의 특징에 관한 연구」, 『선도문화』 제18집, 2015.
- 신태수, 「창세신화의 변이 양상과 신화사적 위상」, 『우리말글』 제39집, 2007.
- 이병기, 「한자·한문의 수용과 저항」, 『인문학연구』 제15집, 한림대학교 인문학연구소, 2009.
- 이상택, 『한국현대문학사』, 삼지원, 2006.
- 이승복, 『한국문학사 강의』, 태학사, 2009.
- 이태동, 『한국문학과 민족문학론』, 서울대학교출판부, 2002.
- 임형택, 『조선시대의 문학과 사상』, 창작과비평사, 1992.
- 임형택, 『한국문학사의 시각』, 창작과비평사, 1995.
- 정병욱, 『현대문학의 흐름』, 민음사, 1986.
- 정호웅, 『한국문학사: 이론과 실제』, 보고사, 2014.
- 조남현, 『한국현대소설사』, 새미, 2003.
- 조동일 외, 『한국문학강의』, 길벗, 2015.
- 조동일, 『한국문학통사』 1~5, 지식산업사, 2005.
- 지준모, 「삼국시대의 한문학」, 『한국학논집』 20, 계명대학교 한국학연구소, 1993.
- 한기형, 『한국고전문학사』, 새문사, 2004.

〈웹사이트〉

- 국립문화재연구소 편집부, 고고학사전, 국립문화재연구소, 2001. 12.
  (네이버 지식백과, https://terms.naver.com/list.naver?cid=43065&categoryId=43065)
- 국립민속박물관, 한국민속대백과사전
  (네이버 지식백과, https://terms.naver.com/list.naver?cid=42007&categoryId=42007)

- 국립민속박물관, 한국민속문학사전(설화 편)
  (네이버 지식백과, https://terms.naver.com/list.naver?cid=50223&categoryId=51051)
- 국사편찬위원회, 사료로 본 한국사-우리역사넷
  (https://contents.history.go.kr/front/hm/main.do)
- 국사편찬위원회, 한국사데이터베이스-한국 고대 사료 DB
  (https://db.history.go.kr/ancient/)
- 김부식 저, 박장렬 외 역, 원문과 함께 읽는 삼국사기, 한국인문고전연구소, 2012. 8. 20.
  (네이버 지식백과, https://terms.naver.com/list.naver?cid=49615&categoryId=49615)
- 두산백과, 두산백과 두피디아
  (네이버 지식백과, https://terms.naver.com/list.naver?cid=40942&categoryId=40942)
- 배규범·주옥파, 외국인을 위한 한국고전문학사, 도서출판 하우, 2010. 1. 29.
  (네이버 지식백과, https://terms.naver.com/list.naver?cid=41708&categoryId=41727)
- 이응백·김원경·김선풍, 국어국문학자료사전, 한국사전연구사, 1998.
  (네이버 지식백과, https://terms.naver.com/list.naver?cid=41708&categoryId=41711)
- 전경욱, 한국전통연희사전, 민속원, 2014.
  (네이버 지식백과, https://terms.naver.com/list.naver?cid=56785&categoryId=56785)
- 전관수, 한시작가작품사전, 국학자료원, 2007. 11. 15.
  (네이버 지식백과, https://terms.naver.com/list.naver?cid=60623&categoryId=60623)
- 한국학중앙연구원, 한국민족문화대백과
  (네이버 지식백과, https://terms.naver.com/list.naver?cid=44621&categoryId=44621)

시대에듀 독학사 국어국문학과 3·4단계 한국문학사

초 판 발 행	2026년 01월 05일 (인쇄 2025년 07월 22일)
발 행 인	박영일
책 임 편 집	이해욱
편 저	한수정
편 집 진 행	천다솜·김다련
표지디자인	박종우
편집디자인	차성미·이다희
발 행 처	(주)시대고시기획
출 판 등 록	제10-1521호
주 소	서울시 마포구 큰우물로 75 [도화동 538 성지 B/D] 9F
전 화	1600-3600
팩 스	02-701-8823
홈 페 이 지	www.sdedu.co.kr
I S B N	979-11-383-9147-4 (13810)
정 가	24,000원

※ 이 책은 저작권법의 보호를 받는 저작물이므로 동영상 제작 및 무단전재와 배포를 금합니다.
※ 잘못된 책은 구입하신 서점에서 바꾸어 드립니다.

시대에듀 독학사
국어국문학과

왜? 독학사 국어국문학과인가?

4년제 국어국문학과 학위를 최소 시간과 비용으로 단 1년 만에 초고속 취득 가능!

1990년 독학학위제의 시작부터 함께한 가장 오래된 전공 중 하나

국어 및 국문학의 체계적 학습 가능

교육대학원 진학 및 출판계, 언론계, 미디어 등 다양한 분야로 취업 가능

국어국문학과 과정별 시험과목(2~4과정)

1~2과정 교양 및 전공기초과정은 객관식 40문제 구성
3~4과정 전공심화 및 학위취득과정은 객관식 24문제+주관식 4문제 구성

2과정(전공기초)	3과정(전공심화)	4과정(학위취득)
국어사 국어학개론 한국현대시론 국문학개론 고전소설론 한국현대소설론	문학비평론 국어의미론 국어정서법 국어음운론 고전시가론 한국문학사	국어학개론(2과정 겸용) 국문학개론(2과정 겸용) 문학비평론(3과정 겸용) 한국문학사(3과정 겸용)

시대에듀 국어국문학과 학습 커리큘럼

기본이론부터 실전문제풀이 훈련까지!
시대에듀가 제시하는 각 과정별 최적화된 커리큘럼에 따라 학습해 보세요.

STEP 01 기본이론 — 핵심이론 분석으로 확실한 개념 이해
STEP 02 문제풀이 — 실전예상문제를 통해 문제 유형 파악
STEP 03 모의고사 — 최종모의고사로 실전 감각 키우기

1과정 교양과정 | 심리학과 | 경영학과 | 컴퓨터공학과 | **국어국문학과** | 영어영문학과 | 간호학과 | 4과정 교양공통

독학사 국어국문학과 2~4과정 교재 시리즈

독학학위제 공식 평가영역을 100% 반영한 이론과 문제로 구성된 완벽한 최신 기본서 라인업!

START

2과정

▶ 전공 기본서 [전 6종]
- 국어사
- 국어학개론
- 한국현대시론
- 국문학개론
- 고전소설론
- 한국현대소설론

3과정

▶ 전공 기본서 [전 6종]
- 문학비평론
- 국어의미론
- 국어정서법
- 국어음운론
- 고전시가론
- 한국문학사

4과정

▶ 전공 기본서
- 국어학개론(2과정 겸용)
- 국문학개론(2과정 겸용)
- 문학비평론(3과정 겸용)
- 한국문학사(3과정 겸용)

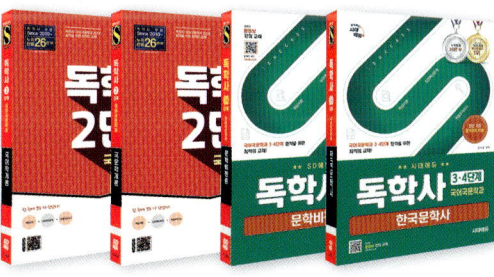

GOAL!

※ 표지 이미지 및 구성은 변경될 수 있습니다.

➕ 독학사 전문컨설턴트가 개인별 맞춤형 학습플랜을 제공해 드립니다.

시대에듀 홈페이지 **www.sdedu.co.kr**　상담문의 **1600-3600**　평일 9~18시 / 토요일·공휴일 휴무

시대에듀 동영상 강의 | www.sdedu.co.kr

나는 이렇게 합격했다

당신의 합격 스토리를 들려주세요
추첨을 통해 선물을 드립니다

베스트 리뷰
갤럭시탭/ 버즈 2

상/하반기 추천 리뷰
상품권 / 스벅커피

인터뷰 참여
백화점 상품권

이벤트 참여방법

합격수기

시대에듀와 함께한 도서 or 강의 선택 ▶ 나만의 합격 노하우 정성껏 작성 ▶ 상반기/하반기 추첨을 통해 선물 증정

인터뷰

시대에듀와 함께한 강의 선택 ▶ 합격증명서 or 자격증 사본 첨부, 간단한 소개 작성 ▶ 인터뷰 완료 후 백화점 상품권 증정

이벤트 참여방법
다음 합격의 주인공은 바로 여러분입니다!

QR코드 스캔하고 ▷▷▷
이벤트 참여하여 푸짐한 경품받자!

합격의 공식
시대에듀